Romedio Galeazzo Graf von Thun-Hohenstein:

Der Verschwörer

General Oster und die Militäropposition

Einleitung von Golo Mann

Mit 42 Fotos

Deutscher
Taschenbuch
Verlag

dtv

Bildnachweis

Bildarchiv Preußischer Kulturbesitz Berlin: 63; A. Brissand, Canaris, Frankfurt/M. 1970: 241; Die Woche 1937/1938: 63, 137, 140; dpa: 265; K. Finker, Stauffenberg und der 20. Juli 1944, Köln 1977: 88; v. Gersdorff, Soldat im Untergang, Frankfurt/Berlin/Wien 1977: 201, 202 (2); W. Görlitz, Kleine Geschichte des deutschen Generalstabes, Berlin 1967: 64, 124; H. Groscurth, Tagebücher eines Abwehroffiziers, Stuttgart 1970: 124; P. Hoffmann, Widerstand, Staatsstreich, Attentat, München 1969: 242; Illus 1933: 87; E. Kordt, Nicht aus den Akten, Stuttgart 1950: 64, 86; A. Leber, Das Gewissen entscheidet, Berlin/Frankfurt 1957: 201 (2); A. Leber, Das Gewissen steht auf, Berlin/Frankfurt 1954: 86, 241; A. Leber, Für und Wider, Berlin/Frankfurt 1961: 242; J. Müller, Bis zur letzten Konsequenz, München 1975: 266; Picker/Hoffmann, Hitlers Tischgespräche im Bild, Oldenburg und Hamburg 1969 (Aufnahme Heinrich Hoffmann): 85; Privatbesitz: 19, 20 (2), 35 (2), 36 (2), 85, 87, 88, 123, 124, 137, 138 (2), 139 (2), 202, 265; v. Schlabrendorff, Offiziere gegen Hitler, Zürich/Wien/Konstanz 1951: 266

Ungekürzte Ausgabe
Juli 1984
Deutscher Taschenbuch Verlag GmbH & Co. KG,
München

ISBN 3-88680-022-9
Umschlaggestaltung: Celestino Piatti
Gesamtherstellung: C. H. Beck'sche Buchdruckerei,
Nördlingen
Printed in Germany · ISBN 3-423-10291-8

Inhalt

Einleitung von Golo Mann

Ist auch der törichte Ausdruck »Vergangenheitsbewältigung« kaum noch im Gebrauch, so kommt doch das »Dritte Reich« nicht zur Ruhe. Nicht für ein breites Publikum – Filme, Illustrierten-Serien, verkaufsgängige Schriften aller Art; auch nicht für die Adepten ernster historischer Wissenschaft. Die weitesten wie die geringfügigsten Aspekte erfahren neue Beleuchtung; Zusammenhänge, Einrichtungen und Personen; Führer und Verführer, Machthaber, Nutznießer und die Massen der Unpolitischen, wohl oder übel, mehr oder weniger, mitunter erstaunlich wenig sich Anpassenden. Auch die Männer und Frauen, die im Widerstand gegen den Tyrannen ihr Leben wagten und leider in großer Mehrheit verloren. Es ist erfreulich, daß hier auch englische und amerikanische Historiker ihren Teil beitrugen; wohl nicht ohne Scham darüber, daß ihre eigenen Regierungen gegenüber jenen Rebellen, solange sie lebten, sich mit schnödem Unverständnis verhalten hatten. Schier unübersehbar ist auch diese Literatur; kaum einer der Toten, der nun, zu spät, nicht zu seinem Recht gekommen wäre. – Das Buch, das einzuführen ich die Ehre habe, füllt eine der letzten Lücken. Eine Lebensgeschichte des Generals Hans Paul Oster gab es bisher nicht.

Unser Autor hat als echter Historiker gearbeitet. Er beherrscht die ganze Widerstandsliteratur, macht von ihr passenden Gebrauch. Er benutzt alle ungedruckten Quellen, die er nur finden konnte, die Briefe Osters, seine vor der Gestapo gemachten Aussagen, zusamt den Akten der gegen einige seiner Verfolger später geführten Prozesse. Er hat die noch lebenden Zeugen befragt, den ältesten Sohn Osters zum Beispiel, General auch er, in vergleichsweise glücklicheren Zeiten – Leutnant, als der Vater seinen letzten, ernstesten Lebenskampf kämpfte. Ein Mosaik aus vielen mühevoll zusammengetragenen Steinen.

Ganz der Sache hingegeben, verhehlt Graf Thun-Hohenstein nicht seine Bewunderung für den Helden seines Werkes, nicht seine Sympathie für den »Widerstand« überhaupt. Was ich meinerseits bewundere: wie gut der junge Autor sich Stimmungen, Spannungen, Widersprüche, betrogene Hoffnungen, Zorn, Furcht und Trauer vorzustellen vermochte, die einer für ihn fremden Vergangenheit angehören. Nie aber macht Teilnahme ihn unkritisch; nicht gegenüber seinem Helden, nicht gegenüber dessen Verbündeten, Halbverbündeten, oder verbündet gelegentlich

Scheinenden, um es, wenn immer Entscheidungen fallen, doch nicht zu sein. Sehr deutlich macht er eine der Belastungen von Hitlers deutschen Gegnern, ein Dilemma, das wenigstens bis zum Sommer 1938 dauerte: Patrioten alten Stiles, mußten sie das, was Hitler einstweilen erreicht und gewonnen hatte, an sich durchaus billigen. Ein und dasselbe zu bejahen und auch zu verneinen, ja zu perhorreszieren, weil es eben Hitler war, der es gewann, der Nihilist und Götterdämmerungslüstling, verderbend, was immer er antastete - welche Verwirrung war da zu klären, welch zähes Hindernis stand da dem Fühlen, Denken, Sichentscheiden im Wege.

Lebensgeschichte ist immer auch allgemeine Geschichte, denn jeder lebt ja an seinem Ort in seiner Zeit und ist in keiner anderen denkbar. Nur wird bei dem, der in den Gang der öffentlichen Dinge eingreift oder es doch versucht, die Biographie irgendwann die Grenzen des nur Persönlichen, welches immer auch zeittypisch ist, überschreiten; dort, in unserem Fall, wo ihr Held seiner weiteren Umwelt gegenübertritt als einer, der sie verneint. Eine solche Position nahm Oster seit den Mördereien des 30. Juni 1934 ein. Verschwörer war er damit noch nicht. Um zu ihm zu werden, bedurfte es für einen aus der alten Zeit stammenden deutschen Offizier der allerungewöhnlichsten, gefährlichsten, düstersten Umstände, derart, wie man sie auch im Sommer 1934 noch nicht voraussehen konnte oder wollte. Aber zwei Jahre später war Oster schon weit genug, um, als Hitler seine Truppen in die Rheinlande schickte, ein bewaffnetes Eingreifen der Franzosen zu wünschen. Täten sie es jetzt nicht, dann würde das Verhängnis seinen Lauf nehmen. Ein einsamer junger Deutscher irgendwo in der französischen Provinz dachte damals genauso; aber der Oberstleutnant Oster konnte von meiner Existenz nichts wissen und ich nichts von ihm.

Ein aus der alten Zeit stammender Offizier - davon handelt das erste Kapitel, das rein biographisch mir das reizvollste zu sein scheint. Warum leugnen, daß es in vielen Beziehungen wirklich die gute alte Zeit war, freundlicher und friedlicher, gesicherter im Moralischen wie im Bürgerlich-Materiellen als spätere Zeiten? Die Dresdner Pastorenfamilie, in der Oster aufwuchs, halb deutsch und sächsisch, halb elsässisch-französisch, die vom Vater geprägte geistlich-liberale Atmosphäre; das althumanistische Gymnasium; die früh sich zeigenden Neigungen des Heranwachsenden, jene zur Musik und jene zu den Pferden, welch letztere ihn bestimmte, die Offizierskarriere zu wählen; die Bewährung des Dienenden, die lobenden Charakteristiken, welche seine Vorgesetzten für ihn niederschrieben, Beispiele einer militärisch-zivilisierten Kultur; die frühe Heirat, die Ehe, welche eine glückliche wurde, nicht zuletzt dank der Frau, die vor den »Seitensprüngen« des lebensfreudigen, galanten Gatten die Augen schloß – man liest dergleichen nicht ohne Wehmut, weil im Wissen, wie es endete: mit dem Krieg von 1914, von dem Leutnant Oster fürchtete, er könnte zu Ende gehen, ehe er die Folgen eines Reitunfalles überwunden hätte. Eine unnötige Sorge. Aus dem Vierjahreskrieg kommt Oster zurück, hochdekorierter Front- später Generalstabsoffizier, und findet eine tief, für ihn wüst veränderte Heimat. Offizier will er bleiben; also die Reichswehr. Also ein Mitmachen und zugleich sich Abschließen in dem Eliteheer der Hunderttausend; dem neuen Staat gegenüber loyal der Form nach, im Geiste skeptisch. Der Krieg hätte so nicht ausgehen dürfen, und die aus ihm stammenden Ordnungen entbehren der geschichtlichen Legitimität... Solche Überzeugungen Osters sind noch immer typische, nicht vom Typus sich trennende. Darum kann er die Auflösung der Weimarer Republik im Herzen nicht beklagen. Übrigens erhält er noch kurz vor dem Ende seinen Abschied – »mit der Erlaubnis Uniform zu tragen« – wegen der Liebesaffäre mit einer verheirateten Dame. Strengste Beachtung des militärischen Ehrenkodex, trotz der Zeit oder wegen der Zeit, welche die militärische Obrigkeit als eine entartete ansieht... Die Jahre in der Reichswehr brachten Erfahrungen, Beförderungen, nicht zuletzt freundschaftliche Beziehungen, welche bald schicksalsschwer werden sollten: mit den Herren von Fritsch, von Brauchitsch, von Witzleben, Canaris und Halder. Ein von General Halder viel später über Oster geäußertes Urteil ist zwiespältig: Ein »heller Sachse« sei er gewesen, grundanständig, aber auch »erschreckend oberflächlich«. Ein Urteil, das, wie unser Autor betont, mehr über den grauen Pedanten Halder aussagt, als über den Beurteilten. Die beiden paßten nicht zusammen.

Oberflächlich? Mit einem solchen wäre nicht geschehen, was mit Oster in den späten dreißiger Jahren geschah: seine feindliche Abtrennung von dem »Regime« und damit auch von der überwältigenden Mehrheit seiner Mitbürger. Vereinsamung, gemildert nur durch heimliche Bundesgenossenschaft mit wenigen Gleichgesinnten. Was hier wirkte, war tiefe, unbeugsame moralische Überzeugung; der Zorn über die Verbrechen, von denen Oster, nun ziviler, bald wieder militärischer Mitarbeiter der »Abwehr«, täglich erfuhr, aus Deutschland selber zuerst, dann aus Österreich, aus Böhmen, aus Polen und von überall her, wohin im Gefolge der deutschen Soldaten, im Durchschnitt natürlich ebenso brave Leute wie Soldaten aller zivilisierten Nationen, die Mordgeschwader der SS gelangten: die Sorge für das Vaterland, das er in den Händen eines pathologischen Wüterichs sah. *Das* machte ihn zum Verschwörer und, in der baren Form, zum Landesverräter. Er wußte es, und leicht wurde ihm nicht, was er tat; etwa die regelmäßige Unterrichtung eines Freundes, des holländischen Militärattachés, über Hitlers gegen die Niederlande gerichteten Pläne. Wir haben seine Worte: »Es ist viel einfacher, eine Pistole zu nehmen und jemanden über den Haufen zu schießen, es ist viel einfacher, in eine Maschinengewehrgarbe hineinzulaufen, wenn es um der Sache willen geschieht, als das, was zu tun ich mich entschlossen habe. Und wenn Sie je in die Lage kommen sollten, dann bitte ich Sie, bleiben Sie auch nach meinem Tod der Freund, der weiß, wie es um mich gestanden hat und was mich bewogen hat, Dinge zu tun, die andere nie verstehen oder mindestens nie selbst getan haben würden.« Einfacher: »Mein Plan und meine Pflicht ist, Deutschland und die Welt von dieser Pest zu befreien.«

Es gelang nicht. Zuletzt wohl, weil jene, die es unternahmen, zumal andere es nicht mehr unternehmen konnten, in ihrer Mehrzahl Offiziere, in der Minderzahl hohe Bürokraten, beinahe alle noch aus der Kaiserzeit stammend, an gesicherte Ordnungen gewöhnte Ehrenmänner, für die dunklen Künste der Staatsstreiche, Verschwörungen und Morde nicht taugten. Dieser der Schlechtigkeit der Welt, so wie sie nun geworden war, ungewachsene Charakter fügte sich nur zu genau zum Glück des Tyrannen, wenn man will, zu seinem sechsten Sinn: daß er wieder und wieder recht behielt, zuerst im Frieden oder Scheinfrieden - jene, die zur rechten Zeit seine Gegner hätten sein sollen, gaben ihm regelmäßig nach, »beschwichtigten« ihn - und dann noch im Krieg, Polenfeldzug, Frankreichfeldzug; daß er immer wieder recht behielt, gegenüber den Warnern und Pessimisten und gegenüber den heimlichen Verschwörern vom Sommer 1938 auch. Und als, seit Winter 1941/42, die Pessimisten endlich Recht bekamen, war es für die Rettung schon zu spät; das Attentat vom 20. Juli 1944 nur noch ein Akt um der Ehre, kaum mehr der Politik willen. General Oster, noch nicht verhaftet - das geschah am Tag danach -, aber schon aus dem Dienst entlassen, schon unter Verdacht, konnte an ihm nicht mehr teilnehmen.

Vor langen Jahren besuchte ich einmal einen der deutschen Soldatenfriedhöfe in den Vogesen, den Gefallenen des »Ersten Weltkrieges« gewidmet. Ein deutscher Freund, den ich begleitete, meinte: »Diese Opfer können nicht ganz umsonst gewesen sein. Irgend einen geschichtlichen Sinn müssen sie haben…« Ich erlaubte mir zu widersprechen: Das Ganze sei jeden Sinnes bar gewesen, nichts als Verblendung, als schon anachronistischer Wahnsinn, die Zahl der Opfer beweise dagegen überhaupt nichts... Ein gleiches mag für Hitlers Krieg gelten. Es gilt nicht für die Opfer des deutschen Widerstandes, obgleich gerade ihr Sterben das jammervollste, einsamste war, das allervergeblichste zu sein schien. Aber ohne sie, ohne den letzten tödlichen Beweis dafür, daß es auch Deutsche gab und so wenige doch nicht, die Hitler so haßten, wie ein Norweger, ein Niederländer ihn hassen konnte, wäre später der Friede, der echte, nicht bloß der formale, zwischen den Deutschen und ihren Nachbarn im Norden und Westen nicht möglich gewesen. Diese gute Folge, trotz soviel Niederlage, Schmach und Verzweiflung, gilt es der Vergessenheit immer wieder zu entreißen. Leben und Sterben Hans Paul Osters sind ein Beispiel dafür.

»Wir trugen des Königs Rock, das genügte uns«[1]

Jugend, Militärzeit, Erster Weltkrieg

Hans Paul Oster wurde am 9.8.1887 in Dresden als jüngstes von fünf Kindern des Pastors der reformierten französischen Gemeinde Jules August Oster geboren, der aus Straßburg im Elsaß stammte, wie auch Hans Osters Mutter, Marie Pauline Breymann.

Im selben Jahr hatte Bismark den Rückversicherungsvertrag mit Rußland abgeschlossen, der oft als Krönung seiner Bündnispolitik angesehen wird, da er dem deutschen Kaiserreich im Fall eines französischen Angriffs den Rücken im Osten freihielt. Das Kaiserreich stand damals im Zenit seiner Macht; dem Krieg gegen Frankreich 1870/71 war die Reichsgründung gefolgt. Elsaß-Lothringen mit Straßburg und Metz hatten zur Kriegsbeute gezählt, in deren Gefolge dann auch die Familie Oster preußische Untertanen geworden waren. Sowohl bei Jules August Oster wie auch bei seiner Frau war der Einfluß französischer Kultur und Geistigkeit noch deutlich spürbar. So wurde im Hause Oster nicht nur deutsch, sondern auch noch französisch gesprochen. Hans Osters Vater predigte jeden zweiten Sonntag in seiner Dresdener Gemeinde auch in französischer Sprache.[2]

Jules August Oster entsprach in seinem Äußeren sicher nicht dem Bild eines strengen Pastors. Er besaß wie Gerhart Hauptmann einen imponierenden Schädel, der im Alter von einer weißen Mähne umwallt war. Seine geistige Einstellung war ausgesprochen tolerant, sein Familienleben entsprach nicht gerade den landläufigen Vorstellungen von einem Pastorenhaushalt. Gespräche über Gott, den Glauben oder das Christentum waren viel seltener, als man annehmen könnte. Lippenbekenntnisse wurden verabscheut, Christentum und Humanismus waren selbstverständliche Größen, nach denen zwar gelebt, über die aber nicht geredet wurde.

Für eine bürgerliche Familie mit liberalem Einschlag war die Residenzstadt Dresden ein idealer Ort zum Leben. Mit seinen reichhaltigen Kunstschätzen, den Bauten wie dem Schloß, dem Großen Garten und seinem Palais, dem Zwinger oder der katholischen Hofkirche trug es zu Recht den Namen »Elbflorenz«. Während und nach der Romantik war Dresden ein Anziehungspunkt von Malern, Dichtern und Musikern gewesen, und um

1900 war die Stadt mit der Technischen Hochschule, dem Opernhaus und der Gemäldegalerie immer noch ein Kulturzentrum ersten Ranges; nach 1870 hatte sie durch die - relativ spät einsetzende - Industrialisierung auch wirtschaftlich mehr und mehr an Bedeutung gewonnen.

Bis zu seinem zehnten Lebensjahr besuchte Hans Oster dort die Vorschule. Die freie und großzügige Atmosphäre in der er aufwuchs, war nicht zuletzt durch die liebevolle Erziehung seiner Mutter geprägt, zu der er ein besonders inniges Verhältnis entwickelte. Wo andere mit Strenge vorgingen, wirkte sie stets mit sanfter Überzeugungskraft auf den temperamentvollen und oft ungestümen Jungen ein. Um seinen Betätigungsdrang in »ordentliche« Bahnen zu lenken, überließ sie dem Sohn einen Teil des Gartens, in dem er Gemüse ziehen durfte, das ihm seine Mutter abkaufte - für Hans ein willkommenes Taschengeld. Für den Jungen war die Mutter eindeutig die bestimmende Bezugsperson, während sich der Vater mehr zurückhielt; tolerant, wie er war, überließ er seiner Frau gerne den pädagogischen Bereich.[3]

Ostern 1898, im Todesjahr Bismarcks, schulten die Eltern ihren jüngsten Sohn in der sogenannten Kreuz-Schule, dem Gymnasium zum Heiligen Kreuz, in Dresden ein. Das Gymnasium fiel ihm keineswegs schwer, und mit einem geringen Aufwand an Fleiß gehörte er stets dem oberen Leistungsdurchschnitt an. Den Ehrgeiz, ein besonders guter Schüler zu sein oder durch Glanzfächer aufzufallen, hatte er nicht.[4] Dem draufgängerischen Jungen behagte es viel mehr, die Pferde seines Schwagers Walter Martini zu reiten. Martini war Offizier im Königlich-Sächsischen Leibregiment Nr. 100 und besaß das Rittergut Schnaditz bei Düben an der Mulde. Verheiratet mit Osters älterer Schwester Marie, war »Onkel Walter« der auserkorene Liebling des jungen Hans Oster, der regelmäßig die Ferien, und, wenn es ging, auch die Wochenenden in Schnaditz verbrachte. Da seine Schwester keine Kinder bekam, war Oster in Schnaditz wie zu Hause, und sein älterer Sohn wäre später wohl der Erbe des Gutes geworden, wenn die weltpolitischen Ereignisse einen anderen Verlauf genommen hätten.

Als Ausgleich zu den Schnaditzer Abenteuern ließ Jules August Oster seinen Jüngsten wie vor ihm die älteren Geschwister ein Musikinstrument erlernen. Hans wählte das Cello, und es sollte ihn sein ganzes Leben über begleiten. Überhaupt entwickelte er eine starke Neigung zur Musik, die durch das eigene Spiel noch verstärkt wurde. Als junger Mann wurde er ein eifriger Opern- und Konzertbesucher, und auch später war die Musik ihm ein Ausgleich zu seinem ereignisreichen Tagesablauf.

Schnaditz begründete in Oster nicht nur die Liebe zum Pferd; durch seinen Schwager Martini kam er auch in enge Berührung mit der für ihn faszinierenden Welt des Militärs, dessen hohes Prestige und Ansehen den jungen Oster nachhaltig beeindruckt hat. Pferd und Offizier gehörten für ihn untrennbar zusammen. Zweifellos hegte er ein stark idealisiertes Bild vom Beruf des Offiziers: Hans Oster träumte von glanzvollen Kavallerieattacken, wenn er an den Krieg dachte; über die Wirkung eines Maschinengewehrs machte er sich keinerlei Vorstellung, und der letzte Krieg lag schon bald vierzig Jahre zurück.

Auch die Soldaten des englischen Regiments der 9th Lancers wußten nicht, was sie im modernen Krieg erwartete, als sie in den ersten Tagen nach Kriegsbeginn am 23. August 1914 bei Mons die deutschen Stellungen attackierten. Sie verbluteten im Feuer der MGs, so daß sie beim Abendappell nur noch vierzig Mann waren. Von alledem ahnte Oster noch nichts, als er fasziniert den Schilderungen seines Schwagers über die Manöver lauschte, wenn der König von Sachsen und gar der Kaiser erschienen und dann vor den Augen der Monarchen die entscheidenden Aktionen stattfanden. Der militärische Wert der »Kaisermanöver« wurde allerdings schon damals von Fachleuten, wie dem Feldmarschall Graf Haeseler, in Frage gestellt, aber man kannte die Vorliebe Wilhelms II. für derartige prunkvolle Schauspiele.

Mit sechzehn Jahren wurde Hans Oster konfirmiert, nachdem ihm der Konfirmandenunterricht eine engere Berührung mit Fragen des Christentums und des Glaubens gebracht hatte, als er es von zu Hause gewöhnt war: So beschäftigte er sich damals auch mit Luthers Schriften, die sein über das übliche Maß hinausgehendes Interesse an theologischen Fragen weckten. Sein Vater war ihm bereitwilliger Gesprächspartner, und anscheinend hat Oster eine Festigung seines Glaubens erlangt, die - ungeachtet aller späteren Stürme - Bestand haben sollte. Sein Sohn bezeichnet den Vater als einen lutherischen Christen, der allerdings zeit seines Lebens nie viel Aufhebens von seiner religiösen Überzeugung machte.[5]

Der Tod seiner Mutter war für den siebzehnjährigen Jungen ein Schlag, den er nicht verwand, so stand er der Wiederheirat seines Vaters mit der wesentlich jüngeren Elisabeth Koch sehr ablehnend gegenüber. Der wohlmeinende und gütige Vater war nicht in der Lage, ein Verhältnis zu seinem jüngsten Kind zu entwikkeln, das eng genug gewesen wäre, die durch den Tod der Mutter entstandene Lücke schließen zu können. Um so mehr schloß sich Hans Oster an seine Schwester Marie und deren Mann an, und als er am 15.3.1907 das Reifezeugnis der Kreuz-Schule mit der Note

»genügend« erhielt, war die Frage der Berufswahl längst entschieden.[6]

Hans Oster wollte Offizier werden, und Pferde mußten bei der Truppe sein. Der finanzielle Aufwand, der damals noch vom Offizier selber zu tragen war, hätte vermutlich die Mittel der Familie überstiegen, wenn er zur Kavallerie gegangen wäre. Wollte Oster als Soldat nicht auf den Umgang mit dem Pferd verzichten, so blieb nur die Artillerie übrig. Der Vater war mit der Berufswahl des Sohnes einverstanden und hatte sich bereits beim Artilleriebrigadekommandeur in Dresden, Generalmajor Mehlhorn, wegen eines Eintritts in das als vornehm geltende Artillerieregiment Nr. 12 erkundigt. Mehlhorn riet jedoch davon ab, da dort »gesoffen« und »gejeut« werde. Statt dessen empfahl er das im Zuge der Heeresvermehrung von 1907 neuaufgestellte Feldartillerieregiment Nr. 48, in welches Oster am 18.3.1907 eintrat.[7]

Im Gegensatz zum Artillerieregiment 12 war das Feldartillerieregiment 48 ein typisch bürgerliches Regiment, aufgewertet allerdings dadurch, daß der Flügeladjutant des Königs von Sachsen, der spätere General v. Metzsch, Regimentskommandeur wurde. Die sächsische Armee war zwar 1868 in die preußische aufgegliedert worden, hatte aber ähnlich der bayerischen ihre Selbständigkeit gewahrt, und die 3. Armee, die 1914 unter Generaloberst v. Hausen in die Marneschlacht zog, war eine rein sächsische Armee; die letzte, die jemals in einem Kriege focht. Die rapiden Heeresvermehrungen hatten in Sachsen ebenso wie in Preußen einen immer größeren Offiziersbedarf zur Folge. Standen 1808 den 863 adligen nur 347 bürgerliche Offiziere gegenüber, so waren es 1888 schon 450 gegen 576 und 1908 nur noch 571 adlige bei bereits 3 284 bürgerlichen Offizieren.[8]

Im Gegensatz zu Preußen, wo die Bürgerlichen zwar längst die zahlenmäßige Mehrheit besaßen, der Adel aber weiterhin tonangebend und Orientierungspunkt für das Offizierskorps blieb, hatten sich die sozialen Grenzen zum Adel in der sächsischen Armee, deren Offizierskorps zu vier Fünfteln aus Bürgerlichen bestand, weitgehend verwischt. Es waren überwiegend Söhne höherer Beamter, von Gutsbesitzern, Ärzten, Rechtsanwälten, Fabrikanten und Angehörigen anderer Berufe mit akademischer Bildung. Die intelligenteren unter ihnen wählten häufig die Artillerieregimenter, aus denen, nebenbei gesagt, ein erheblicher Prozentsatz tüchtiger Generalstäbler hervorging. Oster gehörte zu den Vertretern des Mittelstandes, der ja nach 1870 verstärkt in den Offiziersberuf drängte, entsprechend dem ständig wachsenden Anteil dieser Schichten am wilhelminischen Staat.

Der neue Beruf bereitete Hans Oster keine Schwierigkeiten.

Jules August Oster mit seinen Enkeln Harald und Achim

Links: Oster als Absolvent der Königlich-Sächsischen Militärreitanstalt. *Rechts:* Oster im Ersten Weltkrieg

Nachdem er die anstrengenden ersten vier Monate der Ausbildung hinter sich gebracht hatte, wurde er am 23.7.1907 Unteroffizier, ein Jahr später erhielt der Fähnrich Oster das Zeugnis der Reife zum Offizier, worin es hieß: »Im ganzen gute Kenntnisse beziehungsweise Fertigkeit«. Dem folgte am 18.8. die Beförderung zum Leutnant. Nun war er, wie er später scherzhaft erzählte, ein »richtiger Offizier«.[9] Obwohl ihn der Dienst stark in Anspruch nahm, vernachlässigte er darüber nicht sein Cellospiel. Musikalische Anleitung erhielt er dabei durch den Stabsarzt Dr. Weigold aus Dresden, einen gebildeten und kunstverständigen Freund der Familie.

Die Ausbildung des Artillerieoffiziers war breitgefächert, die technischen Disziplinen beanspruchten einen immer größeren Raum, Ballistik, verschiedene Schießverfahren wie direkter oder indirekter Beschuß gehörten genauso dazu wie ein Lehrkursus für Waffeninstandsetzung, den Oster im November 1909 mit »sehr gut« absolvierte. Der letzte Punkt der Beurteilung lautete: »Außergewöhnliches Interesse und Verständnis, geeignet zum Waffenoffizier«.[10] Somit hatte sich der Leutnant Oster auch als technisch begabt erwiesen, eine bei der Artillerie zweifellos nützliche Eigenschaft.

Seine nächste Station war ab Oktober 1910 für zehn Monate die Königlich-Sächsische Militärreitanstalt in Dresden. Ihr Kommandeur war der in Reiterkreisen berühmte und gefürchtete Major Müller. Oster hat die Zeit dort als vorläufigen Höhepunkt seines reiterlichen Lebens bezeichnet, denn obgleich der Dienst dort hart, die Ausbildung in der Reitbahn so manches Mal unbarmherzig war, hat Oster in jenen Monaten einen so gründlichen und soliden Schliff seiner reiterlichen Fähigkeiten erfahren, wie nie zuvor und auch nie wieder danach. Immerhin wurden auf der Militärreitanstalt in Dresden auch die Reitlehrer für die Truppe ausgebildet, eine Befähigung, die nur eine geringe Anzahl der Absolventen erreichten.

Oster gehörte zu diesen wenigen. In seinem Zeugnis lesen wir als allgemeine Charakteristik: »Frisches, heiteres, sehr ansprechendes Wesen. Korrekte Auffassung des Dienstes. Gute Umgangsformen. Sehr gute Führung«. Außerdem werden seine reiterlichen Fähigkeiten und die Eignung zum Reitlehrer bei der Truppe hervorgehoben, dazu heißt es: »Leutnant Oster ist ein gut veranlagter Reiter, der mit großem Fleiß und viel Passion an sich arbeitet. Sein Sitz ist militärisch. Benutzung und Übereinstimmung der Hilfen sind gut. Sein Gefühl genügt, es wird sich durch längere Übung noch verfeinern. Über Sprünge und im Gelände reitet er frisch und geschickt. Geeignet zum Reitlehrer in der Truppe.«[11]

Ein gesundes Selbstvertrauen, gepaart mit unerschütterlichem Optimismus, ließ Oster alle Probleme des Lebens gelassen meistern. In der Beurteilung durch den Major Müller klingen diese Eigenschaften bereits an.

Im Privatleben hatte es für Hans Oster seit seinem Eintritt in die Armee einige Veränderungen gegeben, nachdem er Gertrud Knoop kennengelernt hatte, eine bemerkenswerte Frau. Als Tochter des ersten Patentanwalts am Reichspatentamt hatte sie 1909 ihr Abitur in Dresden mit »gut« bestanden und wollte anschließend Kunstgeschichte studieren. Drei Semester war sie an der Königlich-Sächsischen Technischen Hochschule in Dresden immatrikuliert, was damals für eine Frau noch keine Selbstverständlichkeit darstellte.[12]

Gertrud Knoop hatte auf Oster großen Eindruck gemacht, denn sie fiel aus dem Rahmen jener Frauen, die ein junger Offizier wie Oster normalerweise kennenlernte. Er seinerseits hatte durch seine offene, heitere Art und sein angenehmes Wesen ihre Zuneigung gewonnen. Oster hätte am liebsten gleich geheiratet, doch zunächst mußte er von seinem Regimentskommandeur die Heiratserlaubnis einholen, was damals keine ganz einfache Sache war. Die Erteilung der Heiratserlaubnis an Subalternoffiziere, also Leutnante oder Oberleutnante, wurde von einer Kaution in beträchtlicher Höhe abhängig gemacht, die in der Regel von den Eltern der Braut hinterlegt wurde. Im Falle Osters waren dies achtzigtausend Mark in festverzinslichen Wertpapieren, die seine Schwiegereltern aufbrachten, offenbar waren sie sehr einverstanden mit dem Bräutigam ihrer Tochter.

Die Heiratserlaubnis erhielt Oster am 1. Februar 1912, die kirchliche Trauung erfolgte am 20. September in Dresden. Damit war dann allerdings auch das Studium seiner Frau beendet, denn nach Auffassung jener Zeit konnte die Frau eines Offiziers nicht studieren. Gertrud Oster hat den Abbruch ihres Studiums wohl ein wenig bedauert, sie dachte gerne an die drei Semester in Dresden zurück. Aber ihre neue Rolle als Ehefrau und Mutter forderte sie bald ganz, und die zahlreichen gesellschaftlichen Verpflichtungen an der Seite ihres Mannes nahmen sie stark in Anspruch.

Daß es eine glückliche Ehe wurde, war zu einem großen Teil Gertrud Knoop zu verdanken. Sie übersah angesichts der vielen guten Seiten ihres Mannes gewisse Schwächen. Hans Oster war eine elegante, auf Frauen stark anziehend wirkende Erscheinung und konnte dank seines Charmes mit Leichtigkeit Beziehungen zu anderen Menschen knüpfen. Sogar ein strenger, sehr sachlicher Mann wie Major Müller, der viele Beurteilungen über Offiziere zu schreiben hatte, erwähnte ja diese Fähigkeiten.

Aus Osters Ehe gingen drei Kinder hervor. Der älteste Sohn Achim wurde im Februar 1914 geboren, der zweite Sohn Harald im Juni 1919 und die einzige Tochter, Barbara, im Februar 1921.

Es fällt uns heute schwer, die Bedeutung des Ersten Weltkrieges für das damalige Deutschland zu ermessen. Urplötzlich, sozusagen über Nacht, befanden sich die Deutschen im Krieg mit nahezu der ganzen Welt, nachdem fast fünfzig Jahre Frieden geherrscht hatte. Der Eifer, ja die Hingabe mit denen die Masse des Volkes in den Krieg zog, waren echt, es hätte gar keiner Propaganda bedurft, um die Begeisterung zu wecken. Als Deutschland fünfundzwanzig Jahre später einen weit furchtbareren Krieg begann, war kaum jemand begeistert, obwohl eine allumfassende Propagandamaschine Parole auf Parole in die Hirne der Deutschen zu hämmern versuchte.

Zu dem Hochgefühl der ersten Kriegsmonate 1914 gesellte sich die ehrliche Hoffnung großer Bevölkerungsschichten auf eine geistige Erneuerung der Nation, wie sie sich im Denken einer Minderheit manifestierte. Nach dem Sieg würde ein besserer Staat entstehen und die Nation gereinigt sein von allem Schlechten und Niedrigen. Gerade in den Briefen der Kriegsfreiwilligen, der Oberprimaner und Studenten, die in Flandern oder im Osten kämpften und fielen, äußerte sich ein tiefer Glaube an die geistige Kraft der Nation, die der Krieg nun freisetzen werde. Daß der größte Teil derer, die eigentlich berufen gewesen wären, die künftige geistige Elite Deutschlands zu stellen, in Scharen an den Fronten im Westen und Osten den Tod fand, war für Deutschland ein großes Unglück.

Die Schüsse der serbischen Attentäter von Sarajewo, denen am 28. Juni 1914 der österreichische Thronfolger Franz Ferdinand und seine Frau zum Opfer fielen, warfen ihre düsteren Schatten auch über Dresden und damit über das unbeschwerte und glückliche Dasein von Hans Oster, Leutnant und Abteilungsadjutant im Artillerieregiment 48 und seit dem 20. Februar 1914 stolzer Vater eines Sohnes.

Am 1. Juli 1914 ahnte noch niemand in Deutschland, daß man sich innerhalb von vier Wochen in einem »Weltkrieg« befinden würde. Die Staatsmänner Europas taumelten im August 1914 mehr oder weniger in einen Krieg hinein, den keiner von ihnen wirklich gewollt hatte. Der britische Außenminister Sir Edward Grey sagte zu einem Freund die berühmten Worte: »Die Lichter erlöschen über ganz Europa. Wir werden sie in unserem Leben nicht mehr leuchten sehen.«[13]

Als am Sonntag, dem 2. August 1914, einem strahlenden, heißen Sommertag, der Generaloberst v. Hausen durch »allerhöchste Kabinettsorder Sr. Majestät des Kaisers« zum Oberbefehlshaber der sächsischen Armee ernannt wurde, die unter der Bezeichnung 3. Armee mit den anderen deutschen Armeen auf Paris marschieren sollte, befand sich der Königlich-Sächsische Artillerieleutnant Oster in denkbar schlechter Stimmung. Drei Wochen zuvor hatte er sich auf der Rennbahn beim Reiten beide Hände gebrochen und war bei Kriegsausbruch noch immer dienstunfähig. Statt an der Front bei seiner Abteilung zu sein, mußte er auf seine Genesung warten, die ihm gar nicht schnell genug voranschreiten konnte. Als dann die Kampfhandlungen begannen, war seine einzige Sorge, der Krieg könne womöglich zu Ende gehen, ohne daß er an der Front gewesen wäre. Daß der Krieg länger als bis zum Winter dauern könnte, wurde kaum in Erwägung gezogen. Hierin unterschied sich Oster nicht von seinen Kameraden. Die Rechtmäßigkeit des Krieges war für den ganz unpolitischen Abteilungsadjutanten eine unumstößliche Größe, gepaart mit der Zuversicht, daß Deutschland siegen würde.

Am 28. August 1914 wurde Oster als Abteilungsadjutant zum Reserveartillerieregiment 53 versetzt und kam »endlich« an die Westfront, wo er am 25. September zum Oberleutnant befördert werden sollte. Zwei Monate später erhielt er bei den Kämpfen an der Ysér das EK II. Dort erhielt er am 12. April 1915 auch das Ritterkreuz 2. Klasse des Sächsischen Albrechtsordens mit Schwertern.[14]

Nach einer Verlegung mit dem Regiment im Mai nach Flandern wurde Oster vor Ypern auf Vorschlag seines Abteilungskommandeurs Major Tscharmann mit dem Ritterkreuz des Königlich-Sächsischen Militär-St.-Heinrichs-Ordens ausgezeichnet. Zur Verleihung des Ordens heißt es: »In den Kämpfen der 53. Reserve-Division bei Zonnebeke vor Ypern vom 3.–8.5.1915 hat Oberleutnant Oster als Adjutant bei zahlreichen, zum Teil sehr kühnen Erkundungen hervorragenden Schneid gezeigt. Besonders auf den mit schwerstem Feuer belegten Höhen von Trezenborg hat er, als sein Abteilungskommandeur am 8.5. neben ihm verwundet worden war, die Feuerbefehle erteilt, so daß die einheitliche Feuerleitung gewährleistet blieb. Seiner Regsamkeit und unermüdlichen scharfen Beobachtung des Gefechtsfeldes ist die wirksame und rasche Bekämpfung der zahlreichen Augenblicksziele in erster Linie zu verdanken.«[15]

Der Rückzug der Deutschen an der Marne im September 1914 und der vom neuen Generalstabschef v. Falkenhayn beschlossene Übergang von der Offensive zur Defensive im Westen signalisierten das Scheitern der deutschen Operationspläne gegen

Frankreich. Statt nun auf eine politische Lösung hinzuarbeiten oder zumindest im Osten unter Ausnützung der operativen Chancen einen durchaus möglichen Teilsieg durch die Zerschlagung der russischen Armeen zu erreichen, erschöpften sich die Deutschen in sinnlosen Materialschlachten. Falkenhayns Strategie des »Weißblutens« erlebte ihr Fiasko in Verdun, was das deutsche Feldheer eine halbe Million Soldaten kostete.

Aber auch die Alliierten erwiesen sich als ähnlich einfallslos. An der Somme verbluteten die angreifenden englischen und französischen Divisionen im Feuer der deutschen Artillerie und Maschinengewehre, und am Ende der monatelangen Schlacht, die auf beiden Seiten zusammen fast eine Million Mann Verluste gefordert hatte, stand ein allenfalls taktischer Erfolg. Der Stellungskrieg im Westen mit seinem Netz von Schützengräben, Stacheldrahtverhauen, den alles bestreichenden Maschinengewehren, den unzähligen Granattrichtern und den endlosen Trommelfeuern der Artillerie, zu dem sich als neue Variante des Schrekkens der Gaskrieg gesellen sollte, schuf einen neuen Typus des Frontkämpfers: unerschütterlich, abgehärtet, mit großer Eigeninitiative und Selbständigkeit bis an die Grenzen des Gehorsams. Drill und Gefechtsausbildung traten oft in den Hintergrund, Begriffe wie »Angriffslinien« und »Entfaltung« wurden angesichts der Mondlandschaft zwischen den feindlichen Stellungssystemen mehr und mehr zur Farce.

Oster erlebte, wie in den Knochenmühlen an der Westfront, den oft wochenlang hin- und hertobenden Schlachten, die manchmal um den Besitz taktisch und strategisch wertloser Punkte gingen, die deutschen Kräfte mehr und mehr verbraucht, ja vergeudet wurden und wie angesichts der wachsenden alliierten Überlegenheit ein deutscher Sieg in immer größere Ferne rückte. Später erzählte er seinem Sohn, daß er den Kriegseintritt der USA 1917 in seiner Bedeutung erst erfaßt habe, als die ersten amerikanischen Divisionen im Westen auftauchten und die schier unerschöpflichen Reserven dieses Landes ihn erkennen ließen, daß gegen das Potential der USA kein Krieg zu gewinnen war.

Nachdem Oster an den Winterschlachten in der Champagne teilgenommen hatte und dort mit dem EK I ausgezeichnet worden war, absolvierte er im März 1916 einen Gaskurs in Leverkusen. An die Front zurückgekehrt, wurde er bald darauf erneut ausgezeichnet und zum Hauptmann befördert. Ende 1916 wurde er Batterieführer, dem folgte nach einem zweimonatigen Zwischenspiel dort als Artilleriereferent im März 1917 die Kommandierung zur Ausbildung im Generalstabsdienst beim Generalkommando des XXVII. Reservekorps.

Dies war ein entscheidender Einschnitt in Osters militärischer Laufbahn, denn von nun an bis zum Kriegsende hatte er mit kurzen Unterbrechungen fast ausschließlich Generalstabsstellungen inne. Die Ausbildung nahm trotz des Krieges noch relativ breiten Raum ein: 2. Generalstabsoffizier der 23. Infanteriedivision, Kursus über Kampftätigkeit einer Division in der Abwehrschlacht von Sedan, Kompanie- und Bataillonsführer im Schützenregiment 108, Regimentsgefechtsstand Grenadierregiment 100 und schließlich wieder Generalstab 23. Infanteriedivision; so liest sich Osters Personalakte für 1917.

Hinter diesen Daten standen ständig steigende Anforderungen an die Offiziere, denn der Stellungskrieg hatte Strategie und Taktik revolutioniert. Es gab keine Perioden des Marschierens oder Abwartens zur Regeneration der Truppe mehr. Der Krieg zeigte sich Oster als ununterbrochener Einsatz, der für die Soldaten einen Zustand permanenter Gefechtsbereitschaft, Anspannung und Kämpfe bedeutete, der an die Grenzen ihrer physischen und psychischen Belastbarkeit ging. Die das Gefechtsfeld beherrschenden Waffen der Artillerie und die Maschinengewehre erzwangen vom Angreifer stets eine Überlegenheit an Menschen und Material, sollte das gegnerische Stellungssystem durchbrochen werden.

1917 war ein Jahr des operativen Stillstandes. Hervorgerufen durch die sinnlosen Angriffe auf die deutschen Linien, die immer höhere Blutopfer forderten, kam es bei den französischen Streitkräften zu umfangreichen Meutereien, die aber von der deutschen Seite nicht erkannt wurden, so daß die französische Front an den betreffenden Abschnitten dennoch hielt. Während die Deutschen durch die Änderung ihres Verteidigungssystems eine tiefgestaffelte, elastische und höchst effektive Abwehr erreichten, die auch mit ein Anlaß für die französischen Meutereien war, bot plötzlich die Technik den Alliierten ein Mittel, um den Angriff der Verteidigung wieder überlegen zu machen.

Der Panzerkampfwagen, von den Engländern »Tank« genannt, schien die Möglichkeit zur Überwindung der Grabensysteme und der Gewinnung operativer Freiheit zu bieten. Erste Versuche an der Somme 1916 waren relativ unbefriedigend verlaufen, aber schon bei Cambrai 1917 hatten die Deutschen nur mit Mühe die von »Tanks« unterstützte angreifende britische Infanterie aufhalten können. Die Entscheidung mußte das Jahr 1918 bringen. Die Alliierten warteten vor neuen Großoperationen auf das Eintreffen der Amerikaner, wohingegen im deutschen Generalstab das neue Gespann des Generalfeldmarschalls von Hindenburg mit dem Generalquartiermeister Erich Ludendorff, die 1916 Falkenhayn abgelöst und in einer »Alberich« genannten Rückzugsbewegung die Front gefestigt hatten, in einer Kette von gewaltigen Schlachten die Entscheidung erzwingen wollte, bevor die USA mit ihren frischen Divisionen einen siegreichen Frieden unmöglich machen würde.

Der einzige Lichtblick in dieser trüben, von einer sich ständig verschlechternden Ernährungslage gekennzeichneten Zeit war für Oster ein längerer Fronturlaub im Sommer 1917, den er mit seiner Frau und dem kleinen Sohn im Ostseebad Bansin verbrachte. Wenigstens für eine kurze Spanne konnte er hier den Krieg vergessen, die Trommelfeuer, die mit Wasser vollgelaufenen Schützengrägen, den Dreck und die grauen Kolonnen der Frontsoldaten, die der Krieg einander immer ähnlicher machte. Bansin und Dresden müssen ihm wie Paradiese vorgekommen sein, obwohl die Lage im Reich sich verdüstert hatte. Die Heimat stöhnte unter dem von der Heeresleitung eingeführten »Kriegssozialismus«, der die Anspannung aller Kräfte verlangte, bis hin zur Mobilisierung sämtlicher verfügbaren Arbeitskräfte, die auch vor den Frauen nicht haltmachte.

Zu Anfang des Jahres 1918 waren die deutschen Truppen weit entfernt vom Angriffsschwung der ersten Jahre. Daran änderte auch die Verstärkung der Westfront durch im Osten freigewordene Truppen nichts, die seit dem Beginn der Friedensverhandlung mit der neuen bolschewistischen Regierung Rußlands im Dezember 1917 dort entbehrlich geworden waren. Aber trotz des Fehlens von starken Kavallerieverbänden, Panzern und einer ausreichenden Zahl von Lastwagen, um die Infanterie schnell in erkämpfte Durchbrüche zu transportieren, wagte Ludendorff die »Große Schlacht«, über deren Plan er seit dem Herbst 1917 gebrütet hatte.

Am frühen Morgen des 21. März 1918 brach die deutsche Offensive im Raum St.-Quentin-Amiens nach einem Feuerschlag aus fast 7000 Geschützen gegen die englische 5. Armee los. Für den staunenden Oster schien noch einmal die Zeit des Septembers 1914 vor dem Erstarren des Bewegungskrieges zurückzukehren. Fasziniert beobachteten die Offiziere der deutschen Stäbe an der Westfront, wie alles sich auf einen großen Sieg hin zu entwickeln schien. Die englische 5. Armee wurde in kürzester Zeit zerschlagen, der Oberkommandierende, Feldmarschall Haig, erwog sogar eine Zeitlang den Rückzug auf die Kanalküste. Aber der deutsche Stoß verzettelte sich. Statt schnell bewegliche Reserven nachzuführen und in die Tiefe des Raumes vorzustoßen, bewegten sich die Kräfte in die Breite, die Schlacht löste sich in Einzelschlachten auf, der deutsche Angriffsschwung verebbte, weil er verblutete.

Ludendorff war kein Moltke und auch kein Schlieffen, auf dem Höhepunkt der Schlacht versagte er und vermochte den eigenen Erfolg nicht auszunutzen, indem er alles auf eine Karte setzte. Er zeigte sich letztlich seiner eigenen Planung nicht gewachsen. Aber unbestreitbar war auch die Kampfkraft des französischen »Poilu« und seines englischen Kameraden, deren Tapferkeit das Mißlingen der deutschen Offensive besiegelte. Daß Ludendorff nach dem Scheitern der Märzoffensive noch an drei weiteren Stellen erneut und ohne Ergebnis die Entscheidung zu erzwingen versucht hat, war fast schon ein Verzweiflungsakt.

Einundzwanzig Jahre später sollte Oster die Ansicht vertreten, daß ein deutscher Angriff im Westen mißlingen würde, eine Überzeugung, die nicht zuletzt auf den Erfahrungen des Jahres 1918 beruhte. Aber der »Poilu« des Jahres 1939 war nicht mehr der Kämpfer der Materialschlachten des vorangegangenen Krieges; hier sollte sich der Instinkt eines Mannes als richtig erweisen, der den Ersten Weltkrieg aus der Sicht eines Gefreiten erlebt hatte, Adolf Hitler.

Den Zusammenbruch der Westfront sah Oster im Stab der 23. Infanteriedivision. Fassungslos nahm er am 10. November die Nachricht von der überstürzten Flucht Wilhelms II. nach Holland auf. Denn der Kaiser hatte das gewählt, was General Groener am 9. November 1918 im großen Hauptquartier in Spa den Anwesenden, darunter dem Kaiser, gegenüber als Unmöglichkeit bezeichnet hatte: »Wenn der Kaiser abgedankt hat, so kann er reisen, wohin er will. Wenn er nicht abgedankt hat, darf er das Heer nicht verlassen. Nicht abdanken und das Heer verlassen ist eine Unmöglichkeit.«

Nie sollte Oster diesen Tag vergessen, einen der schwärzesten seines jungen Lebens. Noch Jahre später erzählte er von dem Schock, den ihm diese Nachricht versetzt hatte, plötzlich ohne Bezugspunkt, der Eid hinfällig, die Monarchie verschwunden, ohne auch nur den Versuch einer Verteidigung zu unternehmen. Zweifellos hinterließ diese Erfahrung bei ihm tiefe Spuren. In seinem Herzen blieb er Monarchist, Anhänger des preußischen Königshauses als legitimen Vertreters einer deutschen Monarchie. Aber der Stachel blieb. Nie wieder sollte er kritiklos einen Gefühlssturm ähnlich dem von 1914 erleben, nie wieder die völlig unpolitische Hingabe an eine Sache.

Gleichsam über Nacht wurde aus dem jungen, begeisterungsfähigen Offizier ein aufmerksamer Beobachter seiner Umwelt.

»Methoden einer Räuberbande«[1]

Reichswehr und Wehrmacht

Der Zusammenbruch der Monarchie wirkte auf Oster wie »ein Schlag mit einem Hammer auf den Kopf«.[2] Die darauf folgende ideologische Entwurzelung war auch für ihn vollkommen. Der Offizier der Monarchie war weder dem Staat verbunden, noch auf eine Verfassung vereidigt gewesen: Er hatte in einem persönlichen Treueverhältnis zum Herrscherhaus gestanden.

Die Revolution 1918 und das Ende der Monarchie hatten das Offizierskorps des geistigen wie ideologischen Angelpunkts seines Selbstverständnisses und seiner Existenz beraubt. Oster sah sich plötzlich »der Versandung der Monarchie in einen brüchigen Parteistaat gegenüber«.[3] Er stand vor demselben Problem, das damals bei vielen einen Gewissenskonflikt auslöste: Sollte er dieser neuen, ungeliebten Staatsform dienen oder seinen Abschied nehmen? Mit Leib und Seele Soldat, entschied er sich zu bleiben. Der Entschluß fiel ihm um so schwerer, nachdem er in Dresden die Revolution selbst miterlebt hatte und Zeuge gewesen war, wie der sächsische Kriegsminister in die Elbe geworfen und getötet wurde.[4] Während ihm die neue Reichsregierung nur wenig bedeutete, sah er im Rückzug auf die Belange des Militärs die vorerst einzige Möglichkeit, seinen Beruf weiterhin auszuüben.

Auf die Dauer erwuchs daraus eine partielle Loyalität zum Staat, die aber ohne innere Anteilnahme blieb. In einem der vielen Verhöre vor der Gestapo nach dem 20. Juli 1944 beschrieb Oster später seinen Versuch, dem Staat gegenüber eine loyale Einstellung zu gewinnen: »Ich war stets zu dem Staat, dem ich als Soldat diente, positiv eingestellt.«[5] Wenn Oster versucht hat, andere Werte an die Stelle der persönlichen Bindung zum Herrscherhaus treten zu lassen, so ist ihm das letztlich nicht gelungen.

Bis zum September 1924 blieb er in Dresden beim Wehrkreiskommando IV.[6] Diese Zeit war trotz der Inflation einigermaßn glücklich. Die finanziellen Verhältnisse wurden von der wirtschaftlichen Lage wenig beeinflußt, denn Oster brachte es fertig, morgens vor dem Dienst - er wohnte neben dem Kriegsministerium - mit dem Fahrrad zur Dresdener Börse zu fahren und dort erfolgreich zu spekulieren. Im Ergebnis verlor das Vermögen der Familie Oster während der Inflation nur fünfundzwanzig Prozent seines Wertes.[7]

Hier zeigt sich zum ersten Mal Osters unkonventionelle Art, die ihm später häufig zum Vorwurf gemacht wurde.[8] Ein radfahrender Offizier, der als Hauptmann im Generalstab morgens vor dem Dienst an der Börse spekuliert! Die Anzahl seiner Offizierskameraden, die ähnliche Schritte unternahmen, dürfte gering gewesen sein. Einfallsreichtum und, wenn erforderlich, tatkräftiges Handeln, gehörten zu den Eigenschaften, die bei Osters Umgebung häufig Verwunderung aber auch Anerkennung auslösten. Er wußte sich seine innere Unabhängigkeit stets zu bewahren und wurde nie zum Sklaven seiner Prinzipien.

Er war ein sehr strenger Vater, der sich intensiv um seine Kinder kümmerte. Jeden Sonntag ging Oster mit seinem ältesten Sohn Achim in die katholische Hofkirche in Dresden, um dort Musik zu hören.[9] Zwar war die albertinische Linie des Königshauses Sachsen mit der Reformation protestantisch geworden, doch war August der Starke 1697 zum Katholizismus übergetreten, um König von Polen werden zu können. Bis zum Jahr 1918 bestand die Verpflichtung des Hofopernensembles, jeden Sonntag in der seit 1697 katholischen Hofkirche zu singen. Ein Brauch, der auch nach Abdankung des letzten sächsischen Königs freiwillig beibehalten wurde. Die Liebe zur Musik übertrug sich vom Vater auf den ältesten Sohn, zu dessen schönster Erinnerung neben den Besuchen der Dresdener Hofkirche die Stunden zählten, wenn der Vater zu Hause Cello spielte.[10]

Oster ging viel mit seinen beiden Söhnen spazieren, wobei er auch »Aufklärungsgespräche« führte, die, wie sein Sohn Achim sagte, »beide anstrengten«. Er wurde Ratgeber und Freund seiner Kinder, »mit dem man alles besprechen konnte«.[11] Fragen, die mit dem Glauben zusammenhingen, nahm er sehr ernst - soweit er es vermochte, versuchte er, darauf Antwort zu geben. So war auch der Konfirmationsunterricht seiner Kinder für Oster von großer Wichtigkeit, und er ging stets mit in die Kirche, wenn eines seiner Kinder auf die Konfirmation vorbereitet wurde.

Daß sein Wesen auch entgegen aller Heiterkeit und vermeintlicher Oberflächlichkeit,[12] eine andere, ernstere Seite besaß, wußten eigentlich nur seine nahen Familienangehörigen und später einige seiner engsten Vertrauten, denen er Zugang zu »seinem schweraufschließbaren Inneren« gewährte.[13] Nach außen war er der elegante, stets heitere Optimist. Die wenigsten Menschen bemerkten hinter diesen auffallenden Eigenschaften den anderen Oster, der schließlich den Widerstand unter inneren Kämpfen bis zur letzten Konsequenz durchführen sollte.

Osters Bindungen an Dresden waren stark, und er hat später oft und gern an diese Dienstzeit zurückgedacht. Er besaß stets ein bis zwei Pferde, und ritt viel aus, häufig mit seinem Kommandeur, Generalmajor Freiherr Seutter v. Lötzen, desgleichen mit anderen befreundeten Offizieren. Kameradschaftlich und freundschaftlich war er vor allem den Hauptleuten Georg Thomas und Friedrich Olbricht sowie dem Major Erwin v. Witzleben verbunden, die sämtlich dem Stab der 4. Division angehörten. Zwischen den Familien Oster und Witzleben entwickelten sich dauerhafte freundschaftliche Beziehungen, die trotz längerer räumlicher Trennung Bestand haben sollten. Witzleben, Olbricht und Thomas sollten wie Oster später zur Militäropposition zählen; Thomas überlebte als einziger das Dritte Reich.[14]

Im Oktober 1924 wurde Oster als Batteriechef zur II. Abteilung im Artillerieregiment 2 nach Güstrow versetzt, was er im Krieg schon einmal gewesen war.[15] Die Beförderungen in der Reichswehr ließen lange auf sich warten, so wurde er erst 1929 Major. Güstrow, an der Nebel gelegen, vor dem Krieg Hauptstadt des Wendischen Kreises des Großherzogtums Mecklenburg, war eine Stadt von rund 20000 Einwohnern. Als Bahnknotenpunkt herrschte in der Markt- und Gerichtsstadt ein reges wirtschaftliches Leben, ohne daß die Stadt ihren familiären Charakter dadurch verloren hätte. Batteriechef in Güstrow, das war ein Posten nach Osters Geschmack; rückblickend hat er ihn die schönste Zeit innerhalb seiner soldatischen Laufbahn genannt. Diese Stellung brachte ihm relative Unabhängigkeit, ja er fühlte sich in seinem kleinen Reich als König. Der Regimentsstab lag im sechzig Kilometer entfernten Schwerin, so daß schon durch die Entfernung eine zu häufige Einmischung in die Führung der Batterie ausgeschaltet war. Der einzige direkte Vorgesetzte war der Abteilungskommandeur, mit dem sich Oster ausgezeichnet verstand.[16]

Osters bewohnten dort auf dem Kasernengelände eine geräumige Siebenzimmerwohnung in einem neuerrichteten Stabsgebäude. Die Aufgeschlossenheit Osters und seiner Frau, einer fürsorglichen Gastgeberin, ließen die Wohnung sehr bald zu einem gesellschaftlichen Treffpunkt werden, den die Offiziere der Batterie ebenso gerne wie die Ärzte und Richter aus Güstrow aufsuchten. Ein besonders gerngesehener Gast war der Korvettenkapitän a. D. Löwenherz, der Sohn eines jüdischen Bankiers aus Berlin. Daß Löwenherz Jude war, wurde nicht einmal erwähnt, so daß Osters Kinder erst während der Nazizeit schmerzlich darauf gestoßen wurden, daß der von ihnen so geschätzte Freund der Familie laut Führerbeschluß nun Angehöriger einer minderwertigen Rasse war.

Am Sonntag kamen stets die jungen Leutnante zum Tee oder Kaffee. Es gab belegte Brote und Kuchen, man saß zwanglos und gemütlich beisammen und plauderte oft bis in die Nacht hinein. Überhaupt herrschte im Hause Oster eine gewisse Unkompliziertheit die viele Besucher anzog. Osters selbst machten Besuche nur im Krümperwagen, einem Zweispänner, der dem Batteriechef zustand. Für den ältesten Sohn Achim war es ein besonderes Erlebnis, wenn er zu Weihnachten seine Mutter begleiten durfte, die dann im Krümperwagen, begleitet vom »etatmäßigen« Oberwachtmeister, dem höchsten Portepeeträger der Batterie, zu Weihnachtseinkäufen in die Stadt fuhr.

Seine Stellung als Batteriechef nahm Oster sehr ernst. Er kümmerte sich um jeden einzelnen seiner Soldaten: Einmal in der Woche kamen die Soldaten in eine Art »Sprechstunde« mit ihren Sorgen zu ihm. Er bemühte sich ständig um einen hohen Ausbildungsstand der Truppe, den zu erhalten er für das oberste Ziel seiner Cheftätigkeit ansah. Naturgemäß spielte die Reiterei eine große Rolle. Oster startete häufig auf Turnieren und hatte stets mehrere Pferde zur Verfügung. So ritt er im Dienst vorzugsweise den Wallach »Bobby«, ein ruhiges, ausgeglichenes und robustes Pferd, das als Turnierpferd aber ungeeignet war. »Bobby« begleitete ihn auch 1925 zum Truppenübungsplatz Altengrabow, sowie 1926 nach Königsbrück, wohin er vom 25.5.–7.7. zum Artillerie-Schießlehrgang kommandiert war.[17] Als Oster am 1.7.1927 zum Regimentsstab nach Schwerin ging, ist ihm der Abschied von seiner Batterie und von Güstrow schwergefallen.

Regimentskommandeur des Artillerieregiments 2 war damals der Oberst Werner Freiherr von Fritsch,[18] zuletzt Generaloberst und von 1934–1938 Oberbefehlshaber des Heeres. Die schmähliche Behandlung, die Fritsch 1938 widerfahren sollte, wurde für Oster ein entscheidender Anlaß zum Widerstand. 1938 sah er es als seine persönliche Pflicht an, für Fritschs Rehabilitierung zu sorgen, wie er 1944 vor der Gestapo mit dem Satz dokumentierte: »Ich habe die Sache Fritsch zu meiner eigenen gemacht.«[19]

Oster hegte für Fritsch, der häufig in seinem Hause verkehrte, das Gefühl uneingeschränkter Verehrung. Der Regimentskommandeur kam regelmäßig Donnerstag nachmittags zum Tee in Osters Wohnung am Strempelplatz Nr. 10. Bei diesen Teebesuchen tauschte er mit Osters Frau häufig Kochrezepte aus, die er dann seiner Haushälterin zur Nachahmung empfahl. Die freundschaftlichen Beziehungen gingen so weit, daß Fritsch an der Konfirmationsfeier des Oster-Sohnes Achim im engsten Familienkreise teilnahm.[20]

Fritsch war für Oster die Verkörperung des preußischen, vornehm-anständigen Offiziers aus der monarchistischen Zeit, der seinen Prinzipien von Ehre und Anständigkeit in guten wie in schlechten Zeiten treu blieb. Dabei war Fritsch abstammungsmäßig durchaus kein Preuße; väterlicherseits stammte er aus

Sachsen und mütterlicherseits aus dem Rheinland.[21] Daß Oster in seiner Beurteilung Fritschs nicht ganz konsequent gewesen ist, wird sich noch zeigen.

Am 4.2.1929 wurde Oster als Ic zum Stab der 6. Division nach Münster versetzt und bald darauf, am 1.3.1929, zum Major befördert.[22] Mit dem Antritt der neuen Generalstabsstellung vollzog sich ein entscheidender Wandel in seinem Leben. Hatte er bisher fernab von jeder Politik in der heilen Welt seines Regiments und ohne engeren Kontakt zum Geschehen im Reich gelebt, so änderte sich dies jetzt schlagartig. Die Ic-Stellung war nämlich unter anderem für Nachrichtenbeschaffung zuständig. Darunter fielen auch Nachrichten aus dem entmilitarisierten Rheinland.[23]

Die wichtigsten Verbindungen für seine spätere Widerstandstätigkeit gewann er in Münster. Sein erster Chef des Stabes dort war Oberst i. G. Walther von Brauchitsch, der 1938 Nachfolger Fritschs als Oberbefehlshaber des Heeres werden sollte.[24] Oster respektierte die fachlichen Qualitäten Brauchitschs, den er für einen ausgezeichneten Chef des Stabes hielt, verkehrte aber nur dienstlich mit ihm.[25] Als zu Osters Freude dann sein alter Dresdener Kamerad Oberst v. Witzleben Nachfolger Brauchitschs wurde,[26] war dies die Gelegenheit, die alten Beziehungen zu erneuern, und beide Familien haben es sehr bedauert, daß Witzleben bereits nach vier Monaten seinen Posten als Chef des Stabes der 6. Division an Oberst i. G. Franz Halder abgeben mußte, der vom August 1938 bis September 1942 Chef des Generalstabes des Heeres werden sollte.[27] Auch Halder sollte später zur Militäropposition zählen – und Krieg und Verhaftung durch die Gestapo überleben.

In der Zeit, in der Oster Ic in Münster war, muß sein Verhältnis zu Halder recht gut gewesen sein. Halders Beurteilung Osters ist zwar im ganzen positiv, wird aber vom Vorwurf einer »Oberflächlichkeit« beeinträchtigt.

Nach dem Kriege sagte Halder, der an einer einmal gefaßten Meinung übrigens zäh festhielt, Oster sei ein »... im Grunde durchaus sauberer und anständiger Mann gewesen, temperamentvoll, einfallsreich, aber erschreckend oberflächlich. Er war sehr gut veranlagt, sehr rasch in der Auffassung und geistig sehr beweglich, der Typ des hellen Sachsen.«[28] An anderer Stelle ergänzt Halder, er habe Oster »geschätzt«, trotz oder gerade wegen seines »sonnigen Leichtsinns«.[29] Diese Charakterisierung ist aus der Unterschiedlichkeit der beiden Charaktere zu verstehen. Halder, der beinahe pedantische, arbeitsame Generalstabsoffizier auf der einen Seite, und andererseits Oster – elegant, lebenslustig, eher dem Typus eines Kavallerieoffiziers entsprechend. Halder fehlte, neben rein äußerlichen Vorzügen, die Leichtigkeit im Umgang mit Menschen.

Gisevius, der spätere Mitverschwörer, hat seinen Eindruck von der ersten Begegnung mit Halder im Jahr 1938 festgehalten: »Ich glaubte meinen Augen nicht zu trauen, neben mir sah ich einen unscheinbaren, bezwickerten Oberlehrer, Haare nach oben gebürstet, etwas verbissene Züge im keineswegs ausdrucksvollen Gesicht, und hätte er nicht eine so ehrfurchtgebietende Uniform angehabt, niemals hätte er den vollendeten Spießbürger verleugnen können.«[30] Der auch als Frauenheld und Pferdeliebhaber geltende Oster paßte eben nicht in Halders Bild eines »preußischen« Offiziers. Die Gegensätzlichkeit der beiden Männer ließ keine allzu großen Vertraulichkeiten zu, und so hat sich Oster seinem Chef des Stabes nicht eröffnet, so daß Halder entscheidende aber nicht ins Auge fallende Wesenszüge Osters verborgen blieben.

Durch Halder lernte Oster 1931 den Mann kennen, mit dem er bis zu seinem Tode verbunden bleiben sollte: Wilhelm Canaris, den späteren Admiral und Chef der deutschen militärischen Abwehr.[31] Canaris war seit dem 29.9.1930 zuerst als Fregattenkapitän, dann als Kapitän zur See Chef des Stabes der Marinestation Nordsee in Wilhelmshaven. Dort blieb er bis Ende September 1932, um dann das Kommando über das Linienschiff »Schlesien« zu übernehmen.[32] Während der zwei Jahre, in denen Canaris Stabschef der Wilhelmshavener Station war, kommandierte Halder Oster zu einer »... kleinen Seeübungsreise an Bord eines kleinen Fahrzeugs der Kriegsmarine auf Canaris' Wunsch als Vertreter des Territorialwehrkreises«.[33]

Mit Witzleben, Halder, Canaris, Brauchitsch und Fritsch formierte sich in den Jahren 1928–1931 ein Kreis, der wenige Jahre später auf verhängnisvolle Weise in die politischen Auseinandersetzungen verwickelt werden sollte, die für Witzleben, Halder und Canaris zum Weg in die Opposition und zum Widerstand führten.

Oster hat seine Zeit in Münster sowohl dienstlich wie privat offenbar genossen. Auf Bildern aus dieser Zeit sieht man stets einen lächelnden und gutgelaunten Oster, der, wie sein Sohn sagt, »stolz auf die silbernen Spiegel der Generalstäbler war, die er trug«.[34] Zu den Höhepunkten des Jahres zählten für Oster die herbstlichen Reitjagden in und um Münster, von denen er nur selten eine ausließ. Vertrat er doch den Standpunkt, daß gerade das Jagdreiten eine der besten Übungsmöglichkeiten für den Offizier war: Es erforderte neben einem guten Auge sicheres Abschätzen von Entfernungen, dazu Mut und vielleicht auch Draufgängertum.

Auf der anderen Seite füllte ihn seine Stellung als Ic der 6. Divi-

Oben: Hans Paul und Gertrud Oster mit ihren Kindern Barbara und Harald während ihrer Zeit in Münster. *Unten:* Als Reichswehroffizier (2. v. rechts) mit Offizieren des Stabes bei einem Manöver in der Nähe von Münster

Oben: Oster (Mitte) mit Beamten der Schutz- und Kriminalpolizei bei einem Manöver in der Nähe von Münster. *Unten:* Als Offizier der neuen Wehrmacht mit Oberst i. G. Piekenbrock

sion voll aus: Bei den jährlichen Wehrkreisübungsreisen wurden hohe Anforderungen an die Stabsoffiziere gestellt. 1931 wurde die Wehrkreisübungsreise mit einer Admiralstabsübungsreise kombiniert. Oster liebte diese Schiffsfahrten und das Meer überhaupt. Er konnte in der frischen Seeluft stundenlang am Strand entlang wandern oder in der Sonne liegen und vergaß darüber die kleinen Sorgen des soldatischen Alltags. Die Zusammenarbeit mit Schutz- und Kriminalpolizei zur Sicherung der Manöver war eine Aufgabe, die ihm viel Spaß bereitete und die er dank seiner geschickten Menschenbehandlung immer mit Erfolg bewältigte. Die 6. Division gewann ein gutes Verhältnis zu den örtlichen Polizeikräften.

Münster sollte Oster aber auch zum ersten Male in engere Berührung mit jenem neuen politischen Phänomen bringen, das die Gemüter zu beschäftigen begann – dem Nationalsozialismus.

Gewisse Ereignisse in den Jahren 1929/30 konfrontierten die Armee mit Dingen, mit denen sie bisher nichts zu tun gehabt hatte. Am 4.10.1930 wurden vom Reichsgericht in Leipzig zwei Leutnante des Ulmer Artillerieregiments 5, Ludin und Scheringer, wegen hochverräterischer Umtriebe aus der Armee ausgestoßen und zu Festungshaft verurteilt. Sie hatten mit der Münchener SA Verbindung aufgenommen, in der Reichswehr für die NS-Bewegung geworben und nationalsozialistische Zellen zu bilden versucht.[35] Der Prozeß war das Tagesgespräch in den Offizierskasinos, ohne daß man jedoch eigentlich eine genaue Vorstellung von dieser neuen Bewegung besessen hätte.

Nach dem mißlungenen Putsch Hitlers 1923 in München war die NSDAP von der politischen Bildfläche nahezu verschwunden. Erst die Weltwirtschaftskrise, unter der Deutschland besonders stark litt, bewirkte die Wiederkehr der NSDAP. Bei den Reichstagswahlen vom September 1930 zog sie mit 107 Abgeordneten als zweitstärkste Partei in den Reichstag. Hitler entfachte daraufhin einen massiven, brutalen und vulgären Propagandafeldzug gegen die Weimarer Republik und ihre Institutionen, der durch den Straßenterror seiner Sturmabteilungen, kurz SA genannt, noch verstärkt wurde. Ihre ständigen blutigen Auseinandersetzungen mit anderen Wehrverbänden, wie dem »Rotfrontkämpferbund« der kommunistischen Partei, hatten in Deutschland eine latente Bürgerkriegsatmosphäre geschaffen.

Unter dem Reichskanzler Heinrich Brüning, der dem Zentrum angehörte, wurde gegen den Widerstand des Reichspräsidenten Hindenburg ein halbherziges Verbot der SA und SS erlassen.

Auch von seiten der Reichsabwehr gab es übrigens Bedenken gegen das Verbot der halbmilitärischen Verbände, die als »wehrwillig« angesehen wurden. Die Generale, die diese Haltung vertraten, begriffen nicht, daß ihnen hier eine Konkurrenz erwuchs, die der Reichswehr später das Recht streitig machen sollte, die alleinige Waffenträgerin der Nation zu sein. Der mit Notverordnungen regierende Brüning wurde vom Chef des Ministeramts im Reichswehrministerium, Generalmajor Kurt v. Schleicher, der ihn selber 1930 Hindenburg als Reichskanzler vorgeschlagen hatte, desavouiert; im Mai 1932 mußte Brüning zurücktreten.

Schleicher hatte zwar Politik zu machen versucht, war aber andererseits bemüht gewesen, das Offizierskorps von nationalsozialistischen Gedanken und Einflüssen freizuhalten. Unterstützt wurde er hierin vom Kriegsminister General a. D. Groener, der auch dafür sorgte, daß die beiden Ulmer Leutnante aus der Reichswehr ausgestoßen wurden. Schleicher hielt aber im Gegensatz zu Groener eine Regierung ohne die Einbeziehung der NSDAP für chancenlos, und im Mai 1932 brachte er seinen Minister mit Hilfe einer Intrige zu Fall.

Dem Reichspräsidenten präsentierte er als neuen Mann den ehemaligen Major im Generalstab und Attaché in Washington, Franz v. Papen, der politisch zum rechten Flügel des Zentrums gehörte. Papen gewann schnell das Vertrauen Hindenburgs. Die Zusammensetzung seiner Regierungsmannschaft aus vorwiegend aristokratischen, christlich-konservativen Ministern gab der von Joseph Goebbels souverän geleiteten Propagandamaschinerie der NSDAP den Anlaß zu heftigen Angriffen auf Papens »Kabinett der Barone«, die an Stelle der bisherigen Kampagnen gegen die »Bürgergeneräle und Verräter« in der Reichswehr getreten waren.

Hitler, der bei den Reichstagswahlen im Juli 1932 mit 230 Mandaten den stärksten Block bildete, stellte jedoch gleichzeitig eine Duldung des Kabinetts Papens in Aussicht, falls das Verbot der SA aufgehoben würde, was auch geschah. Die von Hitler geforderte Regierungsbeteiligung lehnte Hindenburg jedoch ab. Die neuen Reichstagswahlen im November 1932 erbrachten erhebliche Stimmenverluste der NSDAP, veränderten die Lage aber nicht. Papen dachte keineswegs daran, die Konsequenzen zu ziehen, er wollte vielmehr Hindenburg dazu gewinnen, es auf einen Kampf mit NSDAP und Kommunisten ankommen zu lassen, und die Verfassung außer Kraft setzen. Trotz seiner Bedenken gewährte Hindenburg Papen am 1. Dezember 1932 die von ihm geforderten umfassenden Vollmachten. In der entscheidenden Kabinettssitzung gelang es Schleicher jedoch, durch eine von ihm lancierte Meldung, daß ein Planspiel des Truppenamtes die unzureichenden Ordnungskräfte für den Fall eines Staatsnotstandes ergeben habe, die Minister gegen Papen auf seine Seite zu ziehen. Da auch Hindenburg vor dem Gedanken an einen Bürgerkrieg zurückschreckte – »... ich bin zu alt und habe zuviel mitgemacht, um die Verantwortung für einen Bürgerkrieg zu tragen. Wir müssen Schleicher sein Glück versuchen lassen«, wie er zu Papen sagte –, sah sich Schleicher unversehens als neuen Reichskanzler. Das erwähnte Planspiel, das im Truppenamt nie stattgefunden hatte, und Hindenburgs Rückzieher hatten Schleicher in seine neue Stellung gebracht. Nach knapp acht Wochen stand er vor der gleichen Alternative wie Papen: Hitler an der Regierung zu beteiligen oder die Verfassung außer Kraft zu setzen und mit Hilfe einer Militärdiktatur gegen KPD und NSDAP zu kämpfen. Während Papen empfahl, Hitler zum Reichskanzler zu machen, ihn aber gleichzeitig in eine Koalition von bürgerlichen Ministern einzubetten, forderte Schleicher Gewalt. Doch Hindenburg war für derartige Abenteuer nicht mehr zu haben, und am 30. Januar ernannte er Adolf Hitler zum Reichskanzler.

Der Ic der 6. Division Oster erhielt während dieser entscheidenden Monate und Wochen Informationen aus einer Quelle, die als seriös gelten konnte. Ein Zivilangestellter der Ic-Abteilung und ehemaliger Offizier wurde durch seine Freundschaft mit dem NS-Gauleiter von Westfalen-Nord, Hauptmann a.D. Alfred Meyer, über die Situation innerhalb der Partei und der SA informiert.[36] Was Oster erfuhr, war nicht geeignet, seine Zuneigung zur NS-Bewegung zu wecken; jedenfalls nahm er eine abwartende Haltung ein. Ob er wirklich die Machtergreifung von 1933 anfangs begrüßt hat, wie er später in einem Verhör sagte, ist ungewiß. Zwar spricht er dort von einer »... Erlösung aus den Gewissenskonflikten ...«, die der Umbruch für die Soldaten darstellte, doch ist seine Skepsis deutlich erkennbar. Begrüßt hat er sicher die nationale Politik der Stärke, die seinen Vorstellungen von der Rolle Deutschlands in Europa entsprach.[37] Die Politisierung des gesamten Lebens durch die NSDAP war ihm dagegen tief unsympathisch.[38] Ein ursprünglich etwa vorhandenes Wohlwollen wurde jedenfalls durch die Ereignisse nach der »Machtergreifung« Hitlers bald verdrängt.

Osters Skepsis den Nationalsozialisten gegenüber hatte sich auch bei der Reichspräsidentenwahl im April 1932 gezeigt, bei der Hindenburg im zweiten Wahlgang als Kandidat der bürgerlichen und christlichen Mittelparteien sowie der Sozialdemokraten gegen Hitler als Kandidat der Rechten gewählt wurde. Dem vorausgegangen war ein Versuch des Kronprinzen, sich im ersten

Wahlgang als Kandidat gegen Hindenburg aufstellen zu lassen, in der Hoffnung, mit Hilfe der Stimmen der Nationalsozialisten siegen zu können. Der Kaiser verbot von seinem Exil in Dorn aus jedoch die Kandidatur seines ältesten Sohnes. Oster war bekümmert und entsetzt über diese politische Geschmacklosigkeit und zutiefst beschämt darüber, daß der Kronprinz offen auf die Hilfe der Nationalsozialisten spekuliert hatte. Die Kluft zwischen dieser Bewegung und dem Haus Hohenzollern war in seinen Augen unüberbrückbar, und nie hätte ein Mitglied des Hauses - und noch dazu der Kronprinz - sich zu diesem Schritt hinreißen lassen dürfen.[39]

Zu der erwähnten Nachrichtenbeschaffung aus dem entmilitarisierten Rheinland unternahm Oster in Zivil häufig Fahrten nach Essen, Gelsenkirchen, Duisburg und in andere Orte des Rheinlandes, um sich vor Ort Kenntnisse zu verschaffen. Bei privaten Besuchen nahm er auch am Karneval teil, und eine kurze Affäre, die er dort hatte, sollte seine soldatische Karriere zunächst beenden. Oster mußte im Winter 1932/33 seinen Abschied aus dem aktiven Dienst nehmen, da ein höherer Regierungsbeamter im Rheinland dem Befehlshaber im Wehrkreis IV offiziell Mitteilung gemacht hatte, daß der Major Oster in eine Liebesaffäre mit seiner Frau verwickelt sei. Aus der Begegnung mit dieser Frau während des Karnevals hatte sich eine vorübergehende Liaison ergeben. Oster stellte sich dem Beleidigten sogleich zu dessen Genugtuung zur Verfügung, aber die Forderung zum Duell blieb aus. Bald darauf wurde die Ehe des Regierungsbeamten unter Alleinschuld der Ehefrau geschieden. In dem Scheidungsverfahren wurde der Name Osters nicht erwähnt, da sein Fall nicht zur Begründung gehörte. Nach dem Abschluß des Verfahrens ließ der Beamte die militärischen Vorgesetzten Osters wissen, daß ihm nach Kenntnis des Lebenswandels seiner Frau an einer Maßregelung Osters nicht gelegen sei, er bäte vielmehr seinerseits, keine Folgerungen daraus zu ziehen. Inzwischen war die Verabschiedung Osters unter der Bewilligung der gesetzlichen Versorgung am 28.12.1932 vom Heerespersonalamt (HPA) bereits ausgesprochen worden.[40] Eine sofortige Zurücknahme der Verabschiedung war nach den geltenden Bestimmungen nicht möglich.

In einer persönlichen Aufzeichnung Osters vom 25.4.1933[41] finden sich folgende Notizen: »Alle beteiligten Stellen im P.A. (Personalamt) sowie der Chef der H.L. (Heeresleitung, Generaloberst Kurt Freiherr von Hammerstein-Equord[42]) hätten meinen Entschluß und mein Verhalten in der Erledigung der Angelegenheit voll anerkannt, und wären sich über die Schwierigkeiten meiner Lage im klaren... Nach so kurzer Zeit könne eine einmal getroffene Entscheidung nicht geändert werden. Vor Abschluß des Jahres wäre daran nicht zu denken.«

Der Ehrenkodex des Offizierskorps der Reichswehr war damals so streng, daß Osters Verbleib in der Armee erst einmal unmöglich geworden war, obgleich die Angelegenheit an sich nicht als wirklich ehrenrührig galt. Halder scheint als einziger tatsächlich Anstoß daran genommen zu haben, nach dem Krieg schrieb er: »Oster hat sich im Rheinischen Karneval derart daneben benommen, daß ich ihn mit knapper Not aus dem Heere entfernen konnte, ehe für ihn höchst unerfreuliche Maßnahmen eintraten.«[43] Über dessen Ausscheiden aus dem aktiven Dienst scheint er letzten Endes aber doch ehrlich bekümmert gewesen zu sein, was er während eines Besuches bei Osters Frau mit Tränen in den Augen offen zeigte.[44] Auf jeden Fall erhielt Osters Karriere einen empfindlichen Stoß, und noch seine spätere Wiederübernahme in den Heeresgeneralstab sollte an dieser Affäre scheitern. So war es für ihn ein schwacher Trost, daß er am 9.8.1933 die offizielle Berechtigung zum Tragen der Uniform des Artillerieregiments 2 erhielt.[45]

Für die Familie bedeutete die ganze Affäre keine Katastrophe, wie man hätte annehmen können. Besonders Osters Frau sah großzügig darüber hinweg und hielt zu ihrem Mann.[46] Seine berufliche Lage nach dem Ausscheiden aus der Reichswehr war nun natürlich unsicher. Ein ausreichendes finanzielles Polster erlaubte jedoch die Beibehaltung der großen Erdgeschoßwohnung in der Rudaltstraße Nr. 9 in Münster. Anfang 1933 ging Oster aber doch nach Berlin, da dort die Chancen, eine Stelle zu finden, wesentlich größer waren. Er beabsichtigte, die Familie später nachkommen zu lassen.

Den neuen Reichskanzler Hitler sollte Oster bald zu sehen bekommen. Am 5. März 1933 hatte Hitler Neuwahlen stattfinden lassen, die ihm knapp fünfundvierzig Prozent der Sitze im Reichstag einbrachten, nämlich 288, so daß er gemeinsam mit den Deutschnationalen über die absolute Mehrheit von zweiundfünfzig Prozent verfügte. Allen sichtbar, wurde am 21. März in der Potsdamer Garnisonkirche der neue Reichstag eröffnet. Am gleichen Tag hatte zweiundsechzig Jahre davor Bismarck 1871 den ersten Reichstag nach der Reichsgründung im Spiegelsaal von Versailles zusammentreten lassen. Unter großem Pomp, der vor allem an die Adresse des Heeres gerichtet war, beschwor Hitler vor dem greisen Reichspräsidenten in der Feldmarschallsuniform, den noch lebenden Generalen und Admiralen der Kaiserzeit, vor der Reichswehrgeneralität und den Hohenzollern-Prinzen die Traditionen des Preußentums und erinnerte an den

»eisernen Kanzler« Bismarck, als dessen Nachfolger und Vollstrecker sich Hitler sah: Sein größtes und einziges Ziel sei die Reorganisation des deutschen Volkes. Er schloß mit den an Hindenburg gerichteten Worten: »Heute, Herr Generalfeldmarschall, läßt Sie die Vorsehung Schirmherr sein über die neue Erhebung unseres Volkes.« Es schien wirklich so, als wäre eine Synthese zwischen dem Bismarck-Reich und dem neuen Deutschland vollzogen worden, eine Vermischung preußischer Tradition und nationaler Erhebung, symbolisiert durch den Händedruck Hindenburgs und Hitlers vor der Garnisonkirche, bei dem Hitler sich tief und ehrerbietig vor dem Marschall verneigte. Oster sagte später zu dem Schauspiel nur: »Ein Jammer, daß der arme Alte (Hindenburg, d.Vf.) das noch mitmachen mußte.«[47]

Die Hoffnung Osters auf eine baldige Wiedereinstellung in die Reichswehr erfüllte sich nicht, wie er am 25.4.1933 schreibt: »... Das bedeutet für mich, daß ich bei der Einstufung zum 1.10.1933 keine Berücksichtigung finde, keine Wünsche für Art und Ort der Verwendung anmelden kann, sondern dann und dort, wenn und wo mal zufällig eine Stelle nach dem 1.1.1934 frei wird, günstigstenfalls hereinkomme.«[48] So war ihm vorläufig keine Möglichkeit gegeben, den angestammten Beruf weiter auszuüben, und notgedrungen mußte er sich nach einer anderen Beschäftigung umsehen.

Ausgerechnet beim sogenannten Forschungsamt Hermann Görings kam Oster am 1.5.1933 unter, bei einer Behörde, die nichts anderes tat als Telefongespräche abzuhören und deren Inhalt dem preußischen Ministerpräsidenten Göring zu übermitteln. So hielt es Oster dort nur kurz; diese »lästige Übergangslösung« gefiel ihm keineswegs. Gleichzeitig hatte es Bestrebungen gegeben, ihn in die SS zu ziehen. Sie waren von seinem ehemaligen Abteilungskommandeur aus dem Ersten Weltkrieg, Oberstleutnant a.D. Tscharmann, ausgegangen, der ihn zum Militär-St.-Heinrichs-Orden eingereicht hatte. Seine Kenntnis der NS-Bewegung machte es Oster aber unmöglich, auf diese Weise seiner beruflichen Misere zu entkommen.[50]

Schließlich fand Oster eine Stellung, die ihn zu befriedigen schien und Aussicht auf eine spätere Wiederübernahme in das Offizierskorps bot: Am 1.10.1933 wurde er als Zivilangestellter Major a.D.[51] in die Abwehr unter ihrem Chef Kapitän zur See Patzig übernommen, der schon seit Juni 1932 – als Nachfolger des Obersten Bredow, der vom neuen Reichswehrminister Schleicher zum Chef des Ministeramtes berufen worden war – die Leitung dieses Amtes innehatte. Patzig hat Oster nicht sonderlich geschätzt, er hielt ihn für charakterlich nicht einwandfrei und behauptete nach dem Krieg 1966, Oster habe auf ihn einen »verhärmten und abgerissenen« Eindruck gemacht, als er mit der Bitte um Hilfe an ihn herantrat.[52] Die Beschreibung Patzigs klingt sehr unwahrscheinlich, schon weil Oster durch das Vermögen seiner Frau wirtschaftlich relativ unabhängig war. Die Sorge um den ältesten Sohn war er ohnehin bereits los, da dieser am 1.4.1933 in das Artillerieregiment 2 eingetreten war. Ob Canaris bei Osters Einstellung in die Abwehr seine Hände im Spiel gehabt hat, ist nicht einwandfrei nachzuweisen; Halder jedenfalls war davon überzeugt.[53] Tatsache ist, daß Oster am 1.2.1934 fest als Referent der Abwehrabteilung eingestellt wurde, allerdings, wie gesagt, zunächst noch als Zivilangestellter.[54]

Nun konnte er auch seine Familie nach Berlin holen, wo sie eine Zehnzimmerwohnung in der Bayerischen Straße Nr. 9 bezogen.[55]

Das Leben in der Hauptstadt sagte allen Osters zu, man war von der ruhigen Provinz in das Machtzentrum des neuen Reiches gekommen, in dessen unmittelbarer Nähe sich Oster nun befand.

Als Referent in der Abwehrabteilung III übernahm Oster den Aufgabenbereich III Cl.[56] Diese Abteilung war verantwortlich für militärischen Geheimhaltungsschutz und Abwehrschutz bei den Reichs- und Staatsbehörden. Bei Kriegsausbruch war diese Abteilung zuständig: für die Verbindung zum Reichssicherheitshauptamt, zur Polizei und Exekutive, zur OKW-Paßstelle in Verbindung mit dem Polizeipräsidium Berlin, für die Ausgabe von gewöhnlichen Dienstpässen, Passierscheinen, Dienstausweisen und Fremdenpässen - auch auf Decknamen; jedoch nicht für Fälschungen - diese fielen in den Aufgabenbereich der Abw. Abt. I G -, Eintragungen von Visen, Devisenbescheinigungen für Abwehr- und OKW-Angehörige sowie Agenten.[57]

Seine Tätigkeit brachte Oster mit verschiedenen vor der Öffentlichkeit geheimgehaltenen Vorgängen des politischen Lebens in Verbindung. Mit unverhohlener Skepsis betrachtete Oster den Prozeß der Ausschaltung aller unabhängigen Gruppierungen, der mit atemberaubender Schnelligkeit vonstatten ging. Der Reichstagsbrand vom 27. Februar 1933 hatte den Vorwand zum Schlag gegen die Kommunisten geliefert, am 24. März war das Hitler diktatorische Vollmachten gebende Ermächtigungsgesetz gefolgt; die Landesregierungen wurden aufgehoben; am 2. Mai besetzten nationalsozialistische Formationen die Gewerkschaftshäuser. Kampflos hatten diese sich »gleichschalten« lassen. Bis zum 5.7. waren alle großen politischen Parteien verboten oder aufgelöst, jede Neubildung einer Partei wurde ein für allemal verboten; am 10. April 1934 wurde der »Reichsführer« SS, Heinrich Himmler,

Chef der am 28. April 1933 von Göring gegründeten Geheimen Staatspolizei Preußens.

Ein baumlanger neunundzwanzigjähriger Regierungsassessor aus der Gestapo namens Hans Bernd Gisevius versorgte Oster bald mit Einzelheiten über die Verbrechen, die von der SA und der Gestapo in den Jahren 1933/34 begangen wurden. Beide hatten sich bei ihrem gemeinsamen Freund August Heinrichsbauer getroffen, dem späteren Vertrauensmann der westdeutschen Montanindustrie.[58] Sehr schnell hatten sie Gefallen aneinander gefunden, und Oster sollte bald den Wert von Gisevius' Nachrichten aus der »Räuberhöhle« erkennen, wie dieser die Gestapo bezeichnete. Da Gisevius außerdem das Vertrauen des Leiters der Exekutiv-Abteilung der Gestapo, Arthur Nebes,[59] gewonnen hatte, sah und hörte er noch weit mehr, was sich in Deutschland abspielte.

Arthur Nebe, später Reichskriminaldirektor, SS-Gruppenführer und als solcher in Rußland Leiter einer Einsatzgruppe des SD, zuständig für Judenerschießungen im rückwärtigen Gebiet der Heeresgruppen, war ursprünglich Sozialist gewesen; die Machtergreifung hatte er jedoch aus Überzeugung begrüßt. Der Terror der SA und die Zustände in der eigenen Behörde ließen ihn bald zum Gegner der Sturmabteilungen werden, und er begann einen Ausweg aus dem Dilemma zu suchen, in das er durch seine Überzeugung und die Praktiken der neuen Herren geraten war, ohne daß seine Kritik sich allerdings auf Hitler selbst erstrecken sollte. Erst als Chef des Reichskriminalpolizeiamtes von 1936–1939 und ab 27.9.1939 des Amts V im Reichssicherheitshauptamt begann er wissentlich den Verschwörer-Kreisen Nachrichten und Informationen zu liefern, was schließlich zu seiner Ermordung nach dem 20. Juli führte.

Gisevius blieb nur fünf Monate bei der Gestapo, dann wurde er auf Betreiben des Gestapo-Chefs Rudolf Diels ins Reichsinnenministerium versetzt. Immerhin hatte er längst genug gesehen, um zu erkennen, daß damals kaum jemand vor der SA sicher war, nicht einmal in der Gestapo, wo Nebe nur über die Hintertreppe ein- und ausging, »... die Hand am Revolver in der Rocktasche«, und immer »... außerhalb des Schußwinkels an der Wand« hinaufschlich.[60]

Trotz seiner Zurückhaltung den neuen Machthabern gegenüber erschien Oster kaum glaublich, was er von Gisevius aus dem Herzen der Exekutive erfuhr. Wie Gisevius später berichtete, sei Oster anfangs den »düsteren Prognosen« über das NS-Regime, die er ihm entwickelte, nur zögernd gefolgt. Doch bald schreibt Gisevius über Osters Reaktion auf die Auswüchse des Regimes:

»Bereits unter der Ära Diels begann er den Kampf seines Lebens, der ihn zu dem entschiedensten Kämpfer gemacht hat, der je in der Wehrmacht für Recht und Anstand sein Leben einsetzte.«[61]

Im Laufe der Zeit entwickelte sich zwischen Oster und Gisevius eine enge Freundschaft, so daß letzterer ihn in seinem nach dem Krieg erschienenen Buch über den Widerstand als seinen »unvergeßlichen Freund« bezeichnet;[62] unter Osters Freunden sollte er eine Ausnahmestellung einnehmen.[63]

Begriff Oster schon damals das Doppelgesicht Hitlers, der nach außen hin noch oft in Gehrock und Zylinder auftrat, dem Reichspräsidenten Ehrerbietung bezeigte, die Wehrmachtsführung hofierte, gleichzeitig aber von einer Leibwache aus Berufsverbrechern umgeben und Herr war über Banden von Terroristen in Gestalt der SA und SS? Sollte er noch irgendwelche Zweifel über den Charakter des Nationalsozialismus gehegt haben, so brachte ihm der 30. Juni 1934 endgültige Klarheit. Anzeichen für eine Konfrontation mit der SA hatte er bereits in den vergangenen Wochen bemerkt, sie lag seit längerer Zeit sozusagen in der Luft. Ihre ständigen Übergriffe hatten zu Spannungen mit der Reichswehr geführt, die über ihr Monopol als bewaffnete Kraft des Staates wachte. Die Führer der SA wiederum waren enttäuscht über den nach ihrem Geschmack zu bürgerlichen Kurs der Regierung Hitlers; sie sahen sich um ihre Revolution betrogen. In seinen Träumen sah der SA-Stabschef Ernst Röhm, der einer der ganz wenigen Duzfreunde Hitlers war, ein Volksheer, basierend auf der SA, in das die Reichswehr eingegliedert werden sollte. Eine rechte Vorstellung von der geforderten »zweiten Revolution« hatte wohl niemand, aber Hitler sah die Gefahr zwischen seine eigene Bürgerkriegsarmee und die noch intakte Reichswehr zu geraten. In dieser Situation handelte er mit einer derartig kalten Schnelligkeit, daß Opfer und unbeteiligte Beobachter von den Ereignissen überrascht wurden.

Wenige Tage vor dem 30. Juni war Oster mit Gisevius aus Sicherheitsgründen auf den Schlachtensee hinausgerudert, um sich ungestört unterhalten zu können. Was genau bevorstand, wußte Oster aber ebensowenig wie Gisevius. Beide hielten zwar ein Vorgehen Hitlers gegen die SA-Spitze nicht für unmöglich, glaubten aber, daß der »Führer« im vertrauten Kreise seiner alten Kampfgenossen wieder »umfallen« würde.[64] Um so mehr wurde Oster von den sich überstürzenden Ereignissen des 30. Juni und der darauffolgenden Tage überrannt und schockiert. Mit Hilfe von Sondereinheiten der SS ließ Hitler die Führung der SA liquidieren; innerhalb von achtundvierzig Stunden knallten ohne Unterlaß die Salven der Erschießungskommandos im Gefängnis München-Stadelheim und in der SS-Kaserne in Berlin-Lichterfelde. Aber nicht nur die SA war das Ziel, Hitler ließ gleich alte Rechnungen mit begleichen: Konservative, Sozialisten, Offiziere – vor keiner Gruppe machten die Erschießungskommandos der SS halt. Sie und ihre Führer, Heinrich Himmler und Reinhard Heydrich, waren die wahren Sieger des 30. Juni.

Auch die Generale Schleicher und Bredow fielen unter den Kugeln der Mordkommandos, die engsten Mitarbeiter des amtierenden Vizekanzlers Papen, Oberregierungsrat v. Bose und Ministerialdirektor Klausener, wurden in ihren Zimmern niedergeschossen, und so ging es noch den ganzen 1. Juli über, hier im Auszug mit Gisevius' Worten wiedergegeben: »... Der Gruppenführer Koch aus Koblenz ist einer von denen, die zwischen München und Wiessee gefaßt werden. Er steht auf der schwarzen Liste. Aber Hitler begnadigt ihn. Trotzdem holen sie ihn nachts aus dem Zug heraus, als er beglückt, der Gefahr entronnen zu sein, zu Frau und Kindern heimwärts fährt. Lichterfelde. Die Gruppenführer Kopp, von Wechmar, Lasch gleichfalls Lichterfelde.

Max, Röhms Fahrer, wird als erster gegriffen. Sie fassen ihn, als sie sich die ganze Bedientenschaft Röhms holen. Stadelheim.

... Heines hat einen Bruder, der ist schwer lungenkrank und in den Schlesischen Bergen zur Erholung. Für ihn ist der Weg bis Lichterfelde zu weit. Der Kranke unternimmt in der Hirschberger Gegend einen Fluchtversuch, womit die Sippe Heines ausgerottet ist...

Zehntner, der Wirt des bekannten »Bratwurstglöckl«, ist ein guter Freund Röhms. Das mag zeitweise geschäftlich vorteilhaft gewesen sein. Nun ist es für ihn und drei seiner entarteten Kellner tödlich. Stadelheim.

Daß Gehrt, Voss, Schweinebacke, von Beulwitz, Mohrenschild, Kirschbaum, also die ganze engere Kumpanei von Karl Ernst, vorgemerkt sind, habe ich bereits erwähnt. Ich weiß nicht genau, zu welchem Tagespensum sie gehören. Jedenfalls Lichterfelde.

Mattheis, der Leiter der Württembergischen Staatspolizei, gehört zur SS und hat sich durch mancherlei Wildheiten ausgezeichnet. Angeblich sollte er sich heute besonders sicher fühlen. Doch es gibt einige Differenzen im schwarzen Lager, die nach Heydrichs Dafürhalten praktischerweise mitbereinigt werden. Durch halb Württemberg geht die Jagd. Schließlich haben sie ihn. Weder Stadelheim noch Lichterfelde, noch auf der Flucht erschossen. Ganz schlicht und einfach: umgekommen... Mit dem alten Präsidenten von Kahr darf auf keinen Fall glimpflich verfahren werden.

Bei dem operettenhaften Hitlerputsch von 1923 hatte er gewagt, Hitlers Verhalten erpresserisch zu finden... So erschlägt man ihn und wirft seine Leiche bei Dachau ins Moor.«[65]

In einem kleinen Restaurant am Kurfürstendamm traf Oster am Abend des 30. Juni 1934 den völlig erschöpften Gisevius. Dieser stellte fest, daß Oster nur wenig von dem weiß, was sich am Tag abgespielt hat. Gisevius unterrichtete ihn von den Vorkommnissen, wie er sie erlebt hat. Oster ist sogleich der Überzeugung, daß die Reichswehrführung die Morde an den Generalen Schleicher und Bredow auf keinen Fall hinnehmen könne. Was unternommen werden müßte, wußte Oster allerdings auch nicht.[66]

Aber es geschah überhaupt nichts. Fritsch, als neuer Chef der Heeresleitung, blieb untätig und der Reichswehrminister ließ sich auch nicht von Hammerstein beeinflussen, der ihn zum bewaffneten Protest der Reichswehr veranlassen wollte.[67] Das Heer schien vielmehr froh zu sein, daß Hitler mit der SS gegen die SA vorgegangen war; sicher, die Methoden waren verwerflich, aber so blieb der Reichswehr diese Auseinandersetzung erspart. Stellvertretend für viele Offiziere sagte Witzleben, als er hörte, daß die SA-Führer von der SS erschossen würden, das sei ja »prächtig«.[68]

Für Oster war mit dem 30. Juni seine Skepsis dem Nationalsozialismus gegenüber in Erbitterung und Haß umgeschlagen, wobei ihm immer mehr SS und Gestapo in den Mittelpunkt als Verkörperung des Bösen rückten. Noch 1944 gab Oster im Gefängnis zu Protokoll: »Die Ereignisse des 30.6.1934 waren die erste Gelegenheit, um die Methoden einer Räuberbande im Keim zu ersticken. In diesem Kampf zwischen Wehrmacht und SS« seien »aber Himmler und Heydrich als Sieger hervorgegangen.«[69] Weiter heißt es dort: Die Ereignisse des 30.6.1934 hätten »bei einem Teil des Offizierskorps und des Generalstabes zu oppositionellen Gefühlen vor allem gegen den Reichsführer-SS und die Gestapo geführt. In diesem Zusammenhang wird von Angst- und Haßzuständen gesprochen.«[70] Fassungslos registrierte Oster die Untätigkeit der Reichswehrführung, den beschwichtigenden Reichswehrminister, den unwissenden Fritsch, es blieb dabei – keiner der Generale unternahm auch nur einen Schritt, um die Morde zu unterbinden.

Am 2. August 1934 starb auf seinem ostpreußischen Gut Neudeck der Reichspräsident Generalfeldmarschall v. Hindenburg. Noch am selben Tage übernahm Hitler auch das Amt des Reichspräsidenten und ließ in einem überfallartigen Coup die Wehrmacht einen neuen Eid auf seine Person schwören. Dem vorangegangen waren Absprachen mit Blomberg und Reichenau, dem

Chef des Ministeramts im Reichswehrministerium, ohne die eine so erfolgreiche Durchführung der Vereidigung wohl kaum möglich gewesen wäre, wie Hitlers Dankschreiben an Blomberg vom 20.8.1934 beweist: »Herr Generaloberst! Heute nach der erfolgten Bestätigung des Gesetzes vom 2. August durch das deutsche Volk will ich Ihnen und durch Sie der Wehrmacht Dank sagen für den mir als ihrem Führer und Oberbefehlshaber geleisteten Treueeid. So wie die Offiziere und Soldaten der Wehrmacht sich dem neuen Staat in meiner Person verpflichteten, werde ich es jederzeit als meine höchste Pflicht ansehen, für den Bestand und die Unantastbarkeit der Wehrmacht einzutreten in Erfüllung des Testaments des verewigten Generalfeldmarschalls und getreu meinem eigenen Willen, die Armee als einzigen Waffenträger der Nation zu verankern.«[71]

Oster hat die Zäsur des 2. August 1934 sehr schnell begriffen. Er selbst wurde am 24.9.1934 vereidigt.[72] Klar empfand er, daß Hitler mit seinem Coup das Offizierskorps zunächst einmal unverrückbar fest an sich gebunden hatte.[73] Dennoch hat Oster genausowenig wie etwa Beck oder Fritsch eine Verweigerung des Eides ernsthaft erwogen. Das Dilemma, in dem sich die Vertreter der militärischen Elite befanden, war tief und ein Ausweg schien nicht möglich. Auf der einen Seite bestanden Unbehagen und Erschrecken über die immer unverhüllter zutage tretende Unmoralität des nationalsozialistischen Staates, andererseits schien Hitler die Erfüllung ihrer außenpolitischen Ziele zu garantieren. Sie alle wollten ja auch eine Revision des Versailler Vertrages und erstrebten die Wiederherstellung der Rolle Deutschlands in Mitteleuropa. Ein Konflikt mit Hitler hätte diese Politik möglicherweise torpediert.

Auch Oster befand sich in diesem Zwiespalt. Hinzu kam, daß Hitler mit der blutigen Ausschaltung der SA bestätigt zu haben schien, daß er willens war, das neue Reich auf »zwei Säulen« ruhen zu lassen, der Partei und der Armee. Die SA war von der Wehrmacht stets als vulgärer und gefährlicher Nebenbuhler angesehen worden, und wenn man auch schockiert über die Einzelheiten der Ereignisse vom 30. Juni war, so war ihre Ausschaltung als politischer Gegner doch willkommen; wie der Ausspruch Witzlebens zeigt, dachten die späteren Vertreter der Militäropposition damals genauso wie die bedenkenlosen Anhänger des Regimes.

So blieb es bei schwachen und folgenlosen Protesten gegen die Morde an Schleicher und Bredow. Es war ja gerade der Terror der SA gewesen, der die alten Herrschaftsschichten zugleich irritiert und eingeschüchtert hatte; mit ihrer Ausschaltung konnte man wieder auf geordnete Verhältnisse hoffen. Erst der immer deutlicher werdende Totalitätsanspruch Hitlers und seine Vabanque-Politik, die Deutschlands Stellung in Europa gefährden mußte, brachten den Umschwung, der nach genau einem Jahrzehnt zur Tat vom 20. Juli 1944 führen sollte.

Den persönlichen Eid auf Hitler empfanden viele als problematisch wie der später zur Militäropposition zählende Rudolf Christoph Freiherr v. Gersdorff, damals Oberleutnant im schlesischen Reiterregiment 7: »Das Ganze war uns höchst unbehaglich, weil wir uns in guter preußisch-deutscher Soldatentradition einem Manne verpflichtet hatten, der uns fremd und unheimlich war. Aber wer konnte damals schon ahnen, daß Hitler diesen Eid einmal benutzen würde, die Durchführung verbrecherischer Befehle zu erpressen?«[74] Durch den Eid auf Hitler und seine Übernahme des Oberbefehls über die Wehrmacht hatte eine Machtverschiebung zuungunsten des Militärs stattgefunden, die kaum einem der Offiziere sogleich bewußt wurde.

Mit Beunruhigung erkannte Oster, daß Hitler augenscheinlich die Integration der Nation in einem Maße gelang, die selbst ausgesprochene Hitler-Anhänger verblüffte. Sein Widerwille verstärkte sich dadurch genauso wie durch die Massenhysterie und die Begeisterungsausbrüche, die bei Hitler-Besuchen immer wieder ausgelöst wurden, und auch die zunehmende Kampagne gegen die Kirchen stieß ihn ab. Schon am 13. November 1933 waren im Berliner Sportpalast auf einer Demonstration der »Deutschen Christen« das Alte Testament und teilweise das Neue Testament als Aberglauben bezeichnet worden – ein Vorgang, der ihn zutiefst empörte.[75] Er haßte das Regime spätestens seit dem 30. Juni 1934.

Eine entscheidende Änderung brachte für Oster der 2. Januar 1935. An diesem Tag erschien ein kleiner, weißhaariger Mann im Haus Nr. 72–76 am Tirpitzufer, wo die Abwehrabteilung ihren Sitz hatte. Sein Weg führte ihn durch die winkligen Gänge des Gebäudes in den dritten Stock zum Zimmer des Abwehrchefs. Als er eintrat, begrüßten ihn die bereits wartenden Sekretärinnen, und alsbald wurden sämtliche Gruppen- und Untergruppenleiter zu ihrem neuen Chef befohlen.[76] Kapitän zur See Wilhelm Canaris hatte sein Amt angetreten. Sein Vorgänger, Patzig, war von Kriegsminister Blomberg als Abwehrchef angeblich deshalb abgelöst worden, weil er unerlaubterweise die Befestigungsanlagen der französischen Maginot-Linie von Flugzeugen aus hatte fotografieren lassen; in Wirklichkeit war Patzig aus politischen Gründen in den Augen der Partei »unmöglich« geworden, wie Blomberg dem gegen Patzigs Entlassung protestierenden Generalstabschef Beck erklärte.[77]

Bald nach dessen Amtsantritt erschien bei Canaris der Referent der Gruppe III, Major a. D. Hans Oster. Die Münsteraner Zeit war beiden noch in guter Erinnerung, und Canaris verwendete sich sofort für seinen alten Bekannten. Schon am 5. März 1935 wurde Oster in seinem alten Rang reaktiviert, zunächst als E- oder Ersatzoffizier; ins aktive Offizierskorps sollte er erst im Januar 1941 übernommen werden.[78] Der Reaktivierung folgte nach nur neun Monaten, am 1.12.1935, die Beförderung zum Oberstleutnant (E). Canaris hat Oster offensichtlich geschätzt, und diese Wertschätzung sollte es Oster ermöglichen, innerhalb der Abwehr sehr bald einen entscheidenden Einfluß auszuüben.

Wenn Oster abends vom Tirpitzufer nach Hause kam, schleppte sein Fahrer Jacobs meist dicke Aktenbündel mit, die sogleich in Osters Arbeitszimmer verschwanden. Bei der Aufarbeitung der Akten durfte er dann nicht gestört werden. Ausnahmen wurden nur gemacht, wenn er Sendungen der BBC hörte, die ihm seine Frau übersetzte, da er die englische Sprache nicht gut beherrschte. Erst nach Erledigung dieser Arbeiten stand er seiner Familie zur Verfügung. Dennoch hatten Osters relativ häufig Besuch. Ein regelmäßiger Gast war Gisevius, mit dem Oster mitunter so lautstarke Debatten führte, daß seine Frau hin und wieder um Mäßigung bitten mußte mit dem Hinweis, daß der Gegenstand der Unterhaltung nicht für die Nachbarn geeignet sei. »Sie brüllten so laut, daß man es durch zwei Zimmer hören konnte.«[80] Die Untaten der Nationalsozialisten, die Ahnungslosigkeit der Deutschen dem »Bauernfänger« Hitler gegenüber, der auf einer Woge der Popularität schwamm, erregten die beiden stark. Es war eine niederschmetternde Erkenntnis für Oster, daß die Warner und Kritiker, zu denen er gehörte, eine Minderheit darstellten, die weder Gehör fand, geschweige denn Möglichkeiten sah, eine Veränderung der Verhältnisse herbeizuführen.

Mit ungläubigem Erstaunen verfolgte Oster, wie Hitler mit seiner Außenpolitik einen Erfolg nach dem anderen errang. Schon am 14. Oktober 1933 hatte Hitler unter mehrfachen Friedensschwüren den Austritt aus dem Völkerbund verkündet. Frankreichs Ministerpräsident Daladier sah die Früchte des Sieges von 1918 zerrinnen, aber ohne Englands Hilfe wagte er nicht Hitler Einhalt zu gebieten. Am 26. Januar 1934 schloß Deutschland mit Polen einen Nichtangriffspakt und erkannte damit die deutschen Ostgrenzen an. Was keiner seiner sozialistischen oder bürgerlichen Vorgänger gewagt hatte, erledigte Hitler mit einem Federstrich. Mit einer endlosen Klage über das Deutschland widerfahrene Unrecht unterstrich er am 16. März 1935 die Wiedereinführung der allgemeinen Wehrpflicht, und auch hier gab es keine ernsthaften Hindernisse von England oder Frankreich. In England hatte die pazifistische Welle ihren Höhepunkt erreicht, der neue Premierminister Baldwin wagte gar nicht erst, eine Verstärkung der Luftrüstung zu fordern, während die Oxforder Studenten erklärten: »Dieses Haus weigert sich, für König und Vaterland zu kämpfen.«

Hitler erklärte ja aber auch in seiner Reichstagsrede vom 25. Mai 1935 den Frieden zum Ziel der nationalsozialistischen Politik. Unter den gleichen Friedensbeteuerungen marschierten am 7. März 1936 deutsche Truppen im entmilitarisierten Rheinland ein. Die Bevölkerung jubelte, der Erzbischof von Köln sandte ein Glückwunschtelegramm. Die Regierungen Englands und Frankreichs verurteilten den Vorgang, aber schon zwei Tage später erklärte Englands Außenminister Eden, »daß kein Grund besteht für die Annahme, daß der deutsche Schritt Feindseligkeiten in sich birgt ...«. Ohne einen Schuß abzugeben war diese Unternehmung geglückt, auch wenn es einige unruhige Stunden auf deutscher Seite gegeben hatte, als es zeitweise den Anschein hatte, daß Frankreich doch eine harte Haltung einnehmen würde.

Aber Hitler behielt recht, eine Woge von prodeutschen Gefühlen ging über England, wo man Hitler wegen seiner Popularität in Deutschland bewunderte, der, entgegen allen Warnungen und besonders den Warnungen seiner Generalität, einen Erfolg nach dem anderen erringen konnte. Wer wollte da noch Kritik üben, als Hitler am 30. Januar 1937 der Welt mitteilte, daß der Vertrag von Versailles endgültig erloschen und ungültig sei? Hitlers Friedenspolitik hatte ja niemandem Schaden zugefügt und lediglich Deutschland seine ihm zustehende Gleichberechtigung wiedergegeben. Es war zum Verzweifeln. Alles hatte Hitler erreicht, was die Träume der demokratischen Parteien der Weimarer Republik gewesen waren.

Oster mußte sich widerwillig eingestehen, daß er keine von Hitlers Errungenschaften nicht auch sich selbst gewünscht oder zumindest begrüßt hätte. Hinzu kamen die Aufwertung des Militärs, die Aufrüstung und damit das Wiedererstarken der politischen Bedeutung Deutschlands. Oster war viel zu sehr Soldat, als daß er diese Erfolge nicht gesehen hätte. Aber er fühlte, daß es nicht dabei bleiben würde, er sah das Gespenst eines neuen, weit größeren Krieges seine düsteren Schatten werfen, denn Hitler begann mit immer höheren Einsätzen zu spielen.

Aber das scheint für Oster nicht einmal das Entscheidende gewesen zu sein. Was seinen Widerstandswillen wirklich mobilisierte, waren die Bücherverbrennungen, der Kirchenkampf, die Morde vom 30. Juni 1934, kurz, es war der nackte, unverblümte

Machtwillen der neuen Herren, die alles unterdrückten, was selbständig, widerstandsfähig und unabhängig war. Die Macht begann, alles zu relativieren, Ehre Anstand, Glauben, und dieser Totalitätsanspruch auf der Grundlage vollkommener Unmoralität drängte Oster immer mehr auf Oppositionskurs.

Osters Widerstand war anfänglich geistiger Art, er stemmte sich gegen den Glauben an die neue unfehlbare Integrationsfigur Hitler. Er suchte Gesprächspartner für seine Gewissensnot und fand Zuflucht in seiner beruflichen Tätigkeit.[81]

In diesen Monaten begann er Gleichgesinnte zu finden. Den Rechtsanwalt und Kapitänleutnant Franz Maria Liedig[82] in der Abteilung I, Erkundung-Marine, einen alten Bekannten von Canaris aus der Zeit unmittelbar nach dem Ersten Weltkrieg; den ehemaligen nationalrevolutionären Freikorpsführer Friedrich Wilhelm Heinz, Angehöriger der Brigade Ehrhardt, bis Ende 1923 Oberster SA-Führer Westdeutschlands; 1925–1928 Mitglied der »Stahlhelm«-Bundesleitung; aus der NSDAP ausgeschlossen, weil er versucht hatte, Hitlers süddeutsche Gruppe zurückzudrängen; ein Abenteurer, der in vierzehn verschiedenen Gefängnissen der Weimarer Republik gesessen hatte und nach dem Krieg kurzzeitig Nachrichtenchef im Amt Blank werden sollte; zweifellos ein zu allem fähiger Außenseiter, der aber vielleicht gerade deshalb die Verhältnisse in Deutschland schärfer sah als so mancher, der durch seine Karriere zum Stillhalten und Mitmachen bewogen wurde.[83]

Wenig später trat auch Oberstleutnant Schrader zu Osters Kreis, ebenfalls »Stahlhelmführer«, Verfechter eines harten Kurses gegen Hitler, der in der Abwehr Zuflucht vor der Gestapo gesucht hatte.[84] Mit dem Leiter der Abwehrstelle Hannover, Alexander v. Pfuhlstein, verband Oster ein nahezu freundschaftliches Verhältnis, und es war bald so, wie Liedig sagte, daß bei Oster jeder anlief, der »... irgendwie innerhalb der Abwehr oder in Verbindung mit der Abwehr sich als Gegner des Nationalsozialismus bekannte«.[85] Das führte dann zu Übertreibungen, die Oster ein lückenloses Informantennetz andichteten, »... die Überwachung der gesamten Partei durch die Abwehrabteilung«, wie der Diplomat Werner v. Hentig 1938 in völliger Verkennung der Tatsachen behauptete.[86]

In Wirklichkeit war Oster in den Jahren 1935–1937 meilenweit davon entfernt, etwa eine Widerstandsgruppe anzuführen und Pläne gegen das Regime zu schmieden. Man traf sich lediglich und redete, klagte, kritisierte, stellte Untaten der Staatsorgane fest und hoffte auf einen fernen Zeitpunkt, an dem es möglich sein würde, dem Stadium der wachen Träume zu entkommen.

Die Bedeutung dieser Jahre liegt in den Kontakten, die geknüpft, Verbindungen, die neu geschaffen beziehungsweise erneuert wurden. Sie alle sollten später in mehr oder weniger bedeutender Form mit dem Widerstand verbunden sein: Gisevius, Canaris, Heinz, Liedig, Schrader, Pfuhlstein, der Hauptmann Groscurth von der Abteilung I, dem Geheimen Meldedienst der Abwehr, dem »... der Haß gegen das NS-Regime in das Gesicht geschrieben war«[87] - ein »Prachtmensch«.[88] Hinzu kamen der mit den Verhältnissen unzufriedene Nebe, die alten Bekannten Witzleben, Olbricht und Halder wie General Ulex, der demselben Regiment wie Oster angehörte; in großer Entfernung dann auch Fritsch und Brauchitsch, deren passive Rolle sehr verhängnisvolle Folgen haben sollte, und schließlich der holländische Militärattaché Gijsbertus Jacobus Sas, mit dem sich Oster während der Olympischen Spiele 1936 anfreundete und dessen Person schicksalhaft Osters herausragende Stellung im Widerstand dokumentieren wird.

Die Olympischen Spiele 1936 hatten in Oster einen aufmerksamen Zuschauer. Sein Hauptinteresse galt natürlich den reitsportlichen Disziplinen, die im Springen, in der Dressur und der Military den Deutschen die Goldmedaillen in der Einzel- und Mannschaftswertung brachten - ein großer Triumph der Kavallerieschule Hannover. Die Spiele brachten für Oster auch abwehrmäßige Beschäftigung, da die ausländischen Militärattachés und militärischen Gäste überwacht werden mußten. Unter den Attachés befand sich eben jener niederländische Major Sas, ein sympathischer, offener und impulsiver Mann, zudem ein fähiger Generalstäbler. Über einige offizielle Empfänge kamen Oster und Sas bald ins Gespräch. Beide entdeckten viele Gemeinsamkeiten, so daß aus der Bekanntschaft schnell eine Freundschaft wurde.[89] Sas hatte schon nach den ersten Begegnungen gespürt, daß er es mit einem Kritiker des Nationalsozialismus zu tun hatte, wie er ihn in seiner Schärfe wohl kaum unter den Angehörigen der deutschen Abwehr erwartet hätte. Im Gegensatz zu seiner Frau, die Hitler töricht bewunderte, war Sas ein Skeptiker hinsichtlich der Hitlerschen Außenpolitik, von der er wenig Gutes erwartete.[90]

Oster hatte Sas erzählt, wie er bei der Rheinlandbesetzung am 7. März 1936 abends vor dem Rundfunkgerät voller Spannung den französischen Gegenzug erwartet hatte und seine Enttäuschung beschrieben, als die erhoffte Androhung militärischer Maßnahmen ausblieb. Osters Nervosität entlud sich damals in den Worten: »Wenn die Franzosen jetzt nicht eingreifen, wird Hitler in seinem Wahnsinn bald nicht mehr aufzuhalten sein.«[91] Oster kannte die militärische Schwäche Deutschlands im Jahre 1935 und wußte, daß man einem französischen Angriff kaum etwas hätte entgegensetzen können. Aber die Franzosen marschierten nicht, und immer deutlicher zeichnete sich ab, daß es die Westmächte gar nicht auf einen bewaffneten Konflikt mit Deutschland ankommen lassen wollten. Gleichzeitig wurde Hitlers Position nach seinen außenpolitischen Erfolgen zunehmend unangreifbar.[92]

Schon während der Rheinlandbesetzung scheint Oster erkannt zu haben, daß nur ein außenpolitischer Rückschlag Hitler in eine ungünstige Lage bringen konnte, die geeignet gewesen wäre, sein Prestige, vor allem beim Heer, ernsthaft zu gefährden. So war er froh, in Sas einen Angehörigen eines neutralen Staates gefunden zu haben, der ein eigenes objektives Urteil über die Vorgänge in Deutschland nach Den Haag meldete. Die Bewunderung der Frau seines neuen Freundes für Hitler allerdings brachte ihn dermaßen auf, daß er nach einem ersten Besuch des Ehepaares Sas feststellte: »Diese Frau kommt mir nicht mehr ins Haus.«[93] Aber die Freundschaft zwischen den beiden Männern bestand auch über die 1937 erfolgte Versetzung des Attachés nach Den Haag hinaus fort, wo Sas Chef der Operationsabteilung des niederländischen Generalstabs wurde. Als sich im Frühjahr 1939 die internationale Lage zuspitzte, wurde der 1936–1937 so auffallend gut über Deutschland unterrichtete Attaché im April wieder nach Berlin gesandt, und einer seiner ersten Besuche galt seinem alten Freund Oster.[94]

1937 schien Hitlers Politik Atem zu schöpfen. Der ununterbrochene Dynamismus, das lärmende pseudorevolutionäre Auftreten der Nationalsozialisten war einer Saturiertheit, einer – trügerischen – Ruhe gewichen, die beängstigend wirkte. Nach Osters Überzeugung waren die Aussichten auf eine Änderung der politischen Verhältnisse in Deutschland gering. Wer sich zum geistigen Gegner des Regimes zählte, mochte unter Gleichgesinnten agieren: Er konnte durch ostentative Kirchenbesuche bei Pfarrern der »Bekennenden Kirche« seine Kritik deutlich machen, aktive Opposition schien kaum möglich.

So wurde in diesen Jahren 1936 und 1937 vielen das Privatleben oder der Beruf zum Zufluchtsort. Trotz des Widerwillens gegen diesen Staat übte man seine Tätigkeit pflichtbewußt aus, und der Abscheu den braunen Machthabern gegenüber führte fast nirgendwo zu Aktivitäten gegen Hitlers Regierung. Daher mangelte es auch keineswegs an Fachleuten, die sich dem NS-Staat trotz innerer Vorbehalte zur Verfügung stellten. Vielleicht war das bei der Armee am krassesten, wo sich die Generale oft wider besseres Wissen ihren Aufgaben widmeten und somit einem Herrn dienten, den sie verachteten.

Oster wie Hitler ersehnten beide 1937 die Krise, allerdings aus entgegengesetzten Motiven: Hitler, weil es ihn zur Erfüllung seiner territorialen Ziele in Österreich, Mitteleuropa und zur Gewinnung des Lebensraumes im Osten drängte, Oster, weil er sich keinerlei Illusionen darüber hingab, daß eine Veränderung der inneren Verhältnisse nur im Zusammenhang eines außenpolitischen Konflikts geschehen konnte. Seine eigene Hilflosigkeit und die Ohnmacht seiner Freunde waren ihm bewußt.

In der Abwehr hatte Oster zwar eine Art Zelle von künftigen Oppositionellen gebildet, aber ohne nähere Vorstellung, geschweige denn Konzeption. Zwar reichten seine Verbindungen dank Gisevius nicht nur zum Reichskriminalpolizeichef Nebe, zum Düsseldorfer Regierungspräsidenten Schmid oder zum Kommandeur des Wehrkreises VI in Münster, General von Kluge,[95] aber es waren eben nur Verbindungen. Daran änderte auch nichts, daß Witzleben schon 1937 Sondierungen bei den Truppen des Wehrkreises III in Berlin über deren Haltung zum Regime unternommen hatte, unterstützt von dem ihm unterstellten Generalmajor v. Brockdorff-Ahlefeldt,[96] der fünf Jahre später, auf dem Höhepunkt der Abwehrschlachten 1942 in Rußland als Verteidiger von Demjansk Berühmtheit erlangen sollte.

Im Winter 1937 fuhr Oster mit Gisevius, der inzwischen nach Himmlers Ernennung zum Reichspolizeichef 1936 und einem kurzen Gastspiel bei Nebes Reichskriminalpolizeiamt auf Heydrichs Betreiben aus dem Innenministerium entfernt worden war und nun bei der Landesregierung in Münster arbeitete,[97] sowie dem befreundeten Ehepaar Strünck zum Wintersport in die Dolomiten.[98] Dort trafen sie das Ehepaar Waldersee, ebenfalls Kritiker des Regimes, und an mehreren Abenden galten die Gespräche dem moralischen Niedergang Deutschlands.[99] Häufig ging Osters Temperament mit ihm durch, in aller Schärfe forderte er ein Vorgehen gegen SS, Gestapo und Hitler selbst. Wie das aber zu bewerkstelligen sei, darüber hatte auch er keinerlei konkrete Vorstellungen.

Das Wort Staatsstreich mag damals zum ersten Mal gefallen sein; aber ernstlich glaubte keiner der Gesprächsteilnehmer an die Möglichkeit eines Umsturzes in absehbarer Zeit. Groteskerweise zählte die Wehrmacht selbst zu den das Regime stabilisierenden Faktoren. Auch seine eigene Wiederübernahme in die Wehrmacht hatte Oster Hitlers Aufrüstung und Heeresvergrößerung zu verdanken. Die Einführung der allgemeinen Wehrpflicht am 16. März 1935 und die darauf folgende überhastete Aufrüstung, die über das von Seeckt konzipierte Ziel, zunächst eine Erhöhung auf ein schlagkräftiges Dreihunderttausend-Mann-

Heer zu erreichen, bei weitem hinausging, hatten bei den meisten seiner Offizierskameraden eine unpolitische Begeisterung ausgelöst, die auch mit den Beförderungen zu tun haben mochte, die der eigenen Karriere ein weites Feld eröffneten. Die wachsende Inhomogenität des Offizierskorps – Reaktivierte, ehemalige Unteroffiziere, Angehörige der Polizei bildeten einen erheblichen Teil der Neuzugänge – ließ die ehedem bestehende Klammer eines in sich geschlossenen Offizierskorps, die Seeckt durch extrem unpolitische Erziehung zu festigen versucht hatte, schwächer werden und half den Nährboden für Hitlers Demagogie zu bereiten.

Mit Vernunft schien nichts mehr zu erreichen zu sein, es bedurfte schon stärkerer Erschütterungen, und diese konnte beim Stand der Dinge im Jahr 1937 nur Hitler selbst bewirken.

»Ich habe die Sache Fritsch zu meiner eigenen gemacht«[1]

Die Fritsch-Krise

Am Abend des 5. November 1937 war der Reichsaußenminister Freiherr v. Neurath einem Herzanfall nahe. Soeben hatte Hitler ihm, dem Kriegsminister Generalfeldmarschall v. Blomberg sowie den Oberbefehlshabern des Heeres, der Marine und der Luftwaffe, Generaloberst Freiherr v. Fritsch, Generaladmiral Raeder und Generaloberst Göring, in einer von 16.15–20.30 Uhr währenden Unterredung in der Reichskanzlei seine künftige Politik offengelegt, und sie lief unverhüllt auf Krieg hinaus.

Hitlers Wehrmachtsadjutant Oberst Hoßbach hat später auf Grund von Notizen eine Darstellung von Hitlers Ausführungen gegeben, die als »Hoßbach-Protokolle« Berühmtheit erlangte. Hier heißt es unter anderem: Das Ziel der deutschen Politik sei die Sicherung und die Erhaltung der Volksmasse und deren Vermehrung. Somit handele es sich um das Problem des Raumes ... Es handele sich nicht um die Gewinnung von Menschen sondern von landwirtschaftlich nutzbarem Raum. Auch die Rohstoffgebiete seien zweckmäßiger im unmittelbaren Anschluß an das Reich in Europa und nicht in Übersee zu suchen ... Zur Lösung der deutschen Frage könnte es nur den Weg der Gewalt geben, dieser könne niemals risikolos sein ... Zur Verbesserung unserer militärpolitischen Lage müsse in jedem Fall einer kriegerischen Verwicklung unser erstes Ziel sein, die Tschechei und gleichzeitig Österreich niederzuwerfen, um die Flankenbedrohung eines etwaigen Vorgehens nach Westen auszuschalten.[2]

Die Reaktion der Anwesenden auf Hitlers politische Konzeption war zurückhaltend, wenn nicht ablehnend. Während Raeder auf die ungenügende Marinerüstung hinwies, kam von seiten Fritschs und Blombergs deutliche Kritik. Beide vermieden dabei Hitler direkt anzugreifen, sondern attackierten vielmehr in scharfer Form den ungefährlicheren Göring, der Hitlers Ziele ausgiebig pries und eindeutig für sie eintrat.

Hitler hielt sich in dieser Phase der Auseinandersetzung bewußt zurück, registrierte aber aufmerksam die Abneigung der Generale gegenüber seinen Gedankengängen, die gerade von Blomberg in unmißverständlicher Form vorgetragen wurde. Blomberg war ein überzeugter Anhänger Hitlers; man berichtete, daß er zuweilen nasse Augen bekam, wenn Hitler zu ihm sprach.

Seit langem war er für eine immer stärkere Einbettung der Wehrmacht in den NS-Staat eingetreten, und Hitler hatte ihm gerade in der Konsolidierungsphase des Regimes unzweifelhaft viel zu verdanken. Aber er war kein politischer Phantast, der die Gefahren übersehen hätte, die mit den gerade vorgetragenen Landgewinnungsplänen verbunden waren. Auf der anderen Seite war dem Kriegsminister offenkundig nicht ganz wohl bei seiner scharfen Kritik an Göring: Indirekt richtete sie sich ja auch gegen den »Führer«.

Hitler muß nach dem 5. November früher oder später zu der Überzeugung gekommen sein, daß er mit Blomberg als Kriegsminister und Fritsch als Oberbefehlshaber des Heeres in der neuen Wehrmacht keineswegs über ein willfähriges Instrument zur Erfüllung seiner Eroberungspläne verfügte. Hitler hatte Fritsch bislang als militärischen Fachmann geschätzt und ihm ansonsten bei der Führung des Heeres freie Hand gelassen. Anläßlich der Beförderung zum Generaloberst hatte er ihm sogar das goldene Parteiabzeichen verliehen nebst einem Bild von sich mit handgeschriebener Widmung. Nun aber hatte sich Fritsch als ängstlicher Zauderer erwiesen. Wenige Tage später, am 9. November, nachdem sich Fritsch mit seinem Generalstabschef Beck und dem Außenminister Neurath besprochen hatte, wurde er bei Hitler vorstellig, um erneut auf die militärischen Gefahren seiner Politik hinzuweisen. Anschließend an den Vortrag Fritschs sollte Neurath der Vereinbarung zufolge noch einmal sämtliche politischen Gegenargumente vorbringen.

Hitler geriet aber über Fritschs Ausführungen so in Wut, daß er den Außenminister erst acht Wochen später, am 4. Januar 1938, empfing. In dieser Besprechung stieß Neurath bei Hitler auf keinerlei Gehör, so daß er schließlich um seine Entlassung bat. Hitler bewilligte sie dem international angesehenen Außenminister nicht, da ihm der Zeitpunkt ungünstig erschien. Es war aber kein Zweifel, daß er von nun an nach einer Gelegenheit suchen würde, den unbequemen Neurath loszuwerden. Auch Blomberg und Fritsch müssen spätestens damals in Hitlers Augen ersetzbar geworden sein, doch vorerst hatte er nicht die Absicht, eine spektakuläre Umbesetzung der Wehrmachtsspitze vorzunehmen.

Ohne besondere Aufmachung brachten die Berliner Abendblätter am 12. Januar 1938 die Nachricht, der Kriegsminister Generalfeldmarschall v. Blomberg habe sich mit Luise Margarethe Gruhn verheiratet; der »Führer« und Reichskanzler Adolf Hitler und der Oberbefehlshaber der Luftwaffe, Generaloberst Göring, seien Trauzeugen gewesen. Wenige Tage nach der Hochzeit aber kamen erste Gerüchte über die neue Frau v. Blomberg auf, deren

Vorleben offenbar nicht ganz einwandfrei gewesen war. Die Gerüchte verdichteten sich zu Fakten, als im Reichskriminalpolizeiamt polizeiliche Akten auftauchten, aus denen hervorging, daß Luise Margarethe Gruhn zeitweise als Porno-Modell gearbeitet hatte. Die Unterlagen landeten schließlich auf dem Schreibtisch Görings, der keineswegs vergessen hatte, wie ihn der Kriegsminister am 5. November massiv kritisiert hatte. Pikant war an der Angelegenheit, daß es ausgerechnet Göring gewesen war, den Blomberg in völliger Verkennung von Görings Ehrgeiz im November um Unterstützung gebeten hatte, da er ein »einfaches Mädchen aus dem Volke« heiraten wolle. Schon damals hatte Göring bei der Gestapo in Erfahrung gebracht, daß mit der zukünftigen Frau des deutschen Kriegsministers einiges nicht stimmte, und hatte alles darangesetzt, die Heirat zustande zu bringen. War Blomberg erst einmal ausgeschaltet, so war der nächste Anwärter auf den Posten des Kriegsministers Göring.

Am 24. Januar 1938 erfuhr Hitler von Göring in einem theaterreifen Auftritt die Einzelheiten der Affäre Blomberg. Sei es, daß er wirklich ahnungslos war, sei es, daß auch er schon seit einiger Zeit über Informationen verfügte, Hitler ergriff die Gelegenheit sofort: Blomberg war durch seine Heirat untragbar geworden, und selbst wenn Hitler es gewünscht hätte, so hätte er ihn nicht halten können.

Aber an diesem Abend hatte Göring Hitler plötzlich eine weitere Eröffnung gemacht, die ihm die Möglichkeit gab, neben Blomberg auch den unbequemen Fritsch kaltzustellen und so die gesamte Spitze der Armee in seine Hand zu bekommen. Noch in der Nacht befahl Hitler seinen Wehrmachtsadjutanten Oberst Hoßbach für den nächsten Morgen um 10.00 Uhr in die Reichskanzlei.

Als Oberst Hoßbach am Morgen des 25. Januar 1938 in der Reichskanzlei eintraf, hatte er keine Ahnung, daß der entscheidende Schlag gegen die Unabhängigkeit des Heeres bevorstand. Hoßbach, der gleichzeitig Chef der Personalabteilung des Generalstabs des Heeres war, wurde nicht gänzlich von den Eröffnungen überrascht. Aber er spürte instinktiv, daß durch den Fall Blomberg das Offizierskorps als solches getroffen war; dies war eine moralische Niederlage für die gesamte Armee. Aus Hoßbachs Betroffenheit wurde blankes Entsetzen, als Hitler ihm plötzlich eröffnete, daß Fritsch ebenfalls gehen müsse, da er als Homosexueller desavouiert worden sei; die Beweise befänden sich in Hitlers Händen.[3]

Hoßbach erschien dies ganz unglaublich, und sofort witterte er eine Intrige gegen den lästigen Heereschef. Alle Versuche Hitlers und des ebenfalls anwesenden Göring, Hoßbach von der Schuld Fritschs zu überzeugen, schlugen fehl. Am Abend des 25. Januar verließ er die Reichskanzlei daher mit dem ausdrücklichen Befehl Hitlers, Fritsch nicht über die Anschuldigungen gegen ihn zu informieren. Auf dem Weg von der Reichskanzlei nach Hause schwankte Hoßbach zwischen soldatischem Gehorsam und persönlicher Loyalität Fritsch gegenüber: Schließlich entschloß sich Hoßbach, Fritsch gegen den eindeutigen Befehl Hitlers zu warnen; gegen 23.00 Uhr, dreizehn Stunden nach der Eröffnung Hitlers, hielt sein Wagen vor dem Kriegsministerium in der Bendlerstraße, wo auch Fritsch seine Wohnung hatte.[4]

Der Oberst fand Fritsch in niedergeschlagener Stimmung vor, denn er hatte bereits vernommen, daß Blombergs Entlassung unmittelbar bevorstand, und ihn bedrückte die Frage der Nachfolge, da er für seine Person unter allen Umständen auf seinem Posten bleiben wollte. Hoßbach konnte sich später kaum mehr erinnern, wie er es über sich gebracht hatte, dem Generaloberst von den ungeheuerlichen Beschuldigungen zu berichten, die er in der Reichskanzlei den ganzen Tag über hatte anhören müssen. Fritsch verlor nahezu die Fassung; er bezeichnete die Vorwürfe als »erstunken und erlogen« und forderte Hoßbach auf, ihm umgehend ein Treffen mit Hitler zu ermöglichen.[5] Hitler nahm am nächsten Morgen den Vorschlag seines Adjutanten nur widerwillig zur Kenntnis, stimmte aber einer Begegnung zu, die dann schon am Abend des 26. Januar stattfand.

Hitler hatte gar nicht die Absicht gehabt, Fritsch die Möglichkeit einer Rechtfertigung zu geben; gemeinsam mit Göring wollte er den Generaloberst mit »hieb- und stichfestem Material« überrumpeln; dazu sollte ein Fall dienen, der schon mehrere Jahre zurücklag. Ein Berufsverbrecher namens Otto Schmidt, der sich unter anderem als gewerbsmäßiger Erpresser betätigt hatte, um dann sein Opfer unter Druck zu setzen, hatte im Jahre 1933 einen Rittmeister a. D. Achim von Frisch wegen homosexueller Handlungen erpreßt. 1936 versuchte Schmidt, durch bereitwilliges Preisgeben seiner Opfer einer Verurteilung zu einer mehrjährigen Gefängnisstrafe zu entgehen. Dabei wurde auch der Fall eines angeblichen Generals von Fritsch erwähnt, der nun, nachdem das Material zunächst »für alle Fälle« zwei Jahre von der Gestapo aufbewahrt worden war, das Ende der militärischen Karriere des Generalobersten von Fritsch herbeiführen sollte. Hitler war diese Akte zwei Jahre zuvor bereits einmal vorgelegt worden, damals hatte er ihre Vernichtung befohlen, da er die Aufrüstung durch Angriffe auf die Heeresführung nicht gefährden wollte. Jetzt, am Abend des 24. Januar, war die »vernichtete« Akte von Göring und Himmler wieder beschafft worden und noch dazu ein »Zeuge«, der durch Drohungen der Gestapo zu jeder Aussage gebracht werden konnte.

Der 26. Januar mußte die Entscheidung bringen. Die Frage, die Hitler, Göring und Himmler bewegte, galt dem Verhalten Fritschs, wenn er sich dem sogenannten Zeugen Schmidt gegenübersah, der ihn als jenen Mann identifizieren sollte, der von ihm im Jahre 1933 erpreßt worden war.

Fritsch hatte den ganzen Tag über nachgegrübelt und sich den Kopf darüber zerbrochen, woher diese Verleumdungen wohl kamen und wer ihr Urheber sein konnte. Als er in die Reichskanzlei fuhr, hatte er sich weder mit seinem Generalstabschef Beck besprochen, noch mit Raeder, geschweige denn mit einem seiner Generäle. Als er gegen Abend im Vorzimmer erscheint, teilt ihm Hoßbach die bevorstehende Gegenüberstellung mit dem Zeugen Schmidt mit. Fritsch, noch ganz auf Auseinandersetzung gestimmt, knurrt nur: »Das Schwein will ich unbedingt sehen«; er begibt sich unverzüglich in Hitlers Bibliothek. Dort berichtet ihm Hitler von den präzisen Anschuldigungen Schmidts, die der entrüstete Generaloberst empört zurückweist. Hitler übergeht stillschweigend, daß der Oberbefehlshaber des Heeres ihm sein Ehrenwort anbietet. Statt dessen wendet er sich an den bereits im Raum befindlichen Schmidt, der von drei höheren Gestapobeamten eingerahmt war, nachdem man ihn zuvor einer gründlichen Säuberung sowie einer Rasur unterzogen hatte. Auf die Frage Hitlers, ob dies der Mann gewesen sei, antwortet Schmidt, auf Fritsch deutend: »Ja, das war er!«[6]

Bis zu diesem Punkt wäre noch einiges zu retten gewesen, sieht man von der Ungeheuerlichkeit ab, daß hier ein Zuchthäusler vom Staatsoberhaupt als Werkzeug verwendet wurde, um einen unbequemen General aus seinem Amt zu jagen. Doch nun reagierte Fritsch so falsch und ungeschickt, wie nur ein unpolitischer deutscher General reagieren kann. Statt mit der Gegenüberstellung unter Protest die Reichskanzlei angesichts einer zugleich grotesken und beleidigenden Ankündigung zu verlassen, die Armeeführung zusammenzurufen, wirkte er verlegen und fassungslos und versuchte obendrein noch, Hitler eine plausible Erklärung für die Beschuldigung zu geben, woraufhin Hitler und Göring Fritsch als bereits überführt betrachteten.

Ein tief beschämter, erschütterter und offenbar handlungsunfähiger Fritsch verließ in den Abendstunden des 26. Januar die Reichskanzlei. Unter den Zurückgebliebenen machte nun Hoßbach den Vorschlag, Beck hinzuzuziehen, was auch sofort von Hitler befohlen wurde. Kurze Zeit später erschien der ahnungslose Generalstabschef auf Hitlers Wunsch in Zivil. Konfrontiert mit den Vorwürfen gegen Blomberg und Fritsch, forderte Beck den sofortigen Ausschluß Blombergs aus der Armee, während er im Fall Fritsch auf einer »schonungslosen Untersuchung« bestand.[7] Keinen Augenblick scheint Beck auf den Gedanken gekommen zu sein, daß es sich um ein abgekartetes Spiel gegen die Führung des Heeres handeln könne; mit seiner Forderung nach einer Untersuchung des Falles erkannte er wenigstens die Möglichkeit an, daß an den Vorwürfen etwas Wahres sein könnte. Zwar besprach er sich noch am gleichen Abend mit Fritsch und mit Hoßbach und kehrte dann in die Reichskanzlei zurück, um Hitler zu einer gerichtlichen Untersuchung der Vorwürfe zu bewegen. Aber weder der Chef des Heeres noch sein Generalstabschef hielten es für möglich, daß der Belastungszeuge von der Gestapo präpariert worden sein könnte.

Das war die Situation, als Gisevius am 27. Januar von Schacht erste Andeutungen über den Fall Blomberg hörte. Gisevius eilte daraufhin sofort zu Nebe, der ihm unter großer Geheimniskrämerei in einem winkligen Gang des Polizeipräsidiums die Akte »Gruhn« zeigte. Der hartgesottene Gisevius geriet beim Anblick der Fingerabdrücke der Gruhn ziemlich aus der Fassung, denn »die Fingerabdrücke einer leibhaftigen Generalfeldmarschallin bekommt man alle tausend Jahre nur einmal vorgelegt«.[8] Nach einigen weiteren Informationsbesuchen fuhr Gisevius ins Kriegsministerium, wo ihm schon unten im Flur ein auffallend blasser Oster entgegenkam, dem Gisevius zuflüsterte: »Du, ich habe soeben die Fingerabdrücke Eurer Feldmarschallin gesehen.« Oster entgegnete: »Was, die Sache ist schon wieder herum?« und beschwor Gisevius, absolutes Stillschweigen zu bewahren; dann gingen beide zusammen zu Canaris.[9] Der Wissensstand des Abwehrchefs war jedoch recht lückenhaft, so daß er sich von Gisevius erst einmal die Einzelheiten über die Gruhn erzählen ließ. Aber Canaris wußte Dinge, von denen Oster wie Gisevius keine Ahnung hatten. Als er ihnen mit der Eröffnung: »Und mit Fritsch soll auch etwas nicht stimmen«, in kurzen Zügen die neueste Katastrophe berichtete, verschlug es ihnen die Sprache. Beide hatten sofort den Verdacht, daß »etwas Unheimliches im Gange ist«, daß ein »Komplott geschmiedet wird«, aber noch wußten sie nicht, wo sie anzusetzen hatten.[10]

Mittlerweile glich das Kriegsministerium einem Wespennest. Was anfänglich wie die unangenehme Affäre eines offensichtlich liebestollen sechzigjährigen Feldmarschalls ausgesehen hatte, präsentierte sich nun als eine Erschütterung des ganzen Heeres. Oster war inzwischen von dem ihm befreundeten Adjutanten

Oben: (v. links) Hitler mit dem Oberbefehlshaber der Luftwaffe Hermann Göring, dem Kriegsminister Generalfeldmarschall v. Blomberg, dem Oberbefehlshaber der Kriegsmarine Großadmiral Raeder und dem Oberbefehlshaber des Heeres Generaloberst v. Fritsch. *Unten:* v. Fritsch mit dem Generalstabschef des Heeres General Ludwig Beck

Links: Generaloberst Ludwig Beck, nach seinem Rücktritt das geistige Oberhaupt der Militäropposition. *Rechts:* Hitler, der rumänische Marschall Antonescu (links), der Generalstabschef des Heeres Generaloberst Halder (rechts), dahinter Chefdolmetscher Paul Otto Schmidt und der Chef des Oberkommandos der Wehrmacht Generalfeldmarschall Keitel

Fritschs, Hauptmann Jochen von Both, über den Vorwurf der Homosexualität informiert worden. Während Oster sich ungläubig anhörte, daß sich der Oberbefehlshaber des Heeres eine Gegenüberstellung mit dem Zuchthäusler Schmidt in der Reichskanzlei in Gegenwart Hitlers hatte gefallen lassen müssen, kam Gisevius mit neuen ungeheuerlichen Nachrichten von Nebe. Danach hatte sich Generaloberst Fritsch bereits zweimal von der Gestapo verhören lassen.[11] Daraufhin begab sich Oster sofort zu Canaris, der die Nachricht seinerseits Beck übermittelte.

Beck erkannte sofort, daß Fritsch einen entscheidenden Fehler begangen hatte; nie hätte er freiwillig zur Gestapo gehen dürfen, da er ausschließlich der Wehrmachtsgerichtsbarkeit unterstand. Auf keinen Fall durfte Fritsch weiterhin Gestapoverhöre akzeptieren. Wie Gisevius schreibt, »... übermittelt Beck dies Fritsch. Dabei stellt er fest, dieser ist immer noch von der Vorstellung befangen, er müsse etwas aufklären. Der Generaloberst glaubt, daß nicht er, sondern auch Hitler und Göring einem Irrtum zum Opfer gefallen sind. Nur darum, erklärt Fritsch, habe er das Opfer gebracht, in die Prinz-Albrecht-Straße zu fahren. Beck muß ein energisches Veto sprechen, um ihn von solchen Gedankengängen abzubringen.«[12]

Zu diesem Zeitpunkt waren die Vorwürfe gegen Fritsch längst nebensächlich geworden. Für Hitler spielte es gar keine Rolle, ob Fritsch homosexuell war oder nicht; er war fest entschlossen, so oder so die Spitze der Wehrmacht neu zu besetzen.

Oster hatte mittlerweile ein ungefähres Bild der Affäre Blomberg gewonnen. Sein Verdacht, daß die Gestapo bei der Heirat Blombergs ihre Hände im Spiel gehabt hatte, ließ sich nach einer Unterredung mit Blombergs Luftwaffenadjutanten, Hauptmann Böhm-Tettelbach, nicht erhärten. Oster hatte befürchtet, daß die Gruhn von der Gestapo auf Blomberg »angesetzt« worden war, mußte aber von Böhm-Tettelbach erfahren, daß der Kriegsminister seine jetzige Frau schon mehrere Jahre kannte. Ansonsten gab Böhm-Tettelbach »bereitwillig Auskunft«, ohne daß Oster grundlegend Neues erfahren hätte.[13] Vor den Vorwürfen gegen Fritsch sollte die Affäre Blomberg aber bald in den Hintergrund treten, denn Osters ganze Aufmerksamkeit richtete sich nun auf den Fall Fritsch, unterbrochen nur durch eine kurze Episode, die Oster nach Italien führte.

Blomberg war inzwischen nach Italien abgereist, hatte aber in der allgemeinen Hektik kein Abschiedsgesuch eingereicht. Ausgerechnet Oster wurde mit der Mission betraut, Blomberg nachzufahren und das Gesuch nachträglich einzuholen. In Capri fand Oster zu seinem Erstaunen einen vergnügten und munteren

Blomberg vor, was nicht dazu angetan war, Osters Abneigung gegen den ehemaligen Kriegsminister zu verringern.[14] Das Abschiedsgesuch Blombergs in der Tasche, kehrte Oster am 2. und 3. Februar nach Berlin zurück, womit für ihn der Schlußstrich unter die Affäre des ehemaligen Kriegsministers gezogen war.

Der Kampf um Fritsch war im Grunde von vornherein verloren. Zwar hat Fritsch mit dem Gedanken eines Aufrufs an die Generalität gespielt, wie Hoßbach nach dem Krieg berichtete. Das aber hätte vorausgesetzt, daß er gewillt war, Hitler zu seiner Entlassung zu zwingen und damit einen eindeutigen Konfrontationskurs zu steuern, der auf eine Kraftprobe zwischen Heer und Regime hinausgelaufen wäre. Von einer derartigen Auseinandersetzung befürchtete Fritsch, daß sie möglicherweise zu Blutvergießen und einer bürgerkriegähnlichen Situation führen könnte, und unter keinen Umständen wollte er die Verantwortung dafür tragen. Diese Gefahr schloß in den Augen Fritschs jede Aktion von vornherein aus, wie er in großer Erregung Hoßbach am 28. Januar erklärte.[15] Fritsch war wohl auch der Meinung, daß das deutsche Volk Hitler bereits viel zu sehr ergeben war, um einem gemeinschaftlichen Schritt der Heeresgeneralität Verständnis entgegenzubringen.

Fritsch war weder machtbewußt noch ein politischer General; wäre er es gewesen, so hätte die Angelegenheit zweifellos einen anderen Verlauf genommen. Alle seine Überlegungen nach dem 26. Januar kreisten stets um den Punkt, wie man Hitler davon überzeugen könne, daß er einem Irrtum erlegen sei. Selbst im Falle Görings war er sich nicht sicher, ob dieser wirklich zu den Urhebern der Intrige gehörte, die Fritsch ausschließlich in den Reihen der SS sah. Eines war jedenfalls sicher: Nur als Oberbefehlshaber des Heeres konnte Fritsch die höhere Generalität des Heeres zusammenzurufen. Nach seinem Rücktritt würde ihm sozusagen die Legitimation fehlen.

So konzentrierten sich die Bemühungen seiner Anhänger darauf, ihn zu einer harten Haltung zu bewegen. Gleichzeitig sah man sich nach Verbündeten um. Oster ging im Geiste die Generale durch, die seiner Meinung nach bereit wären, für Fritsch etwas zu unternehmen. In Frage kamen dabei nur Kommandierende Generale, sie allein konnten Truppen in Marsch setzen. Oster verfiel auf den ihm von seiner Zeit beim A.R. 2 her bekannten General Wilhelm Ulex, der Kommandierender General des XI. AK in Hannover war und dessen regimefeindliche Einstellung Oster genau kannte.[16] Am 29.1.1938 fuhr Oster nach Hannover – nach Ulex' Aussage auf eigene Initiative, ohne Absprache mit Canaris.[17] Erleichtert wurde die Reise durch die Anwesenheit des damaligen Majors Alexander v. Pfuhlstein, der im Stab von Ulex Abwehrchef des XI. AK war und Oster politisch nahestand. Da Pfuhlstein außerdem das Vertrauen seines Chefs Ulex genoß, erhoffte sich Oster bei Ulex ein offenes Ohr. Er wollte ihm vorschlagen, sich an die Spitze der zwölf Kommandierenden Generale zu setzen und Hitler einen gemeinsamen Rücktritt der Heeresspitze anzudrohen.[18]

Nach einer Beratung mit Pfuhlstein gingen beide gemeinsam zu Ulex, dem Oster ohne langes Zögern seine Vorschläge unterbreitete. Das Komplott gegen Fritsch machte Ulex tief betroffen, zuerst schien es ihm kaum glaubhaft. Einen Schritt der Kommandierenden Generale lehnte Ulex jedoch ab. Dies war in seinen Augen schon deshalb ein Hasardspiel, weil eine geschlossene Generalsfronde niemals zustandekommen würde, da zumindest die Generale v. Reichenau und Dollmann, die das VII. Korps (München) beziehungsweise IX. Korps (Kassel) kommandierten, nicht mitmachen würden.[19]

Enttäuscht fuhr Oster zurück nach Berlin und stellte sich immer wieder die Frage, ob denn die Generale wirklich nicht begriffen, daß nicht Blomberg und Fritsch gemeint waren, sondern die Armee.

Besonders kraß war dies im Falle des Generals v. Kluge, des Kommandierenden Generals des VI. Korps in Münster, den Gisevius nach Rücksprache mit Oster am 29. Januar aufsuchte. Einer möglichen Überwachung seiner Leitung wegen sagte sich Gisevius von einer Telefonzelle aus bei Kluge an, der zunächst eher ungehalten war, da er über das Wochenende zur Jagd fahren wollte. Schließlich bat er Gisevius zu sich, der zu verstehen gegeben hatte, daß es sich um eine wichtige Angelegenheit handele. Vorsorglich empfing Kluge seinen Besucher im Flur und führte ihn selber in sein Arbeitszimmer, wo er sorgfältig alle Türen verschloß. Gisevius sah sofort, daß Kluge nicht begriffen hatte, was in Berlin eigentlich stattgefunden hat. »Daraufhin erzähle ich in großen Zügen unsere Erlebnisse. Während ich das so schildere, wird mir selber noch einmal die Ungeheuerlichkeit dessen klar, was sich abgespielt hat. Der General mir gegenüber wird nämlich aschfahl. Völlig konsterniert streckt er beide Arme und Beine von sich und liegt wie ein steifer Klotz im Sessel.«[20] Den Fall Blomberg hält Kluge immerhin für »vorstellbar«, die Vorwürfe gegen Fritsch erscheinen ihm ganz »unbegreiflich«. Aber er weiß praktisch nicht aus noch ein, und so muß Gisevius unverrichteter Dinge wieder abfahren, da er dem General erst einmal Zeit geben will, Klarheit über die eigene Position zu gewinnen.[21]

Ausgerechnet der General aber, der als Befehlshaber des Berliner Wehrkreises die entscheidende Stelle dargestellt hätte, Osters Freund Witzleben, lag krank in einem Dresdener Sanatorium. Inzwischen wurde die Zeit für die Anhänger Fritschs knapp, denn von Both hatte Oster erfahren, daß Fritsch mehr und mehr an einen Rücktritt denke. In dieser Situation trat Carl Goerdeler[22] auf den Plan, der ehemalige Leipziger Oberbürgermeister, der nun einen anderen General, nämlich Wilhelm List,[23] den Kommandierenden General im Wehrkreis IV (Dresden), zu mobilisieren versuchte.

Der 1884 in Schneidemühl (Westpreußen) geborene Goerdeler entstammte einer Beamtenfamilie. Als Jurist und Verwaltungsfachmann war er schon 1930 Oberbürgermeister von Leipzig geworden, und 1931 wurde er von Reichskanzler Brüning zum Reichskommissar für die Preisüberwachung ernannt. Auch nach Hitlers Machtübernahme blieb er Oberbürgermeister von Leipzig, wo er allerdings bald mit der Partei aneinandergeriet. Ungeachtet dessen, ernannte ihn Hitler im November 1934 erneut zum Reichskommisar für die Preisüberwachung. In dieser Stellung blieb er bis zum 1. Juli 1935.

Goerdeler war ein unerschütterlicher Optimist, dem es mehrmals gelungen war, Hitler zu Entscheidungen gegen Parteigrößen zu bewegen. Dies bestärkte Goerdeler auf trügerische Weise in seinem Glauben an den gesunden Menschenverstand, durch den sich fast alles beeinflussen lasse, sofern es nur vernünftig vorgebracht und erklärt wurde. Am 1. April 1937 war er von seinem Amt als Leipziger Oberbürgermeister zurückgetreten, da die Partei während einer Finnlandreise Goerdelers das Denkmal des Komponisten Mendelssohn vor dem Leipziger Gewandhaus hatte entfernen lassen. Seit seinem Ruhestand war seine ganze Energie darauf gerichtet, den Krieg zu verhindern wobei er alle seine Verbindungen zur Industrie und zum Militär – unter anderem zu Robert Bosch und dem Chef des Generalstabes, Ludwig Beck – einsetzte. Seine zahlreichen Reisen, die ihn häufig ins Ausland führten, trugen ihm nach dem Attentat des 20. Juli 1944 vor dem Volksgerichtshof die Bezeichnung »Handlungsreisender des Defaitismus« ein.

Am 29. Januar fuhr Goerdeler mit dem Zug nach Leipzig, wo List und sein Stabschef Olbricht gerade mit einem militärischen Planspiel beschäftigt waren. Gemeinsam mit dem ersten Generalstabsoffizier des IV. AK, Oberstleutnant Röhricht, traf sich Olbricht mit Goerdeler in einem unauffälligen Viertel Leipzigs. In Zivil und in einem Wagen ohne militärische Kennzeichen fuhr man ins Offizierskasino, wo Olbricht einen Raum belegen und die benachbarten Zimmer vorher räumen ließ. Nach kurzer Zeit erschien auch List, der aus der Übung herausgerufen worden war.

Goerdeler schilderte nun die Ereignisse in Berlin, die Vorgänge hinter der Heirat Blombergs und die Intrige gegen Fritsch, deren eigentliches Ziel das Heer sei. Aber List reagierte wie Kluge. Einem betroffenen Schweigen folgte die verlegene Erklärung, daß er sich außerstande sehe, zu Vorkommnissen Stellung zu nehmen, die ihn vollkommen überrascht hätten. Goerdeler versuchte ihn zu einer Aktion gegen die Gestapozentrale zu bewegen, die in Belange des Heeres eingegriffen habe. Jetzt müsse man handeln, List müsse seine Truppen in Marsch setzen. Olbricht und Röhricht erhoben Einwände; die Entfernung von Berlin sei viel zu groß - die entscheidenden Einheiten lägen in Spandau, Potsdam und Döberitz, weshalb jetzt alles auf Berlin ankäme. Goerdeler rang mit den reservierten Militärs mit dem Argument, in Berlin gäbe es zur Zeit keine Führung - Beck sei wie gelähmt, Witzleben sei krank, eine Initiative könne nur von draußen kommen. Das war ein dilettantischer, zweifellos unverantwortlicher Vorschlag. Zu Recht bemängelte Röhricht das Fehlen jeder politischen Basis, - einer zuverlässigen Truppe und so könne man keinen Staatsstreich in Szene setzen. Am Ende akzeptierte Goerdeler die Entscheidung Lists, daß er gemeinsam mit Röhricht nach Berlin fahren werde, um sich ein Bild von der Lage zu machen.[24]

Als List und Röhricht am 29. oder 30. Januar bei Beck eintrafen, hatten sie beim Betreten des Kriegsministeriums am Tirpitzufer/Ecke Bendlerstraße den Eindruck, sich in einem Totenhaus zu befinden. Der Eindruck verstärkte sich bei der Begegnung mit Beck, der müde und niedergeschlagen aussah. Seinen Bericht über die Ereignisse empfand List im Vergleich zu den leidenschaftlichen Mitteilungen Goerdelers als äußerst dürftig; der Generalstabschef hatte weder klare Vorstellungen über den Umfang der Intrige noch über deren Urheber. Lediglich über die Nachfolge Blombergs konnte Beck etwas sagen, denn Hitler hatte inzwischen zu erkennen gegeben, daß er selbst den Oberbefehl über die Wehrmacht übernehmen wolle. Über eine mögliche Umbesetzung in der Heeresführung hatte Beck keine Informationen. Unter diesen Umständen wäre ein selbständiger Schritt der Führung des Wehrkreises IV unverantwortlich gewesen. List kehrte tiefbeunruhigt und ratlos nach Leipzig zurück.[25]

Becks Unfähigkeit, die richtigen Schlüsse aus den Ereignissen zu ziehen, erwies sich auch anläßlich eines Gesprächs mit seinem engen Mitarbeiter Manstein, der Generalmajor und Oberquartiermeister I im Generalstab des Heeres war. Am 31. Januar teilte Beck Manstein mit: ...es gehe einmal darum, daß der Reichskriegsminister zurückträte, weil sich herausgestellt hätte, daß seine Frau eine zweifelhafte Vergangenheit habe. Darüber hinaus aber handele es sich zugleich um die Person des Oberbefehlshabers des Heeres, Fritsch, des an sich gegebenen Nachfolgers Blombergs. Hier sei eine Intrige schlimmster Art im Gange, über die er jedoch zu Stillschweigen verpflichtet sei.[26]

Dem Oberquartiermeister II, Generalleutnant Halder, genügte Becks Hinweis auf seine Schweigepflicht nicht, er erbat Unterrichtung, die Beck mit dem Hinweis verweigerte, er habe sein Wort gegeben. Das führte zu einer heftigen Auseinandersetzung zwischen Beck und Halder, der den Chef des Generalstabs aufforderte, sich an die Spitze der Generalität zu stellen und das Gestapohauptquartier in der Prinz-Albrecht-Straße zu besetzen; die Intrige gehe zweifellos gegen Fritsch und damit gegen das Heer.

Beck reagierte äußerst erregt, warf Halder vor, das laufe hinaus auf »Meuterei, Revolution. Diese Worte gibt es nicht im Lexikon eines deutschen Offiziers!«[27] Halder verbat sich diese Belehrung, er stamme aus einer Familie, deren Söhne seit dreihundert Jahren den Offiziersberuf wählten. Beck erklärte schließlich, die Sache Fritsch sei noch nicht geklärt, und in ein schwebendes Verfahren »kann kein Offizier eingreifen«.[28]

Alle diese Versuche, zugunsten von Fritsch auf den Verlauf der Ereignisse einzuwirken, waren so wenig aufeinander abgestimmt, daß von einem planmäßigen Zusammenwirken überhaupt nicht gesprochen werden kann. Zu allem Überfluß kam am 1. Februar die Nachricht, daß Fritsch seinen Rücktritt eingereicht habe. Diesen Schritt unternahm Fritsch gegen den Willen seines Anwalts Rüdiger Graf von der Goltz, der ihm eindringlich davon abgeraten hatte: »Zwingen Sie Hitler, Sie hinauszuwerfen.«[29]

Oster, Gisevius, Hoßbach und Both erfaßten sogleich, daß dies die Niederlage war. Offenbar war Fritsch nicht bereit, den Kampf um seine Ehre und damit um das Heer auszufechten. In grenzenloser Naivität wollte er die kriegsgerichtliche Klärung des Falles abwarten, der Hitler am 29. Januar zugestimmt hatte. In der irrigen Annahme, daß die Wahrheit durch ein ordentliches Verfahren gemäß dem Wehrmachtsstrafrecht zwangsläufig ans Licht kommen mußte, zeigte Fritsch nur, daß er noch immer nicht begriffen hatte, was eigentlich gespielt wurde und ersparte so dem Diktator eine mögliche Konfrontation mit der Heeresführung.

Im Gegensatz zum Kriegsministerium, schätzte man in der Reichskanzlei die Lage durchaus realistisch ein. Als Hitler seinen Adjutanten Oberst Hoßbach aus der Reichskanzlei entfernte, den er als Hauptschuldigen dafür ansah, daß die Entlassung Fritschs nicht reibungslos ablief, fürchtete vor allem Goebbels eine Reaktion des Heeres. Zu Hitlers persönlichem Adjutanten Wiedemann sagte er beunruhigt: »Der Menschenverbrauch, den wir haben! Wenn morgen zwölf Generale gehen, dann sind wir fertig.«[30]

Die bemerkenswerte Ahnungslosigkeit des Oberbefehlshabers des Heeres in allen Dingen, die außerhalb seines militärischen Bereichs lagen, der mit seinem Rücktrittsgesuch alle Trümpfe unwiederbringlich aus der Hand gegeben hatte, muß für Oster desillusionierend gewesen sein, da er bisher unverändert in ihm den idealisierten Typus des untadeligen preußischen Offiziers gesehen hatte. War Fritsch das wirklich oder stand hinter seiner Entschlußlosigkeit auch eine innere Brüchigkeit? Im Dezember 1938 schrieb Fritsch an die mit ihm befreundete Baronin Schutzbar, daß es eigentlich merkwürdig sei, »daß so viele Menschen trotz der doch unbestreitbaren gewaltigen Erfolge des Führers in diesem letzten Jahr mit wachsender Sorge in die Zukunft sehen«, aber man müsse sich eben über die Schwere des Kampfes gegen die Juden klar sein.[31] Wahrscheinlich war er wirklich nicht der Mann, den Oster in ihm sah und der sich entschlossen an die Spitze des Heeres gestellt hätte, um notfalls mit Gewalt gegen das Regime vorzugehen.

In der Reichskanzlei ging es währenddessen längst um die Nachfolge der gestürzten Generale. Ursprünglich hatte sich Göring Hoffnungen auf den Posten des Oberbefehlshabers gemacht, aber Hitler dachte nicht daran, ihn zum Kriegsminister zu machen. Statt dessen griff er den Vorschlag Blombergs auf – der zunächst nicht Beck oder Rundstedt, den dienstältesten General, sondern tatsächlich Göring empfohlen hatte –, selber den Oberbefehl zu übernehmen, womit dieser sich wohl bei der Heeresgeneralität rächte, die keinen Schritt zu seinen Gunsten unternommen hatte.[32] Dieser letzte und makabre Ratschlag markierte das Ende des unheilvollen Einflusses, den Blomberg auf die Wehrmacht genommen hatte und der am 2. August 1934 nach dem Tode Hindenburgs mit dem überraschenden Eid der Wehrmacht auf Hitler begonnen hatte.

Ungeklärt blieb die Nachfolge Fritschs. Nachdem Blomberg Hitler geraten hatte, selber den Oberbefehl zu übernehmen, verlangte Hitler nach einem Gehilfen, und Blomberg nannte ihm den General Keitel, bezeichnete ihn aber im selben Atemzug als »Bürochef«. »Das ist genau die Art von Mann, die ich brauche«, lautete Hitlers Antwort.[33]

Keitel war wirklich das Instrument, das Hitler wünschte. Er war es auch schließlich, der Hitler gegenüber zuerst den Namen Walther v. Brauchitschs ins Spiel brachte, als es um die Nachfolge

Fritschs ging. Er beschrieb ihn als fähigen und geachteten General, was Hitler auf den ersten Moment wenig befriedigte, da sein Kandidat der im Heer allgemein als Nazigeneral verschriene Walter v. Reichenau war. Eine Besprechung mit Rundstedt am 31. Januar brachte Hitler jedoch von Reichenau wieder ab, den Rundstedt eindeutig ablehnte, während der rangälteste General des Heeres Brauchitsch ohne zu zögern akzeptierte. Damit war die Vorentscheidung gefallen. Von nun an liefen die Verhandlungen in der Reichskanzlei zwischen Hitler, Göring und Keitel unter Ausschluß der Heeresführung, die erst per Zufall über die Vorgänge unterrichtet wurde. Keitel war von Beck nach einer heftigen Auseinandersetzung aus dem Zimmer geworfen worden und hatte in seiner Aufregung Zettel hinterlassen, auf denen die geplanten Veränderungen in der Hierarchie des Heeres festgehalten waren. Jetzt erst – viel zu spät – dämmerte Beck, was hinter den Kulissen gespielt wurde.[34]

Auch General der Artillerie Walther von Brauchitsch hatte Eheprobleme. Seit fünf Jahren lebte er von seiner Frau getrennt, da er eine intensive Beziehung zu einer geschiedenen Dame unterhielt, Frau Charlotte Schmid-Rüffer. Eine Scheidung stand nicht zur Debatte, da Brauchitsch eine angemessene Abfindung an seine Frau nie hätte aufbringen können. Auch Brauchitsch hat in dieser Lage mit Rücktrittsgedanken gespielt, und die Affäre Blombergs muß ihn darin bestärkt haben. Plötzlich eröffnete ihm Keitel ganz neue Aussichten – den Oberbefehl über das Heer. Als Brauchitsch seine Schwierigkeiten zur Sprache brachte, sicherte ihm Göring großzügig Unterstützung zu, und dankbar ergriff der neue Oberbefehlshaber des Heeres die Chance. Daß man ihm mit einem Sonderfonds unter die Arme griff, konnte freilich nie bewiesen werden.

Am 3. Februar stimmte Hitler der Ernennung Brauchitschs zu, und versprach dem neuen Oberbefehlshaber des Heeres gleichzeitig die Regelung seiner finanziellen Angelegenheiten.[35] Nie sollte Brauchitsch sich aus der Abhängigkeit von Hitler lösen können, zumal seine zweite Frau eine Hitler-Anhängerin reinsten Wassers war. Der damalige deutsche Botschafter in Rom, Ulrich von Hassell, bezeichnete sie als »200prozentige rabiate Nationalsozialistin«.[36]

Der Kreis derer, die für Fritsch aktive Schritte unternommen hatten, war klein. Oster, Gisevius, Hoßbach, Both und auch Canaris gehörten dazu, der Hoßbach täglich bei seinen Besuchen im OKH über die neuen Entwicklungen unterrichtete.[37] Natürlich gab es auch Unterstützung von anderer Seite, so für Fritsch von seinem alten Freund Hammerstein, der aber nicht mehr aktiv war, oder für Oster und Gisevius von Nebe.

Am 31. Januar erfuhr Gisevius dann durch Nebe von der Existenz eines Doppelgängers von Fritsch: »Am Abend grunzt es wieder an meinem Telefon. Vorsichtshalber werde ich diesmal an einen Treffpunkt draußen bestellt. Nebe wohnt in der Zehlendorfer Gegend. Dort warte ich an einer jener schlechtbeleuchteten Straßenecken des dortigen Villenviertels. Da fährt ein abgeblendetes Auto vor, ich springe hinein, und schon fahren wir in schnellem Tempo kreuz und quer durch die Straßen. An einem dunklen Park machen wir halt. Nebe, die Pistole in der Hand, geht nachsehen, ob die Luft rein ist. Ich habe den Eindruck, daß er mit seinen Nerven restlos fertig ist. Dann sagt er mir, er habe etwas herausbekommen. Dieses Etwas ist an sich nicht viel, liefert aber den Schlüssel für alles. Ihm ist nämlich zu Ohren gekommen, daß im sogenannten Fall Fritsch eine Verwechslung vorliegt.«[38]

Noch in derselben Nacht erfuhr Oster, der schon zu Hause war, diese Neuigkeiten und eilte am nächsten Morgen mit Gisevius zu Canaris. Der wiederum unterrichtete unverzüglich Beck und Keitel. Unglücklicherweise bewirkte das eher Negatives, denn Beck legte nun noch mehr Gewicht auf ein ordentliches Verfahren, während alle Vorstöße bei Keitel vergebliche Mühe waren: Dieser hatte sich in verblüffend kurzer Zeit den Gedankengängen Hitlers angepaßt, wonach die Vorgänge irreparabel seien. Die Aufklärung käme zu spät.

Oster kam von seinem Kurzbesuch in Italien, wo er das Abschiedsgesuch Blombergs eingeholt hatte, gerade rechtzeitig zurück, um in der Nacht zum 4. Februar die Nachrichten von der Übernahme des Oberbefehls der Wehrmacht durch Hitler im Radio zu vernehmen. Göring war zum Feldmarschall befördert und zum Nachfolger Fritschs war der Befehlshaber des Gruppenkommandos 4 in Leipzig, General der Artillerie v. Brauchitsch, ernannt worden. Keitel aber war jetzt Chef eines neuen »Oberkommandos der Wehrmacht«.

Fast ein Dutzend weiterer Generale hatten ihren Hut nehmen müssen. Auch Reichsaußenminister v. Neurath war abgelöst worden, und zu seinem Nachfolger hatte Hitler den bisherigen Botschafter in London bestimmt, Joachim v. Ribbentrop. Nur Beck war noch im Amt geblieben, aber auch seine Tage waren gezählt, denn er war der einzige General, bei dem Hitler die Empfindung hatte, er könne seinen Plänen Widerstand entgegensetzen: »Dieser Mann ist imstande, etwas zu unternehmen«, sagte Hitler zu seinem Justizminister Gürtner Ende Januar.[39]

Am folgenden Tag versammelte Hitler die Generale in der Reichskanzlei. Die Gruppenoberbefehlshaber, die Kommandierenden Generale, die Amtschefs des Reichskriegsministeriums sowie die Oberquartiermeister waren zusammengerufen worden. »Die Stimmung war außerordentlich erregt«, berichtete später Manstein. »Hitler erschien, gefolgt von dem zum ›Chef des Oberkommandos der Wehrmacht‹ ernannten Keitel und den drei Oberbefehlshabern der Wehrmachtteile. Göring hielt bereits einen Marschallstab in der Hand, der einzige wohl, der jemals aus dem Sumpf einer schmutzigen Intrige gefischt worden ist. Hitler selbst sah bleich und stark mitgenommen aus. Er begann mit einer Darstellung der Affäre Blomberg und betonte, daß nicht er, sondern Hindenburg General v. Blomberg zum Reichswehrminister gemacht habe. Nichtsdestoweniger aber habe er ihm sein vollstes Vertrauen geschenkt. Dieses Vertrauen habe Blomberg auf das schlimmste enttäuscht. Der Reichskriegsminister habe ihn und Göring als Trauzeugen zu seiner Heirat gebeten und ihm lediglich mitgeteilt, daß die künftige Frau v. Blomberg aus einfachen Verhältnissen stamme. Dagegen wäre vom nationalsozialistischen Standpunkt selbstverständlich kein Einwand zu erheben gewesen. Nunmehr habe sich aber herausgestellt, daß die Frau des Reichskriegsministers zeitweise unter Polizeiaufsicht gestanden habe. Es sei selbstverständlich, daß Blomberg unter diesen Umständen nicht im Amt habe bleiben können. Für ihn, Hitler, stelle Blombergs Verhalten die schwerste menschliche Enttäuschung seines Lebens dar.

Alsdann ging Hitler auf den Generalobersten Freiherr v. Fritsch über. An sich sei es für ihn selbstverständlich gewesen, daß Fritsch Blombergs Nachfolger werden sollte. Nun habe man ihm ein Aktenstück vorgelegt, das eingehende Unterlagen darüber enthalte, daß Fritsch sich homosexuell vergangen hätte. Ein ähnlicher Vorwurf gegen Fritsch wäre schon früher einmal an ihn herangetragen worden. Damals habe er ihn entrüstet zurückgewiesen. Jetzt aber – nach der Erfahrung mit Blomberg – könne er nicht das Risiko übernehmen, den erneut vorgebrachten und durch Beweismaterial belegten Vorwurf weiterhin zu ignorieren. Zur Unterstützung seiner Behauptung gab Hitler Einzelheiten aus diesem Aktenstück bekannt. Er sagte ferner, daß der Generaloberst entgegen seinem ausdrücklichen Verbot durch den Adjutanten der Wehrmacht beim Führer, Oberst Hoßbach, vorzeitig über den gegen ihn aufgetauchten Verdacht orientiert worden sei. Es habe daraufhin eine Aussprache zwischen ihm, Hitler, und Fritsch stattgefunden, bei der er diesem von dem Inhalt des belastenden Aktenstückes Kenntnis gegeben habe.

Er hätte erwartet, daß der Generaloberst ihm das Aktenstück vor die Füße werfen würde. Dies habe Fritsch nicht getan, sondern lediglich entgegnet, daß er sich die ganze Sache nicht erklären könne. Vielleicht hingen diese Verleumdungen damit zusammen, daß er, Fritsch, eine Zeitlang zwei bedürftige Hitlerjungen in seinem Hause auf Vorschlag der NSV beköstigt habe. Hitler behauptete aus dem Verhalten von Fritsch den Eindruck einer gewissen Unsicherheit erhalten zu haben. Ein von ihm, Hitler, daraufhin angefordertes Gutachten des Reichsjustizministers Gürtner, das er uns vorlas, lautete dahin, daß aufgrund des vorliegenden Belastungsmaterials die Einleitung einer gerichtlichen Untersuchung nicht zu umgehen sei. Infolgedessen habe er nicht anders handeln können, als den Generalobersten seiner Stellung zu entheben und ein gerichtliches Verfahren anzuordnen. Das Gericht werde sich aus den Oberbefehlshabern der drei Wehrmachtteile zusammensetzen. Hitler schloß seine Ausführungen mit der Erklärung, daß es im Interesse des Reiches wie der Wehrmacht selbstverständlich ausgeschlossen sei, die Gründe für die Entlassung der beiden Generale bekanntwerden zu lassen. Der Schaden, der dadurch für das Reich eintreten würde, wäre gar nicht abzusehen.«[40]

Nichts dokumentiert die Hilflosigkeit der wenigen Freunde Fritschs besser als ihr Verhalten in den Tagen nach dem 4. Februar. Nun kam es nur noch darauf an, die Vorwürfe gegen Fritsch offiziell als haltlos zu erweisen. Immerhin gab es hier günstige Ansatzpunkte. Der auf Görings Verlangen[41] bestimmte Untersuchungsführer Dr. Biron war ein hoher Luftwaffenrichter, erwies sich jedoch überraschenderweise eher als Parteigänger des Heeres, denn als Anwalt des Regimes. Als Protokollführer war ihm in Gestalt des Heeresrichters Dr. Karl Sack eine unerschrockene Persönlichkeit beigegeben; Eingeweihte wußten, daß er zu den leidenschaftlichen Kritikern des Regimes zählte; so wurde Biron in kritischen Augenblicken immer wieder auf eine Pro-Fritsch-Linie eingeschworen.

Oster kannte den Heeresrichter schon länger, ohne daß man konspirative Gespräche geführt hätte; das sollte erst nach der Fritsch-Krise geschehen. Sack war es, der Oster dann mit Hans v. Dohnányi bekannt machte, dem persönlichen Referenten des Justizministers Gürtner.[42] Dohnányi war ein glänzender Jurist, der schon in der Weimarer Republik für den Erlaß eines Uniformverbots gegen die Kampfverbände der NSDAP eingetreten war und nach dem Reichstagsbrand erfolglos versucht hatte, eine Aktion der deutschen Richter gegen den NS-Terror zustande zu bringen.

Oster hat die Qualitäten dieses brillanten Juristen sehr schnell erfaßt, und später sollte er einer seiner wichtigsten Gesprächspartner innerhalb der Opposition werden; deshalb ließ er ihn am 25.8.1939 als Sonderführer zur Abwehr einberufen. Sowohl Sack wie Dohnányi lieferten Oster ständig Material, so blieb er über den Stand der Untersuchung auf dem laufenden.[43]

Die Nachforschungen von Sack und Fritschs Rechtsanwalt Rüdiger Graf von der Goltz führten am 2. März 1938 zur Entdekkung des Rittmeisters Achim von Frisch, an dessen Stelle Fritsch beschuldig worden war.[44] Damit stand einer Rehabilitierung von Fritsch nichts mehr im Wege, und das von Hitler eingesetzte Kriegsgericht - dessen Beratungen nur durch den deutschen Einmarsch in Österreich am 12. März unterbrochen worden waren - stellte zynischerweise unter dem Vorsitz Görings am 18. März die völlige Unschuld Fritschs fest. Den Schlußstrich unter diese Affäre zog Hitler am 13. Juni auf dem Flugplatz Barth bei Stralsund, wo er vor dem gleichen Kreis wie am 4. Februar sprach. Manstein beschreibt die Ansprache: »Hitler schilderte nochmals sehr eingehend und zweifellos auch eindrucksvoll die seelische Erschütterung, die er durch das Verhalten Blombergs erlitten habe. Er gab zu, daß er heute, in ruhiger Verfassung, wohl anders handeln würde, als er es damals getan habe.

Durch das Urteil sei Fritsch zwar juristisch Genüge getan, aber die ›Tragik‹ des Falles sei dadurch nicht beseitigt. Er, Hitler, habe seinerzeit vor der Öffentlichkeit bekanntgegeben, daß der Generaloberst aus Gesundheitsgründen zurückgetreten sei. Als Staatsoberhaupt sei es ihm jetzt unmöglich, sich vor der Nation zu ›desavouieren‹. Er habe dem Generalobersten geschrieben und seiner Freude über den Ausgang des Verfahrens Ausdruck gegeben. Er habe Fritsch, um ihn vor der ganzen Nation zu ehren, zum ›Chef‹ des Artillerieregiments 12 ernannt, dessen Kommandeur er früher war. Eigentlich sei seine Absicht gewesen, diese Ehrung vor dem Reichstag bekanntzugeben, doch mache es ihm die politische Lage gegenwärtig nicht möglich, vor dem Reichstag zu sprechen. Abschließend betonte Hitler, daß der Verdacht, die Beschuldigungen gegen den Generalobersten seien von amtlicher Seite leichtfertig oder gar wider besseres Wissen erhoben worden, unbegründet sei. Es handele sich um Fehler untergeordneter Beamter, die eine einmal aufgenommene Fährte in falscher Richtung verfolgt hätten. Die Wehrmacht könne sich darauf verlassen, daß sich so etwas nicht wiederholen werde.«[45]

Weder während noch unmittelbar nach der Fritsch-Krise hatte es eine Fronde der Generalität zur Verteidigung ihres Chefs gegeben, und auch die Unternehmungen von Oster, Gisevius oder

Goerdeler waren kaum aufeinander abgestimmt gewesen. Im Grunde blieb es bei Gesprächen und bei Versuchen, auf die Generalität einzuwirken. Der einzige Aktivposten war vielleicht, daß für so manchen die Ereignisse um Fritsch den Wendepunkt in seiner Einstellung zum Regime bedeuteten, so für den stellvertretenden Polizeipräsidenten von Berlin, Graf von der Schulenburg.[46] Von diesem Vorkommnis an scheint er die verhängnisvolle Spaltung, die seit dem Februar 1938 durch das Offizierskorps ging, gesehen zu haben – hier Offiziere, die der nationalsozialistischen Führung bedingungslos folgten, dort die anderen, die in Hitlers Außen- und später Kriegspolitik ein Risiko sahen, das auf die Dauer zum Ruin des Volkes führen mußte.[47] Oster kannte Schulenburg bisher nur durch gelegentliche Kontakte, dies sollte sich nach der Fritsch-Krise grundlegend ändern.

Wäre Beck Anfang 1938 schon der entschiedene Gegner Hitlers gewesen, als der er in den folgenden Jahren die Führungsrolle innerhalb der Militäropposition übernahm, so hätte die Geschichte vielleicht einen anderen Verlauf genommen. In den Jahren nach der Machtergreifung hatten für Beck die politischen Aspekte überwogen. Er hatte die Aufrüstung nicht nur begrüßt, sondern selber gefordert, und seine spätere Kritik an Hitlers Kriegsplänen gegenüber der Tschechoslowakei entsprang keineswegs einer generellen Ablehnung von Hitlers außenpolitischen Zielen. In seiner Eigenschaft als Chef des Heeresgeneralstabes billigte er viele der außenpolitischen Ziele des Regimes, obwohl er die Kriegsgefahr sehr hoch einschätzte und Hitler für einen Vabanquespieler hielt. Auch in militärtechnischer Hinsicht war er ein Skeptiker; dem Gewicht, das auf die Panzer- und Luftwaffe gelegt wurde, mißtraute er und war so in eine Gegnerschaft zu Göring und Guderian geraten.

Erst vergleichsweise spät wurde Beck zur zentralen Figur der national und konservativ gesinnten Opposition; zur Zeit der Fritsch-Krise, in der er sich sonderbar zurückhielt, stand der Prozeß seiner geistigen Auseinandersetzung mit Hitler erst am Anfang. So hat Oster im Februar 1938 keinen Moment daran gedacht, daß sich Beck kraft seiner fachlichen Autorität als Generalstabschef an die Spitze einer Aktion für Fritsch setzen könnte. Hinzu kam, daß der Chef des Generalstabes über keinerlei Befehlsgewalt verfügte, ein Manko, welches auch auf seinen Nachfolger Halder zutreffen sollte. Innerhalb der militärischen Hierarchie waren dem Chef des Generalstabes Grenzen gesetzt, die deutlich in den Worten des Generalobersten Adam[48] zum Ausdruck kommen: »Der Generalstab in seiner Gesamtheit sowohl wie der einzelne Generalstabsoffizier, ob nieder oder hoch, ob

Generalstabsoffizier einer Division oder Generalstabschef einer Armee, hatte *keinerlei Kommandogewalt*, keinerlei Befehlsbefugnis gegenüber der Truppe, keinen Einfluß auf Besetzung der Führerstellen.«[49]

Canaris hat in den ereignisreichen Tagen des Januar und Februar 1938 in häufigen Besuchen auf den zögernden Generalstabschef einzuwirken versucht. Bei einer dieser Zusammenkünfte ist dann der Name Osters gefallen, der den Abwehrchef auf dem Höhepunkt der Krise ständig mit Informationen versorgte, die von Nebe, Gisevius, Sack oder auch Schulenburg stammten. Eines Tages scheint Oster zusammen mit Canaris bei Beck erschienen zu sein, der von dem temperamentvollen Oberstleutnant angetan war, wobei eine Rolle gespielt haben dürfte, daß beide der Artillerie angehört hatten, die in der Reichswehr ein recht kleiner und überschaubarer Kreis gewesen war.

Osters unbedingte Gegnerschaft nicht nur gegen den Nationalsozialismus, sondern auch gegen die Person Hitlers hat Beck sichtlich beeindruckt, zumal Oster nicht der Mann war, seine Ansichten vorsichtig-vieldeutig vorzutragen. Instinktiv spürte Beck, daß in seinem Gegenüber ein revolutionäres Feuer brannte, dessen Kraft diesen Oberstleutnant aus der Abwehr beseelte und zu Aktivitäten trieb, die Beck erst nach monatelangem Zögern gutheißen und schließlich unterstützen sollte.

Gerade am Beispiel Becks läßt sich die Wirkung von Osters Persönlichkeit ermessen, denn Gisevius betont ausdrücklich, daß, wenn von jemandem gesagt werden könne, er habe Beck für den Widerstand gewonnen, dieses für Oster zutreffe.[50] Der neue Oberquartiermeister I im Generalstab des Heeres und Nachfolger Mansteins, Generalleutnant Halder, stellte schon im Sommer 1938 fest, daß Oster damals »zum engsten Vertrauten Becks wurde«, der »zum Mißvergnügen des gesamten Stabes« oft halbe Tage lang Becks Amtszimmer blockierte.[51] War der Oberstleutnant aus der Abwehr bei Beck, so mußten selbst Generale draußen warten, der Chef des Generalstabes war dann für niemanden zu sprechen.

Wie Oster war auch Beck ein passionierter Reiter, und die gemeinsame Liebe zum Pferd ergab weitere Berührungspunkte. Man ritt gemeinsam in den Grunewald aus, eine willkommene Erholung, die gleichzeitig ungestörte Gespräche ermöglichte. Das Vertrauen und die gegenseitige Achtung zeigt auch das Weihnachtsgeschenk Becks an Oster 1940: eine Kopie von einem Bild des bekannten Pferdemalers Sperling, das den Kopf eines Pferdes zeigte. Auf die Rückseite hatte Beck geschrieben: »Dem gleichgesinnten Pferdefreund dankbarst zu Weihnachten 1940, Beck«.[52]

Der gesellschaftliche und freundschaftliche Verkehr verstärkte sich mit den Jahren und sollte bis zum 20. Juli 1944 andauern.

Die Tragik des Widerstands bestand darin, daß Beck erst nach seinem Rücktritt zum geistigen Oberhaupt der Militäropposition wurde; das ist Beck selber schon bald nach seiner Entlassung klar geworden. Die Überzeugungskraft stichhaltiger Argumente, an die er immer geglaubt, und die Vernunft, an die er in zahlreichen Denkschriften appelliert hatte, hatten sich als nutzlos erwiesen; jetzt blieb nur der Weg der Gewalt.[53]

Die Hoffnungen trogen, daß der Ausgang des Gerichtsverfahrens gegen Fritsch, das die Intrigen der Gestapo deutlich gemacht hatte, das Militär zu einer entschiedeneren Opposition mobilisieren würde. Der pessimistische Nebe hatte gleich zu Gisevius gesagt: »Du wirst sehen, die werden nichts tun.«[54] Und seine Prognose sollte sich als richtig erweisen.

Dennoch war Gisevius wie elektrisiert, als am Nachmittag des 18. März am Telefon die vertraute Stimme Osters ihn unvermittelt fragte, ob Gisevius ihm mit Hilfe von Schacht eine Besprechung Brauchitschs mit dem Justizminister Gürtner vermitteln könne. Gisevius fuhr sofort zum Kriegsministerium, wo ihm Oster und Canaris die erstaunliche Tatsache von Brauchitschs Handlungsbereitschaft mitteilten. Brauchitsch wolle nur noch von Gürtner über die Hintergründe der Vorgänge um Fritsch aufgeklärt werden.

Es erwies sich als schwierig, die Zusammenkunft zustande zu bringen; weder Brauchitsch noch Gürtner wollten die Initiative übernehmen, jeder darauf bedacht, kein Mißtrauen zu erregen. Das galt vor allem für Gürtner, der zu der Gruppe bürgerlicher Minister zählte, die 1933 in Hitlers Kabinett die Mehrheit gestellt hatten und der sich im Gegensatz zu fast allen anderen auf seinem Posten hatte halten können. Allerdings war ihm dies nur durch Kompromisse gelungen; lediglich graduell suchte er Rechtsbrüche des Regimes und seiner Organe einzudämmen, jede offene Konfrontation vermied er sorgsam. Schacht hatte aber Terminschwierigkeiten, und am Ende sollte es doch gelingen, Gürtner zu veranlassen, Brauchitsch anzurufen.

Kaum war Gisevius wieder zu Hause, klingelte wiederum das Telefon, und ein erregter Oster erklärte, daß Gürtners Anruf bei Brauchitsch ausgeblieben sei. Sofort fuhr Gisevius noch einmal ins Kriegsministerium, wo ihm Oster aufgebracht berichtete, daß Brauchitschs Adjutant ständig nachfrage, wo denn der angekündigte Anruf bliebe. Gisevius blieb nun nichts anderes übrig, als selber zu Schacht zu fahren, fand dort aber nur eine Notiz vor, Gürtner sei »mit Freuden zu einer Rücksprache bereit«, indessen müsse er vorsichtig sein und erwarte, daß Brauchitsch auf ihn zukomme.[55]

Oster setzte Gisevius daraufhin auseinander, daß auf diese Weise gar nichts zu erreichen sei: Brauchitsch werde unter allen Umständen einen Anruf bei Gürtner vermeiden. Schließlich platzte Gisevius der Kragen, und er fuhr gegen 15.00 Uhr selbst zu Brauchitsch, von Oster vorsichtshalber telefonisch angemeldet.

Im Hotel Continental - Brauchitsch hatte »damals noch keine fürstliche Dienstwohnung« - empfing ihn Brauchitsch. Er machte auf Gisevius einen »immerhin entschlossenen« Eindruck.[56] Aber der neue Oberbefehlshaber des Heeres war nicht bereit, auch nur das geringste Risiko einzugehen. Ein Anruf käme unmöglich in Frage, seine Gespräche würden »bestimmt von Göring oder Himmler« abgehört.[57] Gerade während der am selben Tag stattfindenden Reichstagssitzung, in der Hitler über den Einmarsch in Österreich berichten werde, sei ein Treffen mit Gürtner viel zu auffällig. Bestenfalls in Gürtners Privatwohnung sei das denkbar.

Mit diesem Zugeständnis raste Gisevius zu Gürtner, der nicht sehr erbaut über die Aussicht auf eine nächtliche Unterredung mit Brauchitsch war.

Brauchitsch wollte gerade in seinen Wagen steigen, um zur Reichstagssitzung zu fahren, als Gisevius auftauchte und ihm zuflüsterte, daß »alles in bester *Ordnung*« sei.[58] Am Morgen des 19. März rief er bei Oster an, um sich nach dem Verlauf der Unterredung zu erkundigen: Jawohl, es sei gut gegangen. Die Unterredung habe zur allseitigen Zufriedenheit stattgefunden. Und was dabei herausgekommen sei? Nichts.[59] Wie Brauchitschs Erkundigungen in der Affäre Fritsch geendet hatten, faßte Gisevius mit dem resignierenden Satz zusammen: »Niemals wieder wird Brauchitsch indiskrete Fragen stellen.«[60]

Osters Sohn Achim, inzwischen Leutnant im A.R. 2, fuhr am 7. oder 8.2.1938 zusammen mit seinem Freund Graf Yorck von Wartenburg nach Berlin. Dort überbrachte er seinem Vater die Nachricht, daß die jungen Offiziere der Garnison Stettin, insbesondere der Regimenter A.R. 2 und PzJg 2, fest zu Fritsch stünden. Oster sagte lediglich: »Schert euch nach Hause, ihr Lümmels, Revolution wird nur von oben gemacht.«[61]

Aber oben geschah nichts. Die Generalität erhob zwar noch den Anspruch einer Elite, aber sie handelte nicht mehr danach.

»Der Vogel muß zurück in den Bauer«[1]

Sudetenkrise 1938

Hitler war auf einer Woge der Begeisterung in Österreich einmarschiert, überall strömte die Bevölkerung zum Empfang der deutschen Truppen zusammen, zu Tausenden säumten die jubelnden Menschen die Straßen.

Der Rittmeister Hans Riederer v. Paar, Schwandronchef in der Panzeraufklärungsabteilung 7, schrieb am 14.3.1938 in sein Tagebuch: »... Und so geht es weiter bis vor Graz. Hier wird wieder aufgeschlossen, Anzug geordnet, und dann geht es hinein nach Graz. Der Jubel hier überbietet alles bisher Dagewesene. Überall ist durch Spaliere die Straße freigehalten, hinter diesen stehen dicht gedrängt die Menschen bis an die Häuser durch den ganzen langen Weg durch die Stadt. Und jedes Fahrzeug wird mit einem neuen Sieg-Heil begrüßt ...«[2]

Vor der Hysterie der verzückten Massen verblaßten die Aktionen von Himmlers SS und SD, die im Gefolge der Truppen in das annektierte Land kamen. Allein in Wien wurden über 60 000 Menschen verhaftet, aber wen interessierten diese Dinge schon? Das waren eben die üblichen Begleiterscheinungen zielbewußter Machtpolitik. Unangenehmer war den Österreichern das Auftreten der Reichsdeutschen: Sie besetzten die Ämter, konfiszierten jüdische Vermögen, übernahmen den Goldschatz der Staatsbank; das Land selbst wurde unter der Bezeichnung »Alpen- und Donaugaue« direkt dem Reich unterstellt.

Hitler wollte den Namen »Österreich« verschwinden sehen, seine alte Abneigung gegen die Donaumonarchie brach wieder durch. 1913 hatte er Österreich-Ungarn verlassen, um nicht eingezogen zu werden, und sich in München dann als »Deutscher« freiwillig zum Fronteinsatz gemeldet. Nun kam er als Befreier und brachte den Österreichern eine neue, die »großdeutsche« Freiheit.

Das Ausland reagierte nur schwach. Die lahmen Proteste Englands und Frankreichs standen in keinem Vergleich zu den scharfen Interventionen, die 1919 und noch einmal 1931 die Vereinigung Deutschlands und Österreichs auf demokratischem Weg verhindert hatten. Vor der nackten Gewalt wichen sie zurück. Die »Times« schrieb in wohlwollendem Ton, daß sich ja auch Schottland zweihundert Jahre zuvor England angeschlossen habe. Warum also jetzt verurteilen, was auch im eigenen Land praktiziert worden war? So maß Hitler dem Widerstandswillen der Westmächte nur geringe Bedeutung bei, als er seinen nächsten Zug plante: die Zerschlagung der 1918 aus der Konkursmasse des Habsburger Reiches geschaffenen Tschechoslowakei.

Mit der Annexion Österreichs hatte Hitler nahezu vollständig die Träume der in der Frankfurter Paulskirche 1848 zusammengetretenen Nationalversammlung verwirklicht, deren Ziel ein »großdeutsches Reich« gewesen war. Nur Böhmen hatte er noch nicht seinem Machtbereich einverleiben können. Es zählte seit 1918 zur neuen Tschechoslowakei, in der knapp vier Millionen deutschsprachige Menschen als volle Staatsbürger, mit allen Rechtssicherheiten und Entfaltungsmöglichkeiten in kultureller und politischer Hinsicht lebten. Sie blieben aber eine Minderheit, die vom tschechischen Staatsvolk in vielerlei Weise benachteiligt wurde, ohne daß von einer wirklichen Verfolgung geredet werden könnte.

Mit dem Ziel, die in fünf Parteien zerstrittenen Sudetendeutschen zu einigen und ihnen die volle Autonomie innerhalb der Tschechoslowakei zu erkämpfen, hatte der fünfunddreißigjährige Turnlehrer und Weltkriegs-I-Offizier Konrad Henlein 1933 die Sudetendeutsche Partei (SdP) gegründet. Ursprünglich auf eigene Faust Politik treibend und sich mehr am Österreich Schuschniggs orientierend, wurde Henlein noch 1936 von Heydrichs SD-Hauptamt als »romhörig« bezeichnet, da er einem Bund von jungen katholischen Intellektuellen angehörte, der zwar eine Umformung der Tschechoslowakei in einen föderalistischen Staat, keineswegs aber den Anschluß an Deutschland anstrebte.[3]

Dies änderte sich von Grund auf, als Henlein nach dem Anschluß Österreichs in das Lager Hitlers wechselte; jetzt hatte Berlin ein »Sudetenproblem«, das als Hebel gegen die Tschechoslowakei verwendbar war. Am 28. März 1938 wurde Henlein in die Reichskanzlei bestellt, wo ihm Hitler die Marschroute für künftige Verhandlungen mit der tschechischen Regierung klarmachte. »Die SdP muß ihre Zersetzungsarbeit fortsetzen, sie muß der tschechischen Regierung unannehmbare Bedingungen stellen.«[4] Diesen Anweisungen folgend, forderte Henlein schon vier Wochen später auf dem Karlsbader Parteitag der SdP am 24. April die bedingungslose Autonomie für die Sudetendeutschen, Entschädigung für das ihnen seit 1918 zugefügte Unrecht und schließlich die Freiheit, sich zur nationalsozialistischen Weltanschauung zu bekennen.

Damit war die Krise da, in der Propaganda des Reichs tauchte die Möglichkeit eines Krieges gegen die Tschechoslowakei auf, die ein Flugstützpunkt von Paris sei. Ende April eilte der französische Ministerpräsident Daladier nach London, um England für die Unterstützung Prags zu gewinnen. Doch sein englischer Kollege Chamberlain schloß ein Eingreifen Großbritanniens zugunsten der Tschechen aus: »Wenn Deutschland sich tatsächlich entschließen würde, die Tschechoslowakei zu zerstören, dann sehe ich nicht, wie das verhindert werden könnte.«[5] Chamberlain plädierte gegenüber Daladier dafür, die Deutschen zur Geduld aufzufordern, während man Prag zu Konzessionen an die sudetendeutsche Minderheit bewegen müsse.

In dieser Lage versuchte der tschechische Präsident Beneč, die Westmächte mit einem Coup auf seine Seite zu bringen. Auf verschiedene Berichte des tschechischen Geheimdienstes hin, die von Truppenkonzentrationen der Deutschen in Sachsen und Schlesien sowie vom SD gesteuerten Aufstandsvorbereitungen der Sudetendeutschen sprachen, ordnete er in der Nacht vom 20. zum 21. Mai 1938 eine Teilmobilmachung seiner Armee an. Zweifellos waren die Meldungen über die deutschen Absichten fingiert, dahinter stand vor allem der tschechische Geheimdienstchef František Moraveč, einer der Fürsprecher einer bewaffneten Auseinandersetzung mit Hitlerdeutschland.[6]

Tatsächlich beschleunigte die tschechische Mobilmachung die Krise, die allerdings einen gänzlich anderen Verlauf nehmen sollte, als Beneč und Moraveč erhofft hatten. Hitler reagierte gereizt, und in Wut über Meldungen der internationalen Presse, die ihm ein Zurückweichen vor dem entschlossenen Beneč unterstellte, berief er am 28. Mai eine Generalskonferenz in die Reichskanzlei ein. Die Teilnehmer waren: vom Heer die Generale Brauchitsch, Beck und Keitel, von der Luftwaffe Göring, Stumpff und Bodenschatz. Außerdem waren der Außenminister Ribbentrop, die Adjutanten Hitlers sowie Keitels Gehilfe, Oberst Jodl, anwesend.

Dieser Kreis versammelte sich im Wintergarten der Führerwohnung. Hitler holte zunächst weit aus, kam dann aber bald zur Sache. Das Maß der Unterdrückung der Sudetendeutschen sei unerträglich geworden, die tschechische Regierung nicht bereit, der deutschen Minderheit die volle Autonomie zu gewähren, Deutschland sei durch die Tschechoslowakei ernsthaft bedroht, daher werde er handeln. Mit dem Eingreifen der Westmächte sei in diesem Jahr nicht zu rechnen, da England noch Zeit für seine Aufrüstung brauche und Frankreich nichts ohne England unternehmen würde, so daß der Konflikt sich unmittelbar auf Deutschland und die Tschechoslowakei begrenzen lasse.

Weder Brauchitsch noch Beck, der die ganze Zeit mit »steinernem Gesicht« dabeigesessen hatte, erwiderten etwas auf Hitlers Ausführungen, lediglich Göring fühlte sich bemüßigt, großsprecherisch auf Hitler zuzugehen, seine Hand zu ergreifen und ihm zu seiner »großartigen Konzeption« zu gratulieren.[7]

Hatte Beck in der Reichskanzlei noch geschwiegen, so machte er seinem Ärger und seinen Bedenken in einer Denkschrift Luft, die er am 30. Mai Brauchitsch übergab. Darin hieß es unter anderem: »... Die Erfolge der Entscheidungen des Führers in den Jahren 1933–1938 werden von niemandem bestritten. Sie sind aber kein Beweis dafür, daß künftig entsprechende Entscheidungen gleich erfolgreich verlaufen ...« Wie Beck ausführte, könne zwar ein Krieg gegen die Tschechoslowakei erforderlich und auch zu einem schnellen Abschluß gebracht werden. Die Gefahr des Krieges mit einer westlichen Koalition aber sei durch einen Blitzfeldzug keineswegs gebannt. Schließlich forderte er eine klare Abgrenzung der Verantwortung in der militärischen Hierarchie, die durch Hitlers Einmischungen immer verworrener wurde.

Im Kern ging es Beck zunächst um die Wahrung der Rolle des Heeres und des Generalstabes gegenüber der Konkurrenz durch Keitels OKW. Offenbar nahm Beck an, daß Hitler durch richtige Beratung vor verhängnisvollen außenpolitischen Abenteuern zu bewahren war. Brauchitsch zeigte sich Becks Gedankengängen gegenüber unzugänglich, er verspürte wenig Lust, deshalb eine Auseinandersetzung mit Hitler zu riskieren, zumal dieser bereits am 30. Mai in einer Weisung an die drei Oberkommandos der Wehrmachtteile mitgeteilt hatte, daß es sein »unabänderlicher Entschluß« sei, »die Tschechoslowakei in absehbarer Zeit durch eine militärische Aktion zu zerschlagen. Den politisch und militärisch geeigneten Zeitpunkt abzuwarten oder herheizuführen, ist Sache der politischen Führung.«[8]

Hitlers neue Weisung brachte Beck auch deshalb auf, weil die vorangegangenen Beratungen über seinen Kopf hinweg vom OKW ausgearbeitet worden waren. So war seine Sprache am 3. Juni in einer neuerlichen Denkschrift an Brauchitsch wesentlich deutlicher: »... daß ich die auf solcher militärischen Grundlage aufgebaute militärische Aktion gegen die Tschechoslowakei für verhängnisvoll halte, und daß der Generalstab des Heeres die Mitverantwortung für die einseitigen und unzureichenden militärischen Grundlagen ... ausdrücklich ablehnen muß«.[9] Je offener und brisanter Beck seine Gedanken und Bedenken niederlegte, desto mehr suchte sich Brauchitsch dem Drängen seines Generalstabschefs zu entziehen, der allerdings immer noch dem Glauben verhaftet war, Hitler sei durch vernünftige Argumentation zu

Oben: Oster mit Hans Bernd Gisevius und Elisabeth Strünck. *Unten:* (v. links) Huber, der Chef des Reichskriminalsamtes Arthur Nebe, Reichsführer SS Heinrich Himmler, der Chef des Reichssicherheitshauptamtes Reinhard Heydrich, der Chef der Gestapo Heinrich Müller

Oben: (v. links) Der britische Außenminister Lord Halifax, Botschaftsrat Theodor Kordt und Premierminister Chamberlain. *Unten:* Ewald von Kleist-Schmenzin

Oben: Hitler mit dem Oberbürgermeister von Leipzig Carl-Friedrich Goerdeler, dem Kopf der politischen Opposition. *Unten:* Generalfeldmarschall Erwin von Witzleben

Oben: Generalfeldmarschall Ernst Busch (links) und Generaloberst Erich Hoepner (ganz rechts). *Unten:* Oster (rechts) mit Oberstleutnant Friedrich Wilhelm Heinz (ganz links)

beeinflussen, vorausgesetzt, der in seinen Augen unheilvolle Einfluß des neuen OKW würde beseitigt und dem Generalstab seine frühere Bedeutung zurückgegeben. Über seine Denkschriften hinaus fiel es Beck offensichtlich schwer, sich für politische Ziele zu engagieren. In dieser Situation - der Generalstabschef schreckte vor einer eindeutig politischen Stellungnahme zurück, der Oberbefehlshaber des Heeres lehnte jede Verantwortung für die Außenpolitik Berlins ab - trat Hans Oster auf den Plan.

Wer in den Tagen des Juni und Juli 1938 den Chef des Generalstabes sprechen wollte, der mußte unter Umständen stundenlang warten, ehe er vorgelassen wurde; das galt für Generale gleichermaßen wie für rangniedere Stabsoffiziere. Auf jede etwaige Frage, was denn General Beck für so wichtige Dinge zu besprechen habe, wurde nur geantwortet, daß sich ein Offizier der Abwehr beim Generalstabschef befände.

Tatsächlich war der Gegenstand der langen Gespräche, die Beck mit Oster führte, jenem »Abwehroffizier«, so delikat, daß dafür nur eine Erörterung unter vier Augen in Frage kam: Es ging um nichts weniger als die Sabotierung der Pläne Hitlers gegen die Tschechoslowakei. Aber Beck zögerte. Weit entfernt von Osters radikalen Ansichten, zerquälte er sich mit der Suche nach der für ihn richtigen Handlungsweise. Forderte er über seine militärische Zuständigkeit hinaus politische Konsequenzen, so schuf er womöglich einen Präzedenzfall, der, nach südamerikanischem Muster, später für Situationen herangezogen werden könnte, in denen den Militärs die jeweilige Regierung nicht genehm sein sollte - für Beck geradezu eine Schreckensvision.

Oster versuchte verzweifelt, Beck zu einer politischen Aktion zu bewegen; die traditionelle Beschränkung des Generalstabschefs auf militärische Belange werde keine Lösung der Krise bringen. Es war ein zähes Ringen, das Oster um den Generalstabschef führte, über das, wie Halder schreibt, die Arbeit des Generalstabes fast zum Erliegen kam. Aber auch Halder kritisierte Beck wegen seines schwachen Widerstandes gegen Hitler.[10] Schließlich hatte Oster Erfolg, Beck gab nach. Am 19. Juli sah sich Brauchitsch mit Forderungen seines Generalstabschefs konfrontiert, die nahezu revolutionär waren, denn sie sprachen offen davon, es auf eine bewaffnete Auseinandersetzung mit der SS ankommen zu lassen: »... Wohl zum letzten Male bietet das Schicksal die Gelegenheit an, das deutsche Volk und den Führer selbst zu befreien von dem Alpdruck einer Tscheka und von den Erscheinungen eines Bonzentums, die den Bestand und das Wohl des Reiches durch die Stimmung im Volke zerstören und den Kommunismus wiederaufleben lassen... Es kann auch dort kein Zweifel darüber aufkommen, daß dieser Kampf für den Führer geführt wird... Auch nur die leiseste Vermutung etwa eines Komplotts darf nicht aufkommen, und trotzdem muß die Geschlossenheit der höchsten militärischen Führer für alle Fälle hinter diesem Schritte stehen... Kurze, klare Parolen. Für den Führer, gegen den Krieg, gegen die Bonzokratie, Friede mit der Kirche, freie Meinungsäußerung, Schluß mit den Tschekamethoden, wieder Recht im Reich, Senkung aller Beiträge um die Hälfte, kein Bau von Palästen, Wohnungsbau für Volksgenossen, preußische Sauberkeit und Einfachheit.«[11]

Wäre die Generalität Beck damals gefolgt, so hätte das kaum die Gefahr eines Bürgerkrieges heraufgerufen; denn die militärischen Einheiten der SS waren noch im Aufbau. Unsicher aber war die Haltung der Bevölkerung, die in Hitler, dem alles zu gelingen schien, den Vollender der deutschen Geschichte zu sehen begann. Zudem befand sich Beck in dem wichtigsten Punkt in einem fatalen Irrtum, und auch Oster war es nicht gelungen, ihn hier vom Gegenteil zu überzeugen. Beck hatte eine künstliche Trennlinie zwischen Hitler und seiner Umgebung gezogen, er sah nicht, daß allein Hitler der Motor der Dinge war, die er in seiner Denkschrift angeprangert hatte. Er begriff nicht, daß Hitler längst das deutsche Staatswesen in seiner Substanz zerstört hatte. Es gab keine Verfassung mehr, keine rechtmäßigen Organe, die dem Staat im Fall von Hitlers Ableben ein neues Oberhaupt gegeben hätten: Der Staat stand und fiel mit der Person des Führers. Doch was Oster längst erkannt hatte, sollte Beck erst in einem schmerzlichen Denkprozeß erfahren. Nur war er da von seinem Posten als Chef des Generalstabes bereits zurückgetreten und ohne Einfluß.

Der zaudernde Brauchitsch fühlte sich von Becks Vorschlägen unter Druck gesetzt und sagte zu, die Gruppenbefehlshaber und Kommandierenden Generale am 4. August zu einer Besprechung nach Berlin zu bitten, wo sie aus seinem Mund Becks Forderungen erfahren sollten. Um Brauchitsch gar nicht erst zur Besinnung kommen zu lassen, entwarf Beck für ihn eine Ansprache, die sowohl eine Lagebeurteilung wie auch den Appell an die anwesenden Generale enthielt, die Ablehnung von Hitlers Plänen bedingungslos zu unterstützen, unter anderem hieß es: »... Als Oberbefehlshaber und berufener Vertreter des Heeres sehe ich mich verpflichtet, dem Obersten Befehlshaber der Wehrmacht die hier ausgeführten Gedankengänge und Schlußfolgerungen in aller Offenheit vorzutragen ... Ich bin mir des Ernstes der Forderung bewußt. Ich setze bei diesem Schritt voraus, daß ich mich in voller Übereinstimmung mit den hier versammelten Obersten Führern des Heeres befinde. Sollte diese Übereinstimmung bei einem der Herren nicht gegeben sein, so bitte ich, es mir … zu melden … Ich muß daher von Ihnen, meine Herren, verlangen, daß Sie auf Gedeih und Verderb hinter mir stehen und mir bedingungslos auf dem Weg folgen, den ich zum Besten unseres Vaterlandes gehen muß.«[12] Das endlich war die Generalsfronde. Alles kam jetzt auf Brauchitsch an, ob er sich an die mit Beck getroffenen Absprachen halten würde.

Als Brauchitsch am 4. August 1938 in der Bendlerstraße die Konferenz der höchsten Heeresgeneralität eröffnete, stellte Beck schon nach wenigen Minuten fest, daß ihn sein Oberbefehlshaber wieder einmal im Stich lassen würde. Nachdem Brauchitsch zunächst seinem Ärger über die vom OKW vorbereitete »Führer-Weisung« vom 30. Mai Luft gemacht hatte, verlas er eine ältere Denkschrift Becks vom 16. Juli, die im Ton wesentlich zurückhaltender als die von Beck ausgearbeitete Ansprache war und auch keine Konsequenzen von den Generalen im Hinblick auf eine gemeinsame Demarche forderte. Beck hatte darin vor allem die militärischen Risiken eines Angriffs auf die Tschechoslowakei erörtert, der einen Krieg mit England und Frankreich auslösen würde. Lediglich im letzten Absatz hatte Beck davon gesprochen, »… den Obersten Befehlshaber der Wehrmacht zu veranlassen, die von ihm befohlenen Kriegsvorbereitungen einzustellen und die Absicht der gewaltsamen Lösung der tschechischen Frage so lange zurückzustellen, bis sich die militärischen Voraussetzungen dafür grundlegend geändert haben …«.[13]

Zwar stimmten mit Ausnahme der Generale Reichenau und Busch alle Anwesenden den Ausführungen der Denkschrift zu, deren Verfasser Brauchitsch nicht nannte. Im Vergleich zu dem aber, was Beck beabsichtigt hatte, waren dies nur Bedenken, die damals nahezu alle Generale bewegten. Vom gemeinsamen Schritt, der möglichen Auseinandersetzung mit der SS, der »Reinigung« von Hitlers Umgebung war keine Rede mehr. Als dann der illoyale und nicht zu Unrecht als Nazigeneral verschriene Reichenau Hitler über die Konferenz unterrichtete, reagierte dieser mit der Forderung nach Becks Entlassung. Doch Beck hatte schon resigniert, sein Rücktrittsgesuch erreichte Brauchitsch zwei Wochen später.

Am 6. August erfuhren Canaris und Oster durch den zweithöchsten Offizier der Abwehr, den Leiter der Amtsgruppe Ausland, Konteradmiral Bürkner, daß der britische Botschafter Henderson auf einer Gesellschaft beim Militärattaché Mason-Mac Farlane erzählt habe, England würde jeder sinnvollen Lösung der Sudetenfrage zustimmen, sofern sie keine Gewaltmaßnahmen beinhaltete.[14]

Das entsprach ihrer Einschätzung der britischen Politik, denn Oster wie Canaris waren der irrigen Annahme, daß Großbritannien die Tschechoslowakei nicht kampflos der Zerstückelung durch Hitler preisgeben würde. Sie ahnten ja nicht, daß Chamberlain bereits am 20. März 1938 in sein Tagebuch geschrieben hatte, daß »... nichts, was Frankreich und wir tun können, möglicherweise die Tschechoslowakei davor bewahren kann, von den Deutschen überrannt zu werden, wenn das deutsche Reich es will. Wir können der Tschechoslowakei nicht helfen. Sie würde nichts als ein Vorwand für uns sein, Krieg mit Deutschland anzufangen. Daran aber dürfen wir nur denken, wenn wir eine vernünftige Aussicht haben darauf, Deutschland in einer angemessenen Zeit in die Knie zu zwingen, und ich sehe dafür keinerlei Aussichten.«

Zweifellos schätzten Oster und Canaris die Konfliktbereitschaft der Engländer falsch ein, so schrieb das britische Unterhausmitglied Harold Nicolson am 26. August in sein Tagebuch: »... Weder die Franzosen noch wir haben den Wunsch, für die Tschechoslowakei zu kämpfen, und daher glauben sie (die Deutschen, d. Vf.), sie könnten ihren Coup in aller Ruhe durchführen.« Wollte man die Generale beeinflussen, so konnte das nur durch eine massive englische Drohung geschehen, die ihnen das Kriegsrisiko plastisch vor Augen geführt hätte. Dann wäre es offenkundig gewesen, daß Hitler mit seiner halbgerüsteten Wehrmacht wider alle Vernunft einen Krieg gegen überlegene Gegner beginnen wollte, den weder die Armee noch das Volk wünschten. Ein Zurückweichen Hitlers hätte aber vielleicht auch den Zauber zerstört, mit dem der Führer die Massen hypnotisierte.

Wenn England nicht von sich aus zu einer Haltung des Widerstands fände, so mußte eben von deutscher Seite ein Vertrauter der Opposition nach England reisen, um dort sicherzustellen, daß man Hitlers Forderungen nicht nachgeben würde. Für diese Mission hatte sich Ewald v. Kleist-Schmenzin, einer der führenden Vertreter des konservativen Widerstandes gegen Hitler, über seinen Schwager v. d. Osten, der bei der Abwehr tätig war, als Emissär angeboten.

Kleist war von Anfang an ein entschiedener Gegner Hitlers gewesen und hatte Mitte Januar 1933 Hindenburg zu überzeugen versucht, daß Hitler niemals Reichskanzler werden durfte. Weder beim Reichspräsidenten, noch bei Papen oder dem Vorsitzenden der Deutschnationalen Volkspartei Hugenberg hatte er jedoch Erfolg gehabt. Damals hatte Kleist verächtlich resigniert: »Menschen, die nicht den Mut haben, einen Mann, dessen Partei zusammenbricht, wenn man sie rücksichtslos beiseite läßt, mit seinen wahnwitzigen Forderungen abzuweisen, sondern ihm aus

Schwäche und Kurzsichtigkeit zu ungeahnter Macht verhelfen, werden nie die Kraft aufbringen, ihn erfolgreich zu bekämpfen. Nein, er wird sie alle in kurzer Zeit völlig erledigen und durch ihre Schuld das Vaterland zerstören.«[15]

Schon kurze Zeit nach der Machtergreifung wurde Kleist das erste Mal verhaftet, und in den Jahren bis 1938 hatte ihm die Partei auf vielerlei Weise das Leben zu erschweren versucht: durch häufige Hausdurchsuchungen, Vorladungen; lächerlicherweise entzog man dem passionierten Waidmann sogar den Jagdschein wegen »politischer Unzuverlässigkeit«. Die Jahre 1933–1938 hatten ihn in die Isolation gedrängt, der zu entfliehen er jetzt eine Möglichkeit sah. Von den Generalen hielt er nicht viel, aber der listenreiche und verschlagene Chef der Abwehr schien ihm ein Bundesgenosse in seinem Kampf gegen Hitler zu sein. Noch mehr aber galt dies für Hans Oster, in dem er eine verwandte Natur erblickte.

So bedurfte es denn keiner allzu langen Anfragen durch Kleists Schwager v. d. Osten, damit Kleist Anfang August 1938 bei Oster am Tirpitzufer erschien. Canaris trug Kleist seine Wünsche vor: Kleist sollte London deutlich machen, daß Chamberlain Hitler unmißverständlich demonstrieren müsse, ein deutscher Einmarsch im Sudetenland werde Krieg mit England bedeuten.

Kleist begriff sofort, daß die Briten jetzt die einmalige Chance besaßen, der Fronde gegen Hitler den Grund für eine Konfrontation mit dem Führer zu liefern, sofern sie nur hart blieben. Die Besprechung ergab vollständige Übereinstimmung der Ansichten, doch sicherheitshalber führte Canaris den neugewonnenen Emissär noch zu Beck. Wie Kleist im November 1938 seinem Freund Ian Colvin erzählte, war er sich mit Beck sofort einig. Der wiederum soll den Auftrag an Kleist mit den Worten formuliert haben: »Bringen Sie mir den sicheren Beweis, daß England kämpfen will, wenn wir die Tschechoslowakei angreifen, und ich werde diesem Regime ein Ende bereiten.«[16]

In England wurde die Reise Kleists durch den erwähnten Ian Colvin vorbereitet, den Mitteleuropa-Korrespondenten des News Chronicle, während Oster die technische Durchführung übernahm und auch einen Paß beschaffte.[17] Um Aufsehen zu vermeiden, wurde Kleist von seinem Vetter, dem General der Kavallerie v. Kleist, zum Flughafen Tempelhof gebracht, wo er ohne Zollformalitäten direkt an die wartende Ju 52 der Lufthansa gefahren wurde. Von da flog er am 18. August 1938 nach London und traf dort nacheinander mit dem ständigen Unterstaatssekretär im Foreign Office, Sir Robert Vansittart, sowie mit den konservativen Oppositionsmitgliedern Lord Lloyd und Winston Churchill zusammen. Besonders mit letzterem führte er ein sehr offenes Gespräch. Kleist versuchte, seine britischen Gesprächspartner davon zu überzeugen, daß Hitler diesmal nicht bluffe, sondern einen Krieg bewußt riskiere. Aber außer wohlwollendem Interesse erreichte Kleist nichts, und so blieb seine Mission erfolglos.

Sofort nach seiner Rückkehr am 24. August 1938 berichtete er Oster und Canaris über den Mißerfolg der Reise. Er sah wenig Hoffnung auf eine eindeutige Haltung der Engländer, die augenscheinlich zur Zeit mit allen Mitteln den Krieg verhindern wollten. Canaris gegenüber faßte er seinen Eindruck in dem Satz zusammen: »Ich habe in London niemanden gefunden, der bereit wäre, einen Präventivkrieg zu wagen.«[18] Wie sich zeigen sollte, entsprach Kleists Einschätzung der offiziellen britischen Politik genau den Tatsachen. Chamberlains Regierung schlug tatsächlich alle Warnungen, die von inoffizieller Seite aus Deutschland kamen, in den Wind.

Hitlers Einschätzung der Atmosphäre in London war wieder einmal zutreffender gewesen, als er von den Westmächten keine ernsthaften Hindernisse erwartete. Nun aber mehrten sich in Deutschland selber die Bedenken gegen Hitlers offenen Konfrontationskurs. Am 27. August 1938 notierte der Abwehrmajor und Oster-Freund Groscurth in seinem Tagebuch: »Besuch Karl Hermann Franks (Stellvertreter Henleins seit 1937, d.Vf.). Er berichtet über seinen Besuch beim Führer am 26.8. Führer ist zum Krieg entschlossen. Befiehlt die Herbeiführung von Zwischenfällen in der ČSR. Beschimpfte Beneč, will ihn lebend fassen und ihn selbst am Strang aufhängen. Admiral (Canaris, d. Vf.) bittet, daß Henlein seine Bedenken gegen den Krieg dem Führer mitteilt...«[19]

Hitler ließ sich nicht beirren. Die warnende Rede des britischen Schatzkanzlers Sir John Simon am 27.8.1938, wo dieser darauf hingewiesen hatte, daß bei einem Angriff Deutschlands auf die Tschechoslowakei England möglicherweise in den Krieg hineingezogen werden könnte, hielt er für Bluff. Am 29.8. schrieb Groscurth: »... Der Führer will also den Krieg. Man sagt, ihm sei ein günstiges Horoskop gestellt ...«[20] Am 3. September legte Hitler auf dem Berghof die letzten Einzelheiten der Angriffsvorbereitungen fest: »Die Truppen sind zwei Tagesmärsche von der Grenze entfernt zu versammeln ... Den Tag X werde ich dem OKW am 27. September mittags mitteilen.«[21] Und Groscurth schrieb schon am 31. August: »... Orientierung an Oberst Hoßbach. Er teilte mit, daß in Berlin offen vom 28.9. als Angriffstag gegen die ČSR gesprochen wird.«[22]

Inzwischen hatte Hitler am 21. August Becks Rücktrittsgesuch vom 18. stattgegeben, verbot ihm jedoch plötzlich die öffentliche

Bekanntgabe seines Rücktritts, von dem er negative Auswirkungen im Ausland befürchtete. Unverständlicherweise hat sich Beck dem Gebot Hitlers gefügt und somit seinem Rücktritt jede propagandistische Wirkung genommen. Becks Nachfolger wurde Halder, damals noch General der Artillerie. Als Beck ihn von seinem Rücktritt unterrichtete, machte Halder ihm Vorwürfe: »Nun sehen Sie selbst, wo man hinkommt mit geistreichen Denkschriften und eleganten Rücktritten. Damit kommt man Hitler nicht bei. Wir müssen zu Mitteln greifen, die in unserer früheren Einstellung unmöglich waren.« Beck antwortete darauf nur: »Ich möchte jetzt auch glauben, daß Sie recht haben. Aber nun liegt es ja an Ihnen.«[23]

Unmittelbar nach der Amtsübernahme Halders am 1. September 1938 erschien Oster in dessen Amtssitz in der Bendlerstraße mit dem Vorschlag, einen Emissär nach London zu senden. Oster schlug dafür einen alten Bekannten vor, den Oberstleutnant a. D. Boehm-Tettelbach. Halder traf dieser Vorschlag nicht unvorbereitet, da er bereits um den 15. August mit Oster und Boehm-Tettelbach den Gedanken erörtert hatte, England zu einer klaren Stellungnahme zu veranlassen. Dies geschah unabhängig von der Mission Kleists, über deren Fehlschlagen weder Halder noch Boehm-Tettelbach von Oster informiert wurden.

Über das Gespräch im August berichtete Boehm-Tettelbach nach dem Krieg: »Eine Formulierung meines Auftrags fand nicht statt. Über den Sinn und die Absicht waren wir ja nun vollkommen klar, aber in welcher Form das geschehen sollte, wurde mir vollkommen überlassen ... Von der Mission Kleists wußte ich nichts; Oster hat mir nichts darüber gesagt.«[24] Halder und Oster wurden sich am 1. September schnell einig, der neue Generalstabschef überließ Oster die Formulierung des Auftrags an Boehm-Tettelbach, der schon am 2. September nach London fliegen konnte. Dort gelang es ihm nicht, zu den politischen Kreisen vorzudringen, die eine Änderung der britischen Haltung hätten bewirken können. Er konnte lediglich mit einem Major des Intelligence Service und dem britischen Geschäftsmann Julian Piggott sprechen. Auch er konnte Oster nur vom Scheitern seiner Mission berichten.

Nun suchte Oster das Auswärtige Amt in seine Bemühungen einzubeziehen. Auch dort hatte sich bald nach der Machtergreifung eine Fronde gegen Hitler gebildet, der im Sommer 1938 unter anderem Adam von Trott zu Solz, Otto Kiep, Hans-Bernd von Haeften, Eduard Brücklmeier, Albrecht von Kessel, Albrecht Graf von Bernstorff und die Brüder Kordt angehörten.

Der »Chef des Ministerbüros« im Auswärtigen Amt, Erich

Kordt, schrieb nach dem Krieg über Oster: »... Ich hatte ihn wohl verschiedentlich gesehen, lernte ihn aber erst jetzt besser kennen. Er ist nach dem Kriege von vielen angefeindet worden. Auch damals mochte er im Kriegsministerium viele Gegner gehabt haben. Er liebte es, knappe, manchmal etwas salopp-militärische Formulierungen zu gebrauchen. Es dauerte eine Zeitlang, bis wir uns näher kamen. Ich habe ihn nie anders denn als einen aufrichtigen Patrioten gekannt. Er war ein fanatischer Gegner Hitlers und davon überzeugt, daß Hitler Deutschland ins Elend stürzen werde. Ich schloß mich Oster enger an, da er mir der Aktivste unter den Oppositionellen zu sein schien.«[25]

Ende August 1938 kam es erneut zu einer Unterredung zwischen Oster und Kordt, die dieser so wiedergibt: »Wenn Brauchitsch gewonnen werden kann, so muß unser Plan gelingen«, sagte mir Oster Ende August. Becks Autorität sei wohl noch groß, aber er habe keine Befehlsgewalt mehr. »Brauchitsch ist kein politischer Mensch«, fuhr Oster fort. »Er hat aber das Beck-Memorandum gebilligt, er kann mit Hitlers militärischen Auffassungen nicht einverstanden sein. Aber Hitlers Sicherheit in bezug auf die Westmächte mag ihm imponiert haben. Sagen Sie sich bei Brauchitsch an. Wenn ihm einer von Ihrem Bau ein klares Bild der außenpolitischen Lage gibt, vielleicht macht das Eindruck. Brauchitsch ist zurückhaltend, aber ein anständiger Mann. Er wird Sie nicht verraten. Aber überlassen Sie es ihm, Schlüsse aus Ihrem Vortrag zu ziehen. Militärs wollen nicht von Zivilisten belehrt werden«, schloß er lächelnd.[26]

Schon am nächsten Tag erklärte sich Brauchitsch bereit, Kordt zu empfangen. Mit Hilfe eines Bekannten konnte Kordt die Eintragung in die Besucherliste umgehen und gelangte so ohne Schwierigkeiten in Brauchitschs Arbeitszimmer, wo dieser ihn freundlich empfing und aufforderte, an einem runden Tisch Platz zu nehmen. Da Brauchitsch von sich aus keine Fragen stellte, begann Kordt sogleich mit einem Bericht über die internationale Lage. Im Gegensatz zum Außenminister Ribbentrop malte Kordt die Folgen eines Angriffs auf die Tschechoslowakei für Deutschland in den schwärzesten Farben, versicherte, daß England, Frankreich und möglicherweise Polen gegen Deutschland Front machen würden, während Italien das Reich mit Sicherheit im Stich lassen würde.

Schweigend folgte Brauchitsch den Ausführungen Kordts, bis er ihn unvermittelt mit der Frage unterbrach: »Und worauf bauen denn Hitler und Ribbentrop ihre Siegeshoffnungen?« Statt einer Antwort zitierte Kordt aus einem Erlaß Ribbentrops, in dem die Rede von »75 Millionen fanatisierten Deutschen« war, die sich wie »ein Mann auf ihre Feinde stürzen und sie vernichten« würden. Das war offensichtlich nicht nach dem Geschmack Brauchitschs, der jedoch plötzlich nach dem Zweck von Kordts Besuch fragte. Dessen Antwort, »In Ihrer Hand, Herr Generaloberst, liegt das Schicksal der deutschen Armee und damit des deutschen Volkes«, schien ihm keineswegs zu behagen, und beim Abschied blieb er wortkarg, »seine dünnen Lippen zusammengepreßt«.[27]

Bald nach der Unterredung kamen Kordt Zweifel, ob Brauchitsch nun die Initiative ergreifen würde, und nach einigen Tagen vergeblichen Wartens zeigte sich, daß vom Oberbefehlshaber des Heeres keine Initiative zu erwarten war; Brauchitsch hüllte sich einfach in Schweigen.

Nach diesem neuen Vorstoß bei Brauchitsch hatte sich Oster wieder an Kordt gewandt, um nun mit seiner Hilfe einen weiteren Versuch in Lodon zu unternehmen. In seinem Amtszimmer am Tirpitzufer erklärte er Kordt: »Wenn uns die britische Regierung durch eine energische Erklärung Argumente, die auch dem einfachen Mann einleuchten, in die Hand gibt, so können Sie der britischen Regierung erklären, daß die militärische Fronde mit Beck alsdann einen Kriegsausbruch zu verhindern wissen wird. Dann wird es keinen Hitler mehr geben. Verstehen Sie mich?«[28] Kordt verstand Oster durchaus, stellte aber die Frage, ob man sich auf die Absichten der Generalität verlassen könne. Oster vertrat den Standpunkt, daß gerade die Generale bei einer Niederlage am meisten zu verlieren hätten, denn sie wären diejenigen, die anschließend zur Rechenschaft gezogen würden. So einigten sich Kordt und Oster auf einen möglichst baldigen Versuch in London.

Kordts Bruder Theo war Botschaftsrat an der deutschen Botschaft in London und fungierte dort häufig als Geschäftsträger. Theo Kordts Auffassungen über die Außenpolitik Hitlers waren im Foreign Office bekannt, man wußte, daß er dessen Kurs ablehnte. So wurde er dazu ausersehen, London eine neue Botschaft zu übermitteln. Diese wurde von Erich Kordt entworfen und von seiner Cousine Susanne Simonis auswendig gelernt, die als Kurier nach London fliegen sollte. Bei den zu erwartenden Grenzkontrollen wären Schriftstücke zu gefährlich gewesen, und so traf die junge Frau mit dem Text der Botschaft im Kopf am 5. September abends in London bei Theo Kordt ein. Noch am selben Abend rief dieser Sir Horace Wilson an, den Hauptberater für Industriefragen der britischen Regierung, und vereinbarte für den nächsten Tag eine Unterredung.

Wilson zeigte bei der Zusammenkunft großes Interesse und bat

Kordt, seine Ausführungen am nächsten Tage in der Downing Street No. 10 gegenüber dem Außenminister Halifax zu wiederholen. Um kein Aufsehen zu erregen, benutzte Kordt den Garteneingang. Wilson empfing seinen Besucher mit sichtlicher Anteilnahme, und nach einem kurzen Gespräch holte er den Außenminister, mit dem Kordt anschließend unter vier Augen sprach. Er begann mit dem Hinweis auf die Lage von 1914. Hätte damals der britische Außenminister Sir Edward Grey eindeutig Stellung bezogen und das englischen Eingreifen auf seiten Frankreichs jedermann verständlich ausgesprochen, so wäre möglicherweise der Krieg verhindert worden. Jetzt sei die Situation ähnlich. Chamberlain müsse daher ganz klar erklären, daß ein Krieg mit der Tschechoslowakei gleichzeitig den Krieg mit England bedeute. Hielte Hitler danach trotzdem an seiner Politik fest, so würde die deutsche Armee mit Waffengewalt gegen ihn vorgehen. Dies würde das Ende des Nationalsozialismus bedeuten.[29]

Halifax hatte seinem Gesprächspartner aufmerksam zugehört und versprach, den Premierminister und einige Kabinettsmitglieder zu unterrichten, gleichzeitig sicherte er Kordt absolute Diskretion bei der Prüfung der Mitteilung zu. Mit der Erwartung einer baldigen englischen Erklärung verließ Kordt seinen Gesprächspartner, ohne zu ahnen, daß dieser nicht aufrichtig gewesen war, wie ihm Halifax später mitteilte: »Wir sind nicht imstande gewesen, so freimütig zu Ihnen zu sein, wie Sie zu uns waren. In der Zeit, als Sie uns Ihre Botschaft übermittelten, erwogen wir bereits die Entsendung Chamberlains nach Deutschland.«[30]

Am selben Tag, als Theo Kordt hoffnungsvoll Downing Street No. 10 verließ, kam es zu schweren Zusammenstößen von Anhängern der Sudetendeutschen Partei mit der Polizei in Mährisch-Ostrau. Hitlers Anweisungen folgend, brachen daraufhin Henlein und dessen Vize Frank die Verhandlungen mit der Prager Regierung ab; Hitler benötigte dringend »Terror-Maßnahmen« der Tschechen, und Henleins Partei sollte diese provozieren.

Am 11. September kam es im Sudetenland zu heftigen Auseinandersetzungen mit der tschechischen Polizei, die sich am nächsten Tag zu einer regelrechten Rebellion von dreizehn Landkreisen auswuchsen, so daß die tschechische Regierung am 13. September das Standrecht verhängte. Die Unruhen forderten dreiundzwanzig Tote und mehrere Hundert von Verletzten. Am 14. September jedoch waren die Ordnungskräfte Herren der Lage; Henlein floh mit seiner Umgebung nach Deutschland, Tausende verängstigter Sudetendeutschen folgten ihm.[31]

Hitler hatte erreicht, was er wollte. Am 12. September wütete er auf der Rednertribüne des Nürnberger Parteitages gegen Beneč und forderte für die Sudetendeutschen »das freie Recht der Selbstbestimmung«, was praktisch die Abtrennung bedeutete. Gab Prag nicht nach, so bedeutete dies Krieg.

Krieg, das war ein Wort, welches die Menschen im Sommer 1938 mit Schrecken erfüllte, in Frankreich und England genauso wie in Deutschland. Im Gegensatz zu 1914 wurden die deutschen Truppen nirgendwo mit Begeisterung begrüßt, wenn sie sich im Reich der Bevölkerung zeigten. Mit Gleichgültigkeit und einer dumpfen Ergebenheit, die an Fatalismus gemahnte, betrachteten die Deutschen ihre Soldaten. Gab es keinerlei Mittel mehr, einen neuen europäischen Krieg zu verhindern?

Im Frühjahr 1938 hatte sich jeglicher Gedanke an einen Umsturz als Utopie erwiesen. Nun aber waren Männer und Kräfte vorhanden, mit denen ein Angriff auf das Regime geführt werden konnte. Unter ihnen fiel dem General der Infanterie Erwin von Witzleben, der jetzt Befehlshaber im Wehrkreis III (Berlin) war, eine Schlüsselposition zu. Oster hatte seinem alten Freund, der während der Fritsch-Krise in einem Dresdener Sanatorium gelegen hatte, erst im Juni die Hintergründe der Intrige schildern können, und bei dieser Gelegenheit erfuhr Witzleben auch erstmalig von Hitlers Absichten gegen die Tschechoslowakei. Sowohl die Einzelheiten über das Vorgehen gegen Fritsch wie Osters düstere Schilderungen von Hitlers außenpolitischen Schachzügen brachten den General in höchste Erregung.

Ganz das Gegenstück zu Halder, dem intellektuellen »Bürogeneral«, war Witzleben ein unkomplizierter, zu seinem Wort stehender Offizier, dem die Politik eher unverständlich war. Aber die Aussicht, durch Hitlers Vabanquespiel Deutschland in einen Konflikt mit den Westmächten verwickelt zu sehen, beunruhigte ihn aufs äußerste. Die Generation der Weltkriegsoffiziere hing in diesen Monaten vielleicht am entschiedensten am Frieden. Witzleben war bereit, zu handeln.

Bald erschien der Abwehroberstleutnant häufiger beim Kommandierenden General in Berlin, der Osters Besuche mit ihrer alten Bekanntschaft begründete. Zudem mag Witzleben seinen Untergebenen Anweisung gegeben haben, daß der Oberstleutnant Oster von der Abwehr stets zu ihm vorzulassen sei. Bei einer dieser Unterredungen ist dann auch das entscheidende Wort gefallen: Putsch gegen Hitler und das nationalsozialistische System. Wer von den beiden als erster diesen ungeheuerlichen Gedanken ins Spiel brachte, läßt sich nicht mehr feststellen, aber die Bedeutung dieses Augenblicks ist beiden klargeworden. Denn was sie planten, war bis dahin einzigartig in der preußischen Militärgeschichte: mit Hilfe des Heeres die von den meisten Deutschen und auch im Ausland als legal angesehene Regierung samt dem Staatsoberhaupt zu verhaften. Als Oster ihm die entscheidende Frage gestellt hat, ob er als Befehlshaber im Berliner Wehrbereich bereit sei, mit einem bewaffneten Staatsstreich der ihm unterstellten Truppen das Regime zu beseitigen, hat Witzleben spontan und grundsätzlich zugestimmt und, wie Gisevius schreibt, ist niemals »von da an in seiner Haltung schwankend geworden«.[32]

Von diesem Zeitpunkt an begannen sich die Ereignisse zu überstürzen. Gleichzeitig rückte Oster mehr und mehr in den Mittelpunkt einer sich bildenden Verschwörung. Beck hatte Oster seinem Nachfolger Halder wärmstens empfohlen und ihm gesagt, daß er sich in allen heiklen Fragen an diesen wenden könne, da er vollstes Vertrauen verdiene. Daß Beck selber sich mit Gedanken über ein Vorgehen gegen Hitler gequält und zermartert hatte, war dem neuen Generalstabschef, der am 27. August 1938 die Amtsgeschäfte übernahm, nicht verborgen geblieben.

Nach kurzer Einarbeitung war einer der ersten Schritte Halders ein Telefonanruf bei der Abwehr mit der Bitte, ihm den Oberstleutnant Oster hinüberzuschicken. Zu Osters Überraschung erbat Halder bei dessen Besuch zunächst einmal politische Orientierung. Das war in der Tat ein erstaunliches Ansinnen: Der Chef des deutschen Generalstabes ließ sich von einem Abwehroffizier über Hitlers Ziele unterrichten. Halder wollte Beweise, daß Hitler den Krieg tatsächlich wolle, daß er nicht wieder lediglich alles auf eine Karte setze und nur bluffe. Daß Halder sich seine politischen Informationen nicht von Canaris selber holte, führte Gisevius auf seine Abneigung zurück, er mochte den »… vielgewandten Admiral nicht in seine Karten gucken lassen«.[33]

Dennoch war Oster vollkommen überrascht, als Halder ihm unvermittelt die Frage stellte, welche Vorbereitungen politischer und technischer Art für einen Staatsstreich getroffen seien. Die Gespräche mit Witzleben, von welcher Tragweite sie auch immer gewesen waren, hatten sozusagen theoretischen Charakter gehabt; jetzt wurden ganz konkrete, praktische Fragen aufgeworfen. Oster hat damals, ohne zu zögern, die Namen Goerdeler und Schacht als politische Köpfe eines möglichen Putsches genannt und eine Begegnung empfohlen. Der Gedanke an ein Treffen mit Goerdeler stieß bei Halder aber auf wenig Gegenliebe, denn dieser hatte sich in seinen Augen schon zu sehr als Gegner des Regimes bloßgestellt. Schacht dagegen war amtierender Minister, und eine Unterredung mit ihm stellte noch keine hochverräterische Handlung dar. Mit dem Auftrag des Generalstabschefs, ihm eine sofortige Unterredung bei Schacht zu ermöglichen, verließ Oster seinen Gesprächspartner.[34]

Jetzt begannen die Ereignisse in immer schnellerer Folge abzulaufen, ja es kam eine Hektik in die konspirativen Pläne, die Oster auf dem Höhepunkt seiner Vermittlertätigkeit zeigen. Am Sonntag, den 4. September, erschien abends Halder bei Schacht und kam ohne Umschweife zur Sache. War der Minister bereit, falls Hitler einen Krieg provozieren würde, bei einem bewaffneten Umsturz die vorläufigen Regierungsgeschäfte zu übernehmen? Oster hatte Schacht schon vorher ins Bild gesetzt, und so kam die Antwort prompt und bestimmt: Halder könne ohne Vorbehalte auf ihn rechnen. Damit schied man voneinander, denn es schien beiden Gesprächsteilnehmern noch zu früh zu sein, etwaige politische Programme zu entwickeln.[35]

Wohl noch am gleichen Abend erfuhr Oster von Halders Besuch bei Schacht und unterrichtete Witzleben als einen der ersten über diese Zusammenkunft. Der nächste Schritt war schon vorgezeichnet. Von Oster und Schacht an Gisevius verwiesen, forderte Halder dessen Besuch an, da es nun Einzelheiten wie den Einsatz der Polizei und das Vorgehen in Berlin zu regeln galt. Noch in der ersten Septemberwoche, am 5. oder 6., klingelte Gisevius »... an der Tür einer schlichten Zehlendorfer Etagenwohnung. Ein wenig mußte ich lächeln, denn der Hausherr - auch ein Generalstabschef kann nie wissen, wieweit auf das Hauspersonal Verlaß ist - öffnete mir selber. Unter Ersparung der üblichen Höflichkeitsfloskeln ging er direkt in medias res.«

Gisevius war in der Tat verblüfft. Halder führte eine derart klare Sprache gegen Hitler, den er als »Geisteskranken« und »Blutsäufer« bezeichnete, daß an seiner Entschlossenheit nicht zu zweifeln war. Über die Frage des Wann und Wie gingen Halders und Gisevius' Meinungen allerdings auseinander. Während Halder lieber einen Rückschlag auf militärischem Gebiet abwarten wollte, hielt Gisevius ein sofortiges Losschlagen für unerläßlich. Dazu baute er vor allem auf die Mithilfe der Polizei: »... Man mußte die Polizei richtig ansprechen, dann hatte man sie in der Mehrzahl. Der Großteil unserer Schutzpolizisten waren wackere ehemalige Soldaten die die schwarzen Praktiken auf den Tod haßten. Ebenso war die Kriminalpolizei überwiegend mit gelernten Beamten besetzt, denen die anbefohlenen Willkürakte eine seelische Belastung bedeuteten. Hier mußte man ansetzen. Nicht ohne Bedacht wiederholte ich Halder meine Vorschläge aus der Zeit der Fritsch-Krise, das braune Bonzentum von der kriminellen statt von der politischen Seite zu packen.«

Halder stimmte Gisevius' Vorschlägen schließlich zu, meldete jedoch auf einem anderen Gebiet Bedenken an. Er hielt Hitlers Ansehen im Volk für so groß, daß er vor dem Gedanken zurückschreckte, Teile des Heeres gegen die Regierung zu führen. Er verwies auf die starke Anhängerschaft, die Hitler im jüngeren Offizierskorps besaß, die einem Einsatzbefehl gegen SS und Gestapo vielleicht nicht folgen würde, wobei er das Prinzip von Befehl und Gehorsam nicht sehr hoch zu veranschlagen schien.

Auch ein Putsch hätte auf Befehle hin durchgeführt werden müssen, und für Gisevius bestand wenig Anlaß an ihrer Ausführung zu zweifeln, vorausgesetzt es war jemand da, der sie gab. Halder wollte stattdessen ein anonymes Attentat, »am besten sprengte man einige Tage nach der Kriegserklärung den Führerzug in die Luft und verbreitete dann die Meldung, Hitler wäre einem feindlichen Bombenangriff erlegen«. So trennte sich ein skeptischer Halder von Gisevius, der noch in der Nacht Oster über den Besuch berichtete: »Loyal wie er war, schmerzte ihn mein scharfes Urteil über Halders Angst vor der eigenen Courage. Aber am nächsten Morgen war er zufrieden: Halder gab ihm den Auftrag, mich bei der Vorbereitung aller polizeilichen Maßnahmen für einen Staatsstreich zuzuziehen.«[36]

Witzleben hatte inzwischen dem Kommandeur der 23. Infanteriedivision in Potsdam, Generalmajor Graf von Brockdorff-Ahlefeldt, die Frage gestellt, ob er gewillt sei, mit seiner Division einen Putsch auszuführen, sofern ihm Witzleben den Befehl dazu erteilen würde. Brockdorff stellte sich seinem Kommandeur uneingeschränkt zur Verfügung, und darauf vermittelte Oster einen Besuch Witzlebens und Brockdorffs bei Schacht. Beide wünschten ein Bild der außenpolitischen Lage um die Risiken bei einem Einsatz ihrer Truppen abschätzen zu können.

An einen ruhigen Nachmittag Ende der ersten Septemberwoche erschienen die beiden Generale in Begleitung von Gisevius auf Schachts märkischem Landsitz in Gühlen. Dem unbekümmerten Witzleben machte es wenig aus, mit seinem Dienstwagen zu Schacht hinauszufahren, und Witzleben wie Brockdorff verständigten sich mit dem konspirierenden Minister überraschend schnell. Zwar meinten Witzleben und Schacht, es wäre nützlich, Halder oder Brauchitsch selber als Führer eines Staatsstreichs zu gewinnen, aber beim Verlassen von Schachts Domizil gab ihm Witzleben sein Wort: »Ob mit Halder oder ohne ihn, ob auf Befehl von oben oder gegen die eigenen militärischen Vorgesetzten – diesmal sollte es aufs Ganze gehen.«[37]

Der an klare militärische Verhältnisse gewöhnte Witzleben unternahm jetzt eine Verteilung der Aufgaben für den geplanten

Putsch. Schacht sollte eine Ministerliste zusammenstellen, Brockdorff die militärischen Vorbereitungen übernehmen, während Gisevius für die polizeilichen Maßnahmen zuständig sein würde. Um Gisevius ungestörtes Arbeiten zu ermöglichen, erhielt er von Witzleben einen falschen Ausweis auf den Namen »von Velsen« und wurde hinter Witzlebens Arbeitszimmer in einem Sitzungssaal des Wehrkreiskommandos eingesperrt, den Witzleben stets abschloß, so daß er nur über das Zimmer des Kommandierenden Generals zu erreichen war. Die Adjutanten wurden von Witzleben dahingehend informiert, daß ein Verwandter Familienpapiere ordne.[38]

Inzwischen hatte Witzleben auch Halder aufgesucht und diesem ohne große Umschweife eröffnet, daß er einen Staatsstreich plane. Zu diesem Zeitpunkt waren die Vorbereitungen schon relativ weit gediehen, denn, wie er nach dem Krieg schrieb, Halder fand Witzleben über »die Möglichkeiten, die sich boten, völlig im Bilde«. Auch die Prüfung des voraussichtlichen Verhaltens von militärischen Persönlichkeiten, die bei den Vorbereitungen und bei der Aktion selbst schwer umgangen werden konnten, war weit gediehen. Zu Halders Überraschung berichtete Witzleben ihm, daß er sich des Berliner Polizeipräsidenten Graf Helldorf und der Berliner Polizei sicher sei – zweifellos das Werk von Gisevius.

Da Witzleben die Planung schon weitgehend unter Kontrolle hatte, verständigte sich Halder mit ihm dahingehend, daß die gesamte Durchführung bei Witzleben liegen sollte, während Halder sich den »Startschuß« vorbehalten würde, wobei erst nach vollzogenem Putsch auch Brauchitsch in die Fronde gezogen werden solle. Tatsächlich hat Halder nie den Versuch unternommen, Brauchitsch einzuweihen, und auch Witzleben war keineswegs geneigt, sich gänzlich von Halder abhängig zu machen, falls dieser es sich doch noch anders überlegen sollte.[39]

In der zweiten Septemberwoche sagte sich Schacht über Oster zu einem Gegenbesuch bei Halder an, bei dem ihn zum großen Ärger Halders Gisevius »uneingeladen« begleitete. Der Eindruck, den Schacht und Gisevius an diesem Abend von Halder gewannen, war zwiespältig. Einerseits schien er entschlossen, bei einem Marschbefehl Hitlers den Staatsstreich auszulösen. Eine Überrumpelung durch Hitler schloß er aus: »Nein, darin kann er mir nichts vormachen. Ich habe die Pläne so angelegt, daß ich mindestens dreimal vierundzwanzig Stunden früher merke, ob er etwas plant, und vierundzwanzig Stunden vorher muß er mir den unwiderruflichen Befehl erteilen.« Auf der anderen Seite schien er eine Rückzugslinie zu suchen. »Ritt ihn der Teufel in Gestalt hitlerischer Überredungskünste? Oder war der Versucher in Form einer strategischen Selbstverklärung über ihn gekommen?«, äußert Gisevius.[40] So blieb Halder ein Unsicherheitsfaktor.

Zu viele Eindrücke prasselten damals auf die Beteiligten nieder. Besuche wechselten sich mit Gegenbesuchen, das Telefon stand oft den ganzen Tag nicht still, manche konspirativen Besuche mußten im Schutz der Dunkelheit gemacht werden. Sowohl in der Reihenfolge der Ereignise wie auch bei den einzelnen Daten treten Widersprüche auf, was nicht verwunderlich ist: Aber sie ändern nichts an der Substanz der historischen Tatsachen, die meist übereinstimmend geschildert werden.

Mit Hilfe des spärlichen Materials, das überliefert ist, läßt sich die geplante Aktion zumindest in großen Zügen rekonstruieren. Eines war Oster, Witzleben und Gisevius klar: Entschieden würde über den Erfolg des Putsches in Berlin. Und hier war man am stärksten, denn mit der 23. Infanteriedivision des Grafen Brockdorff in Potsdam verfügte man über genügende Kräfte, um Berlin nicht nur von außen abzuriegeln, sondern gleichzeitig die wichtigsten Punkte in der Stadt zu besetzen. Diese Orte waren zahlreich: der Gestapokomplex in der Prinz-Albrecht-Straße, die SS-Kaserne in Lichterfelde, das Konzentrationslager Sachsenhausen, die Sendeanlagen des Deutschlandsenders in Königswusterhausen, schließlich das Regierungsviertel an der Wilhelmstraße mit der Reichskanzlei. Um genaue Zahlen für die erforderlichen Truppenstärken zu ermitteln, fuhren Gisevius und Brockdorff in ausgedehnten Fahrten durch Berlin, chauffiert von Frau Strünck, deren Mann ja ein guter Bekannter Osters war. Mehrfach wurden die einzelnen Komplexe umrundet, denn es galt »etwaige Fluchtwege durch Gärten und Hinterhäuser mitzuerfassen«. Wie Brockdorff feststellte, war der erforderliche Aufwand an Truppen teilweise erheblich, und Gisevius schreibt, daß »ohne die Mitwirkung der Berliner Polizei kein Putsch möglich war, oder wir mußten die Truppe durch Nebenaktionen aufsplittern«.[41]

Während der Polizeivizepräsident von Berlin, Graf von der Schulenburg, seit der Fritsch-Krise zu den Anhängern des Oster-Kreises zählte, waren die Bemühungen um den Berliner Polizeipräsidenten Graf Helldorf stets im Vorfeld eines vorsichtigen Abtastens geblieben. Er galt seit einiger Zeit zwar als Kritiker des Regimes, andererseits aber war er ein hoher SA-Führer, und man zögerte ursprünglich, den begeisterten Nationalsozialisten ohne weiteres als potentielles Mitglied der Opposition zu akzeptieren. Es scheint, daß Gisevius Anfang September mit ihm »Fraktur redete«. Helldorf erklärte sich »zum Mitmachen bereit«, nachdem Gisevius ihn in großen Zügen eingeweiht und den Stand der Dinge mit der Formel umschrieben hatte, »mit Oster klar zu sein«.[42]

Helldorf und Schulenburg wollten für die neutrale Haltung der Polizei sorgen, wie auf einer internen Besprechung festgehalten wurde, an der der Leiter der Berliner Politischen Polizei, Regierungspräsident Paul Kanstein, sowie der Kommandeur der Schutzpolizei, General von Kamptz, teilnahmen.[43] Blieb die Polizei in den ersten Stunden neutral, so konnte der Putsch ungestört von den Heereseinheiten ausgeführt werden, und waren erst einmal vollendete Tatsachen geschaffen, so sollte einer späteren Mitwirkung der Schutzpolizei bei Festnahmen, Hausdurchsuchungen und ähnlichen Aktionen nichts mehr im Weg stehen. Nur in den ersten Stunden der Aktion hätten bewaffnete Zusammenstöße zwischen Heereseinheiten und Polizei ein zusätzliches Risiko bedeutet. Oster, Witzleben und vor allem Brockdorff wollten dies vermeiden, um der Truppe unnötige Belastungen zu ersparen. War der Gegner aber die SA oder die SS, so würden sich kaum Probleme in der Haltung der Truppe ergeben.

Witzleben seinerseits hatte zusätzliche Vorkehrungen getroffen. Anfang September hatte er den Obersten von Hase, der das Infanterieregiment 50 in Landsberg an der Warthe kommandierte, zu sich kommen lassen. Hase war ihm als kompromißloser Hitlergegner bekannt und war schon während der Fritsch-Krise zu bewaffnetem Vorgehen gegen das Regime entschlossen gewesen. Der Oberst stellte sich auf Witzlebens Frage hin sofort zu einer Teilnahme am Staatsstreich zur Verfügung. Sechs Jahre später sollte er als Stadtkommandant von Berlin eine Schlüsselrolle beim Attentat vom 20. Juli spielen und dafür sein Leben am Galgen beenden.[44]

Witzleben genügten diese Vorbereitungen noch nicht, da er der Auffassung war, daß für die Überwindung unvorhergesehener Widerstände auch Panzerkräfte nötig sein könnten. So nahm er mit dem Generalleutnant Erich Hoepner Verbindung auf, der eine unabhängige und eigenwillige Persönlichkeit war und einer der wenigen hohen Truppenführer, die den Weg zum aktiven Widerstand fanden. Wenige Jahre später wurde Hoepner einer der fähigsten Panzerführer des Rußlandkrieges. Als Generaloberst bezahlte er die Beteiligung am Attentat des 20. Juli mit dem Leben.

Hoepners Division, die 1. leichte, sollte am 9.9.1938 zu Herbstübungen aus ihrem Standort Wuppertal nach Thüringen marschieren. Von dort wollte Witzleben die Division im Fall des Staatsstreiches auf Berlin ansetzen. In Absprache mit Halder wurde sie zur Verfügung des OKH zurückgehalten. Wie Halder nach dem Krieg schrieb, wollte Hoepner »... offensichtlich im Falle des Einsatzes in Berlin seine Division vor vollendete Tatsachen stellen. Das bot auch wohl die einzige Gewähr, daß über die Planung nichts durchsickerte. Ich erinnere mich, von Witzleben damals gefragt zu haben, ob Hoepner seiner Truppe wirklich sicher sei. Von Witzleben scheint Hoepner diese Frage vorgelegt zu haben; Hoepner ist anscheinend einer direkten Antwort ausgewichen und hat von Witzleben erklärt, er könne sich darauf verlassen, daß seine Truppe seine Befehle ausführen würde. Alles weitere möge man ihm überlassen.«[45]

Halder wiederum hoffte, bei den Kommandierenden Generalen Unterstützung für den Staatsstreich zu finden; zumindest in einem Fall war er sich seiner Sache sicher. Bei einem Gespräch unter vier Augen mit dem Oberbefehlshaber des Gruppenkommandos 2 in Kassel, Generaloberst Wilhelm Adam, hatte Halder ausgerufen: »Wenn Witzleben losschlägt, müssen eben die Oberbefehlshaber im Reiche mitmachen.« Adams Antwort darauf war knapp gewesen: »Nur los, ich bin bereit.«[46]

Je weiter die Planungen Witzlebens, Osters und Gisevius' voranschritten, desto mehr erkannten sie die Schwierigkeit, die ein Putsch ohne oder gegen das Kriegsministerium mit sich brachte. In Berlin waren die Dinge noch am einfachsten: War das Stichwort gegeben, so würden sich auf Befehl Witzlebens die von Brockdorff bestimmten Truppen in Bewegung setzen, die vorher bezeichneten Objekte umzingeln, zum Teil besetzen sowie die Stadt selbst abriegeln. Dann aber mußte es problematisch werden, wenn es galt, den Wehrkreiskommandeuren die entsprechenden Befehle zu übermitteln, welche Stellen sie zu besetzen hätten. Standrechtsverordnungen mußten erlassen und nicht zuletzt Listen von zu verhaftenden Parteiführern und anderen Vertretern des Regimes durchgegeben werden.

Man war sich darüber klar, daß einige der Befehlshaber ihre Teilnahme verweigert, andere versucht hätten, beim Kriegsministerium Rückfragen zu halten, um sich abzusichern. So war eine Flut von Telefongesprächen und Fernschreiben zu erwarten, die erhebliche Verwirrung auslösen würde. Verfügte man dagegen über den Apparat des Kriegsministeriums, so hätten die Putschisten mit der angemaßten Autorität des Oberbefehlshabers des Heeres ihren Befehlen Nachdruck verleihen können. Aus diesen Erwägungen wurde eine Abriegelung des Gebäudekomplexes an der Bendlerstraße, in dem sich das Oberkommando des Heeres befand, in die Planung einbezogen. Wie Gisevius schreibt, erwog Witzleben ernsthaft die Möglichkeit, Brauchitsch und Halder zu überspielen: »Brauchitsch konnte er seine Haltung in der Fritsch-Krise nicht vergessen. Halder war in seinen Augen kein großer Held. Sie für die entscheidenden Stunden hinter Schloß und Riegel zu setzen, hätte ihm nichts ausgemacht. Manchmal hatte ich sogar den Eindruck, bei dem korrupten Brauchitsch freute er sich im stillen darauf, zum Gebrauch der Schußwaffe gezwungen zu werden. Diese vertrauliche Aussprache hatte er sich ganz persönlich vorgemerkt.«[47]

Die alles entscheidende Frage war die Behandlung Hitlers, und hier gingen die Meinungen auseinander. Einige Verschwörer, vor allem die »ältere« Generation, wollte Hitler lebend in die Hände bekommen und vor Gericht stellen, um dem ganzen Volk seine Verbrechen aufzuzeigen. Die Vertreter dieses Gedankens waren vor allem Beck und auch Canaris; beide befürchteten eine neue »Dolchstoßlegende« im Falle eines Attentats auf Hitler. Andere, wie der Reichsgerichtsrat Hans von Dohnányi, wollten Hitler nach der Verhaftung durch ein Ärztegremium für geisteskrank erklären lassen. Den Vorsitz in diesem Gremium sollte Dohnányis Schwiegervater übernehmen, Professor Karl Bonhoeffer. Vorbedingung dafür war allerdings, daß man Hitler überhaupt in die Hände bekam. Diese Aufgabe fiel Witzleben zu, der mit einem Stoßtrupp von Offizieren seines Generalkommandos und weiteren ausgewählten Männern in die Reichskanzlei eindringen sollte, um den Diktator zu verhaften. Diese Aktion sollte gleichzeitig mit Brockdorffs Truppenbewegungen ablaufen, denn bevor an ein Eindringen in die Reichskanzlei gedacht werden konnte, mußte diese von den aufständischen Truppen bereits abgeriegelt sein.

Da die Absicht des Stoßtrupps kaum zu verbergen gewesen wäre, kam es darauf an, ihn mit zuverlässigen und entschlossenen Männern zu besetzen, die im Ernstfall rücksichtslos von der Schußwaffe Gebrauch machen würden. Oster hatte Witzleben Anfang September in seiner Wohnung mit Hauptmann Heinz bekannt gemacht, und der General erkannte in dem ehemaligen Freikorpsführer sofort den richtigen Mann dafür. Witzleben und Oster erteilten Heinz den Auftrag, einen Stoßtrupp aufzustellen, eine Aufgabe, die ganz nach dem Geschmack des Haudegens war. Heinz machte sich sogleich an die Arbeit, und mit Hilfe seiner alten Verbindungen zur Freikorpsszene sowie seiner eigenen Stellung in der Abwehr, bei der viele seiner ehemaligen Kumpane Unterschlupf gefunden hatten, die mit dem Nationalsozialismus unzufrieden waren, kamen etwa dreißig Mann unterschiedlichster Prägung zusammen, die aber allesamt als äußerst entschlossen gelten konnten.

Zu der Gruppe gehörten: Die Studentenführer Junker und Hoffmann, Albrecht Erich Günther von der Zeitschrift »Deutsches Volkstum«, Konrad Graf Finckenstein, der nach dem 20. Juli hingerichtete Hans-Jürgen Graf Blumenthal, Haubold Graf Einsiedel, Freiherr Treusch von Buttlar-Brandenfels, der Leutnant Dr. Albrecht Herzner, der ein Jahr darauf beim Beginn des Polenfeldzuges mit einem Abwehrkommando den Jablunka-Paß nehmen sollte und ihn solange freihielt, bis die nachrückenden deutschen Truppen erschienen; ferner Oberleutnant Knaak – der vier Tage nach Beginn des Rußlandfeldzuges im Handstreich die Brücken vor Dünaburg nahm und dabei fiel –, der zu den Kommandotruppen der sogenannten Brandenburger zählende Leutnant Bistrick, der Oster-Freund Kapitänleutnant Liedig und schließlich Heinz selbst, der sich die Teilnahme an diesem Unternehmen keinesfalls entgehen lassen wollte.[48]

Unterdessen war Canaris von Oster in die geplante Aktion eingeweiht worden. Osters Mitteilungen erschienen ihm vernünftig und realisierbar: Abriegelung Berlins durch die 23. Infanteriedivision, Besetzung des Regierungsviertels und sämtlicher Nachrichtenzentralen, Ausschaltung von SS- und Gestapostellen, schließlich die Verhaftung Hitlers durch einen von Witzleben geführten Stoßtrupp und die anschließende Ausrufung einer Militärdiktatur. Allerdings mangelte es dem Stoßtrupp an Handfeuerwaffen, wie Oster dem Abwehrchef erläuterte, worauf dieser den Major Groscurth von der für Sabotage zuständigen Abteilung II anwies, Karabiner und Explosivstoffe an Heinz abzugeben.[49] Der verteilte die Waffen an die Mitglieder seines Kommandos, unter denen sich ja Angehörige der Abwehr befanden, während die zu anderen Truppenteilen gehörenden Offiziere von der Abwehr zu »Sonderlehrgängen« zusammengezogen werden konnten, ohne daß dies Aufsehen erregte.

Alle diese Vorbereitungen fanden vor dem Hintergrund einer immer weiteren Zuspitzung der außenpolitischen Lage statt. Hitler reiste am 13. September von Nürnberg über München nach Berchtesgaden; von da aus wollte er so bald als möglich ins Feldquartier fahren. Am Nachmittag des gleichen Tages traf Erich Kordt in Berlin ein und versuchte sofort zu Canaris zu gelangen. Der war jedoch nicht zu sprechen; statt seiner ließ Oster ihm sagen, »er hoffe bestimmt, daß der Staatsstreich durchgeführt werde«.[50] Den Abend verbrachte Kordt in seinem Büro im Auswärtigen Amt, nur unterbrochen durch ein gemeinsames Abendessen mit einem Freund. Dabei erreichte ihn der Anruf eines Mitarbeiters, der ihm aufgeregt mitteilte, daß soeben die britische Botschaft angerufen habe: Chamberlain wünsche eine sofortige

Zusammenkunft mit Hitler.[51] Diese Nachricht schlug wie eine Bombe ein. Die Verschwörer sahen alle Voraussetzungen für einen Putsch schwinden. Wenn England den Forderungen Hitlers nachgab, war ein Staatsstreich undenkbar geworden.

Am 15. September flog Chamberlain nach München, von dort fuhr er in Hitlers Sonderzug nach Berchtesgaden und traf am Nachmittag auf dem Obersalzberg ein. Hitler empfing seinen Besucher auf der Freitreppe zum Berghof und geleitete ihn in die große Halle. Nach dem Tee kam es im Arbeitszimmer Hitlers zu einer mehrstündigen Besprechung an der außer Hitler und Chamberlain nur der Chefdolmetscher Paul Otto Schmidt teilnahm.

Hitler gab sich gemäßigt: Erkannte England das Selbstbestimmungsrecht an, so wolle er mit sich reden lassen. Chamberlain griff nach diesem Strohhalm wie ein Ertrinkender, denn, wie er später sagte, »... die Situation war sehr viel kritischer, als ich angenommen hatte. Ich wußte, daß seine Truppen, Panzer und Geschütze bereit waren, sich auf sein Wort auf die Tschechen zu stürzen, und es war klar, daß rasche Entscheidungen getroffen werden mußten, wenn noch irgend etwas zu retten war.« Schließlich erklärte er, mit Paris über das Selbstbestimmungsrecht der Sudentenlande verhandeln zu wollen; dann werde er zu weiteren Konsultationen noch einmal nach Deutschland reisen, sofern Hitler bis dahin keine Gewaltmaßnahmen gegen die Tschechoslowakei unternehmen würde.[52]

Alle diese Zugeständnisse beschleunigten die Krise jedoch nur. Hitler war nach der Begegnung mit dem englischen Premierminister mehr denn je der Ansicht, daß die Engländer nur bluffen. Schon am nächsten Tag äußerte er zu seiner Umgebung, daß er fest entschlossen sei, nach Prag zu marschieren. Wie Hitlers Sonderbotschafter Hewel dem ungläubigen Erich Kordt mitteilte, war der »Führer« jetzt ganz sicher, die Eroberung der Tschechoslowakei mit Duldung der Engländer erreichen zu können.[53]

Im selben Maße, in dem Hitler die Krise verschärfte, stiegen aber auch die Chancen der Verschwörer. Zwischen dem 15. und 20. September 1938 fand in Osters Berliner Wohnung die abschließende Besprechung statt, an der unter anderem Witzleben, Heinz und Liedig, vermutlich auch Gisevius und Dohnányi, vielleicht auch Goerdeler teilnahmen. Den Anwesenden war längst klargeworden, daß die Verhaftung Hitlers nicht ohne Blutvergießen ablaufen würde. In der Reichskanzlei befand sich eine ständige SS-Truppe der »Leibstandarte Adolf Hitler« in Stärke von 1:3:39, also ein Führer, drei Unterführer und 39 Mann. Die Stärke der jeweiligen Wachschicht wurde am 15. September 1938 auf 1:2:12 festgesetzt. Am Haupteingang der Wilhelmstraße 78 sowie an der Einfahrt zur Wohnung Hitlers befand sich Tag und Nacht je ein Polizeiposten, ein weiterer Beamter patrouillierte nachts im Garten der Reichskanzlei mit einem Hund. Von den SS-Wachen stand ein mit einer Pistole bewaffneter Mann an der Adjutantur des Führers, ein weiterer am Vorraum zur Küche, an der Gartenfront war ein SS-Mann mit Karabiner postiert, und ein vierter Posten mit einer Pistole befand sich an der Garagenauffahrt Hermann-Göring-Straße. Die Verbindungen von der Reichskanzlei zur Präsidialkanzlei und zu den Räumen des Stabschefs der SA wurden von SA-Posten abgeriegelt, dazu kamen tagsüber drei, manchmal auch mehr Beamte eines besonderen »Sicherheitsdienstes« in der Reichskanzlei, die auch zuweilen als Empfangsbeamte Dienst taten.[54]

Bei einem entschlossenen Einsatz waren diese Sicherheitskräfte durchaus zu überwältigen, zumal das Überraschungsmoment auf der Seite der Putschisten gelegen hätte. Allerdings wären durch die im Gebäude verstreuten Wachen Schießereien sehr wahrscheinlich gewesen, so daß man verabredete, den geringsten Widerstand mit der Waffe zu brechen, um das Ziel nicht zu gefährden: die sofortige Verhaftung Hitlers. Der gefangene »Führer« sollte unmittelbar danach in einem Kraftfahrzeug fortgeschafft werden. Das Startzeichen sollte in dem Moment gegeben werden, wenn Hitler den Angriffsbefehl geben würde. Mit diesem Plan verließen die Verschwörer Osters Wohnung, und zurück blieb an diesem Abend außer dem Hausherrn anscheinend nur Heinz.[55]

Kaum war Oster mit dem ehemaligen Freikorpsführer allein, zweifelten beide an der Vernunft der getroffenen Abmachungen. Was wäre, wenn Hitler zum Kristallisationspunkt möglicher Gegenbewegungen würde, wer konnte garantieren, daß die Generäle standhaft bleiben würden, wenn erst einmal durchsickerte, daß der Führer lebe und nur gefangengehalten werde?

Heinz schloß daraus, daß Hitler unter allen Umständen erschossen werden müsse: »Ein lebender Hitler ist stärker als alle Divisionen.« Aber auch Oster war inzwischen zu der Auffassung gekommen, daß Hitler ermordet werden mußte, wenn der Putsch gelingen sollte. Beide waren sich einig, wie die Dinge verlaufen mußten, sobald einmal die Mitglieder des Stoßtrupps in Hitlers Räume eingedrungen waren. Um Verwirrung zu stiften, sollte geschossen werden, dann das Nahen von SS-Trupps vorgetäuscht und in dem entstehenden Tohuwabohu Hitler von den Kugeln des Kommandos liquidiert werden. Oster wie Heinz wußten, daß sie damit die anderen Verschwörer hintergingen, aber in ihren Augen gab es nur diese Lösung. Einige Tage später gab Heinz seinen Männern die Parole aus, daß nach dem Eindringen in die Reichskanzlei ein Zwischenfall zu provozieren sei, bei dem Hitler zu erschießen war.[56]

So war die Opposition am Vorabend der Sudetenkrise zum ersten Male gut vorbereitet. Endlich waren reale Chancen für eine Beseitigung des Regimes gegeben. Würden die Berliner am 28., dem Tag, an dem Hitler in die Tschechoslowakei einmarschieren wollte, ihre Stadt von den Truppen der Potsdamer Division besetzt sehen und erfahren, daß der General v. Witzleben die vollziehende Gewalt in der Stadt übernommen hatte?

Derweil blickte alles gebannt nach London. Chamberlains Kabinett stimmte den Vorschlägen des Premierministers zu: Abtretung des Sudetenlandes an Deutschland. Wenig später erklärte sich auch Paris damit einverstanden, und am 18. September kamen Daladier und Chamberlain in London überein, der tschechischen Regierung die Annahme dieser Regelung nahezulegen. Andernfalls könnten die britische und die französische Regierung der Tschechoslowakei keinen Beistand im Falle eines deutschen Angriffs gewähren.

Als am 19. September die Botschafter Englands und Frankreichs dem tschechischen Präsidenten ihre Vorschläge unterbreiteten, erlebte dieser die schwärzeste Stunde seines Lebens. Nur mühsam vermochte Beneč seiner Erregung Herr zu werden; eine Welt brach in ihm zusammen. Sein Lebenswerk, der von ihm aufgebaute Staat der Tschechoslowakei sollte nun zerstört werden, weil diejenigen, die ihn einst nach ihrem Sieg 1918 geschaffen hatten, nicht mehr willens waren, ihr eigenes Gebilde zu schützen. Jahrelang hatte die Tschechoslowakei im britischen und französischen Machtkalkül die von ihr geforderte Rolle gespielt und war gestützt und gehätschelt worden. Jetzt, wo sich an ihr ein europäischer Krieg zu entzünden drohte, ließ man sie fallen wie eine heiße Kartoffel.

Am nächsten Tag lehnte der tschechische Ministerrat den anglo-französischen Plan ab und schlug statt dessen die Anrufung eines Schiedsgerichts vor. Ohne Hilfe Englands und Frankreichs wollten jedoch weder Beneč noch der tschechische Ministerpräsident Hodscha kämpfen. Auf Hodschas Wunsch kam es in den Morgenstunden des 21. September zu einer Demarche aus Paris und London. Um 2.00 Uhr nachts wurde Beneč aus dem Bett geholt. Paris und London wiederholten, daß nur durch eine möglichst schnelle Abtretung der Sudetenlande die Kriegsgefahr zu bannen war. Weigere sich die Tschechoslowakei, so könnte sich Großbritannien nicht an die Seite Frankreichs stellen; allein aber würde auch Frankreich nicht marschieren. Am Morgen des 21. September verkündete die Prager Regierung die Annahme des britisch-französischen Vorschlages. Beneč, von seinen Vertrauten um eine Erklärung für diese Kapitulation bestürmt, erklärte: »Wir sind schändlich betrogen worden.«[57]

Mit der tschechischen Kapitulation in der Tasche, flog Chamberlain am 22. September nach Deutschland, um mit Hitler in Bad Godesberg über die Modalitäten der Abtretung zu verhandeln. Im Konferenzzimmer des »Rheinhotels Dreesen«, wo die Verhandlungen stattfanden, fiel Chamberlain aus allen Wolken, als ihm Hitler eröffnete, die in Berchtesgaden besprochene Lösung sei nun nicht mehr möglich. Er verlangte die Abtretung des gesamten Sudetenlandes ohne Volksabstimmung, Berücksichtigung der ungarischen und polnischen Gebietsansprüche und den sofortigen Einmarsch der deutschen Truppen.

»Das ist ein Ultimatum«, erklärte Chamberlain, der sich hintergangen und gedemütigt sah. Hitler blieb jedoch bei seinen emporgeschraubten Forderungen, und am Abend des 22. September wurden die Verhandlungen abgebrochen. Den Zuschauern präsentierten sich Hitler und Chamberlain mit »undurchdringlichen Mienen«.

Am nächsten Tag erhielt Chamberlain von Hitler ein Memorandum, in dem noch einmal alle Forderungen wiederholt wurden; lediglich den Zeitpunkt des Einmarsches verschob er auf den 1. Oktober. Diesmal fühlte sich Chamberlain von Hitler geprellt. Zwar erklärte er sich trotz starker Bedenken bereit, das deutsche Memorandum der Prager Regierung zu übermitteln, doch seine eigene Haltung verhärtete sich, da Hitler nicht gewillt schien, einem vernünftigen Kompromiß zuzustimmen. Von einer Einigung war keine Rede mehr, und die tschechische Regierung alarmierte ihre Truppen. »22.25 Uhr wird tschechische Mobilmachung bekannt«, schrieb Groscurth in sein Tagebuch.[58]

Mit Spannung verfolgte Oster in Berlin den Verlauf der Godesberger Verhandlungen. Am Nachmittag des 23. September erschien Erich Kordt in seinem Dienstzimmer, begleitet von Albrecht von Kessel, der zu den Regimegegnern im Auswärtigen Amt gehörte. Gemeinsam berichteten sie Oster über den Stillstand der Verhandlungen: Hitler riskiere offenbar den Krieg bewußt.

Kordt stand in ständiger telefonischer Verbindung mit Bad Godesberg und war so stets auf dem laufenden. Dem nach Taten fiebernden Oster schien eine Fehlinterpretation von Hitlers Absichten gar nicht möglich, als er nach Kordts Bericht ausrief: »Jetzt haben wir, Gott sei Dank,endlich den klaren Beweis, daß

Hitler unter allen Umständen zum Kriege treiben will. Nun kann es kein Zurück mehr geben.« Mit einer fast beschwörenden Stimme habe er hinzugefügt: »Aber tun Sie alles, was Sie können, Hitler wieder nach Berlin zu bringen. Der Vogel muß zurück in den Bauer.«

Er war äußerst erfreut, als ich ihm sagte, daß Hitler und Ribbentrop schon am nächsten Tag in Berlin erwartet würden. »Können Sie uns einen genauen Plan der Reichskanzlei besorgen?« fragte Oster, als ich mich verabschiedete. Ich versprach, mein möglichstes zu tun. Durch einen Zufall konnte ich tatsächlich einen Grundriß des Gebäudekomplexes beschaffen. Zum erstenmal seit Wochen überkam mich ein Gefühl der Erleichterung. Die Zeit der Erwägungen und Erörterungen schien vorüber.«[59]

In der Tat verlief für die Verschwörer alles nach Wunsch. Am 25. September lehnte die tschechische Regierung das deutsche Memorandum ab, in London erging am selben Tag der Befehl zur Mobilmachung der Flotte. Frankreich begann ebenfalls mit einer Teilmobilisierung. Am 25. September lasen die Menschen auf dem Wege zur Arbeit die Anschläge des Kriegsministeriums. In London wurden Splittergräben ausgehoben, Harold Nicolson las auf einem Plakat in der Innenstadt: »City of Westminster: Air Raid Precautions: Gas Masks Notice«.[60]

Hitler wendete sich noch einmal an die Öffentlichkeit. Im Berliner Sportpalast erklärte er am 26. September: »Wir wollen gar keine Tschechen ... Es ist die letzte territoriale Forderung, die ich in Europa zu stellen habe ... Wir sind entschlossen! Herr Beneč mag jetzt wählen.« Mit sich überschlagender Stimme attackierte er Beneč, den »Vater der Lüge von Versailles«, der jetzt mit Granaten und Gas die Deutschen auszuräuchern versuche.[61] Groscurth schrieb darüber nur: »Grauenvolles und unwürdiges Gebrüll«;[62] der preußische Finanzminister Popitz nannte die Rede »pöbelhaft«. Harald Nicolson verfolgte die Rede im britischen Rundfunk und notierte in sein Tagebuch: »Er schreit fast ständig, und in dem, was er sagt, ist ein Anflug von hysterischer Vulgärheit. Beneč und ich, heult er. Aber es heißt nicht Beneč und ich: es heißt Ego contra Mundum.«[63]

Am 26. September gab die englische Regierung die von der deutschen Opposition seit Jahren ersehnte Erklärung ab: Beginne Hitler trotz Erfüllung seiner ursprünglichen Forderungen einen Krieg gegen die Tschechoslowakei, so werde Frankreich seine Bündnisverpflichtungen einlösen und England an Frankreichs Seite stehen. Als wollten die Engländer ihre Erklärung gleich wieder abschwächen, flog Sir Horace Wilson am 26. September nach Berlin, um noch einen letzten Versuch zu machen, Hitler von seinen Kriegsplänen abzubringen. Am Morgen des 27. September empfing ihn Hitler in der Reichskanzlei. Wilson wiederholte noch einmal die britischen Warnungen, freilich in verhüllter und gewundener Form. Trotzdem stachelte seine Botschaft Hitlers Erregung so an, daß er Wilson mit der Drohung entließ, er werde am 28. um 2.00 Uhr nachmittags die Mobilmachung verkünden. Um 13.20 Uhr notierte Keitels Gehilfe Jodl: »Führer genehmigt Vorführung der 1. Angriffswelle derart, daß sie am 30.9. in Bereitstellungsräumen eingetroffen sein kann.«[64]

Im Kriegsministerium und im Auswärtigen Amt rechnete man mit dem Beginn der Mobilmachung für den 28. September. Der designierte Staatssekretär im Auswärtigen Amt, Ernst von Weizsäcker, glaubte, daß »nur noch durch ein Wunder« der Frieden gerettet werden könnte.[65] Am Abend des 27. befahl Hitler den Marsch einer motorisierten Division durch Berlin. Durch das Regierungsviertel, vorbei an der britischen Botschaft sollte die Fahrt der Truppen gehen – Demonstration der Kriegsbereitschaft der Deutschen und der Beliebtheit ihres Führers. Aber die Bevölkerung blieb gleichgültig und auch die Soldaten zeigten wenig Begeisterung. Auf Hitler verfehlte diese Stimmung offenbar nicht ihren Eindruck; nachdem er eine Zeitlang das Schauspiel in finsterem Schweigen verfolgt hatte, drehte er sich wütend um und zischte: »Mit diesem Volk kann ich noch keinen Krieg führen.«[66]

Plötzlich schien der Diktator zu schwanken. Hatte er es noch am 26. nicht für nötig gehalten, auf einen Brief Chamberlains überhaupt zu antworten und am Morgen des 27. gegenüber Sir Horace Wilson mit dem Krieg gedroht, so war er jetzt unter dem Eindruck der geringen Kriegsbereitschaft des eigenen Volkes offensichtlich unsicher geworden. Seine von Weizsäcker am 27.9. verfaßte Antwort auf Chamberlains Brief war dann auch im Ton etwas gemäßigt, obgleich sie eine klare Ablehnung beinhaltete. Lange währte Hitlers Unsicherheit nicht; schon um Mitternacht, als Weizsächer einen neuen britisch-französischen Vermittlungsvorschlag überbrachte, der nur eine teilweise Besetzung des Sudetenlandes durch deutsche Truppen am 1.10. vorschlug, war »... Hitler mit Ribbentrop wieder ganz entschlossen, die Tschechoslowakei nunmehr zu vernichten«,[67] obwohl Deutschland gerade eine sofortige Besetzung des Gebietes von Asch und Eger zugestanden worden war, der die spätere Besetzung des ganzen Gebietes folgen sollte. Die Zeichen in der Reichskanzlei standen auf Krieg, in der Abwehr und im Wehrkreiskommando III rüstete man sich zum Staatsstreich.

Längst waren die Schlüsselfiguren der Aktion in Alarm versetzt worden; am 28. würde die Entscheidung fallen. Heinz' Männer hielten sich bereits in verschiedenen Berliner Wohnungen der Innenstadt bereit, unter anderem in der Eisenacher Straße 118; alles wartete auf das Stichwort Osters. Die Berliner Polizeiführung war vorbereitet und der Polizeivizepräsident Schulenburg hatte Kordt am 26. aufgesucht, um ihm mitzuteilen, daß die nächsten achtundvierzig Stunden die Auslösung des Staatsstreiches bringen würden.[68]

Der Morgen des 28. September brach an, der die Befreiung Deutschlands von Hitler und dem Nationalsozialismus bringen sollte. Während in der Reichskanzlei in Anbetracht der für 14.00 Uhr erwarteten Mobilmachung spürbare Nervosität herrschte, alarmierte Oster am frühen Morgen die anderen Verschwörer. Heinz rief seinen Stoßtrupp zusammen. Waffen, Munition und Handgranaten wurden verteilt, jetzt mußte man nur noch die Truppen der 23. Infanteriedivision abwarten, dann war der Weg zur Reichskanzlei frei. Inzwischen hatte Oster Gisevius mit einer von Kordt beschafften Kopie von Hitlers ablehnendem Antwortschreiben an Chamberlain ins Wehrkreiskommando zu Witzleben gesandt, der sofort mit diesem Schreiben zu Halder ins Kriegsministerium fuhr, um ihm zu beweisen, daß Hitler den Krieg wollte. Halder rannen daraufhin »Tränen der Entrüstung die Wange herunter«. Witzleben bestand darauf, daß nun gehandelt werden müsse, und Halder eilte tatsächlich zu Brauchitsch, während Witzleben in Halders Zimmer auf seine Rückkehr wartete. Brauchitsch gab sich empört und Halder teilte dem wartenden Witzleben mit, daß der Oberbefehlshaber des Heeres »wahrscheinlich« mitmachen werde. Witzleben genügte das jedoch nicht. Von Halders Schreibtisch aus rief er Brauchitsch an, bat ihn, ja »flehte ihn geradezu an, den befreienden Befehl zu geben«.[69] Immer noch wich Brauchitsch aus, wollte sich noch selbst von der Reichskanzlei vergewissern, daß Hitler es ernst mit dem Krieg meine. So fuhr Brauchitsch in die Wilhelmstraße, während Witzleben in sein Wehrkreiskommando zurückkehrte und Gisevius mit den Worten empfing: »Doktor, gleich ist es soweit.«[70]

Witzleben hatte jetzt seinen Rubikon überschritten; weigerte sich Brauchitsch noch immer, so würde der Putsch auch ohne ihn und notfalls gegen ihn ablaufen. In der Reichskanzlei ging während dieser Stunden alles drunter und drüber. Schulenburg erschien im Auswärtigen Amt bei Kordt und erkundigte sich, wer gerade in der Reichskanzlei sei. Dort waren noch keine verstärkten Sicherheitsvorkehrungen getroffen worden, so daß Kordt dem zweiten Mann der Berliner Polizei mitteilen konnte: »Ich kann auch Sie in die Reichskanzlei hineinbringen. Wenn einige von uns dort sind, gelingt es vielleicht, die große Doppeltür hinter dem

Posten zu öffnen und einem Stoßtrupp den Weg in die Reichskanzlei freizumachen.«[71] Mit dieser Nachricht eilte Schulenburg zu Oster. Gelang es nicht, die Türen vorher zu öffnen, so verfügten Heinz' Männer über Explosivstoffe und Handgranaten, um sie notfalls aufzusprengen. Es war nur noch eine Frage von wenigen Stunden, dann würde Witzleben seine Truppen in Bewegung setzen.

Aber die Zeit lief gegen die Verschwörer. Chamberlain hatte inzwischen seinen Botschafter in Rom, Lord Perth, alarmiert. Es gebe im Grunde nur Detailprobleme, ob Mussolini nicht vermitteln könne. Gegen 10.00 Uhr empfing der Duce den englischen Botschafter, und der eher beute-, nicht kriegslüsterne Mussolini wies seinen Außenminister Graf Ciano an, in Berlin anzurufen. Dort nahm Kordt den Anruf entgegen: »Jetzt meldete sich Rom am Telefon. Ciano war bereits am Apparat und wünschte aufgeregt, den Außenminister zu sprechen. Ich antwortete, hier sei der capo del gabinetto. Ich hörte noch, wie Ciano zu einer wohl im gleichen Raum befindlichen Person zweimal wiederholte, ›soltanto il capo del gabinetto‹ – Nur der Kabinettschef –, dann wurde das Gespräch abgebrochen.«[72] Auch in der Reichskanzlei vermochte Ciano seinen deutschen Kollegen nicht zu erreichen, so daß Mussolini gegen 11.00 Uhr selber seinen Botschafter Attolico in Berlin anrief: »Hier ist der Duce. Hörst Du?«
Attolico: »Ja, ich höre.«
Mussolini: »Gehe sofort zum deutschen Reichskanzler, sage ihm, die britische Regierung habe mir mitteilen lassen, daß sie meine Vermittlung in der sudetendeutschen Frage annehmen würde. Die Differenzpunkte seien nur gering. Sage dem Führer, ich stände mit dem faschistischen Italien hinter ihm, er möge beschließen. Aber sage ihm, ich hielte die Annahme des Vermittlungsvorschlages für sehr günstig. Hörst Du?«
Attolico: »Ja, ich höre.«
Mussolino: »Eile.«

Attolico fuhr zuerst ins Auswärtige Amt, wo er Kordt vorfand, auf den er den Eindruck machte, als habe er völlig die Fassung verloren. Atemlos stieß er hervor: »Kordt, ich habe eine persönliche Botschaft des Duce. Ich muß sofort den Führer sprechen, es ist sehr dringend, schnell, schnell.«[73] Kordt dirigierte den aufgeregten Botschafter in die Reichskanzlei, während er die dortigen Adjutanten verständigte. Kaum war Attolico verschwunden, da erschienen nacheinander der französische Botschafter François-Poncet und der britische Botschafter Henderson, die ebenfalls in die Reichskanzlei geleitet wurden.

Derweil warteten Oster, Gisevius, Witzleben, Brockdorff,

Schulenburg, Heinz und Kordt. Die Nachrichten von Halder oder Brauchitsch, der sich ja in der Reichskanzlei »an Ort und Stelle erkundigen« wollte, blieben aus. Die Spannung näherte sich dem Siedepunkt, da platzte Eduard Brücklmeier mit einer sensationellen Nachricht in das Zimmer Kordts: Am folgenden Tag werde ein Treffen Hitler, Chamberlain, Mussolini und Daladier in München zur Regelung der Sudetenfrage stattfinden.[74] Kurze Zeit später wußten auch die anderen Verschwörer Bescheid: Hitler hatte nachgegeben, er hatte den Vermittlungsvorschlag Mussolinis akzeptiert. Chamberlain und seine Politik hatten dem Diktator ein Nachgeben ohne Gesichtsverlust ermöglicht. Den Verschwörern schien es, als wären die Westmächte selber der Opposition in den Arm gefallen. Auch Oster sah in ihnen die wahren Schuldigen an Hitlers neuerlichem Erfolg. Ihre illusionäre Politik hatte den bisher aussichtsreichsten Versuch, das Regime zu beseitigen, vereitelt. Jetzt, wo Hitler kampflos erreicht hatte, was in Deutschland, aber auch in England und Frankreich als begründete deutsche Forderung galt, einen Putsch zu wagen, wäre ein Selbstmordversuch der Verschwörer gewesen. Als Gisevius über alle Depressionen hinweg Witzleben einen Putsch vorschlug, erhielt er eine »ebenso verdiente wie derbe Abfuhr, was der Truppe gegenüber einem Triumphator zumutbar wäre oder nicht«.[75]

An diesem Nachmittag spricht Chamberlain vor dem Unterhaus. Mitten in seiner Rede wird er unterbrochen. Harold Nicolson sieht auf seine Uhr, es ist genau 16.12 Uhr. Chamberlain erhält eine Meldung, liest sie und erscheint plötzlich »zehn Jahre jünger«. »Herr Hitler«, sagt er, »hat soeben einer Verschiebung der Mobilmachung um vierundzwanzig Stunden zugestimmt und ist bereit, mich, Herrn Daladier und Herrn Mussolini zu einer Konferenz in München zu empfangen.«[76]

Einen Augenblick herrscht im Unterhaus Schweigen. Dann bricht ein Sturm der Begeisterung aus, wie ihn das Parlament selten zuvor erlebt hat. Die Botschaft Chamberlains bedeutete den Frieden. Während in London, Paris und Berlin Erleichterung und Begeisterung herrschen, befiel die Verschwörer tiefe Niedergeschlagenheit. Alles war umsonst. Als sich einige Tage später Oster und Gisevius bei Witzleben trafen, dachten alle drei nur an eines: die Katastrophe Europas. Und mit diesem Gedanken warfen sie ihre »schönen Pläne und Ausarbeitungen« in das Feuer von Witzlebens Kamin.[77]

Aber noch einer war mit dem Ergebnis unzufrieden: Hitler selbst. Er hatte die ganze Tschechoslowakei kassieren wollen. Diesen Triumph hatte ihm Chamberlain verdorben. Ein Jahr später, kurz vor Beginn des Angriffs auf Polen, äußerte er die Sorge, daß ihm im letzten Moment »irgendein Schweinehund« mit einem Vermittlungsvorschlag dazwischen kommen könnte. Wider Willen war Hitler plötzlich zum Retter des Friedens geworden, nicht ahnend, daß er kurz vor einem Staatsstreich gestanden hatte. Der britische Botschafter Henderson schrieb seinem Staatssekretär Eden am 6. Oktober 1938: »... indem wir den Frieden bewahrten, retteten wir Hitler und sein Regime«, während Churchill am 5. Oktober im Unterhaus erklärte: »Das britische Volk sollte wissen, daß wir ohne Krieg eine Niederlage erlitten haben, deren Folgen uns eine lange Wegstrecke begleiten werden ...«

Am 29. September unterzeichneten Hitler, Chamberlain, Daladier und Mussolini das Münchener Abkommen, das die Räumung des Sudetengebietes bis zum 10. Oktober vorsah. Der Einmarsch der deutschen Truppen begann, wie von Hitler gefordert, am 1. Oktober.

»So rollt der Wahnsinn ab«[1]

Von der Münchener Konferenz bis zum Kriegsausbruch

Nach der Münchener Zusammenkunft war die Opposition vorerst gelähmt. Hitlers Prestige war durch die friedliche Lösung der Sudetenfrage stark gestiegen, eine Aktion gegen das Regime in weite Ferne gerückt. Oster hatte den Gedanken an einen Umsturz zwar keineswegs aufgegeben, doch eine neue Möglichkeit dazu sah auch er zunächst nicht.

Vom 2. bis zum 7. Oktober 1938 unternahm er zusammen mit Canaris, Major Groscurth (Chef Abw. Abt. II) und Major Jenke, dem Adjutanten von Canaris, eine Reise in die gemäß dem Münchener Abkommen zur stufenweisen Besetzung vorgesehenen Besetzungszonen II, III und IV im Nord- und Nordwestteil Böhmens und im Nordteil Mährens; Groscurth fertigte darüber einen detaillierten Reisebericht an,[2] der zahlreiche Belege über Reibereien und Querelen zwischen SS und Gestapo einerseits und dem Heer andererseits enthält. Die vollziehende Gewalt in den besetzten Gebieten unterstand nämlich dem Heer, das allerdings dazu angehalten war, Konflikte nach Möglichkeit zu vermeiden.[3] Der Eindruck, den die Teilnehmer dieser Reise vom Verhalten der SS und der Gestapo bekamen, wurde von Groscurth am Ende des Berichtes zusammengefaßt: »Wir hatten in den Tagen ungeheuer viel gesehen, große und erhebende Eindrücke bekommen, aber auch wiederum gesehen, daß überall, wo die SS und die Gestapa (sic) auftreten, alles Porzellan zerschlagen wird, was überhaupt zerschlagen werden kann.«[4]

Diese Eindrücke über das Verhalten von SS und Gestapo werden durch Groscurths dienstliche Berichte, die er aus dem Sudetenland an Canaris und Oster sandte, bestätigt. »Im Abschnitt der 4. Division hat die SS-Standarte Germania in viehischer Weise gehaust und gemordet. Der Div.-Kdr. hat die Standarte abgelöst und weggeschickt.«[5] Die fünftägige Reise genügte Oster, um sich einen Eindruck von den nationalsozialistischen Praktiken zu verschaffen, der alle seine Befürchtungen bestätigte. Die spärlichen Zeugnisse lassen kaum erkennen, inwieweit Oster den Anschluß des Sudetenlandes an Deutschland dem Grundsatz nach begrüßt hat. Hatte die Entschlossenheit, Hitler um jeden Preis aus dem Weg zu schaffen, bereits die Oberhand gewonnen über traditionelle Empfindungen, die in dem Usurpator den Vollstrecker deutscher Ziele sahen?

Groscurth hat den Anschluß der sudetendeutschen Gebiete an

das Reich bejaht, gleichzeitig jedoch an der schärfsten Verurteilung Hitlers festgehalten, die auf Grund der nach der Besetzung angewandten Methoden noch gesteigert wurde. Auch paßten die tollhausartigen Zustände so gar nicht in das Bild deutscher Organisation. Groscurth verkörpert den Zwiespalt, in dem sich so viele Mitglieder der Militäropposition befanden. Hin- und hergerissen zwischen der Verurteilung des Regimes und der Übereinstimmung mit ihm in außenpolitischen Zielen, waren sie einer ständigen Belastung ausgesetzt. Viele von ihnen erkannten, daß ihre militärische Perfektion den stützte, den sie letztlich vernichten wollten. Auch Oster, der zu den entschiedensten Gegnern des Regimes im allgemeinen und des »Führers« im besonderen zählte, blieb von Belastungen dieser Art nicht verschont. Jede Beförderung, jede dienstliche Kompetenzerweiterung, wie die vom 26.9.1938, als Oster auf Befehl von Canaris Chef der Abteilung Z und im Mobilmachungsfall Chef des Stabes vom Amt Ausland/ Abwehr wurde, warf von neuem die Frage auf, ob ein Verbleiben im Amt noch zu verantworten sei, ein Rücktritt hätte jedoch auch die letzten Hoffnungen auf eine gewaltsame Änderung begraben.

Ende 1938 mußte Groscurth die Leitung des Abw. Abt. II abgeben. Zu seinem Nachfolger war Oberstleutnant Erwin von Lahousen[6] ausersehen, ein Mann, der ganz auf Canaris' und Osters Linie lag. Wie viele seiner Kameraden war Lahousen im März 1938 aus dem österreichischen Bundesheer in die Wehrmacht übernommen worden. Canaris war mit der Wahl Lahousens sehr einverstanden, Oster ging sogar so weit, Lahousen mit den Worten zu begrüßen: »Sie müssen sich darüber im klaren sein, daß an der Spitze des Reiches ein Verbrecher steht.«[7] Auch wenn es bekannt war, daß Lahousen kein Anhänger des Nationalsozialismus war, blieb eine solche Begrüßung gewagt. Er war sich aber ziemlich sicher, wem gegenüber er sich Offenheit leisten konnte. Groscurth hatte Oster von einem Gespräch berichtet, das er mit Himmler über Lahousen geführt hatte und wobei der Chef der SS politische Vorbehalte zur Person von Lahousen angemeldet hatte, was in Osters Augen nur für Lahousen sprechen konnte.[8]

Die Zeit vom Winter 1938 bis zum Frühjahr 1939 war für die Verschwörer geprägt von relativer Passivität und Niedergeschlagenheit. Dazu kam, daß einige der wichtigsten Beteiligten nicht mehr in Schlüsselstellungen waren, wie Witzleben, der im November 1938 den Oberbefehl über das Gruppenkommando 2 in Kassel übernommen hatte und durch die Entfernung von Berlin für konkrete Aktionen erst einmal ausfiel. Sein Nachfolger, General der Artillerie Curt Haase, wurde von Halder als ungeeignet für eine Verschwörung eingestuft.[9] Brockdorff kommandierte noch die 23. Infanteriedivision in Potsdam, sah aber allein keine Möglichkeit zum Staatsstreich.[10]

Vor allem aber entzog sich auch Halder – offenbar unter dem Eindruck der Münchener Konferenz – zunehmend dem Drängen der Gruppe um Oster, so daß mit ihm vorerst kaum zu rechnen war.[11] Die geplante Unternehmung kam in seinen Augen jetzt einem Abenteuer gleich.[12] Oster blieb nur die Möglichkeit, die bestehenden Verbindungen nicht abreißen zu lassen, sondern sie möglichst zu intensivieren.

Beck zum Beispiel besuchte er vom Herbst 1938 an regelmäßig – meist Donnerstagnachmittag – zusammen mit Dohnányi. Anschließend fuhr man zu Osters Wohnung, wo die Probleme noch einmal durchgesprochen wurden.[13] Seine Besucher führte Oster über den langen Flur seiner Wohnung direkt in sein Arbeitszimmer, dessen dicke Türen kaum Gespräche nach außen dringen ließen. Bei den Gesprächen mit Dohnányi in Osters Arbeitszimmer stand oft Becks durch und durch pessimistisches Urteil über Deutschlands Zukunft im Mittelpunkt des Interesses. Nach einem Besuch bei Beck Ende Februar 1939 notierte Groscurth: »Es gäbe nur zwei Lösungen: a) Krieg mit völliger Vernichtung, b) innerer Untergang durch Herrschaft der Radikalen. Das Heer gehe zugrunde, weil man jede Tradition aufgäbe, sich völlig ins Politische begäbe, das alte Preußische über Bord werfe.«[14] Beck rechnete fest damit, daß Hitler bewußt auf einen Krieg zusteuere, dessen Ausgang für Deutschland nur vernichtend sein konnte. Konkrete Ergebnisse hatten all diese Gespräche nicht; immerhin kam man überein, sich gegenseitig auf dem laufenden zu halten, um jede sich bietende Chance ergreifen zu können.

Osters Sohn Achim, der mit seinem Freund Heinrich Yorck oft von seiner Garnison Fulda nach Frankfurt fuhr, um Witzleben zu besuchen, sorgte dafür, daß die Verbindung mit dem General nicht ganz abriß.[15] Die beiden jungen Offiziere konnten mit Witzleben zwanglos sprechen, auch über die Notwendigkeit der Beseitigung des Regimes; allerdings äußerte sich Witzleben über eine etwaige Beteiligung seiner Person an einem Putsch nicht.

In der Nacht vom 9. zum 10. November 1938 sorgten die braunen Machthaber für ein Pogrom schlimmsten Ausmaßes, bei dem unter der kundigen Führung von Goebbels SA-Verbände sich an den wehrlosen deutschen Juden austobten und in wenigen Stunden Millionenwerte zerstörten, wobei es mitunter auch gleichgültig war, ob die Eigentümer der zerstörten Geschäfte Juden oder Arier waren. »Wer mitangesehen hat«, schreibt Gisevius, »wie an diesem Festtag der Bewegung der losgelassene Pöbel durch die Straßen zog, wie der von einer sinnlosen Zerstörungswut gepackte Janhagel alles zerschlug, was nicht niet- und nagelfest war, der kann jene schrecklichen Stunden niemals vergessen. Das war kein gerechter Volkszorn, der sich austobte, das war der aufgewiegelte Mob, der an Wehrlosen sein Mütchen kühlen wollte. Wie gehetztes Wild flüchteten die Menschen über die Straßen. In ihrer Hast wurden sie lediglich von der Eile übertroffen, mit der raubende Zuhälter und raffende Dirnen ihre gestohlenen Pelze, Schmucksachen oder sonstigen jüdischen Wertgegenstände in Sicherheit brachten. Wochenlang war die Polizei damit beschäftigt, wenigstens einen Bruchteil dieser Habe zurückzuholen. Natürlich wurden diese nicht den Eigentümern ausgehändigt. Die staatlichen Raubinstitute wollten ihren Anteil an der Beute haben.«[16]

Die Exzesse dieser düsteren Nacht trafen nicht nur Oster tief; Groscurths Tagebuch gibt die Gefühle von Beck, Oster und Goerdeler wieder: »Man muß sich schämen, noch ein Deutscher zu sein.«[17] Doch die schlechten Erfahrungen, die Oster mit dem Widerstandswillen eines Teiles der Generalität gemacht hatte, gaben ihm wenig Hoffnung auf eine Aktion. In der Tat kam es auch nur in ganz wenigen Ausnahmen zu offenen Reaktionen auf die Vorkommnisse der Nacht vom 9. zum 10. November; auch Gisevius erwähnt nur Schacht und Helldorf, die »unüberhörbar protestierten«.[18]

Resignation war das Fazit des Kreises um Oster: »Die Haltung, die Männer wie Keitel, Brauchitsch, Raeder und die Befehlshaber der Wehrkreiskommandos einnahmen, ließ bei uns schon damals den Verdacht aufkommen, daß mit diesen Männern kein Staatsstreich zu führen ist, da sie sich schon viel zu weit dem System ergeben hatten.«[19]

So wurde notgedrungen Halder wieder das Hauptziel der Bemühungen Osters, der ihn unter anderem mit Dokumenten über die »Reichskristallnacht« aufzurütteln versuchte, die er eigens zu diesem Zwecke gesammelt hatte.[20] Auch Canaris schaltete sich jetzt ein,[21] zumal er Mitte Dezember von Weizsäcker erfahren hatte, daß »bei den geplanten deutschen Maßnahmen im Osten ein Konflikt mit Polen unvermeidlich« sei.[22]

Hitler hatte inzwischen am 21.10.1938 die Weisung erteilt, die »Erledigung der Rest-Tschechei« vorzubereiten. Der Schock, den diese Ankündigung in großen Teilen der Generalität ausgelöst hatte, schien der Opposition eine neue Chance zu geben. Halder wich aber jedem ernsthaften Gespräch aus, wie Gisevius auf einem Bierabend bei Schacht Mitte Januar 1939 kritisch vermerkte: »Gegen Ende des Abends verstellte ich ihm den Weg. Er versuchte, in eine gleichgültige Konversation auszuweichen. Es

Chef der Abwehr Admiral Wilhelm Canaris

Drei Männer des militärischen Widerstandes: Chef der Abwehr-Abt. II Oberstleutnant Helmuth Groscurth (oben links), Chef des Generalstabes des Heeres Generaloberst Franz Halder (oben rechts), General der Infanterie Georg Thomas (unten)

schien mir an der Zeit, ihn bald wieder aufzusuchen, warf ich beiläufig dazwischen. ›Wollen wir nicht damit noch zwei bis drei Monate warten?‹, fragte er mit seinem oberlehrerhaften Lächeln zurück. Ich verstand, was er meinte. Auch Halder dachte an den ›Märzwirbel‹. So hatte man in eingeweihten Kreisen in zynischer Deutlichkeit das nächste Abenteuer getauft. Hitler wollte seine ›Schlappe‹ von München auswetzen. Mit den Sudetenlanden konnte sich der Eroberer nicht zufriedengeben, so wichtig diese strategische Position sein mochte. Nur wer Böhmen hatte, besaß das Einfallstor in den Südosten, und darum strebte Hitler von Anfang an nach Prag.«[23] Als dann der nach Berlin zitierte tschechische Staatspräsident Hacha in der Nacht vom 15. März 1939 Hitlers Drohungen und Erpressungen nachgab, geschah wieder nichts. Ein Grund dafür war die weitverbreitete Annahme, daß England und Frankreich ohnehin nichts mehr für die Tschechen tun würden.[24]

Dieser neuerliche Erfolg Hitlers war nicht geeignet, Staatsstreichgedanken bei den Generälen zu fördern. Die Energie der Opposition war im Sommer 1939 auf einem Tiefpunkt angelangt. Ein Anzeichen für die mangelhafte Koordinierung unter den Verschwörern sind die oft voneinander unabhängigen Versuche Goerdelers, Weizsäckers, der Brüder Kordt, Schachts und Adams von Trott zu Solz, England zu einer harten Haltung gegenüber Hitler zu bewegen.[25]

Trotz der immer näher rückenden Kriegsgefahr konnte sich Oster im Sommer 1939 nur geringe Hoffnungen auf einen Umsturz machen. Wenn selbst Ereignisse wie die sogenannte »Reichskristallnacht« keine greifbaren Reaktionen der Wehrmachtsspitze und der Wehrkreisbefehlshaber hervorgerufen hatten, war es kein Wunder, daß die Inhaftierung Niemöllers im Konzentrationslager Sachsenhausen nichts bewirkte. Über den Fall Niemöller, der von Groscurth mehrfach in seinem Tagebuch erwähnt wird, war Oster gut unterrichtet, da Canaris auf Grund alter Marineverbindungen großes Interesse an dem ehemaligen U-Boot-Offizier Niemöller bekundete. Oster sorgte dafür, daß Niemöllers Schicksal nicht in Vergessenheit geriet.[26]

Am 16. März 1939 hatte Hitler von der Prager Burg aus die Errichtung des Protektorats Böhmen und Mähren verkündet. Sechs Monate hatte er nur benötigt, um das Münchener Abkommen zu brechen, und das nächste Opfer sollte Polen sein. Daß die britische Regierung den Polen am 31. März ihren Beistand versprochen hatte, beeindruckte Hitler wenig. Hatte nicht England seine Schwäche schon bei der Münchener Konferenz gezeigt, und war es nicht untätig geblieben, als er die »Erledigung der Rest-

Tschechei« vornahm? Außerdem war Hitler bekannt, daß die Briten den Polen im Ernstfall nicht von heute auf morgen Hilfe leisten konnten, es sei denn, sie brächten ein Bündnis mit der Sowjetunion zustande. Hitlers Weisung vom 11. April über die Angriffsvorbereitungen gegen Polen sprach unmißverständlich seine künftigen Absichten aus: »Das deutsche Verhältnis zu Polen bleibt weiterhin von dem Grundsatz bestimmt, Störungen zu vermeiden. Sollte Polen seine bisher auf dem gleichen Grundsatz beruhende Politik gegenüber Deutschland umstellen und eine das Reich bedrohende Haltung einnehmen, so kann ungeachtet des geltenden Vertrages eine *endgültige Abrechnung* erforderlich werden. Das Ziel ist dann, die polnische Wehrkraft zu zerschlagen und eine den Bedürfnissen der Landesverteidigung entsprechende Lage im Osten zu schaffen.«[27] Lediglich der Zeitpunkt der »endgültigen Abrechnung« war noch offen, daß sie früher oder später kommen würde, daran bestand für Hitler kein Zweifel.

Im Juni 1939 hielt Oster es für immer wahrscheinlicher, daß es zu einem umfangreichen Krieg kommen würde.[28] Die Ansicht, ein Krieg mit Polen lasse sich wegen der schwachen Haltung Englands und Frankreichs lokalisieren, teilte er demnach nicht.[29] Es galt für ihn in erster Linie, diesen Krieg mit allen Mitteln zu verhindern, denn war er erst einmal in Gang, so würde er eigene Gesetzmäßigkeiten entwickeln, auf die kein Einfluß mehr auszuüben möglich war.[30] Um die Bedenken gegen den Krieg mit der Autorität einer offiziellen Position vortragen zu können, kamen in diesem Sommer 1939 nur Canaris und der dem Kreis Oster nahestehende Generalmajor Georg Thomas,[31] Chef der Amtsgruppe Wirtschaftsstab im OKW, in Frage. Da sich Canaris »... mit seinen unablässigen Warnungen längst verausgabt hatte«, fiel die Wahl der Gruppe um Oster auf Thomas,[32] der seit Anfang 1939 in enger Verbindung mit der Abwehr und hier wiederum mit Oster stand. Thomas schreibt darüber: »Die Monate brachten mich mit Canaris, besonders aber mit dessen Chef Oberst Oster, in engste Verbindung. Da ich von Keitel von allen grundlegenden Besprechungen ausgeschaltet wurde, waren Canaris und Oster für mich die Hauptnachrichtenquellen.« Oster war es auch, der dem empörten Thomas die Beweise lieferte, daß Hitler den Krieg gegen Polen durch bewußte Provokationen auszulösen suchte.[33] Um wenigstens einen Versuch zur Verhinderung des Krieges zu unternehmen, verfaßte Thomas eine Denkschrift, die darauf hinauslief, daß ein Krieg mit Polen einen Weltkrieg auslösen würde, den Deutschland auf Grund seiner wirtschaftlichen Engpässe nicht durchstehen könne.[34] Diese Denkschrift trug er Keitel vor, doch dieser ließ ihn mit seinen Ausführungen gar nicht erst zu Ende kommen, sondern erklärte, es bestehe »überhaupt keine Gefahr eines Weltkrieges. Die Franzosen« seien »ein verkommenes und pazifistisches Volk, die Engländer zu dekadent, um den Polen zu helfen, und die Vereinigten Staaten« würden »keinen einzigen Mann nach Europa schicken, um für England oder gar Polen Krieg zu führen.« Das sei Hitlers Ansicht, und wer sie nicht teile, der wolle eben Hitlers Größe nicht sehen.[35]

Inzwischen hatte Beck einen Brief an Brauchitsch geschrieben und ihn, in der irrigen Annahme, Brauchitsch würde sich entweder zur Verfügung stellen, oder aber den Brief der Gestapo übergeben, zur aktiven Teilnahme an der Verschwörung aufgefordert. Brauchitsch reagierte jedoch überhaupt nicht, und nun wurde Beck von Oster, Goerdeler, Hassell und Gisevius gedrängt, mit Halder Verbindung aufzunehmen. Beck überwand seinen Stolz und seine Bedenken und gab dem Drängen schließlich nach. Oster überließ er die Vermittlung der Zusammenkunft. Halder erschien zum festgesetzten Zeitpunkt, doch redeten Beck und Halder dann aneinander vorbei. Wie Gisevius schreibt, »... ist es leichter, auf einen Unbelehrbaren einzureden, der immerhin seine Gegenargumente bringt, als auf einen Einsichtigen einzuwirken, der sich weigert, die Konsequenzen zu ziehen«.[36]

Halder gab nämlich seinem Gesprächspartner grundsätzlich recht, hielt aber den Zeitpunkt für einen Staatsstreich für verfrüht; schließlich müsse man Hitler bei seinen außenpolitischen Aktionen zunächst noch gewähren lassen, danach könne man ihn immer noch stürzen. Handeln wollte Halder ganz offensichtlich nicht, und so trennte man sich ohne Ergebnis. So sah Beck sich in seiner geringen Meinung, die er von der Wehrmachtsspitze hatte, nur bestätigt.[37]

Zu den Versuchen der Militäropposition im Sommer 1939, einen europäischen Krieg in letzter Minute zu verhindern, zählt auch eine Mission des Oberstleutnants Gerhard Graf v. Schwerin, damals Chef der England bearbeitenden Abteilung des Generalstabs des Heeres. Mit Hilfe des stellvertretenden britischen Militärattachés Major Kennth W. D. Strong und des Hamburger Kaufmanns Otto Hübener, eines Freundes von Oster, scheint der Besuch Schwerins vorbereitet worden zu sein. Überdies mag dabei eine Absprache über diesen Besuch zwischen Major Strong und dem in derselben Abteilung wie Schwerin tätigen Oberstleutnant Ulrich Liß, der schon im März 1939 England besucht hatte, stattgefunden haben.

Alle diese Kontakte wurden dadurch erleichtert, daß auch in den letzten Monaten vor dem Kriegsausbruch noch routinemäßig Beobachter beider Heere ausgetauscht wurden. Schwerin teilte seinen englischen Gesprächspartnern mit, daß Hitler am 23. Mai den Spitzen der Wehrmacht seinen Entschluß bekanntgegeben habe, Polen bei der nächsten Gelegenheit anzugreifen, was Hitlers Wehrmachtsadjutant, Oberstleutnant Schmundt, mit folgenden Worten protokolliert hatte: »Einem Druck durch Rußland hält das polnische Regime nicht stand. Polen sieht in einem Siege Deutschlands über den Westen eine Gefahr und wird uns den Sieg zu nehmen suchen. Es entfällt also die Frage, Polen zu schonen und bleibt der Entschluß, bei erster passender Gelegenheit Polen anzugreifen.«[38]

Der Chef des britischen Marinenachrichtendienstes, Admiral John Godfrey, brachte Schwerin mit verschiedenen ausgewählten Persönlichkeiten des Foreign Office, des Parlaments und des Geheimdienstes zusammen, die er über den bevorstehenden deutschen Angriff auf Polen unterrichtete. Bei einem Diner in Godfreys Londoner Wohnung am 14. Juli traf Schwerin den stellvertretenden Chef des Empire-Generalstabes, General Sir James Marshall-Cornwall, der von 1928 bis 1932 Militärattaché in Berlin gewesen war, außerdem Colonel Stewart Menzies, den stellvertretenden Chef von MI-6, der für Nachrichtenbeschaffung zuständig war, den ständigen Unterstaatssekretär im Außenministerium, Sir Alexander Cadogan, und die Leiter der militärischen Geheimdienste.

Schwerins Ausführungen stießen in diesem Kreis auf höchstes Interesse. Er ließ keinen Zweifel daran, daß Hitler Polen angreifen wolle und empfahl seinen Gesprächspartnern die Entsendung eines Schlachtschiffsgeschwaders in die Ostsee und die Verlegung von Truppen und Bomberstaffeln nach Frankreich; das sei die einzige Sprache, die Hitler verstünde und die ihn von einem Krieg noch abhalten könne. Schon am nächsten Tag wurden Schwerins Vorschläge den zuständigen Stellen sowie an den Premierminister weitergeleitet. Chamberlain und sein Außenminister Halifax lehnten jedoch alle demonstrativen militärischen Maßnahmen mit der Begründung ab, sie würden Hitler nur provozieren. Noch immer überwog in der britischen Politik die Maxime, durch äußerste Zurückhaltung jede Konfrontation zu vermeiden. Diese Erfahrung mußte nach Kleist, Boehm-Tettelbach und Kordt nun auch Schwerin machen.[39]

Zur Schwächung der Opposition trug auch die mangelnde Information im eigenen Lager bei. So hatte beispielsweise Witzleben in der zweiten Augusthälfte bei Oster angerufen und den Besuch von Gisevius erbeten.[40] Oster war der Ansicht, Witzleben habe irgendwelche konkreten Pläne und sandte Gisevius am 20. August mit folgenden Worten nach Frankfurt: »Paß auf, der Alte hat einen guten Einfall, er hat was vor.« Zu seiner Enttäuschung sollte er hören, daß Witzleben lediglich politische Orientierung wünschte, da er auf seinem Frankfurter Posten über das Geschehen vollständig im unklaren sei.[41] Auch hatte Gisevius den Eindruck, daß Witzleben vor allem seine aufgestaute Wut über Brauchitsch loswerden wollte, der einige Tage vorher mit Halder eine Besichtigungstour im Westen unternommen und Witzlebens Bitte um politische Orientierung schlichtweg übergangen hatte: »Ich wünsche mich heute nur dienstlich mit Ihnen zu unterhalten.«[42] Halder war ebenfalls ausgewichen und Witzleben kochte immer noch über diese Brüskierung, als Gisevius ihn in seinem Arbeitszimmer gemeinsam mit seiner Frau beim Abhören der BBC vorfand – »der einzigen zuverlässigen Nachrichtenquelle, über die zu jenem Zeitpunkt diejenigen verfügten, auf deren Befehl Hunderttausende in die Feldschlacht zogen«.[43] Gisevius berichtete Witzleben die letzten Neuigkeiten aus Berlin und plante nach Rücksprache mit Beck und Oster einen neuen Versuch, Witzleben zu einem Gespräch mit Halder zu verhelfen, um direkt auf ihn einzuwirken.

Hitler war in der Zwischenzeit nicht untätig geblieben, diesmal wollte er Deutschland den Rücken freihalten und eine Konfrontation mit Rußland von vornherein ausschließen. Seit April 1939 hatten England und Frankreich mit der Sowjetunion über ein Bündnis verhandelt, waren aber zu keinem Ergebnis gekommen, da die Sowjets einen Vertrag nur abschließen wollten, wenn darin ein sowjetisches Durchmarschrecht durch Polen enthalten sein würde. Ohne dieses Durchmarschrecht wäre ein Krieg gegen Deutschland nicht zu führen, darin schloß sich der britische Generalstab der Auffassung seiner sowjetischen Kollegen an. Alle Versuche, zu einem Vertragsabschluß zu kommen, scheiterten jedoch am Einspruch Polens, das unter keinen Umständen den Russen ein Durchmarschrecht gestatten wollte. Am 20. August noch versuchte der französische Botschafter in Warschau bei dem Oberbefehlshaber des polnischen Heeres, Marschall Rydz-Śmigły, eine Änderung der polnischen Haltung zu erreichen, doch dieser entgegnete ihm: »Mit den Deutschen riskieren wir, unsere Freiheit zu verlieren, mit den Russen werden wir unsere Seele verlieren.«

Nun war Hitler am Zuge: Am 29. Juli bereits ließ er die Sowjets wissen, daß bei jeder nur möglichen Regelung der polnischen Frage eine weitgehende Berücksichtigung der sowjetischen Interessen garantiert würde. Die Russen zögerten noch, aber Hitler ließ nicht locker, und Weizsäcker notierte in seinem Tagebuch: »Wir machen eine Parforcejagd mit den Engländern um die russische

Gunst.«[44] Nachdem die Russen mit dem Abschluß eines Wirtschaftsabkommens am 19. August bereits die Bereitschaft zur Verständigung erkennen ließen, erneuerte Hitler am 20. August sein Angebot mit dem Hinweis darauf, daß die Auseinandersetzung zwischen Polen und Deutschland unmittelbar bevorstünde: »... Die Spannung zwischen Deutschland und Polen ist unerträglich geworden. Das polnische Verhalten einer Großmacht gegenüber ist so, daß jeden Tag eine Krise ausbrechen kann...«[45]

Am 21. August wartete Hitler in drängender Ungeduld auf eine Antwort aus Moskau, die schließlich um 21.35 Uhr eintraf: »An den Reichskanzler Deutschlands, Herrn A. Hitler. Ich danke für den Brief. Ich hoffe, daß deutsch-sowjetischer Nichtangriffspakt eine Wendung zur ernsthaften Besserung der politischen Beziehungen zwischen unseren Ländern schaffen wird ... Die Sowjetregierung hat mich beauftragt, Ihnen mitzuteilen, daß sie einverstanden ist mit dem Eintreffen des Herrn von Ribbentrop in Moskau am 23. August. J. Stalin.«[46]

Nun war Hitler sich seiner Sache sicher und berief für den 22. August die deutschen Oberbefehlshaber auf den Obersalzberg. Er empfing seine Gäste, darunter Göring, der eine Art Jagdgewand aus Pumphose, blusenartigem weißen Hemd und ein offenes Wams trug,[47] in seiner Wohnhalle mit dem Blick auf Berchtesgaden, Salzburg und den Untersberg. Den versammelten Generälen und Admirälen eröffnete Hitler in aller Deutlichkeit, was er beabsichtigte: »Vernichtung Polens im Vordergrund. Ziel ist Beseitigung der lebendigen Kräfte, nicht die Erreichung einer bestimmten Linie ... Ich werde propagandistischen Anlaß zur Auslösung des Krieges geben, gleichgültig, ob glaubhaft...«[48] Mit dem Hinweis auf die bevorstehende Unterzeichnung eines Nichtangriffspaktes mit Rußland hoffte er, die teilweise vorhandenen Bedenken der Generalität zu zerstören, was ihm dennoch nicht gelang.

Der schockierte Canaris stenografierte große Teile dieser Rede mit, von denen Oster eine Kopie in seine Dokumentensammlung übernahm.[49] Canaris zeigte auch Groscurth seine Niederschrift, der tief erschüttert in sein Tagebuch schrieb: »Man ist erschlagen. Alles Lug und Trug, nichts Wahres. Mit Recht heißt es: ›Es fehlt jede sittliche Grundlage.‹ ... Der Kriegsgrund wird durch 150 Häftlinge aus den Konzentrationslagern hergestellt, die in polnische Uniform gesteckt sind und geopfert werden. Das macht Heydrich!«[50] Während täglich der Angriffsbefehl erwartet wurde, entzogen sich Brauchitsch und Halder jeder Fühlungnahme mit den Verschwörern.

Einen Tag später wurde in Moskau der deutsch-sowjetische

Nichtangriffspakt unterzeichnet, der Hitler die erwünschte Nichteinmischung der Sowjetunion für den Krieg mit Polen garantierte. Die Nachricht vom Abschluß dieses Vertrages löste einen neuen Schock in der Gruppe um Oster aus. Schlagartig wurde plötzlich die Bedeutung einer Szene klar, die Canaris einige Monate vorher von einer Besprechung in der Reichskanzlei berichtet hatte. Hitler hatte damals auf die Nachricht eines möglichen englischen Garantieversprechens für Polen mit einem Wutausbruch reagiert, mit geballten Fäusten auf den Tisch getrommelt und wütend ausgestoßen: »Denen werde ich einen Teufelstrank brauen.«[51] Oster und Gisevius hatten das damals als Hysterie aufgefaßt; nun hatte Hitler der Welt sein Gebräu präsentiert. Erst einmal war die Opposition fassungslos, »... allen verschlug es zunächst den Atem«.[52] Jedermann war klar, daß von nun an jeder Tag den Angriffsbefehl gegen Polen bringen konnte.

In dieser Lage planten Gisevius, Thomas und Schacht, der am 20. Januar 1939 seines Postens als Reichsbankpräsident von Hitler enthoben, aber Reichsminister ohne Portefeuille geblieben war, einen Verzweiflungsschritt. Schacht, Gisevius, Thomas und vielleicht auch Oster hatten verabredet, sich in der Zeitspanne zwischen Marschbefehl und Beginn der Feindseligkeiten im Hauptquartier Halders zu melden, in der Annahme, daß die Lagerwache dem Ministerwagen Schachts die Durchfahrt nicht verweigern würde. Schacht sollte dann nach Bekanntgabe des Angriffsbefehls Halder und Brauchitsch mit dem Hinweis auf die Verfassungswidrigkeit des Krieges dazu bewegen, ihm Truppen zur Verfügung zu stellen, um Hitler und die Regierung verhaften zu lassen.[53] Dabei sollten Halder und Brauchitsch ganz offen vor die Wahl gestellt werden, entweder endlich zu handeln, um einen Krieg zu verhindern, oder die Verschwörer zu verhaften. In diesem Fall würden sie sich allerdings von ihrer Schweigepflicht entbunden fühlen und Halder und Brauchitsch in eine Anklage hineinziehen, da ja beide seit langem von den Putschvorbereitungen wußten. Ob auch Oster an diesem Plan beteiligt war, wie Gisevius behauptet, scheint bei dessen nüchterner Einschätzung der Generalität fraglich; selbst teilgenommen hat er jedenfalls nicht an diesem »letzten Versuch« bei Halder und Brauchitsch.

Am 25. August 1939 um 14.50 Uhr erteilte Hitler den Angriffsbefehl für den Fall »Weiß«, den Krieg gegen Polen. Unmittelbar nach Erhalt dieser Nachricht fuhren Schacht, Gisevius und Thomas gegen 19.00 Uhr in die Bendlerstraße zum OKW, um Canaris abzuholen und bei Halder den verzweifelten Vorstoß zu wagen.[54] Sie fanden aber nicht Canaris vor, sondern Oster, der ihnen in allerbester Laune mitteilte, daß Hitler eine Dreiviertelstunde zuvor wegen des Abschlusses des britisch-polnischen Bündnisvertrages und der Weigerung der Italiener, am Krieg teilzunehmen, den Angriff abgesagt hätte.[55]

In Osters Augen hatte Hitler durch diesen Rückzieher merkwürdigerweise derart an Gesicht verloren, daß ihm die Frage nach einem Umsturz plötzlich unwichtig erschien.[56] Groteskerweise zog er aus den Ereignissen den Schluß, daß sich Hitlers Sturz nun von selbst ergeben würde. Es kam ihm überhaupt nicht in den Sinn, daß die Generäle einem solchen Mann, der durch Wankelmütigkeit und Entschlußlosigkeit sein Gesicht verloren hatte, auch jetzt noch bedingungslos folgen würden. Diese krasse Fehleinschätzung Osters war um so erstaunlicher, als Oster in den darauffolgenden Tagen bis zum Kriegsausbruch die Rolle eines Nachrichtenbeschaffers für Groscurth und seine Gruppe im OKH spielte. Aber auch Canaris war plötzlich der Meinung, die Sache würde sich jetzt von selbst erledigen.

Als dann sechs Tage später der endgültige Angriffsbefehl gegeben wurde, weigerte sich niemand, dem Befehl nachzukommen. Oster gelang es bei den sich überschlagenden Ereignissen in den sechs Tagen vom 25.8.-1.9.1939 nur mit Mühe, über die Lage auf dem laufenden zu bleiben. An eine Aktion war gar nicht mehr zu denken. Im Gegenteil gab es Befürchtungen, daß Hitler möglicherweise die Gelegenheit für eine Abrechnung mit der Wehrmacht benutzen würde.[57] Oster bestätigte solche Spekulationen am 28.8. in Zossen gegenüber Stülpnagel und Halder. Tatsächlich ließen Äußerungen Hitlers aus der letzten Zeit, von denen Oster durch Finanzminister Popitz wußte, an Deutlichkeit nichts zu wünschen übrig: »Diejenigen, die mir wieder in den Rücken fallen wollen, sollen sich hüten.«[58] Und, unverhüllt an die Adresse der Wehrmacht gerichtet: »Ich kann auch Kommunist sein und bolschewistische Methoden anwenden.«[59]

Die Ereignisse liefen ab jetzt ohnehin mit einer Geschwindigkeit ab, die Oster und seinen Mitverschwörern kaum Zeit zur Besinnung ließ. Am 29.8 traf Groscurth Oster zweimal, um ihm die neuesten Nachrichten aus dem Auswärtigen Amt mitzuteilen. Durch die überstürzte Entwicklung der Dinge waren diese jedoch ständig überholt, besonders kraß am letzten Tag vor dem Beginn der Kampfhandlungen. Oster hatte Groscurth gerade die deutschen Forderungen an Polen mitgeteilt und war kaum wieder von Zossen nach Berlin abgefahren, da kam die Nachricht aus dem AA, daß eine friedliche Beilegung des Konflikts nicht mehr möglich sei. Groscurth notierte in seinem Tagebuch: »17.00 Uhr Marschbefehl ist für morgen 4.30 Uhr gegeben!!! So rollt der Wahnsinn ab.«[60] Nach dem 25. August hatte Oster für kurze Zeit nicht mehr mit einem Krieg gerechnet. Jetzt mußte er die Auslösung des Weltbrandes hilflos mitansehen.

An diesem Tag wußten nur wenige, daß am nächsten Morgen ein Krieg beginnen sollte, dessen Furchtbarkeit die Vorstellungskraft der Menschen im Jahre 1939 weit übertreffen sollte. Die Städte des Reiches waren wegen der Schulferien relativ leer, dafür waren alle Seebäder überfüllt. In Berlin lief der UFA-Film »Quax, der Bruchpilot« vor schon seit Wochen ausverkauftem Haus. Hitler ließ ihn sich – Speer zufolge – mehr als ein Dutzend Mal in der Reichskanzlei und auf dem Obersalzberg vorführen. In der Philharmonie dirigierte Furtwängler Bruckners 7. Symphonie, im Metropol-Theater stand »Die Fledermaus« auf dem Programm – kurz, Berlin machte einen friedensmäßigen Eindruck. Am nächsten Morgen um 3.15 Uhr, während die Menschen in einen neuen Sonnentag hineinschliefen, griffen die deutschen Armeen von Ostpreußen, Pommern und Böhmen aus an, und der Krieg begann, den die Verschwörer mit allen Mitteln hatten verhindern wollen. Bald schon sollte sich erweisen, daß es keineswegs ein lokalisierter Konflikt war, denn England und Frankreich standen zu ihren Verpflichtungen gegenüber Polen, und am 3. September befand sich Deutschland in einem Zweifrontenkrieg, den Hitler in »Mein Kampf« auf verbrecherisches Versagen der Staatsführung zurückgeführt hatte.

»Das Schwein ist abgefahren zur Westfront«[1]

Krieg und Landesverrat

Jetzt war der Krieg da, den Canaris am späten Nachmittag des 31. August in einem dunklen Seitengang des Abwehrgebäudes gegenüber Gisevius »mit tränenerstickter Stimme« »das Ende Deutschlands« genannt hatte.[2]

Mit den fünf deutschen Armeen der Heeresgruppen Nord und Süd der Generalobersten v. Bock und v. Rundstedt, die am 1.9.1939 um genau 4.45 Uhr zum Angriff gegen Polen antraten, hatten auch die Kommandotrupps der Abwehr ihre Einsatzräume erreicht, oft weit vor den Spitzen der angreifenden deutschen Divisionen. Handstreichartig besetzten sie, oft in den abenteuerlichsten Verkleidungen, mit Waffen aus englischer und tschechischer Fertigung, fast alle wichtigen oberschlesischen Kohlengruben, die Industrieorte und Verkehrsknotenpunkte Kattowitz und Kalthof sowie die Rybniker Industrieanlagen. Zwar scheiterten die strategisch bedeutsamen Unternehmungen gegen den Jablunka-Paß und die Brücken von Dirschau, wo in beiden Fällen den Polen eine rechtzeitige Sprengung gelang, doch alles in allem war die Abwehr derart erfolgreich, daß es Anerkennung buchstäblich hagelte.[3]

Groscurth konnte seine Genugtuung über die Fortschritte der deutschen Operationen kaum verbergen, fast jeden Tag notierte er befriedigt das »gute Vorgehen« im Osten. Auch die überzeugten Gegner des Regimes ließen sich von den militärischen Erfolgen blenden, so daß sie in einen schwer auflösbaren Widerspruch gerieten. Auf der einen Seite haßten sie die Herrschaft von SS, SD und Gestapo, auf der anderen Seite hielten sie einen Sieg über Polen für durchaus wünschenswert.

Oster ließ sich nahezu stündlich von Groscurth über den Verlauf der Kampfhandlungen berichten, und sein besonderes Interesse galt natürlich den Abwehrunternehmungen. Bereits am 3. September fuhr Canaris mit Oster und Oberst Piekenbrock, dem Chef der Abwehr Abteilung I, zur Heeresgruppe Süd, wo die Sabotagetrupps von Oberstleutnant v. Lahousens Abwehr-Abteilung II eingesetzt waren. Was sie sahen, war beeindruckend; der Vormarsch der 14. Armee hatte bereits Krakau erreicht, so daß Groscurth am 5.9. in sein Tagebuch schrieb: »Admiral ist zwei Stunden da mit Oster und Piekenbrock, kommt von der Front, günstiger Eindruck ... berichtet von guter Stimmung an der Front.«[4]

Die Kriegserklärungen Englands und Frankreichs am 3.9. überschatteten jedoch alles, sie wurden von Canaris, Oster, Groscurth und Piekenbrock am 5.9. mit großem Ernst beurteilt. Oster schien ein Umsturz in nebelhafte Ferne gerückt; solange geschossen wurde, war auf die Generalität nicht zu rechnen, während der Kampfhandlungen würden nahezu alle Generale einen Putschversuch als Meuterei ansehen.

Hitlers Einstellung zu Polen war ursprünglich zwiespältig gewesen. 1933 hatte er dem polnischen Staatschef Marschall Piłzsudski noch offenen Respekt gezollt, und der deutsch-polnische Nichtangriffspakt von 1934 war sein erster außenpolitischer Überraschungscoup gewesen. Als Polen im Frühjahr 1939 Hitlers Plänen zur Raumgewinnung im Osten auf Kosten der Sowjetunion eine Absage erteilte und Anlehnung im Westen suchte, kam seine ursprüngliche Verachtung der Slaven fast über Nacht wieder zum Durchbruch. Im Oktober 1940 erklärte er Bormann, daß es für die Polen nur »einen Herren« geben dürfe, »daher seien alle Vertreter der polnischen Intelligenz umzubringen«.[5]

Diesen Auftrag hatten tatsächlich die unter dem Decknamen »Unternehmung Tannenberg« operierenden Einsatzgruppen I-V, die bald durch weitere Verbände verstärkt wurden. Am 8.9. wurde Canaris offiziell von Heydrich mitgeteilt, was mit dem Begriff »Polenpolitik« gemeint war. Oster glaubte seinen Ohren nicht zu trauen, als der Admiral ihm Heydrichs Aufgabe schilderte. Noch am selben Abend wurde auch Groscurth in die Abwehr gerufen, und er ist der einzige, der das Gehörte sofort zu Papier brachte: »Oster kam noch und sprach mit mir allein. Chef hatte folgendes erfahren und befiehlt Weitergabe an OQu I (Generalleutnant Carl-Heinrich von Stülpnagel): Heydrich hetzt weiter in wüstester Weise gegen die Armee – es ginge alles viel zu langsam!!! Täglich fänden 200 Exekutionen statt. Die Kriegsgerichte arbeiteten aber viel zu langsam. Er (Heydrich) würde das abstellen. Die Leute müßten sofort ohne Verfahren abgeschossen oder gehängt werden. Nach dem Einzug in Warschau werde ich mit der Armee vereinbaren, wie wir diese Kerle alle herausdrücken. Keitel ist völlig hilflos. Die Führerzüge sind nach Osters Beschreibung »Luxushotels«.[6]

Die Wirklichkeit überholte schon bald die Phantasie von Oster, Groscurth und Canaris. Am 7. Oktober wurden der Unteroffizier Kleegraf und die Gefreiten Kluge und Roschinski von der 3. Kompanie Krankentransport-Abteilung 581 Zeugen, wie auf dem jüdischen Friedhof von Schwetz unter Aufsicht eines SS-Sturmbannführers etwa sechzig Personen, darunter Frauen und Kinder, erschossen wurden: »... Wir sahen dann, wie eine Gruppe von einer Frau und drei Kindern, die Kinder im Alter von drei bis acht Jahren, von dem Omnibus zu einem ausgeschaufelten Grab von etwa 8 m Breite und 8 m Länge hingeführt wurde ... Die Frau mußte sich bäuchlings, d.h. mit dem Gesicht zur Erde flach ins Grab legen, ihre drei Kinder zur Linken in derselben Weise angereiht. Danach stiegen 4 Mann ebenfalls in das Grab, legten ihre Gewehre so an, daß die Mündungen etwa 30 cm vom Genick entfernt waren, und erschossen auf diese Weise die Frau mit ihren drei Kindern ... Im ganzen wurden an diesem Morgen etwa 28 Frauen, 25 Männer und 10 Kinder im Alter von 3–8 Jahren erschossen.«[7]

Dohnányi, auf Betreiben Osters am 25.8.1939 in die Abwehr übernommen, sammelte von nun an auf Osters Befehl alle nur irgendwie erreichbaren Berichte über Greueltaten; Oster sah darin ein unschätzbares Belastungsmaterial, das auch dem unpolitischsten General die Augen über den Charakter des Regimes öffnen mußte.

Osters Einfluß in der Abwehr war inzwischen erheblich gestiegen. Canaris hatte ihn am 26.9.1938 zum Chef der neuen Gruppe Z gemacht, die jetzt Abteilung Z hieß und unter anderem zuständig war für: Offizierspersonalien, Finanzen, Rechtsangelegenheiten, Registratur und Materialverwaltung, das Archiv der Abwehr, die Zentralkartei mit annähernd 400 000 Namen und schließlich die Zentralkartei der V-Leute, die streng geheim und nur ganz wenigen Offizieren zugänglich war. Hier waren alle Personalien, Decknamen und wichtigen Namen aller Agenten registriert, unter Angabe der Abwehrdienststellen, die sie führten. Für den Mobilmachungsfall hatte Canaris Oster zum Chef des Stabes des Amts Ausland/Abwehr bestimmt und angeordnet, daß Osters Zentralabteilung bei allen personellen und organisatorischen Veränderungen innerhalb der Abwehr hinzuzuziehen war. Außerdem hatte er unmittelbares Vortragsrecht beim Amtsgruppenchef, also bei Canaris selber, erhalten.[8] So war es für Oster kein besonderes Problem gewesen, Dohnányi in die Abwehr einzubauen, wo er ihm ein Zimmer unmittelbar neben seinem anwies und ihn als Sonderführer im Rang eines Majors zum Gruppenleiter Z B ernannte. In dieser Eigenschaft hatte er unter anderem den Lagenvortrag bei Canaris vorzubereiten, was dem glänzend formulierenden Juristen Dohnányi wie auf den Leib geschrieben war.

Links: General Carl-Heinrich v. Stülpnagel, Militärbefehlshaber in Frankreich 1942–1944. *Rechts:* Hitler mit dem Oberbefehlshaber des Heeres Generalfeldmarschall v. Brauchitsch

Oben: Oster mit v. Fritsch (links) und Friedrich Wilhelm Heinz. *Unten:* Der niederländische Militärattaché Gijsbertus Jacobus Sas

Oben: Oster mit dem Chef der Abwehr-Abt. III Oberst Rohleder
Unten: Oster mit Theodor Strünck

Botschafter Ulrich v. Hassell und Außenminister Konstantin v. Neurath (Mitte)

Während Dohnányis Sammlung der dunkelsten Kapitel des Regimes beständig anwuchs, bemühte sich Groscurth das OKH gegen die Polenpolitik zu mobilisieren. Seit dem 16.9.1939 war er Chef einer neuen Abteilung z.b.V. beim Generalstab des Heeres, und von hier aus belieferte er Halder sowie den Oberquartiermeister I, General der Infanterie Carl-Heinrich v. Stülpnagel, mit immer neuen Nachrichten über die Aktionen der Einsatzgruppen. Eine solche Truppe stand unter dem Befehl des Obergruppenführers v. Woyrsch, der sich schon 1934 bei der Liquidierung der SA-Spitze Schlesiens durch besonders brutale Morde hervorgetan hatte. Jetzt hatte Himmler ihm am 3. September den Auftrag gegeben, im gerade besetzten Industriegebiet Ostoberschlesiens jeglichen Widerstand von Insurgentenverbänden »mit allen zur Verfügung stehenden Mitteln« zu brechen. Mit vier Bataillonen Ordnungspolizei und dreihundertfünfzig Mann Sicherheitspolizei erfüllte Woyrsch den ihm gestellten Auftrag auf so drastische Weise, daß Canaris am 20.9. von der zuständigen 14. Armee unterrichtet wurde, es sei auf Grund von »ungesetzlichen« Massenerschießungen zu scharfen Spannungen zwischen Truppe und Sicherheitspolizei gekommen. Der Oberbefehlshaber der 14. Armee, Generaloberst List, stellte in seinem Tagesbefehl vom 1.10.1939 offiziell fest, daß die Truppe inzwischen eine ausgesprochene Abneigung gegen alles, was SS-Uniform trage, hege.[9] Heftige Proteste gegen die Einsatzgruppe von Woyrsch erreichten tatsächlich ihre Rücknahme aus dem Befehlsbereich der 14. Armee, nachdem der Generalquartiermeister des Heeres, Oberst Wagner, bei Heydrich die sofortige Ablösung dieser Einheit verlangt hatte.[10]

So schien sich vor dem Hintergrund der militärischen Erfolge eine Kraftprobe zwischen der Wehrmacht und dem Regime anzubahnen. Tatsächlich war nicht nur das Prestige der Armee in der Bevölkerung erheblich gewachsen; auch ihr Auftreten war sicherer geworden. In weniger als drei Wochen war es ihr gelungen, die polnische Armee zu zerschlagen. Die militärische Entscheidung war mit der Einkesselung des nahezu gesamten polnischen Feldheeres westlich des Bug vom 12.–17.9. gefallen. Zwar hielt sich Warschau noch etwa zehn Tage, doch war das Land längst führerlos geworden, nachdem bereits am 17.9. die Regierung des Marschalls Rydz-Smigly nach Rumänien geflüchtet war. Polens militärische und politische Niederlage gingen Hand in Hand.

Am 17. September war auch die sowjetische Armee mit zwei Heeresgruppen in Ostpolen eingerückt, gemäß dem geheimen Zusatzabkommen des deutsch-sowjetischen Nichtangriffspaktes vom 23. August 1939, den Hitler einst seinen »Teufelstrank« für die Westmächte genannt hatte. Die deutschen Generale mußten ihre Truppen anhalten, und zurücknehmen, und das eroberte Land einer Macht preisgeben, die eben noch Ausbund des Bösen schlechthin gewesen war und die in den Augen vieler Offiziere tatsächlich einen potentiellen Gegner darstellte. Am 22. Oktober notierte Groscurth, daß Lemberg nach einer Schießerei mit den Russen von den Deutschen geräumt wurde: »Deutsches Blut half den Russen und dem Bolschewismus zum mühelosen Vordringen.« Halder sprach von einem »Tag der Schande der deutschen politischen Führung«.[11] Verbittert sah Canaris, wie durch das Vorrücken der Roten Armee bis zur Linie Lemberg–Brest Litowsk –Białystok die jahrelange Unterstützung der Abwehr für die ukrainische Nationalbewegung OUN zunichte gemacht wurde, deren Angehörige zu Tausenden in den Lagern der Abwehr ausgebildet worden waren. Die Unterdrückung durch die Polen hatte in der Westukraine seit langem schon eine explosive Lage geschaffen; jetzt hätte es nur noch eines Funkens bedurft, um einen Aufstand in Galizien auszulösen. Nun hatte Hitler die westliche Ukraine den Russen ausgeliefert, und zu Zehntausenden strömten die ukrainischen Flüchtlinge aus dem russisch besetzten Gebiet Polens in die von den Deutschen eroberten Gebiete. Die Abwehr sah sich politisch vollständig desavouiert und fühlte sich menschlich als Verräter an ihren ukrainischen Verbündeten. Am 28.9. besiegelte ein weiterer Vertrag mit Rußland die vierte Polnische Teilung.

Hitler hatte seine Ziele längst weiter gesteckt. Die Kampfhandlungen in Polen waren noch nicht einmal beendet, da bestellte er am 27.9. die Spitzen der drei Wehrmachtsteile in die von Speer erbaute Neue Reichskanzlei. Vollkommen konsterniert, erfuhren Brauchitsch und sein Generalstabschef Halder, daß Hitler schon in drei bis vier Wochen mit dem Angriff im Westen beginnen wollte. Noch hatten die Alliierten im Westen keinerlei Anstalten für eine Entlastungs-Offensive zugunsten der Polen gemacht, und die Nachrichten der Abwehr ließen ebensowenig wie die deutsche Luftaufklärung Rückschlüsse auf eine bevorstehende Angriffsoperation zu. Hitler argumentierte damit, daß die Zeit für England und Frankreich arbeitete, weshalb der Angriff bald erfolgen müsse. England sei der wichtigere Gegner, Frankreich müsse geschlagen werden, bevor es seine Rüstung beendet habe. In Stichworten notierte Halder: »... Notwendig, daß für alle Fälle sofort der Angriff gegen Frankreich vorbereitet wird ... Kriegsziel: England auf die Knie zu zwingen, Frankreich zu zerschlagen.«[12]

Der Gedanke an eine Offensive löste beim Oberkommando des Heeres nahezu eine Krise aus. Kaum jemand teilte Hitlers

Optimismus; Generaloberst Ritter von Leeb schrieb am 3. Oktober stellvertretend für viele Offiziere in sein Tagebuch über die Chancen eines Angriffs im Westen: »... Überraschung nicht möglich. Unsere Blutopfer werden unendlich groß sein, und der Franzose wird doch nicht niedergerungen werden können. Ein Angriff gegen Frankreich wird nicht wie der Angriff gegen Polen geführt werden können, sondern langwierig und äußerst verlustreich sein.«[13]

Hitler beunruhigten um diese Zeit vor allem die immer häufigeren Nachrichten von Reibereien zwischen Wehrmachtsangehörigen auf der einen und SS, SD und Einsatzgruppenmitgliedern auf der anderen Seite. Noch unterstand ja die vollziehende Gewalt in den besetzten polnischen Gebieten der Wehrmacht, und deren Vertreter schienen durchaus gewillt, Konfrontationen mit den politischen Polizeiverbänden durchzustehen. Die Zwischenfälle nahmen sogar zu und zeigten Hitler, daß die politische Haltung seiner Generale im nationalsozialistischen Sinne noch zu wünschen übrig ließ.

So protestierte der Oberbefehlshaber der 3. Armee, General v. Küchler, gegen Erschießungen von Juden in Mława und verlangte kurzerhand die Entwaffnung der zuständigen SD-Einheit, ihre Abschiebung nach Ostpreußen und kriegsgerichtliche Verfolgung ihrer Taten. Wenig später hob v. Küchler ein von ihm als zu milde erachtetes Urteil gegen Angehörige eines SS-Artillerieregiments wegen der Erschießung von Juden auf und bezeichnete die SS-Einheit offen als »Schandfleck der Armee«. Der Kommandeur der 29. Division (mot), Generalmajor Lemelsen, hatte den Obermusikmeister der »Leibstandarte Adolf Hitler« verhaften lassen - er war verantwortlich für die Erschießung von fünfzig jüdischen Zivilisten - und forderte nun seine Aburteilung durch die Heeresgruppe.

Solche Widerstände stellten für Hitler nicht nur eine Gefährdung der inneren Ordnung dar, sondern vor allem eine Sabotage seiner Polenpolitik, und so entschloß er sich bald, der Wehrmacht die Gerichtsbarkeit in Polen zu entziehen. Sein geheimer Amnestieerlaß vom 4. Oktober 1939, der »aus Anlaß der siegreichen Beendigung des uns aufgezwungenen Feldzuges in Polen« herausgegeben wurde, stellte Taten, die, wie es im Erlaß heißt, »aus Erbitterung wegen der von den Polen verübten Greuel begangen werden«, außer Strafe. Das war an sich schon ungeheuerlich und widersprach sämtlichen Gepflogenheiten der Wehrmachtsjustiz, so daß Brauchitsch versuchte, den Erlaß einzuengen, indem er am 7. Oktober alle Taten, die aus Eigennutz oder Eigensucht begangen worden waren, von der Amnestie ausnahm.

Aber das bestärkte Hitler nur in seiner Überzeugung, daß schleunigst ein Ende der Militärverwaltung in Polen herbeizuführen war, ehe sich die Fronten zwischen Heer und Sicherheitskräften weiter verhärteten.

Ohne Brauchitsch zu informieren, entwickelte Hitler nur zehn Tage später, am 17. Oktober, in der Reichskanzlei vor Himmler, Heß, Bormann, Frank und Keitel, den Ministern Lammers und Frick sowie dem Staatssekretär Stuckart ein Programm für Polen. Nur wenige Dokumente zeigen die Radikalität und Brutalität von Hitlers Politik so nackt und unverblümt. Psychologisch geschickt, begann er mit der Bemerkung, die Wehrmacht solle es begrüßen, wenn sie sich von den polnischen Verwaltungsfragen absetzen könne. Dann ging Hitler auf die Kernpunkte des zukünftigen Vorgehens in Polen ein, die Keitel aufmerksam mit Bleistift zu Papier brachte. »Die Verwaltung habe nicht die Aufgabe, aus Polen eine Musterprovinz zu machen ... Es muß verhindert werden, daß eine polnische Intelligenz sich als Führerschicht aufmacht. In dem Lande soll ein niederer Lebensstandard bleiben; wir wollen dort nur Arbeitskräfte schöpfen ... Die Verwaltung darf nicht von Berlin abhängig sein ... Die Durchführung bedingt einen harten Volkstumskampf, der keine gesetzlichen Bindungen gestattet. Die Methoden werden mit unseren sonstigen Prinzipien unvereinbar sein ... Alle Ansätze einer Konsolidierung der Verhältnisse in Polen müssen beseitigt werden. Die ›polnische Wirtschaft‹ muß zur Blüte kommen: Die Führung des Gebietes muß es uns ermöglichen, auch das Reichsgebiet von Juden und Polacken zu reinigen...«[14]

Eine Woche später, am 26.10.1939, übertrug Hitler die bisherigen Befugnisse der Wehrmacht in Polen dem neuen Generalgouverneur Hans Frank. Der Befehlshaber des Heeres aber war angewidert und erleichtert und wendete seine Aufmerksamkeit dem bevorstehenden Krieg im Westen zu.

Zu keinem Zeitpunkt während des Polenfeldzuges hat Oster sich der Illusion hingegeben, es würde zu einer Auseinandersetzung zwischen den Spitzen des Heeres und dem Regime kommen. Groscurths Tagebuch zeigt, wie recht Oster mit seiner Skepsis hatte. Über Halder lesen wir am 11.9., er sei »... nicht mehr zu gebrauchen«, während Canaris »... nichts mehr von den schlappen Generalen wissen« wollte.[15]

Mit wachsender Besorgnis verfolgte Oster, wie Hitler eine offenbar noch im Spätherbst zu eröffnende Offensive gegen Frankreich forcierte. Verblüfft nahm er zur Kenntnis, wie wenig aktiv die Vorbereitungen der Westmächte anliefen, die ihre Rüstungen anscheinend gemächlich vorantrieben, so als wäre der ganze Krieg eher etwas Unwirkliches. Aber auch im Reich war wenig vom Krieg zu spüren, lediglich die Verdunkelung und sporadische Luftangriffe der Engländer.

Hitlers sogenanntes Friedensangebot in der Reichstagssitzung vom 6.10.1939 schien Oster eher eine Herausforderung zu sein, denn Hitler verlangte praktisch seine Beute als künftigen Besitzstand. Ganz Polen sollte an das Reich fallen, natürlich mit der Ausnahme der auf Grund seines Paktes mit Stalin von der Sowjetunion besetzten Gebiete; aber auch die afrikanischen Kolonien, an denen er seit seinen frühesten Anfängen nie interessiert gewesen war, sollten jetzt Deutschland zurückgegeben werden. Groscurth schrieb nur: »Mittags Führerrede, bietet wohl kaum Friedensangebot«; der spätere Feldmarschall Ritter von Leeb notierte in sein Tagebuch: »Rede Hitlers im Reichstag, spricht von Frieden, macht aber keine bestimmten Vorschläge, schwach! Man hat den Eindruck, er hat ein schlechtes Gewissen. Ich fürchte, er wird von England und Frankreich abgewiesen.«[16] Mit Widerwillen verfolgte Oster in diesen Wochen, wie eine neue Pressekampagne zugunsten der Russen geführt wurde, während gleichzeitig England und Frankreich die alleinige Verantwortung für die Fortführung des Krieges zugeschrieben wurde.

In diesen ganzen Monaten tat sich an der Westgrenze nichts, wie ja auch in den Wochen, da Polen unter den Schlägen der Wehrmacht zusammengebrochen war, Frankreich keine fünfzig Tote zu beklagen gehabt hatte. Zumindest was das britische Expeditionskorps betraf, wäre eine Entlastungsoffensive in den ersten Kriegswochen kaum möglich gewesen. Über die Kampfkraft seiner Truppen notierte der spätere Feldmarschall Montgomery, der seit dem 28. August 1939 die 3. Britische Division kommandierte: »Es muß zu unserer Schande gesagt werden, daß wir unsere Armee in diesen sehr modernen Krieg mit Waffen und einer Ausrüstung sandten, die vollkommen ungenügend waren...«[17]

Diese Einzelheiten blieben Oster verborgen, allerdings war ihm klar, daß eine Offensive der Alliierten anscheinend nicht bevorstand. Dagegen schätzte er die Abwehrkraft des Gegners sehr hoch ein, und hielt einen Angriff im Westen für nahezu selbstmörderisch. Darin war ein Großteil der deutschen Generalität auf seiner Seite. Was er nicht sehen konnte, war die seelische Lage auf der anderen Seite, die mangelnde Bereitschaft der Völker und Heere, für irgendwelche Grenzverschiebungen in Osteuropa in ein neues Blutbad zu ziehen. Ein deutscher Emigrant war ein guter Beobachter der Gefühlswelt Frankreichs in diesen Monaten »Polen besiegt, aber kein Krieg. Frankreich in Dunkelheit getaucht, hinter der Ligne Maginot. Deutschland in Dunkelheit, hinter dem Westwall. La Ligne Siegfried. In den Pariser Kabaretts spottete man über ›la gue-guerre‹. Kriegsgerüchte, aber kein Krieg, Friedensgerüchte, aber kein Frieden ... Überall hatte sich der Krieg in Soldatenspiel verwandelt. Wer die Größe des Erlebnisses gesucht hatte, fand nur die Enge einer Kaserne. Statt Millionen von Soldaten gab es nur noch Millionen von Rekruten. Sieg über Hitler? Ohne Krieg? Waffenstillstand in Frankreich – doch hatten die Waffen noch gar nicht gesprochen. Vielleicht wäre der Geist von neunzehnhundertvierzehn erwacht, in Hölle und Feuer, aber man kehrte nur die Straßen in elsässischen Dörfern, man defilierte vor Generalen, man präsentierte das Gewehr, man putzte die Stiefel. Man drückte sich vor der Arbeit: Das war der große Wettlauf.«[18] Dieses schrieb der Schriftsteller Hans Habe, der sich freiwillig nach Kriegsausbruch zu den französischen Streitkräften gemeldet hatte.

Wer jetzt noch an einen Staatsstreich dachte, mußte seit dem Kriegseintritt Englands und Frankreichs die mögliche Reaktion dieser Länder abwägen. Die Verschwörer sahen die Gefahr, daß im Fall eines Putsches bürgerkriegsähnliche Zustände im Reich eintreten und England und Frankreich eine erfolgversprechende Offensive ermöglichen konnten. Bei vielen Unschlüssigen verstärkten sich die Bedenken, daß nun jeglicher Widerstand in gefährliche Nähe des Landesverrats rückte, der vor dem Krieg als Hochverrat noch für einige Militärs akzeptabel war.

Eine sorgfältige Analyse der vorhandenen Möglichkeiten für einen Putsch erforderte die Berücksichtigung dieser Umstände. Auch war das von Oster und Dohnányi in die Diskussion gebrachte Instrument des Generalstreiks eine stumpfe Waffe, solange nicht der Staatsstreich gewagt wurde. Dies ergab ein Treffen zwischen Beck und Wilhelm Leuschner, dem ehemaligen stellvertretenden Vorsitzenden des Allgemeinen Deutschen Gewerkschaftsbundes, der schon in verschiedenen Konzentrationslagern gewesen war. Dieses Treffen war von Dohnányi eingefädelt und seine Frau berichtete[19] nach dem Krieg, daß Beck und Leuschner die Ausrufung des Generalstreiks im Putschfall erörtert haben. Daß der Generaloberst dem Gewerkschaftler die Respektierung der Gewerkschaften und ihrer Rechte nach einem erfolgreichen Staatsstreich zugesagt hatte, zeigt, wie weit sich die Gruppe um Beck und Oster schon von althergebrachten Vorstellungen gelöst hatte.

Selbst ein erfolgreicher Staatsstreich konnte aber problematisch sein, falls sich inzwischen die englische Haltung so verhärtet hatte, daß England auch mit einer neuen Regierung Deutschlands keinen Frieden mehr eingehen würde. Dieses Problem wurde an endlosen Septemberabenden zwischen Oster und Dohnányi besprochen. Die Diskussionen, die meist in den jeweiligen Privatwohnungen stattfanden, galten nun immer häufiger dem möglichen Verhaltens der Briten. Würden sie einer neuen Regierung ein Friedensangebot machen, auch nur Friedensbereitschaft signalisieren?

Daß Osters und Dohnányis Befürchtungen hinsichtlich einer Verhärtung der englischen Haltung begründet waren, sollte sich in den nächsten Jahren erweisen, als die von den Alliierten 1943 in Casablanca formulierte Politik der bedingungslosen Kapitulation keinen Unterschied mehr zwischen einem nationalsozialistischen und einem oppositionellen Deutschland machte, was die Lage des militärischen Widerstandes noch aussichtsloser erscheinen ließ.

Vorläufig schien aber ein britisches Entgegenkommen noch im Bereich des Möglichen, und Oster kam mit Dohnányi überein, einen Versuch zu machen, über diplomatische Kanäle die Friedensbereitschaft Englands zu erkunden. Auch mit Beck hat Oster diese Frage durchgesprochen, da gerade für die zögernden Generale der Nachweis eines friedensbereiten Englands von höchster Wichtigkeit war. Die Generalität schreckte vor einer neuen Dolchstoßlegende zurück; wenn ein Staatsstreich zwar das Ende von Hitlers Regime herbeiführte, gleichzeitig aber auch die militärische Niederlage Deutschlands bedeutete, war niemand von der Generalität zu einer Teilnahme an einem derartigen Unternehmen bereit.[20]

Seit Kriegsausbruch schon besuchte Oster den ehemaligen Chef des Heeresgeneralstabes in Lichterfelde, wobei ihn meist Heinz in seinem Wagen mit Privatnummer fuhr, was nicht so auffällig war wie Osters Dienstwagen. Heinz wartete oft stundenlang im Wagen bis Oster von seinen nächtlichen Besuchen bei Beck wieder erschien; dann fuhr man von der Goethestraße in die nur drei Minuten entfernte Wohnung von Heinz, in die Beselerstraße, wo Oster seinem alten Freund den Inhalt der Gespräche mit Beck berichtete.

An einem dieser Abende wurde zwischen Beck, Oster und Dohnányi beschlossen, einen Versuch zu machen, Papst Pius XII. als Vermittler zwischen der Opposition und England einzuschalten den Beck während seiner Zeit als apostolischer Nuntius in Berlin kenengelernt hatte. Bei der Suche nach einem geeigneten

Unterhändler stieß man auf den bayerischen Rechtsanwalt Dr. Josef Müller, der Oster von der Abwehrstelle VII in München empfohlen war.

Müller war das sechste Kind kleiner Bauern in Oberfranken. 1898 geboren, hatte er den Ersten Weltkrieg als Leutnant in einem Minenwerferbataillon erlebt. Sein Spitzname »Ochsensepp« war ihm von Mitschülern des Bamberger Gymnasiums gegeben worden, da er als Schüler Geld verdienen mußte und so als Tagelöhner häufig mit Ochsenkarren den Mist auf die Felder fuhr. Müller - der nach dem Zweiten Weltkrieg die CSU in Bayern gründen sollte - war ein kompromißloser Gegner des Nationalsozialismus. Mit Schlagfertigkeit und einer Mischung aus naiver Offenheit gepaart mit bayerischer Grobheit, hatte er als Anwalt häufig bedrohte Katholiken vertreten, sowie Kirchenbesitz vor dem Zugriff der Gestapo zu schützen versucht. In Osters Augen machten ihn vor allem seine guten Verbindungen zum Vatikan zum idealen Mann für eine so heikle Aufgabe; Müller besaß nicht nur das Vertrauen von Monsignore Ludwig Kaas, dem ehemaligen Vorsitzenden der Zentrumspartei, jetzt »economo« von Sankt Peter, der auch über einen Schlüssel zu den Privatgemächern des Papstes verfügte, sondern er war auch mit Pater Robert Leiber vertraut, der als engster Vertrauter Pius' XII. galt.[21]

Noch im September 1939 erhielt Josef Müller eine geheimnisvolle Einladung, die ihm Dohnányis Freund, Hauptmann Wilhelm Schmidhuber, überbrachte. Der portugiesische Wahlkonsul Schmidhuber war ein rühriger Geschäftsmann, fast zu rührig, wie sich noch herausstellen sollte. Nicht zuletzt ihm war es zu verdanken, daß der Name Müller überhaupt bis zu Oster gedrungen war. Der zunächst skeptische Müller flog daraufhin nach Berlin und wurde am Tirpitzufer zu seiner Überraschung statt von Canaris von einem Oberst Oster empfangen, dessen Namen er noch nie gehört hatte. Oster ging sofort in medias res. »Wir wissen sehr viel mehr über Sie, als Sie über uns wissen. Sie haben am Ersten Weltkrieg teilgenommen, Sie haben eine gute Qualifikation als Offizier, und ich glaube, daß wir eine gemeinsame Sprache sprechen.« Müller war über diese Art der Begrüßung stark irritiert, und seine Verblüffung wich auch nicht, als Oster fortfuhr: »Ich selbst bin bekennender evangelischer Christ, Sohn eines Pastors. Wir haben also die gleiche grundfeste Haltung in der Verteidigung des Christentums.« Müller hatte im ersten Augenblick das Gefühl, daß die Abwehr ihn gegen den Vatikan ansetzen wollte: »Herr Oberst, ich glaube, Sie täuschen sich in mir. Gerade weil Sie so exakte Auskünfte über mich haben, müßten Sie verstehen, daß ich für das Sammeln von Nachrichten gegen Papst und Vatikan nicht brauchbar bin.« Nun erst erfuhr Müller, daß man das Gegenteil wollte. »Wir sind uns doch klar darüber, daß dieser Krieg verbrecherisch leichtfertig begonnen worden ist. Wir wollen im Dienste Christi zusammenstehen und den Frieden unter den Menschen wiederherstellen. Deswegen haben wir Sie zu uns gebeten.«

Das war eine derart offene Sprache, daß Müller seinen Ohren nicht traute. Inzwischen hatte Oster einen »jüngeren Mann als den Reichsgerichtsrat von Dohnányi« vorgestellt, der aus dem Nebenzimmer hinzugekommen war. Während der nächsten Stunde erfuhr Müller, daß sich eine Militäropposition gebildet habe, deren Leitung der Generaloberst Beck übernommen habe. Es gehe konkret darum, den Papst zu gewinnen, für die Opposition eine Verbindung zu den Westmächten herzustellen. Außerdem müßten England und Frankreich informiert werden, »daß die Militäropposition den Sturz Hitlers betreibe. Sie würde, falls das gelänge, den geplanten Angriff im Westen unterlassen, müßte sich aber sicher sein, daß die Westmächte die Situation nicht ausnützen und sich aller militärischen Operationen gegen das Reich enthalten würden.« Der Oberst ging, Müllers späterem Bericht zufolge, schon bei dieser ersten Begegnung erstaunlich weit: »Ich mache kein Hehl daraus, daß ich dafür bin, den Verbrecher durch ein Attentat zu erledigen.« Und drastisch führte Oster seinem Gesprächspartner die Konsequenzen vor Augen. Für Hochverrat wäre ihnen in jedem Land die Kugel sicher. Hitler aber sähe jeden Angriff auf seine Person als »schändlichen Landesverrat«. »Uns erwartet also im Falle eines Mißlingens nicht die Kugel, sondern der Galgen.« Müller nahm Osters Auftrag an: »Herr Oberst, ich bin bereit, mit Ihnen zusammenzugehen.« Mit dem gegenseitigen Versprechen, mit allen Mitteln auf Hitlers Sturz hinzuarbeiten und im Fall des Entdecktwerdens die Folgen allein zu tragen, trennte man sich.[22]

Wie Müller berichtet, traf er am nächsten Tag noch kurz mit Canaris zusammen, ohne jedoch weitere Einzelheiten zu erfahren. So kam ihm schon bald der Gedanke, daß Oster wohl der eigentliche Spiritus rector neben dem ihm unbekannten Generaloberst Beck sein müsse. Mit Genehmigung von Canaris wurde Müller schließlich als Oberleutnant der Reserve der Münchener Abwehrstelle des Oberstleutnant Ficht unterstellt. Dem Italien gegenüber stets mißtrauischen Keitel berichtete Canaris, der Oberleutnant der Reserve Müller habe den Auftrag, die politische Entwicklung dieses Bundesgenossen zu verfolgen. Damit verfügte Müller über die entsprechende offizielle Legitimation und konnte wenige Tage später, mit einem Visum der Abwehr ausgestattet, nach Rom fliegen.

Seit dem 27. September war der militärischen Spitze des Dritten Reiches klargeworden, daß Hitler im Westen angreifen wollte; lediglich der Zeitpunkt der Offensive war noch offen.

Schon am 3. Oktober notierte Generaloberst v. Leeb: »... Alles deutet darauf hin, daß Führer einen Angriff durch Belgien–Luxemburg, vielleicht auch Südteil Hollands beabsichtigt. Franzose ist aber nicht zu überraschen. Er weiß genau, wenn der Deutsche angreift, muß er durch Belgien...«[23] Sechs Tage später, am 9. Oktober, befahl Hitler in seiner Weisung für die Vorbereitung der Westoffensive: »... Am Nordflügel der Westfront ist durch den luxemburgisch-belgischen und holländischen Raum eine Angriffsoperation vorzubereiten. Dieser Angriff muß so stark und frühzeitig wie möglich geführt werden...« Leeb hatte von dieser Weisung keine Kenntnis, doch die Anordnungen des OKH deuteten in diese Richtung, so daß er völlig zutreffend schloß, »... daß man diesen Wahnsinnsangriff unter Verletzung der Neutralität Hollands, Belgiens und Luxemburgs wirklich machen will. Die Rede Hitlers im Reichstag war also nur ein Belügen des deutschen Volkes.«[24] Als Leeb diese Vermutung am selben Tage dem hitlertreuen Generaloberst v. Reichenau berichtete, war dieser wie vor den Kopf geschlagen und bezeichnete den Gedanken einer Offensive als geradezu verbrecherisch; Reichenau versprach, allen Einfluß beim Führer aufzubieten, um den Angriff zu verhindern.

Etwas zurückhaltender, aber gleichfalls skeptisch reagierte am nächsten Tag Generaloberst Fedor v. Bock, der mit der Heeresgruppe B die Masse der deutschen Angriffsdivisionen befehligen sollte und somit die Hauptaufgabe der militärischen Operationen zu bewältigen hatte. Auch im OKH teilte man die Besorgnisse der Frontbefehlshaber. Hitler war entschlossen, sich über die Einwände der Generalität hinwegzusetzen. Am 16. Oktober berichtete Canaris Oster und Groscurth von einem Besuch bei Halder. »Admiral macht Besuch bei Halder. Kommt sehr erschüttert zurück. Völliger Nervenzusammenbruch. Auch Brauchitsch ratlos. Führer verlangt Angriff. Verschließt sich jeder sachlichen Einwendung. Nur noch Blutrausch...« Groscurth, der dies aufzeichnete, hielt mit seiner Kritik an Halder nicht hinter den Berg: »Welche Zustände. Das sind preußische Offiziere! Ein Chef des Generalstabs hat nicht zusammenzubrechen.«[25] Oster sah nur seine Meinung über Halder und vor allem über Brauchitsch bestätigt, die stärkerem Willen gegenüber stets klein beigegeben hatten.

Beck hatte Oster Ende September eine Denkschrift gegeben, in der er die Lage nach Abschluß des Polenfeldzuges analysierte. Das Fazit des ehemaligen Chefs des Generalstabs des Heeres war düster: »... 1. Eine Möglichkeit für eine militärische Entscheidung im Westen ist nicht zu erkennen … 3. Je länger ein Krieg dauert, desto mehr steigen die Möglichkeiten der Gegner, Deutschland auszuhungern und zu zermürben. 4. Der Zweck jeden Krieges, einen guten Frieden zu gewinnen, erscheint nicht erreichbar, der Notbehelf, den Gegner friedensgeneigt zu machen, ganz ins Ungewisse gehüllt…«[26] Oster gab Becks Schrift an Groscurth, der sie seinem unmittelbaren Vorgesetzten, Generalmajor Kurt von Tippelskirch, vorlegte, ohne den Verfasser zu nennen. Becks düstere Prognosen erschienen Tippelskirch als äußerst defätistisch: »Stammt der Aufsatz von einem Engländer oder von einem Deutschen? Im letzteren Falle ist er überreif für ein Konzertlager.«[27] Daß Beck die Chance einer Offensive im Westen falsch einschätzte, spiegelt nur die allgemeine Lagebeurteilung im Herbst 1939. Im Oberkommando des Heeres wie in den Stäben der Westfront sah man mit großen Sorgen den bevorstehenden Angriff. Rundstedt und Bock warnten in ausführlichen Denkschriften und Leeb richtete am 31. Oktober einen Brief an Brauchitsch, der auch auf die politischen Gefahren einer Westoffensive aufmerksam machte. Ohne eine militärische Vernichtung Englands, Frankreichs und Belgiens sei kein Frieden möglich, dies Ziel sei gegenwärtig nicht zu erreichen. »Das Schwert hat nicht die Schärfe, die der Führer annimmt. – Das gesamte Volk ist von einer tiefen Friedenssehnsucht erfüllt. Es will den drohenden Krieg nicht und steht ihm ohne jede innere Anteilnahme gegenüber … Das Volk erwartet sich jetzt den Frieden von der Politik seines Führers, weil es wohl ganz instinktiv fühlt, daß eine Vernichtung Frankreichs und Englands nicht möglich ist … Ich bin bereit, in den kommenden Tagen mit meiner Person voll hinter Ihnen zu stehen und jede gewünschte und notwendig werdende Folgerung zu ziehen.«[28]

Auch Reichenau gehörte zum Chor der Warnenden. Durch seinen offenen Widerspruch bei einer Armeeführerbesprechung am 25.10. in Berlin erregte er Hitlers Mißfallen. Er hatte eine Offensive zum gegenwärtigen Zeitpunkt strikt abgelehnt und auf Hitlers Hinweis, der Feind könne dann plötzlich an der Maas stehen, nur entgegnet, dies sei ihm lieber.

Oster war verzweifelt, daß die Generalität aus dieser Lagebeurteilung keine Konsequenzen zog. »Material und Personal ist noch nicht aufgefüllt. Munitionsfrage völlig ungeklärt. Selbst wilde Optimisten glauben an keinen Erfolg. Aber alles gehorcht…«,[29] liest man in Groscurths Tagebuch.

Besonders Beck wurde nicht müde, Oster, der in diesem Winter sein häufiger Gast war, die Gefahren einer Westoffensive auseinanderzusetzen. Daß der Generaloberst hier nicht als abgetretener, und mit den Verhältnissen unzufriedener General sprach, der längst den Kontakt zur Truppe verloren hatte, wußte Oster. Denn mit Rundstedt, Leeb und Bock hatten sich immerhin die Befehlshaber der drei Heeresgruppen zu Wort gemeldet, von deren Führungsqualitäten der Ausgang im Westen in entscheidendem Maße abhing. Ob nun Leeb von einem »Wahnsinnsangriff« sprach oder ob für Bock und Rundstedt der Angriff »... keine Aussicht auf kriegsentscheidenden Erfolg« ... beziehungsweise »... eine kriegsentscheidende Wirkung nicht haben« könne, wie in ihren Denkschriften vom 12. und 31.10 zu lesen war – die Meinungen über die militärischen Aussichten waren selten je so übereinstimmend. So bestand für Oster kein Grund, an den düsteren Prognosen über den Ausgang dieses Krieges zu zweifeln.

Nicht nur in Paris und Brüssel sah man während des Jahres 1939 den nächsten Schritten Hitlers beunruhigt entgegen. Auch in Haag stimmte die Aussicht kriegerischer Verwicklungen düster. Die Holländer konnten sich zwar mit der Tatsache beruhigen, daß im Ersten Weltkrieg ihre Neutralität respektiert worden war, doch war damit keineswegs gesichert, daß Hitler bei einem neuerlichen Krieg das kleine Land ebenfalls verschonen würde. Um so wichtiger waren dem holländischen Oberkommando hieb- und stichfeste Informationen aus Berlin, die Aufschlüsse über Hitlers zukünftige Absichten bieten konnten.

Der holländische Oberbefehlshaber General Reynders erinnerte sich in dieser Situation daran, daß sein ehemaliger Militärattaché Major Sas, der als Chef der Operationsabteilung jetzt seine rechte Hand war, einst so auffallend gut über politische Hintergründe in der Reichshauptstadt unterrichtet gewesen war, und schickte den nunmehrigen Oberst Sas wiederum nach Berlin, wo dieser im April seine neue Attachéstellung übernahm.[30]

Hans Oster war hocherfreut, als er von der Neubesetzung innerhalb der holländischen Botschaft vernahm, und schon bald zählte sein temperamentvoller Freund Sas zu den häufigen Gästen in der Bayerischen Straße Nr. 9. Naturgemäß kam das Gespräch sehr bald auf die Absichten Hitlers, und Oster schloß nicht aus, daß Hitler auf einen Krieg zusteuere. Dies bestätigte nur die Auffassung von Sas, daß mit einem Krieg in nächster Zukunft zu rechnen sei.

General Reynders las die Berichte seines Berliner Attachés während der hektischen Augusttage 1939 mit äußerster Aufmerksamkeit; im allgemeinen schienen ihm die Prognosen von Sas korrekt und nüchtern zu sein. Als Sas ihm am 28. September jedoch einen Bericht schickte, wonach in ungefähr sechs Wochen im Westen Spannungen eintreten und auch die Niederlande gefährden würden, hielt der holländische Oberbefehlshaber derlei Voraussagen nun für ziemlichen Unsinn.[31]

Bedrückt wegen der geringschätzigen Beurteilung seines letzten Berichts, erschien Sas Anfang Oktober in Osters Privatwohnung. Dieser brachte ihn in sein Arbeitszimmer, wo Sas seinen Sorgen Luft machte. Er war aus tausend Quellen zu der Meinung gekommen, daß Holland diesmal der Gefahr nicht entgehen werde. »Wir bekommen dann den Aufmarsch durch den Westen, durch Holland. Denn die Deutschen machen natürlich nicht nochmals den Fehler, den sie im Ersten Weltkrieg gemacht haben: die berühmte Schwenkung um Süd Limburg herum. Jetzt nimmt man den kürzesten Weg und geht quer durch.« Oster teilte zwar diese Befürchtung, sagte jedoch, daß ihm die Pläne der Operationsabteilung des Generalstabs keineswegs geläufig seien, da er ja zur Abwehr gehörte; er wolle jedoch versuchen, sich über die derzeitige Lage zu unterrichten.[32]

Oster hat sich auch später nie darüber ausgesprochen, ob ihm in diesem Moment der Rubikon deutlich war, den zu überschreiten er sich anschickte. Denn was er soeben seinem holländischen Freund angekündigt hatte, war nichts weniger, als die Absicht einer ausländischen Macht die Operationspläne des eigenen Landes zu verraten, militärische Geheimnisse an den Diplomaten eines Staates zu geben, mit dem sich Deutschland unter Umständen demnächst im Kriegszustand befinden würde. Sas jedenfalls hat keine Sekunde an der Aufrichtigkeit seines Freundes gezweifelt. Oster hatte den Entschluß zu diesem entscheidenden Schritt, soweit man sehen kann, keineswegs erst in diesem Augenblick spontan gefaßt. Dazu war er viel zu sehr Soldat und sah die Folgen seines Tuns zu klar vor Augen, als daß er sich emotional hätte hinreißen lassen. Die tiefe Enttäuschung über das Ausbleiben des Putsches vom vergangenen Herbst hatte zu einer radikalen Skepsis gegenüber dem Widerstandswillen der Generalität geführt, die sich offensichtlich anschickte, einen Krieg zu führen, den sie erstens für verbrecherisch und zweitens für aussichtslos hielt. So waren es wohl diese Enttäuschungen und die rückhaltlose Überzeugung vom verbrecherischen Charakter des Regimes, die Oster den Schritt vom Hoch- zum Landesverrat tun ließen.

Hinzu kam, daß Osters Entrüstung über die geplanten Neutralitätsverletzungen Belgiens und Hollands tief war; selbst ein

Gelingen der Offensive konnte für ihn keinen Rechtfertigungsgrund für den Überfall auf zwei neutrale Länder abgeben. Eine derartige Verletzung internationaler Rechtsnormen würde für Deutschland auf die Dauer nur Nachteile bringen.[33] Die Mitwisserschaft des Überfalls auf zwei unvorbereitete und friedliche Länder konnte und wollte Oster nicht auf sich nehmen. In seiner Eigenschaft als Offizier fühlte er sich mitverantwortlich für Hitlers Handlungen, die jedem Offizier ein Maß an Schuld für das aufbürdeten, was im Namen Deutschlands geschah.

Oster hat die französische Kampfkraft damals offenkundig überschätzt, wobei die eigenen Erfahrungen aus dem Ersten Weltkrieg keine geringe Rolle gespielt haben werden. So kam es ihm in erster Linie darauf an, eine deutsche Offensive im Westen zu vermeiden. Oster wußte von Sas, daß dieser seine Nachrichten stets dem belgischen Militärattaché Oberst Goethals weitergab, und so war er der Auffassung, daß ein Angriff noch verhindert werden konnte, wenn die betroffenen Länder sofort sichtbare Gegenmaßnahmen einleiteten. Im Hintergrund stand die Überlegung, Zeit zu gewinnen, um den Staatsstreich vorzubereiten; ein neuer Waffengang mußte mit Notwendigkeit alle Vorbereitungen bis auf weiteres zunichte machen. Durch einen deutschen Angriff im Westen wären auch Josef Müllers Bemühungen, den Papst als Vermittler zu den Engländern zu gewinnen, illusorisch geworden.

Zu Sas sagte Oster in diesen Tagen voller Erregung und doch ganz kühl: »Mein Plan und meine Pflicht ist es, Deutschland und die Welt von dieser Pest zu befreien.«[34] Tatsächlich scheint hinter seinem vorrangigen politischen Ziel, in Deutschland einen Umschwung herbeizuführen, das Bewußtsein einer moralischen Aufgabe gestanden zu haben - ein unmenschliches und unchristliches Regime zu beseitigen, das er als Widerspruch gegen die europäische Gesittung empfand. Über dem politischen Menschen Oster steht der in geraden und einfachen sittlichen Grundanschauungen ruhende Oster, für den das Gebot der Menschlichkeit und die Verpflichtung des einzelnen gegenüber seinen Mitmenschen unbedingt galten. So kam er beinahe zwangsläufig zu seiner Tat, die ihm allein sein Gewissen vorschrieb. Das Bewußtsein, daß er damit gegen sein eigenes Berufsethos und das patriotische Gefühl auch der Mehrzahl seiner Mitverschwörer verstieß, hat seine Entscheidung nicht rückgängig machen können.

Am Abend des 8. Oktober 1939 fuhr Oster mit seinem Freund Korvettenkapitän Franz Liedig in seine Wohnung. Der sonst so gesprächige Oster war merkwürdig schweigsam; fast geistesabwesend saß er neben Liedig, der sich über diese Veränderung seines sonst so lebhaften Freundes wunderte. Aber Liedig stellte keine Fragen, auch nicht, als Oster ihn bat, kurz vor der Wohnung des holländischen Militärattachés Sas zu halten, er würde gleich wiederkommen.

Oben in der Wohnung empfing Sas seinen Besucher mit der Frage, ob ein Angriff auf Holland geplant sei. Oster entgegnete: »Nein, es ist noch nicht soweit, im Augenblick wird nur Belgien bearbeitet, aber wenn es soweit kommt, werde ich dich benachrichtigen.«[35] Gleich darauf verabschiedete er sich und eilte wieder zu seinem Wagen, in dem Liedig gewartet hatte. Dieser spürte sofort die innere Bewegung Osters, der plötzlich unvermittelt sagte: »Jetzt gibt es für mich kein Zurück mehr.« Und dann, durch die nächtlichen Straßen fahrend, schilderte Oster seine Überlegungen und Entschlüsse. Er habe soeben Landesverrat begangen und im Falle des Entdecktwerdens sei ihm der Tod am Galgen sicher. Osters Worte prägten sich Liedig unauslöschlich in das Gedächtnis ein: »Es ist viel einfacher, eine Pistole zu nehmen und jemanden über den Haufen zu schießen, es ist viel einfacher, in eine Maschinengewehrgarbe hineinzulaufen, wenn es um der Sache willen geschieht, als das, was zu tun ich mich entschlossen habe. Und wenn Sie je in die Lage kommen sollten, dann bitte ich Sie, bleiben Sie auch nach meinem Tod der Freund, der weiß, wie es um mich gestanden hat und was mich bewogen hat, Dinge zu tun, die andere vielleicht nie verstehen oder mindestens nie selbst getan haben würden.«[36]

Der belgische Botschafter Vicomte Jacques Davignon, der am frühen Nachmittag des 9. Oktober im Begriff war, das Botschaftsgebäude in der Jägerstraße zu betreten, entdeckte zu seinem Erstaunen den holländischen Militärattaché, der sichtlich nervös vor dem Eingang auf und ab ging. Kaum daß Sas den Botschafter sah, stürzte er auf ihn zu und teilte ihm mit hastigen Worten mit, daß er den belgischen Militärattaché, Oberst Goethals, suche, dem er eine sehr wichtige Mitteilung zu machen habe. Davignon nahm den aufgeregten Holländer in sein Büro und bat ihn, frei herauszusprechen; Goethals sei erst am nächsten Tag zu erwarten. Was Sas mitteilte, ließ dem belgischen Botschafter den Atem stocken: Er wisse aus einer gutunterrichteten Quelle, daß der deutsche Generalstab gerade einen Angriff auf Belgien vorbereite. Allerdings könne er die Identität seines Informanten, in den er das allergrößte Vertrauen habe, wie er geradezu leidenschaftlich betonte,[37] unter keinen Umständen preisgeben.

Kaum war Sas gegangen, erschien Goethals doch noch, und zusammen mit Davignon war er sich sofort einig, daß diese Warnung unverzüglich nach Brüssel gekabelt werden müsse. Dort traf Goethals' chiffriertes Telegramm um 18.00 Uhr ein: »Holländischer Attaché erhält von deutschem Freund, der sein volles Vertrauen genießt, folgende Nachricht: Ein Durchmarsch durch Belgien befindet sich momentan als Studie im Büro des Chefs des Deutschen Generalstabs, General Halder. Dieser Plan vermeidet einen Durchmarsch durch Holland.«[38]

Goethals und Davignon waren nicht ohne Skepsis. War Sas etwa ein ahnungsloses Werkzeug der Deutschen? Sollte die Nachricht lediglich bezwecken, durch belgische Gegenmaßnahmen, vielleicht unter Einbeziehung Englands und Frankreichs, Hitler einen Anlaß für die Verletzung der belgischen Neutralität zu liefern? Auf der anderen Seite klang der Tenor der Warnung nicht unwahrscheinlich. Schließlich war es durchaus möglich, daß Hitler nach seinem Sieg über Polen sein Augenmerk nun auf den Westen richten würde. Dennoch glaubten Davignon und Goethals nicht, daß eine Gefahr unmittelbar bevorstehe, auch wenn sie die Lage an sich mit großem Ernst beurteilten.

Vierzehn Tage später erschien Oster wieder bei Sas: »Du hast recht gehabt, mein lieber Freund, jetzt ist Holland an der Reihe.«[39] Sas fuhr sofort zu Goethals, dem er Osters Äußerungen wörtlich aus dem Gedächtnis wiederholte. Der übersetzte sie ins Französische und eine Stunde später ging folgende Nachricht in Brüssel ein: »Gleiche Nachrichtenquelle wie vom 9. Oktober erklärt: Aufmerksamkeit des Führers ernstlich gelenkt auf den Gedanken einer Offensive durch Holland und Belgien. Wenn diese Entscheidung getroffen werden sollte, so ist das Datum dafür jedenfalls noch nicht feststehend. Dies würde von den meteorologischen Umständen abhängen. Der Informant glaubt, nicht vor der zweiten Hälfte November.«[40]

Die Reaktionen beider Länder waren unterschiedlich. In Belgien herrschte erhöhte Wachsamkeit, die Armee war ohnehin mobilisiert, doch von sichtbaren Gegenmaßnahmen, wie sie Oster erhofft hatte, konnte keine Rede sein; immerhin war man sich des Ernstes der Lage bewußt. In Holland dagegen weigerte sich General Reynders schlichtweg Sas' Berichten Glauben zu schenken, und die auswertenden Offiziere des holländischen Nachrichtendienstes sparten nicht mit abfälligen Bemerkungen über die Hiobsbotschaften ihres Militärattachés aus Berlin. Der Chef des holländischen Geheimdienstes, Oberst van de Plaasche, versicherte dem erbitterten Sas zwar, daß er vollstes Vertrauen in ihn habe, doch vom Adjutanten des Kriegsministers, Hauptmann

Kruls, hörte er am 5. November genau das Gegenteil: »Was, dich ernst nehmen?« Und Kruls zeigte ihm eine Mitteilung des Geheimdienstes, in der Sas als nicht glaubwürdig bezeichnet und seine Berichte lächerlich gemacht wurden. Verletzt kehrte Sas nach Berlin zurück, fest entschlossen, seine Abberufung als Militärattaché zu beantragen. Bei seiner Ankunft in seiner Berliner Wohnung am Morgen des 7. November fand er jedoch eine alarmierende Botschaft Osters vor. Er möge augenblicklich zu ihm kommen, jede Minute sei kostbar![41]

Inzwischen war Müller ein zweites Mal nach Rom geflogen, und bei seiner Rückkehr am 18.10.1939 hatte er Oster berichten können, daß Pius XII. grundsätzlich bereit war, eine Vermittlerrolle zwischen der Militäropposition und der britischen Regierung zu übernehmen. Damit verfügte der Oster-Kreis immerhin über die Möglichkeit einer politischen Option. Nun galt es, mit neuen Argumenten auf die zögernden Generale einzuwirken, die angesichts Hitlers jetzt konkreten Angriffsabsichten im Westen eher geneigt sein mochten, den Verschwörern Gehör zu schenken. Am 16. Oktober hatte Hitler die Tage zwischen dem 15. und 20. November für den Angriffsbeginn in Aussicht genommen, wie Halder notierte.[42]

Mehr denn je fiel Groscurth jetzt die Aufgabe eines Koordinators zwischen dem Oster-Kreis in der Abwehr und den Frondeuren zu. Am 19. und 20. Oktober besuchte Groscurth Beck in Lichterfelde. Der Generaloberst machte einen frischen Eindruck; Groscurth blieb aber skeptisch, was eine Verhinderung des Angriffs anlangte. Am 20.10. schrieb er seiner Frau: »... Im übrigen rollt nun alles ab, wenn nicht ein Wunder geschieht. Ich versuche alles, was in meinen Kräften steht, das Unheil anzuhalten. Aber das wird wohl nicht gelingen...«[43]

Am 23.10. besprach sich Groscurth mit Goerdeler über fünf Stunden lang und nahm von seinem Gegenüber einen entschlossenen Eindruck mit. Nüchtern, wie er war, sah Groscurth jedoch in Brauchitsch und Halder die Schlüsselfiguren; sie allein konnten über das Heer verfügen und also handeln. »Alles kommt darauf an, v. Brauchitsch und Halder zum Handeln zu bewegen.«

Noch immer war der Termin der Offensive unbekannt. Die allgemeine Nervosität übertrug sich jetzt auch auf Oster und seine Mitverschwörer. Am Abend des 24. Oktober traf er sich mit Groscurth bei Liedig, und wie üblich kreisten die Gespräche um die Generale. Halder sperrte sich; er versteckte sich hinter dem Rükken Brauchitschs, ohne den er nichts unternehmen wollte. Hin und her gingen die Überlegungen, wie man auf die entscheidenden Personen im Oberkommando des Heeres Druck ausüben könne. Schließlich beschloß Oster, schon am nächsten Tag den Oberquartiermeister I, General v. Stülpnagel, aufzusuchen, der ihnen allen energischer und kompromißloser zu sein schien als sein bedachtsamer Chef Halder. Um so größer war Osters Enttäuschung, als Stülpnagel am nächsten Morgen in Zossen erklärte, daß gegenwärtig an einen Staatsstreich gar nicht zu denken wäre, obwohl Oster Unterlagen wie die Unterredung Hitlers mit dem schwedischen Entdecker Sven Hedin sowie die Geheimrede vor den Reichs- und Gauleitern, vom 21.10., mitgebracht hatte, die für Stülpnagel vollkommen neu waren und in ihrer Deutlichkeit nichts zu wünschen übrig ließen.

Dem schwedischen Naturforscher hatte Hitler unverblümt erklärt, daß Großbritannien den Krieg »so oder so« verlieren werde. England werde »von Wahnsinnigen regiert«. Irgendwelche Zugeständnisse in bezug auf die Tschechoslowakei oder Polen hatte er rundheraus abgelehnt: »Polen-Problem kann nur von Deutschland und Rußland gelöst werden.« Im übrigen sei Eden eine »pomadisierte Null« und Churchill »unfähig«. Den Gauleitern hatte er am Sonnabend, dem 21. Oktober, nach einem gemeinsamen Abendessen in der Reichskanzlei über zwei Stunden lang seine künftige Politik erläutert: ... In etwa 14 Tagen sei er soweit, daß er mit einem Großangriff im Westen beginnen könne. Es sei ihm bekannt, daß die Maginotlinie eine völlig veraltete Anlage sei, die keinen wesentlichen militärischen Widerstand mehr leisten könne. Es sei daher zu erwarten, daß ein Angriff auf sie Erfolg haben würde. Gleichzeitig würde ein Großangriff auf England stattfinden, und zwar mit allen Mitteln. Er werde der Welt bekanntgeben, daß er sich im Rahmen der internationalen Bestimmungen hielte und keine verbotenen Kampfstoffe und Waffen gebrauchen würde. In Wahrheit aber denke er nicht daran, noch irgendwelche Rücksichten zu nehmen. Er werde demgemäß auch offene Städte angreifen. Wenn er dann England und Frankreich auf die Knie gezwungen hätte, werde er sich erneut dem Osten wieder zuwenden und dort klare Verhältnisse schaffen ... Es habe sich gezeigt, daß die russische Armee wenig tauge, daß die Soldaten schlecht ausgebildet und ausgerüstet seien. Habe er auch dieses Ziel erreicht, so werde er darangehen, ein Deutschland zu schaffen, wie es früher bestanden habe, d.h. er werde Belgien und die Schweiz einverleiben.

Selten zeigen sich Hitlers Stärken und Schwächen so deutlich wie in dieser Ansprache – seine Blindheit für Realitäten; seine Fähigkeit, vermeintliche oder wirkliche Schwächen des Gegners zu nutzen; das völlige Vertrauen auf die eigene Intuition, die ihm bis dahin stets recht gegeben hatte und in bezug auf Frankreich noch einmal recht geben sollte, entgegen den Warnungen seiner Generale.

Für Oster waren das alles nur monströse Pläne eines krankhaften Hirnes, und so erhoffte er sich gerade von diesem Dokument eine durchschlagende Wirkung. Doch Stülpnagel blieb reserviert. Am Nachmittag des 24.10. fuhr Canaris selber zu Stülpnagel, doch mußte er sich heftige Vorwürfe gegen Oster und Groscurth anhören, deren ständiges Drängen zu einem Staatsstreich Stülpnagel heftig kritisierte. Resignierend schrieb Groscurth: »Alles Wahnsinn, starke Niedergeschlagenheit bei uns.«[44]

Einige Tage war man ratlos. Oster hatte in einem Anflug euphorischer Stimmung Gisevius, der inzwischen zum Vizekonsul in Zürich gemacht worden war, telegrafisch nach Berlin beordert, und eher lustlos hatte Gisevius den nächsten Zug genommen, da er Osters Optimismus nicht teilte. Nach der Ankunft sah er seine Skepsis bestätigt: »Oster kommt nicht mehr an Halder heran. Beck ist ebenso ausgeschaltet. Canaris resigniert. Die maßgeblichen Generäle sitzen an den verschiedensten Frontabschnitten verstreut. Wollte man sie erreichen, müßte man eine tagelange Rundreise machen. Bis die verschiedenen Ansichten koordiniert werden könnten, wäre der Stichtag längst vorüber.«[45]

In Ermangelung besserer Ideen fuhren Oster, Dohnányi und Gisevius am Abend des 31. Oktober zu Thomas, um mit diesem zu beraten, wie man Halder doch noch beeinflussen könnte. Wieder einmal sollte eine Denkschrift verfaßt werden, die nicht nur sämtliche Gründe politischer und militärischer Art gegen die Offensive aufführen, sondern auch Müllers erste Nachrichten aus Rom von der grundsätzlichen Vermittlungsbereitschaft des Papstes enthalten sollte. Noch einmal wollte man versuchen, die Einwände Halders, daß selbst nach einem gelungenen Staatsstreich England keine Friedensbereitschaft zeigen würde, damit zu entkräften.

Während Gisevius noch über der Formulierung der Denkschrift brütete, schien sich im Oberkommando des Heeres unter dem Eindruck von Hitlers starrem Festhalten an einem Angriff ein plötzlicher Sinneswandel anzubahnen. Die Armeeführerbesprechung vom 25. Oktober hatte bei Hitler keine Änderung seiner Absichten bewirkt, obgleich Leeb schreibt: »... H.Gr.-(Heeresgruppen, d. Vf.) und Armeeführer der Angriffsfront waren beim Führer, haben alle abgeraten, gegenwärtig den Angriff durchzuführen. Generaloberst v. Brauchitsch wurde gar nicht gehört. Halder überlastet.« Und am 31. Oktober: »General der Inf. v. Stülpnagel OQu I (Oberquartiermeister I, d. Vf.) im Auftrag von

OBdH (Brauchitsch, d. Vf.) hier: Neue Aufmarschanweisung mit den sehr viel weiter gesteckten Zielen – Schlagen von Frankreich und England, Vorgehen bis zur Somme – stammt vom Führer selbst. – Generalstab hält dies für unmöglich. Aber niemand getraut sich dem Führer zu widersprechen, auch nicht Göring. Brauchitsch kommt kaum mehr zu Worte, klappt vor dem Führer zusammen...«[47]

Am selben Tag noch schrieb Leeb Brauchitsch einen Brief, um ihm den »Rücken zu stärken« und trotz seiner notorischen Schwäche im unmittelbaren Umgang mit Hitler erweckte der geplagte Brauchitsch den Eindruck, als bereite er sich auf eine direkte Auseinandersetzung mit Hitler vor. Dem immer ungeduldigeren Leeb ließ er sagen, das letzt Wort sei »noch nicht gesprochen«; um 18.00 Uhr beorderte Halder plötzlich Groscurth in sein Zossener Arbeitszimmer. Zu seiner Überraschung sah Groscurth einen gänzlich verwandelten Halder. Zermürbt von den ständigen erfolglosen Versuchen, Hitler von seinen Angriffsplänen abzubringen – allein zwischen dem 25. und 31 Oktober war Halder dreimal bei Hitler vorstellig geworden –, sah auch er jetzt seine letzte Zuflucht in einem Staatsstreich.

Halders konkrete Vorstellungen waren aber eher konfus; so wollte er Ribbentrop und Göring »verunglücken« lassen, ohne eine konkrete Vorstellung, wie dies bewerkstelligt werden sollte. Groscurth versuchte die einigermaßen ungeordneten Vorstellungen in geordnete gedankliche Bahnen zu lenken und forderte eine präzise Planung: Nur ein sorgfältig vorbereitetes Unternehmen hätte Aussicht auf Erfolg; dann verwies er auf Beck und Goerdeler als mögliche Köpfe einer Verschwörung. Doch plötzlich war das alles Halder zu theoretisch. »Mit Tränen in den Augen« erzählte er Groscurth, er sei »seit Wochen mit der Pistole in der Tasche zu Emil gegangen, um ihn eventuell über den Haufen zu schießen«.[47] Aber er hatte es eben nicht getan und dies sicher nicht aus mangelnder Gelegenheit.

Der Skeptiker Groscurth ließ sich von Halders scheinbarem Tatendrang anstecken. Noch am selben Abend fuhr er zu seinem Mitarbeiter Fiedler in dessen Berliner Wohnung, wo sie gemeinsam mit Etzdorf bis in den Morgen des 1. November hinein verhandelten. Nach nur vier Stunden Schlaf fuhr Groscurth schon gegen 7.00 Uhr früh wieder nach Zossen, da für den 1. November eine Informationsreise Halders und Brauchitschs an die Westfront vorgesehen war. Beide wollten sich dort persönlich vom Zustand der Truppe, den Versorgungsschwierigkeiten und dem Stand der materiellen Ausrüstung überzeugen. Für die Verschwörer hing viel von dem Ausgang dieser Reise ab. War ihr

Ergebnis, wie erwartet, vernichtend, so war die Chance um so größer, daß es möglicherweise trotz allem doch noch in letzter Stunde zur entscheidenden Konfrontation mit Hitler kommen würde.

Am selben Abend, als Groscurth mit seinen Vertrauten Fiedler und Etzdorf den plötzlichen Sinneswandel Halders diskutierte, hatten sich Oster und Erich Kordt bei Beck getroffen. Das Gespräch galt der Frage der Ausschaltung Hitlers, die Oster nach wie vor für eine Grundvoraussetzung jeder Aktion hielt; »ausschalten« konnte man Hitler aber nur mit Gewalt. Blieb er dagegen am Leben, war Osters Meinung, so würde man sich nur auf ganz wenige Generale wirklich verlassen können. Einen Putsch mit einer Gefangennahme Hitlers hielt Oster für eine Illusion; ein Attentat war die Conditio sine qua non.

In dieser Nacht rang sich Kordt zu dem Entschluß durch, sich für einen Anschlag auf Hitler zur Verfügung zu stellen. Am nächsten Tag, dem 1. November – die katholischen Gläubigen Berlins strömten zum Allerheiligentag in die Kirchen –, meldete sich Kordt beim Wachhabenden am Eingang der Abwehr am Tirpitzufer: Er müsse Oberst Oster in einer dringenden Angelegenheit sprechen. Oster war trotz des Feiertags im Amt und Kordt trug ihm seinen Entschluß vor: Er selber sei bereit, jene Bombe zu werfen, die »... die Generalität von ihren Skrupeln befreien« würde. Kordt hielt es für durchaus möglich an Hitler heranzukommen: schon auf Grund seiner Stellung im Auswärtigen Amt sah er genügend Gelegenheiten, Hitler im Gefolge Ribbentrops zu begegnen. Oster wiederum garantierte innerhalb von zehn Tagen, also bis zum 11. November, Sprengstoff besorgen zu können gab aber zu bedenken, daß Kordt einen Kurzlehrgang bei der Abwehr Abteilung II absolvieren müsse, da er ja über keinerlei Erfahrung im Umgang mit Zündern und Sprengmittel verfüge. Oster wollte das alles aber selber in die Hand nehmen und dafür sorgen, daß Kordt rechtzeitig mit der Handhabung von Explosivstoffen vertraut gemacht werde.[48]

Unmittelbar anschließend ließ sich Oster Lahousen kommen, den Chef der für Sabotage zuständigen Abwehrabteilung II, die etwas außerhalb der Stadt Brandenburg am Quenz-See ein kleines Gut als Ausbildungsstätte für Spezialaufgaben von Abwehrangehörigen unter dem Kommando des Hauptmanns Seeliger besaß. Diesem zur Seite stand der Major Marguerre, zuständig für Beschaffung von Material und aller bekannten Sprengstoffe. Oster selber konnte keinen Sprengstoff beschaffen, und er hätte Major Marguerre gegenüber auch keinen plausiblen Grund für ein derartiges Anliegen vorbringen können. Lahousen, der in dieser Situation einspringen sollte, stellte Oster aber als erstes die Frage, wofür der Sprengstoff bestimmt sei. Als Lahousen wissen wollte, ob Canaris eingeweiht sei, winkte Oster ab: »Nein, der Alte ist ohnehin schon ganz durchgedreht.« Dann fragte Lahousen, ob denn überhaupt ein Attentäter zur Verfügung stehe, worauf Oster erklärte: »Ja, aber er kann weder mit Zünd- noch Sprengmitteln umgehen und müßte, als V-Mann getarnt, vorher an einem Kurzlehrgang im Labor der Abwehrabteilung II in Tegel teilnehmen.« Lahousen meinte, das müßte sich machen lassen, jedoch die Sprengstoffbeschaffung sei ungemein schwierig, und bat sich einige Tage Bedenkzeit aus.[49] Um das Eisen zu schmieden, solange es heiß war, suchte Oster jetzt auch Groscurth zu mobilisieren, und tatsächlich hielt dieser noch am Nachmittag des 2. November »Rücksprache« mit Major Marguerre, wobei er ihn aber wohl nur auf einen Kurzlehrgang für Kordt ansprach; von Sprengstoff ist nirgendwo die Rede. Am Vormittag hatte Groscurth noch im Auftrag Halders versucht, Goerdeler zu erreichen, doch war dieser von Robert Bosch in Geschäftsdingen nach Stockholm geschickt worden und fiel somit für den Augenblick aus.

Halder und Brauchitsch absolvierten im Westen in schneller Folge ihr Besuchsprogramm. Am 2. November waren sie bei Bocks Heeresgruppe B und dann nacheinander bei der 6. Armee in Düsseldorf, der 4. und 2. Armee in Köln. Wen sie auch sprachen, ob Bock, den OB der Heeresgruppe B oder Reichenau und Kluge, die Oberbefehlshaber der 6. beziehungsweise 4. Armee, überall lautete die Auskunft: »Dieser Angriff ist unmöglich, im gegenwärtigen Zustand des Heeres nicht zu schaffen.« Am Vormittag des 3. November ging es ihnen bei Rundstedts Heeresgruppe A nicht anders, auch hier sorgenvolle Gesichter, tausend Bedenken, unverhüllte Ablehnung. Schließlich notierte Halder in sein Tagebuch: »Ein Angriff mit weitgestecktem Ziel kann zur Zeit noch nicht geführt werden. Personal ist zwar zur Ergänzung da, aber nicht zusammengeschweißt. Offiziersbesetzung teilweise schwach. Ausbildungsstand der Westdivisionen derart, daß sogar aktive Truppe unter Einsatz zur Abwehr gelitten hat, der Ostdivisionen derart, daß völlig anders geartete Aufgabe im Westen eine geschlossene Ausbildungs- und Vorbereitungszeit von mindestens 14 Tagen notwendig macht... Divisionen müssen zum Teil ihre Ergänzung aus Heimatdepots selbst heranholen. Viele Schäden können nicht ergänzt werden, z.B. Achsenbrüche, Pak, Kraftwagen ... Ersatzteile für MG 34 und Kraftfahrzeuge, Pferde-Ergänzung kommt nicht mehr rechtzeitig ran ... Der vom OKW befohlene Angriff wird von keiner hohen Kommandostelle als erfolgversprechend angesehen.«[50]

So hatte die Reise an die Westfront Halders innere Bereitschaft zu einem Staatsstreich deutlich gefördert, und Groscurth war der erste, der Halders neue Energien zu spüren bekam, als er nach der Rückkehr des Generalstabschefs von diesem sogleich den Auftrag erhielt, für den nächsten Tag Oster nach Zossen zu bitten. Hätte Groscurth noch Zweifel am Ernst von Halders Putsch-Plänen gehabt, so mußte sie dieser Wunsch aus dem Weg räumen. Gerade dem unablässig drängenden Oster hatte Halder in den letzten Wochen die kalte Schulter gezeigt; wenn er ihn jetzt von sich aus zu sich bat, so war dies ein untrügliches Zeichen, daß etwas bevorstand.

Groscurths Stimmung an diesem 3. November 1939 verbreitete in seiner ganzen Umgebung Zuversicht. Stülpnagel hatte ihn schon am Vormittag regelrecht beauftragt, die »Vorbereitungen anlaufen zu lassen«, und am frühen Abend, gegen 19.00 Uhr, hatte er mit Groscurth bereits Einzelheiten besprochen. Den wartenden Mitverschwörern berichtete ein »strahlender« Groscurth am Abend des 3. November, daß die Zossener Vorbereitungen nahezu abgeschlossen seien. »Die Aufmarschpläne wurden bis in die Einzelheiten durchgearbeitet, besonders sorgfältig sind die Baupläne der Reichskanzlei auf etwaige unterirdische Ausgänge hin studiert worden.«[51]

Am 4. November besprach Hitler sich mit Brauchitsch, und offenbar schien auch der wankelmütige Oberbefehlshaber des Heeres angesichts des bevorstehenden Angriffsbefehls den Gedanken an einen Staatsstreich nicht mehr vollständig abzulehnen. Für den nächsten Tag war für 12.00 Uhr eine Besprechung zwischen Hitler und Brauchitsch angesetzt, bei der dieser noch ein letztes Mal alle Argumente gegen eine Offensive vortragen wollte. Beharrte Hitler weiterhin auf seinen Angriffsabsichten, so mochte dieses In-den-Wind-Schlagen aller Warnungen den Weg für eine Aktion frei machen.

Die Schwäche dieser Brauchitsch-Halderschen Konzeption lag darin, daß sie alle zukünftigen Handlungen abhängig von Hitlers Reaktion machte, die, ohnehin nicht kalkulierbar, einen viel zu großen Risikofaktor darstellte. Statt sich zu dem grundsätzlichen Entschluß durchzuringen, den Staatsstreich unabhängig vom Ausgang der bevorstehenden Besprechung zu unternehmen, sollte eine hypothetische Situation, deren Eintreten keineswegs zwangsläufig war, die Bedingung für den Putsch liefern.

Immerhin gab sich Halder entschlossen. Bei seiner Frontreise im Westen hatte er unter anderem ein langes Gespräch mit General Hoepner, dem Befehlshaber des XVI. Korps in Reichenaus 6. Armee, geführt, der schon einmal im Herbst 1938 für eine wichtige Rolle bei dem damaligen Putschplan vorgesehen gewesen war. Auch am 20. Oktober war Hoepner bei Halder gewesen, der darüber lediglich notierte: »Hoepner bei mir«. Thomas, der vierzehn Tage später, am Nachmittag des 4. November, von Halder empfangen wurde, fand diesen in aufgeräumter und zuversichtlicher Stimmung. Als Thomas ihm eine Schrift über die kriegswirtschaftliche Lage sowie den von Gisevius, Oster und Dohnányi ausgearbeiteten Bericht über die politische Situation Deutschlands und die daraus zu ziehenden Folgerungen übergab, stimmte er Thomas nicht nur in der allgemeinen Lagebeurteilung zu, sondern kam von sich aus auf ein Attentat auf Hitler zu sprechen.

War das die so lange erwartete Wende? Das fragte sich auch Oster, der am selben Nachmittag nach Zossen kam. Auch er sprach Halder unter vier Augen. Halder forderte ihn auf, seine Vorbereitungen von 1938 wieder aufzugreifen und zu überarbeiten, denn diesmal sollte der Hauptschlag vom Oberkommando des Heeres aus geführt werden. Auf einen Befehl von Brauchitsch sollten die Truppen gegen die Reichskanzlei, die Hauptquartiere von Gestapo und Partei und die Nachrichtenzentralen in Marsch gesetzt werden; Halder schien ganz und gar auf Brauchitsch zu bauen. Oster sollte vor allem für die Neutralisierung der Berliner Polizei sorgen, und über Gisevius' Beziehungen zu Helldorff hoffte man sogar deren Mitwirkung erreichen zu können.

Es ist nie geklärt worden, ob Oster dem offensichtlich optimistischen Generalstabschef von dem Attentatsplan Erich Kordts erzählt hat. Indizien dafür gibt es nicht. Zu Freunden hatte Oster mitunter gesagt, daß vollendete Tatsachen oft wirksamer seien als unsichere Pläne, und zudem war ja noch keineswegs gesichert, daß Kordt den Sprengstoff auch fristgemäß erhielt. Nein, diesmal lag die Entscheidung für den Staatsstreich im Oberkommando des Heeres, bei Brauchitsch, Halder und vor allem Stülpnagel, der die Einzelheiten vorbereitete. Zu diesem schickte Halder seinen Gast am Ende der Unterredung vom 4. November, nicht ohne Oster beim Abschied »mit bewegtem Händedruck« und »Tränen in den Augen« einen »großen und starken Entschluß zu wünschen«.[52]

Oster blieb von Halders Stimmung nicht unbeeindruckt und der Bericht Stülpnagels, den er anschließend aufsuchte, über den Stand der konkreten Vorbereitungen ließ ihn allmählich die Überzeugung gewinnen, daß im Oberkommando des Heeres endlich gehandelt wurde. Daß am selben Nachmittag um 15.30 Uhr Liedig sich auch noch bei Groscurth meldete, der wiederum um 20.00 Uhr mit Stülpnagel die »Sicherung des Hauptquartiers« besprach, deutete ebenfalls auf eine Zuspitzung der Lage hin.[53]

Was aber sollte geschehen? Darüber gibt es nur wenige und ausschließlich nachträgliche Zeugnisse. Dabei fällt auf, daß außer dem Plan Erich Kordts nur Erörterungen verschiedener Attentatspläne überliefert sind, die aber allesamt eher ungenau und spekulativ wirken. So gab es die Überlegung, Hitlers Sonderzug mit Granatwerfern zusammenzuschießen, was zweifellos ein riskantes Unterfangen mit unsicherem Ausgang war. Die Befehle für den Einsatz der Truppen sollten vom Oberkommando des Heeres gegeben werden. Dabei ging man ähnlich wie später beim 20. Juli 1944 vom Tode Hitlers aus, und zur Begründung der militärischen Maßnahmen sollten regierungsfeindliche Aktionen von SS und Partei angegeben werden. Bei der Ausarbeitung dieser Befehle hatten Groscurth und Stülpnagel entscheidenden Anteil. Man war übereingekommen, sie Brauchitsch abgeschlossen zur Unterschrift vorzulegen, um ihm keine Bedenkzeit zu gewähren. Es gibt nur Spekulationen, welche Truppenteile eingesetzt werden sollten. Halder sprach nach dem Krieg von zwei »zurückgehaltenen Panzerdivisionen«, aber nähere Einzelheiten lassen sich nicht mehr feststellen, da nahezu alle Beteiligten wenige Jahre später entweder fielen oder gehenkt wurden. Es scheint, daß man sich sehr wesentlich, auf die Autorität des Oberbefehlshabers des Heeres verließ, der die Truppen in Marsch setzen würde.

Auf Osters Weisung hatte Groscurths Abteilung z.b.V. eine Liste von zu arretierenden Personen und ihrer Adressen aufgestellt; Gisevius sollte sie Helldorf zustellen, der die Verhaftungen mit zuverlässigen Polizeieinheiten vornehmen wollte. Rundfunkaufrufe und die Alarmierung der Wehrkreisbefehlshaber sollten folgen, ähnlich dem Plan vom Herbst 1938.

Hätten die Generäle einem Staatsstreich ihre Gefolgschaft verweigert? Die Frage ist schwer zu beantworten, doch darf trotz aller nachträglichen Bedenken die Wirkung des Prinzips von Befehl und Gehorsam nicht außer acht gelassen werden. Noch gab es einen Oberbefehlshaber des Heeres, und wenn dieser gemeinsam mit dem Chef des Generalstabes an der Spitze eines Staatsstreichs stand, so war dies für die überwiegend an Gehorsam gewöhnten Generale eine erhebliche Autorität. Abgesehen von einzelnen, wie Hoepner, Witzleben, Brockdorff und Olbricht, auf die in jedem Fall zu rechnen war, gab es auch viele, von deren Bereitschaft zu einem Putsch die Verschwörer wenig oder nichts ahnten. Der damalige Generaloberst und spätere Feldmarschall Ritter von Leeb, hätte sich ohne Frage im Winter '39 auf '40 an einer Aktion beteiligt, und da er nach Rundstedt der rangälteste Generaloberst war, genoß er in der gesamten Wehrmacht beträchtliches Ansehen – seine Mitwirkung hätte für viele ein Signal dargestellt. Was aber die Mehrzahl der Generalität betraf, so teilten sie die Sorge vor einer Offensive im Westen und hätten sich vollendeten Tatsachen zum damaligen Zeitpunkt wohl kaum widersetzt. Fest stand, daß ohne Rücksicht auf Stimmungen im jüngeren Offizierskorps, dessen man nicht sicher war, gehandelt werden mußte.

Aber noch immer war die Voraussetzung jeder Aktion das bevorstehende Gespräch Brauchitschs mit Hitler, und so bleibt Schacht skeptisch, als ihm im Auftrage Halders der Generalquartiermeister Wagner mitteilen läßt, er solle sich bereithalten. »Passen Sie auf, der schlaue Hitler riecht den Braten und wird morgen keine Entscheidung verkünden«, sagt der Minister ohne Portefeuille am Abend des 4. November.[54]

Brauchitsch hatte sich sorgfältig auf seine Unterredung mit Hitler am 5. November vorbereitet, als er gemeinsam mit Halder in seinem Wagen mit dem Stander des Oberbefehlshabers des Heeres vor der Reichskanzlei vorfuhr. Genau um 12.00 Uhr standen sich Hitler und Brauchitsch im Kongreßsaal der Reichskanzlei gegenüber, Halder mußte, obwohl Generalstabschef, im Vorzimmer warten. Brauchitsch war sichtlich nervös, ob es nun die Tatsache war, daß er Hitler allein gegenüberstand, oder ob es die Bedeutung der Unterredung war. Schärfer als ursprünglich beabsichtigt, trug er seine Bedenken vor und sprach von den katastrophalen Folgen einer Offensive zum gegenwärtigen Zeitpunkt. In diesem Zusammenhang bemängelte er den Kampfgeist der Infanterie im Polenfeldzug, wo die Leistungen der Infanterie von 1914 nur teilweise erreicht worden seien; es gebe in der Truppe Disziplinschwierigkeiten wie 1917/18.

Weiter kam Brauchitsch nicht. Ohne es zu wissen hatte er an eine der empfindlichsten Stellen Hitlers gerührt, dessen zentrales Erlebnis das Jahr 1918 war, als die Oberste Heeresleitung den Krieg verloren gab und damit die Revolution auslöste. Nie hatte Hitler diese Erlebnisse vergessen, die ihn überhaupt erst zum Politiker gemacht hatten, und wenn es einen ständig wiederholten Satz gab, so war es die Erklärung, daß sich ein November 1918 nie wiederholen werde. Jetzt hatte sein Oberbefehlshaber gesagt, es gebe in der Truppe Erscheinungen wie vor dem Zusammenbruch.

Hitlers Stimme überschlägt sich, tobend widerlegt er die Argumente Brauchitschs, fragt schreiend nach Beweisen für die erwähnten Disziplinlosigkeiten, will wissen, ob Todesurteile verhängt worden seien. Schließlich läßt er seinen General einfach stehen, nicht ohne vorher noch die Drohung auszusprechen, er kenne den »Geist von Zossen« und werde ihn »vernichten«.[55]

Kaum zwanzig Minuten hatte die Unterredung zwischen Brauchitsch und Hitler gedauert, und dies hatte genügt, den Oberbefehlshaber des Heeres völlig zu demoralisieren. Wahrscheinlich hatte Brauchitsch im stillen gehofft, Hitler umstimmen zu können, um an einem Staatsstreich vorbeizukommen. Auf keinen Fall hatte er einen derartigen Ausbruch vorausgesehen, wie ihn in der Armee bislang noch niemand erlebt hatte. Als er nun »kreidebleich« und mit »verzerrtem Gesicht« aus der Besprechung kam, erzählte er zitternd dem entsetzten Halder von dem Vorgefallenen. Halder geriet daraufhin geradezu in Panik. Stündlich erwartete er den ganzen Tag über einen Gegenschlag Hitlers, der vom »Geist von Zossen« gesprochen hatte, den er ausrotten wolle. Wußte er also von der Verschwörung? Zurück in Zossen, bestellte der erregte Halder seinen Oberquartiermeister I zu sich und gab ihm den Befehl, sofort sämtliche belastenden Unterlagen zu vernichten. Während Hitler in seiner grenzenlosen Wut nach dem Rausschmiß Brauchitschs gegen 13.30 Uhr den Befehl für die Offensive gab, wies auch der von Halder alarmierte Stülpnagel einen verbitterten Groscurth an, alle gefährlichen Papiere zu vernichten, bevor die Gestapo zur Stelle war. Lakonisch notierte Groscurth in sein Tagebuch: »Brauchitsch ist völlig zusammengebrochen.« Nach dem Krieg schrieb Gisevius: »Haben wir es uns nicht gleich gedacht?«[56]

Derweil wartete Oster in der Abwehr am Tirpitzufer nervös auf Nachricht über den Ausgang der Besprechung. Aber es war längst alles entschieden. Brauchitsch war mit den Nerven fertig, nie wieder sollte er sich in eine ähnliche Situation begeben, und nie wieder würde er sich mit Plänen eines Staatsstreichs befassen. Auch Halders plötzliche Entschlossenheit war wie weggeblasen. Am selben Nachmittag erklärte er Groscurth, daß die Offensive nun stattfinden müsse, es gebe keine Möglichkeit, sie abzuwenden

Die Verkehrung der Ausgangssituation war grotesk. Es war ja genau der Fall eingetreten, der als Bedingung des Staatsstreichs angesehen worden war. Hitler wollte gegen alle Warnungen den Angriffsbefehl geben, und damit waren die Würfel gefallen. Doch Brauchitsch wie Halder bliesen auf einen bloßen Verdacht Hitlers hin die ganze Unternehmung ab und wollten nichts mehr von dem Putsch wissen, der so lange geplant gewesen war und unmittelbar bevorgestanden hatte.

Am Nachmittag hatte sich Brauchitsch immerhin etwas erholt und erklärte jetzt, er werde zwar selbst nichts unternehmen, sich aber auch nicht in den Weg stellen, wenn ein anderer handeln wolle. Auch Halder gewann langsam seine Fassung zurück, sodaß Groscurth sich erneut für 17.00 Uhr melden ließ, nachdem er vorher eine »lange Aussprache« mit dem Generalquartiermeister Oberst Wagner gehabt hatte. Den offenbar mit Wagner abgesprochenen Vorschlag, Beck, Schacht und Goerdeler hinzuzuziehen, um Halders Behauptung zu entkräften, es gäbe keine politische Führung eines Staatsstreiches, lehnte der Generalstabschef ab. Statt dessen schickte Halder Groscurth zu Canaris und ließ diesem sagen, er solle doch Hitler durch ein Attentat ausschalten.[57]

Gegen 20.00 Uhr traf Groscurth am Tirpitzufer ein. Dort warteten in großer Spannung Canaris, Oster, Gisevius und der ebenfalls zum Verschwörerkreis zählende Legationsrat Dr. Bernd Otto von der Heyden-Rynsch, der ständige Verbindungsreferent des Auswärtigen Amtes zur Abwehr. Doch die Botschaft Halders traf bei Canaris keineswegs auf Gegenliebe. Die folgende Szene beschreibt Gisevius: »... Canaris stürzt, fix wie immer, nebenan in Osters Büro, nimmt mich dort Wartenden am Arm und zieht mich, hochroten Gesichtes, schweigend hinter sich her, verschließt bei sich die Doppeltüren und stößt mich in einen Klubsessel: ›Nun hören Sie sich das einmal an!‹ Dann kommt es: Im Auftrag des Generalstabschefs überbringt unser Sendbote dem Chef der deutschen Abwehr das dringende Ersuchen, er möge Hitler durch ein Attentat beseitigen. Unter dieser Bedingung sei er, Halder, zum ›Handeln‹ entschlossen...«[58]

Das war nun gar nicht nach dem Geschmack des Abwehrchefs, plötzlich ein Attentat einfach delegiert zu bekommen, und zornig lehnte Canaris Halders Anersuchen ab. Oster bedauerte zwar die Entscheidung seines Chefs, mußte ihm aber recht geben und räumte ein, daß man Attentate nicht einfach aus dem Ärmel schütteln kann. Kordt hatte noch immer keinen Sprengstoff, und wer wollte sich außerdem jetzt noch auf Halders Entschlossenheit zum Staatsstreich verlassen?

Ein einziger Wutanfall Hitlers hatte sämtliche Pläne wie eine Seifenblase platzen lassen. Trotz dieser deprimierenden Bestätigung seiner Befürchtungen sprach Oster am 6. November noch einmal bei Stülpnagel und Wagner vor, denen er den Vorschlag unterbreitete, unter dem Vorwand eines Putsches der SS gegen Gestapo und SS vorzugehen. Ohne Halder war aber Stülpnagel nicht mehr bereit, etwas zu unternehmen. Groscurth schrieb über den Besuch seines Freundes im Oberkommando des Heeres: »Aber alles ist zu spät und völlig verfahren. Diese unentschlossenen Führer ekeln einen an. Grauenvoll.«[59]

Die letzte Chance war jetzt Witzleben, denn Halder hatte zum Schluß gesagt, er wolle schon, aber ohne Witzleben sei er machtlos. Nur war Witzleben in Bad Kreuznach, dem Hauptquartier seiner 1. Armee, und zu einem Gespräch mußte er erst einmal von sich aus bei Canaris den Besuch Osters anfordern. Canaris war an diesem Tag in so schlechter Stimmung, daß er eine eigene »Dienstreise« Osters kaum bewilligt hätte. So rief Oster bei Witzleben an; der Generaloberst begriff die Situation und erbat sich bei Canaris Oster zu einer Aussprache nach Kreuznach. Schon am nächsten Morgen wollte Oster mit Gisevius nach Bad Kreuznach fahren.[60]

An diesem Morgen des 7. November fand der soeben aus Holland zurückgekehrte Sas Osters Bitte vor, unverzüglich zu ihm zu kommen. Er fand ihn in Uniform und reisefertig vor; ein Militärfahrzeug wartete bereits vor der Tür. Beim hastigen gemeinsamen Frühstück erzählte Oster seinem Freund, daß Hitler unmittelbar nach der Auseinandersetzung mit Brauchitsch den Angriff für den 12. November befohlen habe und bat ihn, so schnell wie möglich wieder nach Holland zurückzufahren, um sein Land zu warnen. Schon am nächsten Tag berichtete Sas in Den Haag einer Runde, bestehend aus dem Ministerpräsidenten de Geer, dem Außenminister van Kleffens, dem Kriegsminister Dijxkoorn und General Reynders, über den bevorstehenden Überfall durch Deutschland; zu seinem grenzenlosen Erstaunen verfehlte seine Mitteilung aber jede Wirkung. Das mag daran gelegen haben, daß er in der Erregung zu emotionell vorgetragen hatte. Jedenfalls blieben seine Zuhörer bis auf Dijxkoorn skeptisch und ungläubig. Kurz vor seiner Abfahrt hatte Sas noch Goethals zu erreichen versucht, der war jedoch gerade in Brüssel, und so empfing Botschafter Davignon die Warnung, die sogleich von einem Sonderkurier nach Brüssel gebracht wurde: »Der deutsche Informant, dem der holländische Militärattaché sein volles Vertrauen entgegenbringt, gibt sich kategorisch. Demzufolge hat der Führer seine Entscheidung getroffen und das Datum festgelegt. Der Einfall in Belgien und Holland (Limburg) wird in den ersten Stunden des Sonntags, dem 12. November, stattfinden...«[61]

Bevor Oster und Gisevius an eben diesem Tag zu Witzleben nach Bad Kreuznach fuhren, hatten sie noch Beck besucht, der ihnen berichtete, daß er Stülpnagel mitgeteilt habe, er sei bereit, nach einem Staatsstreich den Oberbefehl über die Armee zu übernehmen falls die drei Heeresgruppenbefehlshaber, also Rundstedt, Leeb und Bock,sich nicht widersetzten. Im übrigen war auch Beck der Meinung, daß es unbedingt notwendig sei, Witzlebens Teilnahme zu sichern.

Wegen der Verdunkelung kamen Oster und Gisevius am 7. November nur bis Frankfurt, dem Hauptquartier des Heeresgruppe C, wo sie am nächsten Morgen auf Witzlebens Wunsch den I a der Heeresgruppe, Oberst Vincenz Müller, aufsuchten, um ihn über den Stand der Staatsstreichvorbereitungen zu unterrichten. Müller schien über die mangelnde Konkretheit der Planung enttäuscht, erschrak aber sichtlich, als Oster ihm zwei »auf dünnem Papier geschriebene Durchschläge von einem Aufruf an das deutsche Volk und einen Aufruf an die Wehrmacht« zeigte, die aus Becks Feder stammten. Nur mit Mühe konnte Müller einen unbekümmerten Oster veranlassen, die Papiere unverzüglich in einer »großen Aschenschale zu verbrennen«. Die gegenwärtigen Möglichkeiten für einen Staatsstreich beurteilte Müller zurückhaltend; immerhin zeigte er aber deutliche Bereitschaft zum Mitmachen.[62]

Nach diesem Gespräch brachen Oster und Gisevius in Richtung Kreuznach auf, kamen aber, durch starken Nebel behindert, nur in einem Schneckentempo voran, so daß Oster sich fragte, wie man bei solch einem Wetter und um diese Jahreszeit überhaupt an eine Offensive denken konnte. Die gleiche Frage hatte sich auch Witzleben gestellt, der seine Besucher in denkbar schlechter Verfassung empfing.

Der Generaloberst befand sich gesundheitlich nicht auf der Höhe, und als Oster auch noch belastende Dokumente und Listen der führenden Verschwörer aus seiner Aktentasche hervorzog, platzte Witzleben der Kragen: »Was, Sie haben das bei sich im Wagen gehabt? Dann will ich Sie nicht mehr sehen!« Erst allmählich beruhigte er sich wieder, aber das änderte nichts an seiner pessimistischen Beurteilung der Chance eines Putsches. Die Offensive sei ohnehin »Quatsch«, der Herbstschlamm behindere alle größeren Panzerbewegungen. Brauchitsch und Halder seien überhaupt nicht zu beeinflussen, vor allem Brauchitsch hatte bei seinem Besuch an der Westfront einen geradezu kläglichen Eindruck auf Witzleben gemacht. Die jungen Offiziere aber seien alle von Hitler »besoffen«, und das stelle einen starken Unsicherheitsfaktor für jeden Staatsstreich dar.

Alles in allem war Witzleben ganz außerordentlich pessimistisch, erklärte sich aber bereit, Halder aufzusuchen und ins Gebet zu nehmen. Vorher aber solle Vincenz Müller zu Halder fahren und erst einmal die Lage sondieren. Damit war Oster zunächst entlassen, nachdem ihm Witzleben noch mitgeteilt hatte, die Offensive sei wegen der schlechten Wetterlage verschoben worden.[63]

Sicherlich befand sich Oster durch das andauernde Hin und Her in gereizter Stimmung, vielleicht spürte er auch längst die Fruchtlosigkeit seiner Bemühungen; was er am Abend des 8. November im Frankfurter Offizierskasino vorbrachte, ließ jedenfalls an Deutlichkeit nichts zu wünschen übrig. Seine Ausfälle gegen das Regime, verstärkt durch beträchtlichen Alkoholkonsum, wurden immer wütender und lauter, so daß er schließlich in einen Nebenraum komplimentiert werden mußte. Dennoch sollte der Zwischenfall noch ein Nachspiel haben.

Am nächsten Morgen rüttelte Oster den schlafenden Gisevius unsanft wach, es war der 9. November: »Du, die haben gestern den Emil umlegen wollen.« Sofort brach Oster ohne Gisevius nach Berlin auf, wo er aber lediglich die Berichte über einen Bombenanschlag im Münchener Bürgerbräukeller bestätigt bekam. Hitler hatte die übliche Ansprache zum Gedenken an den gescheiterten Putsch von 1923 gehalten, die um 21.20 Uhr zu Ende gegangen war, und darauf überraschenderweise den Raum sofort verlassen. Zehn Minuten später war eine heftige Explosion erfolgt, die acht Tote und dreiundsechzig Verletzte gefordert hatte.

Obwohl bald darauf der Attentäter, ein Einzelgänger mit dem Namen Georg Elser, verhaftet wurde, kam Oster das Ganze wie ein Propagandatrick vor, den die Gestapo selber inszeniert hatte. Daß ein Einzelner dem Erfolg so nahegekommen sein sollte, hielt Oster für unwahrscheinlich und so war er der festen Überzeugung, daß Elser nur ein »zweiter van der Lubbe« war, wie er zu Gisevius bemerkte. Dabei übersah Oster, daß gerade ein entschlossener Einzeltäter ohne Hintermänner und Mitwisser unter Umständen mehr Chancen hatte als eine umfangreiche Verschwörung - eine Möglichkeit, die Hitler selbst durchaus in Betracht zog, wenn er gelegentlich von »irgendeinem Verrückten mit einem Zielfernrohr« sprach, der ihn ohne weiteres erschießen könnte.

Die Ereignisse dieser Tage irritierten und lähmten alle Beteiligten - das Gespenst der Offensive, die sie zu verhindern suchten, das Attentat auf Hitler, aus dem keiner so recht klug werden konnte, das Friedensvermittlungsangebot des belgischen Königs und der holländischen Königin vom 7. November, das Hitler vom Tisch wischte, und dazwischen die mehr oder minder hektischen Bemühungen, doch noch rechtzeitig vor dem Beginn der Kampfhandlungen im Westen einen Staatsstreich auszulösen. Im Westen versuchte Leeb am Tag nach dem Münchener Bombenattentat einen gemeinsamen Schritt der Heeresgruppen-Befehlshaber zu erreichen; alle drei sollten sie gemeinschaftlich ihr Kommando niederlegen. Doch Leeb drang mit seinem Vorschlag weder bei Rundstedt, noch bei Bock durch; der dienstältere Rundstedt lehnte das ganz einfach ab, während Bock unklar meinte, »das ginge doch etwas zu weit«. Leeb dachte zeitweise an Rücktritt, ließ sich aber von seinem Chef des Generalstabes, Generalmajor v. Sodenstern umstimmen und blieb.

Am 10. November erschien Witzlebens Abgesandter Vincenz Müller in Zossen und erklärte Halder verschlüsselt, daß er im gegebenen Fall auf Leeb zählen könne. Müller richtete aus, daß Witzleben Oster unbedingt vertraue. Allerdings bäte Witzleben etwas mehr auf Geheimhaltung zu achten, was unverkennbar auf Oster gemünzt war, wie aus der Schilderung von Osters Frankfurter Eskapaden hervorgeht.

Das war Wasser auf die Mühlen Halders, der mittlerweile überall die Gestapo lauern sah. Er empörte sich dermaßen über Osters Unvorsichtigkeit, daß er ihn durch Groscurth regelrecht verwarnen ließ. »Nachmittags bei Oster. Denkschrift von Gisevius gegeben. Oster zur Vorsicht ermahnt. Nahm Halders Warnung in Ruhe hin. Die Schärfe Halders über seine schon mehrfach bewiesene Unbeherrschtheit habe ich ihm vorenthalten. Von einer mir anheimgestellten Meldung bei Canaris sehe ich ab.«[64]

Oster nahm diesen Tadel zwar äußerlich ruhig hin, aber wenig später reagierte er mit einem Wutausbruch gegen Halder, wurde »fuchsteufelswild« und lehnte jede weitere Zusammenarbeit mit Halder, dem »heroischen Spießer«, wie ihn Helldorf nannte, ab.[65]

Obendrein verlor jetzt auch noch Canaris die Nerven. Der Abwehrchef riet Oster von allen weiteren konspirativen Handlungen ab und warnte ihn plötzlich vor der häufigen Anwesenheit von Gisevius, »die bei dem allgemeinen Mißtrauen auffallen könnte«. Gisevius ließ sich dadurch zwar nicht beirren, sondern schickte Halder über Groscurth eine kriminalistische Studie über die »Unfähigkeit der SS«, die Sicherheit des Führers zu garantieren, wie aus dem Attentat im Bürgerbräukeller hervorgehe. Maßnahmen des Heeres zum »Schutz« des Führers seien dringend erforderlich.

Als Halder den Namen Gisevius hörte, erklärte er, den Brief sofort vernichten zu wollen, was er augenscheinlich aber unterließ, denn am 12. meinte er zu Groscurth, Gisevius' Gedanken seien gar nicht so schlecht, das meine auch Brauchitsch, dem er den Brief zum Lesen gegeben habe.

Aber man drehte sich im Kreise und kam nicht voran. Am 12. November fuhr Stülpnagel zu Witzleben in den Westen, und Witzleben bedrängte Stülpnagel, die Vorbereitungen trotz aller

Rückschläge nicht einschlafen zu lassen. Dann äußerte er den Wunsch, Halder zu sprechen, der am 14.11. in sein Tagebuch notierte: »Witzleben will mich sprechen.« Ganz hatte Witzleben die Hoffnungen noch immer nicht aufgeben. Aber er gab sich angesichts der Unentschiedenheit von Brauchitsch und Halder keinen Illusionen hin, und dies hat er auch Stülpnagel bei seinem Besuch spüren lassen als er auch von ihm mit immer neuen Schwierigkeiten konfrontiert wurde. Tatsächlich bat denn auch Stülpnagel nach seiner Rückkehr nach Zossen sofort Oster zu sich, der aber dienstliche Verpflichtungen vorschob. Am nächsten Tag rief Stülpnagel erneut in der Abwehr an, da er Oster dringend sprechen müsse. Oster gab schließlich nach, bestellte seinen Wagen und fuhr mißgelaunt zum Oberkommando des Heeres. Was er dort zu hören bekam, bestätigte nur seine geringe Meinung von den Generälen. Stülpnagel teilte ihm lediglich mit, daß vorläufig nichts unternommen werden könne, da auf die Truppe kein Verlaß sei; allein mit Generalen könne man nicht putschen. Im übrigen solle Beck nicht so viel Papiere abfassen und damit sich und andere gefährden. Oster wußte nicht, ob er lachen oder weinen sollte. Wütend und belustigt zugleich, fuhr er wieder in sein Büro, wo er Gisevius das Ergebnis seiner unnützen Autofahrt schilderte. »Generale unternehmen also nichts«, war Groscurths Fazit und dem war wenig hinzuzufügen.[66]

Am 11. hatte Erich Kordt den versprochenen Sprengstoff bei Oster abholen wollen. Inzwischen waren aber auf Grund des Attentates in München die Bestimmungen für die Ausgabe von Sprengstoff so verschärft worden, daß Lahousen vorerst keine Möglichkeit für eine unauffällige Beschaffung sah.

Als Oster seinem Besucher erklärte, eine schnelle Bereitstellung des Sprengstoffs sei nicht mehr möglich, brachte Kordt den Gedanken an ein Pistolenattentat ins Spiel. Diesen Plan lehnte Oster aber ganz entschieden ab, vielleicht weil er nach einer Schießerei eine planmäßige Auslösung des Staatsstreiches für höchst zweifelhaft hielt, unter Umständen bezweifelte er überhaupt das Gelingen eines solchen Attentats. Pistolen- oder Revolverattentate von Einzelnen sind stets fragwürdig. Der Schütze verfügt nur über seine Waffe mit geringer Reichweite, die Streuung bei Handfeuerwaffen dieser Art ist stets erheblich und wird durch die psychische Belastung des Attentäters noch verstärkt. Zudem ist die Wirkung von Vollmantelgeschossen einer Pistole, denn um eine Waffe mit dieser Munition hätte es sich höchstwahrscheinlich handeln müssen, keineswegs immer tödlich. Schließlich war die Wahrscheinlichkeit groß, daß der Schütze nur wenige Schüsse hätte abgeben können, bevor er überwältigt worden wäre. Es war damit zu rechnen, daß Angehörige des Wachpersonals oder der Dienerschaft versuchen würden, bei einem Attentat Hitler mit dem eigenen Körper zu decken.

Einige Wochen später ergab dann ein Zufall, daß sich Sprengstoff doch noch beschaffen ließ. Ein Agent der Abwehrabteilung II, der über Schweden Sprengstoff an Quisling-Leute in Norwegen schleusen sollte, hatte sich in Stockholm verdächtig gemacht und, da er sich verfolgt glaubte, den Koffer mit dem Sprengmaterial bei der deutschen Gesandtschaft deponiert. Der Gesandte wandte sich an die Abwehr und forderte die sofortige Abholung des Sprengstoffs. Als Lahousen davon hörte, verständigte er Oster, der den bewährten Major Heinz einschaltete. Heinz schickte den Oberleutnant Herzner als Kurier nach Stockholm, denselben Herzner, der im Herbst 1938 zum Stoßtrupp gezählt hatte, der in die Reichskanzlei eindringen sollte. Jetzt gehörte er zu dem in Aufstellung befindlichen Sonderverband »Brandenburg«, einer Kommandotruppe, die für Sonderaufträge hinter den feindlichen Linien ausgebildet wurde.[67]

Die Skrupel der Generalität plagten Heydrichs SD nicht sonderlich. In Venlo an der holländischen Grenze waren zwei britische Geheimdienstoffiziere von einem SD-Kommando unter der Führung des Sturmbannführers Dr. Knochen in eine Falle gelockt und nach Deutschland verschleppt worden. Bei der Kontaktaufnahme mit den Briten hatte der die Aktion leitende SS-Sturmbannführer Schellenberg eine deutsche Oppositionsgruppe vorgetäuscht, in deren Auftrag eine Verbindung zu England hergestellt werden sollte.

Dieser Zwischenfall von Venlo, bei dem Knochens SD-Leute obendrein einen niederländischen Oberleutnant erschossen, hatte einen vorläufigen Stillstand der römischen Gespräche Josef Müllers zur Folge, da das Mißtrauen der Engländer vor deutschen Oppositionellen erheblich gestiegen war. Müller kehrte nach dem Venlo-Zwischenfall am 12. November nach Berlin zurück, denn mittlerweile war er selbst in die Schußlinie der Gestapo geraten. Ein unversöhnlicher Feind Müllers, der Benediktinerpater Hermann Keller, Prior des Klosters Beuron, hatte bei einigen Zechgelagen mit Müllers Berliner Korrespondenzanwalt Dr. Etscheit in der Schweiz Einzelheiten über den Hintergrund von Müllers Romreisen erfahren.

Etscheit hatte hin und wieder als V-Mann für die Abwehr gearbeitet, und als er unter der Wirkung des Alkohols zu plaudern begann, hatte er von überraschenden Dingen berichtet, die den Prior von Beuron in höchstem Maße interessierten.

Pater Keller hatte einige Jahre zuvor durch eine hinterhältige Intrige versucht, dem Erzabt des Beuroner Klosters bei der Gestapo ein Devisenvergehen anzuhängen, um dessen Posten übernehmen zu können. Müller hatte damals die Unhaltbarkeit der Vorwürfe gegen den Erzabt beweisen können und Keller hatte ihm dies nie verziehen. Jetzt witterte Keller eine Möglichkeit, sich zu rächen, was ihm um so leichter fiel, als er bereits über Verbindungen zum SD und zur Stuttgarter Abwehrstelle verfügte. Der Prior beging jedoch den Fehler, seinen Bericht über Müllers offenkundig konspirative Tätigkeit der Stuttgarter Abwehrstelle vorzulegen; wenige Tage später gelangte die Denunziation auf dem Dienstweg in Osters Hände. Als Müller aus Rom nach Berlin zurückkehrte, empfing er ihn mit den Worten: »... daß wir Sie auch noch gegen katholische Geistliche abschirmen müssen, darauf waren wir nicht gefaßt«.[68]

Sehr bald aber wurde es wirklich gefährlich, Oster erfuhr von Nebe, daß Keller bereits bei Heydrich gewesen war, dem er über seine neugewonnenen Erkenntnisse ausführlich und maßlos übertreibend berichtet hatte. Inzwischen war auf Grund von Indiskretionen Etscheits auch in einer Schweizer Zeitung ein Artikel über die ablehnende Einstellung einiger Generäle - wobei der Name Halders genannt wurde - veröffentlicht worden.

Die prekäre Lage erforderte sofortiges Handeln. Canaris bereinigte sie durch eine Direktintervention bei Hitler, indem er eine frisierte Abschrift dieses Berichtes vorlegte, nicht ohne vorher einige für Hitler unverdächtige Namen wie Keitel und Reichenau aufzunehmen. Hitler las alles, sagte nur »Unsinn« und die Sache war vom Tisch. Eine erfolgreiche Fühlungsnahme mit London sollte Müller nun erst im Januar 1940 gelingen.[69]

Inzwischen war der 12. November ohne deutschen Angriff vorübergegangen. Brüssel hatte seine Armee in den Alarmzustand versetzt gehabt, aber Den Haag hatte die Warnungen nicht ernst genommen und keine Vorbereitungen getroffen. Sas hatte versucht, zur Königin vorzudringen, war aber vom Adjutanten der Monarchin, Oberst Phaff, abgefangen worden, da Reynders den strikten Befehl erteilt hatte, Sas nicht zu Königin Wilhelmina vorzulassen. Oberst Phaff überbrachte Wilhelmina aber wenigstens die Nachricht von dem angeblich bevorstehenden deutschen Angriff, und sie soll von der Warnung ihres Militärattachés stark beeindruckt gewesen sein. Aber der 12. November war unter grauenvollen Wetterverhältnissen vergangen, und Hitler hatte darauf den Angriffsbefehl zurückgezogen, was die Glaubwürdigkeit von Sas weiter sinken ließ.[70]

Am 23. November 1939 versammelte Hitler im Konferenzsaal der Neuen Reichskanzlei die Oberbefehlshaber der drei Wehrmachtsteile, der Heeresgruppen und Armeen, die Chefs der Luftflotten und Kommandierenden Generäle, die Chefs der Generalstäbe bis zu den Armeekorps und entsprechenden Dienstgraden von Marine und Luftwaffe. Er war des ständigen Lamentierens der Generalität über den mangelnden Vorbereitungsstand der Armee allmählich satt und suchte der militärischen Spitze der Wehrmacht nun »Korsettstangen« einzuziehen. Groscurth, der anwesend war, notierte anschließend: »Erschütternder Eindruck von einem wahnsinnigen Verbrecher«.[71]

Hitler zählte zunächst seine Erfolge seit 1933 auf. Ständig hätten alle gesagt, es würde schiefgehen, vom Austritt aus dem Völkerbund über den Einmarsch ins Rheinland bis zum Polenfeldzug. Er aber nehme die Kraft für seine Entschlüsse aus der Erkenntnis, daß der Staat nur der Erhaltung der Volkssubstanz, der zweiundachtzig Millionen Deutschen diene. Kampf sei das Schicksal aller Wesen, wer nicht kämpfe, gehe unter. Der Lebensraum müsse der Volkszahl angepaßt werden, nicht umgekehrt. Gegenwärtig herrsche ein Rassenkampf um die Herrschaft über Europa und die Welt. Für Deutschland sei die Gelegenheit einmalig, jetzt würde man zum ersten Mal seit der Reichsgründung gegen den Westen kämpfen und dabei den Rücken frei haben. Jedoch arbeite die Zeit für den Gegner, deshalb müsse sofort losgeschlagen werden. Rußland sei zwar sicher, aber abhängig von Stalin, dessen Tod alles schlagartig ändern könne, das gleiche gelte auch für Italien, wo Mussolini starke Gegenkräfte im Vatikan und dem Königshaus habe. Das Attentat vom 8. November habe gezeigt, daß der Tod der Staatsführer jederzeit möglich sei.

Während seiner Rede wurde Hitler immer erregter. »Meine Person ist unersetzbar zur Zeit. Wiederholung des Attentats kann jederzeit erfolgen. Es ist mein Entschluß und mein unabänderlicher Wille, den Krieg bis zur Vernichtung zu führen, alles andere ist unsoldatisch, der Gegner muß geschlagen werden.« Bei diesem Satz brach Hitler in lautes und heftiges Schreien aus. »Die Zeit sorgt für den Gegner ... Der Krieg muß bis zum äußersten geführt werden, lieber lasse ich die Nation aussterben ... Alle haben mich zu unterstützen und mit fanatischem Willen hinter mir zu stehen. Ich zerbreche jeden, egal wer es ist. Diese gute Gelegenheit kommt nie wieder.«

Dann folgten lange Ausführungen über die Gegner Frankreich und England, ihre Stärken und Schwächen. Hitler sparte nicht mit Lob für Luftwaffe und Marine, während er das Heer stets an dritter Stelle nannte. Holland und Belgien stünden sowieso auf der Seite Englands und Frankreichs, die Verletzung ihrer Neutralität spiele daher überhaupt keine Rolle. Im übrigen habe die Affäre von Venlo dies bewiesen, denn der Erschossene sei ein holländischer Oberleutnant im Generalstab gewesen, der bereit war, »die von England angezettelte Revolution in Deutschland mitzumachen ... Die Frage Recht oder Unrecht spielt keine Rolle, mein Entschluß ist unerschütterlich ... Das Ziel ist: 1. Die Vernichtung der Weststaaten, oder, falls das nicht sofort gelingt, 2. die Schaffung einer günstigen Ausgangslage für eine spätere Fortsetzung des Kampfes.« Gegen Ende der Rede erklärte er drohend: »Der Kampf wird auch nach innen geführt. Ich zertrete jeden rücksichtslos, der sich diesem Siegeswillen nicht beugt. Ich werde, wenn nötig, fallen, aber als letzter, die Niederlage erlebe ich nicht.«[72]

Im Nachhinein mutet es geradezu gespenstisch an, wie präzise Hitler sein zukünftiges Programm erläuterte: Vorherrschaft über Europa als Vorbedingung für die anschließende Auseinandersetzung mit Rußland zur Gewinnung von Lebensraum im Osten. Alles, was er seit den frühen zwanziger Jahren verkündet und am 2. Februar 1933 vor der Generalität bestätigt hatte, sollte nun Wirklichkeit werden – die Unterwerfung des Kontinents, um Tausende von Quadratkilometern Siedlungsraum im Osten zu erobern.

Fast schlimmer noch als diese aberwitzigen Pläne wirkte auf Groscurth das Schweigen der Generalität, obgleich nach der Rede »ebensoviel Empörung wie nahezu begeisterte Zustimmung herrschte«, wie ein anderer der anwesenden Offiziere berichtet.[73] Vor allem Brauchitsch, für den Groscurth jetzt nur noch Rücktritt oder Selbstmord als einzigen anständigen Ausweg sah, tat überhaupt nichts. Es kam Groscurth so vor, als mache er allmählich eine Wandlung in die Nähe Hitlers durch, denn schon zehn Tage zuvor, am 10. November, hatte er tatsächlich dem Oberquartiermeister IV, Generalmajor v. Tippelskirch, erklärt, es gehe beim jetzigen Kampf schließlich um »die Gewinnung von Lebensraum«! Der 23. November signalisierte auch das Ende der Bemühungen um eine Verschiebung des Angriffstermins; die Wetterbedingungen waren längst so geworden, daß der Beginn des Angriffs jetzt frühestens am 3. Dezember erfolgen sollte, nachdem er zunächst auf den 15. November, dann auf den 19. und schließlich auf den 22. verschoben worden war. Ernstlich rechnete im OKH jetzt niemand mehr mit einem Angriff vor Beginn des nächsten Jahres.

Auch aus Halders Mund hörte man plötzlich seltsame Argumente. Als Thomas am 27. November noch unter dem niederschmetternden Eindruck von Hitlers Rede bei ihm vorsprach, lehnte Halder jeglichen Putsch ab. Plötzlich hatte er sich auf die Traditon des preußischen Heeres besonnen, ein Putsch sei ein Verstoß gegen alle militärische Überlieferung. Thomas glaubte seinen Ohren nicht trauen zu können, als Halder, der seit Jahren in jede Staatsstreichvorbereitung eingeweiht war, plötzlich erklärte: »Es ist wirklich nicht zu ertragen, daß Deutschland auf die Dauer ein ›Helotenvolk‹ Englands ist.« Dann war er merkwürdigerweise auf Ludendorffs Offensive 1918 zu sprechen gekommen, die gegen den Rat aller Generale durchgeführt worden sei, und die Geschichte habe Ludendorff dennoch nicht verdammt: Er, Halder, fürchte daher für seine Person auch nicht das spätere Geschichtsurteil. Auf den Tag genau zwei Jahre nach dieser Unterredung zwischen Halder und Thomas, am 27. November 1941, sollte Hitler während der großen Winterkrise vor Moskau sagen: »Wenn das deutsche Volk einmal nicht mehr stark und opferbereit genug ist, sein Blut für seine Existenz einzusetzen, so soll es vergehen und von einer anderen, stärkeren Macht vernichtet werden. Ich werde dem deutschen Volk keine Träne nachweinen.«[74]

Der ergebnislose Ausgang dieser Besprechung markiert das vorläufige Ende der Bemühungen um die Spitze des Heeres. Überlegungen, die Oster mit Witzleben und Goerdeler Ende 1939 in Frankfurt anstellte, blieben mehr hypothetischer Natur. Bei der Verlegung der Truppe aus Polen an die Westgrenze sollten nach Osters Vorstellungen einige Divisionen im Raum Berlin anhalten um für einen Staatsstreich bereit zu stehen. Dies war ein Plan, der sich schnell als undurchführbar herausstellte. Bis Ende 1939 waren zwar alle Truppenbewegungen über das OKH gelaufen, aber inzwischen war die Verlegung der Armee von Ost nach West im wesentlichen abgeschlossen worden. Das neu eingeführte Zeittafelsystem der Divisionen erschwerte zudem das »Verstekken« einzelner Verbände außerordentlich, da diese von Hitler eingeführten Zeittafeln zu jeder Zeit den genauen Standort, die Stärke und Einsatzbereitschaft der Einheiten enthielten.[75]

Die Jahreswende 1939/40 war für die Verschwörer wenig erfreulich. Groscurth hatte auf einer selbständig unternommenen Reise an die Westfront die Stäbe der Heeresgruppen A und C, das Armeeoberkommando 4 und den Stab des XII. Armeekorps mit Schilderungen der fürchterlichen Zustände im besetzten Polen »gründlich aufgewiegelt«. Aber damit ließ sich noch lange kein Staatsstreich in Szene setzen, bestenfalls konnte man auf diese Weise die Hoffnungen wachhalten.

Der deutschen Bevölkerung wurde zu Weihnachten der Film »Opernball« mit Hans Moser, Paul Hörbiger und Heli Finkenzeller präsentiert, den Goebbels persönlich angeregt hatte. Aber auch diese heitere Uraufführung konnte die Berliner nicht von dem Mangel an Kohlen ablenken, der in dem erstaunlich kalten Winter herrschte. Mit offener Sympathie verfolgte die Bevölkerung seit dem 30. November den Abwehrkampf der finnischen Armee gegen die verbündete Sowjetunion, deren Armee sich mit dem kleinen Finnland erstaunlich schwertat – was auch von Hitler aufmerksam registriert wurde, der seine Ansicht über die militärische Schwäche der Sowjetunion bestätigt sah. Der Überfall auf Finnland zog am 14.12.1939 den Ausschluß der Sowjetunion aus dem Völkerbund nach sich, und am 19.12. erwog der alliierte Oberste Kriegsrat zum erstenmal die Entsendung von Truppen in das bedrängte Finnland.

Trotz der unbestreitbar profinnischen Gefühle des deutschen Offizierskorps war die Sowjetunion offiziell der Verbündete, und Hitler gratulierte wenige Tage später, am 21. Dezember, Stalin mit einem Telegramm zum 60. Geburtstag. Anfang des Jahres 1940 erhielt die Sowjetunion sogar Einblick in die neuesten deutschen Waffenentwicklungen. Im Februar 1940 übernahm sie den fast fertigen Kreuzer »Lützow«, während Offiziere der sowjetischen Luftwaffe die neuesten deutschen Jagd- und Bombenflugzeuge besichtigten und ihre Kameraden von der Panzerwaffe den neuen deutschen Panzer IV erprobten.

Kurioserweise gewannen die mißtrauischen Russen die Überzeugung, daß die Deutschen ihnen ihre besten Geräte vorenthielten, denn, was die Panzer betraf, so arbeitete die Sowjetunion an einem Panzer, der dem damals besten deutschen Panzer IV eindeutig überlegen war, dem T 34. In Hitlers Augen aber waren die Russen militärisch und rüstungsmäßig schwach, was sich ein Jahr später als eine verhängnisvolle Fehleinschätzung herausstellen sollte. Daß die Sowjetunion am 12.3.1940 Finnland schließlich zum Frieden von Moskau zwang, war angesichts der gewaltigen zahlenmäßigen Überlegenheit der Russen kein Wunder, aber die unter dem Oberbefehl von Marschall Mannerheim kämpfende finnische Armee hatte eklatante Führungsschwächen der Roten Armee aufgedeckt, was auch auf westalliierter Seite zu einer Fehleinschätzung der russischen Kampfkraft führte.

Kurz nach Neujahr trafen sich in Osters Büro am Tirpitzufer der Berliner Polizeipräsident Graf Helldorf, Groscurth und Oster zu einem Gedankenaustausch. Man war bestrebt, Fühlung untereinander zu halten, und dafür boten sich Osters Diensträume in der Abwehr als unverfänglicher Treffpunkt an. Helldorf berichtete an diesem kalten 5. Januar 1940 von »mißtrauischer und skeptischer« Stimmung der Berliner Bevölkerung, von der höchstens noch vierzig Prozent für den Krieg und für die Partei seien. Die Begeisterung für den Führer schien abzusinken; überraschenderweise sei auch das Attentat vom Bürgerbräukeller völlig gleichgültig aufgenommen worden. Auch Goebbels' Propagandaapparat habe an Glaubwürdigkeit verloren, sogar wirkliche Erfolge würden nicht mehr für wahr gehalten.

Die Versorgungslage im Reich war seit Kriegsbeginn deutlich schlechter geworden; es fehlte an Kohlen und Kartoffeln, und es kamen Helldorf zufolge jetzt häufiger Menschen auf die Polizeireviere um sich dort ein wenig aufzuwärmen. Die Kriminalität war allerdings gering, schwere Delikte gab es kaum, was Helldorf auf die scharfen Strafen zurückführte. Von irgendwelchen Unruhen oder Ansammlungen konnte keine Rede sein, sogar die Neujahrsnacht war durch die frühe Polizeistunde und das Fehlen von Alkohol ruhig verlaufen.

Die Stärke seiner Polizei gab Helldorf mit gegenwärtig 14 000 Mann an, von denen aber nur 6 000 aktiv und davon wiederum 2 000 alt und auf den Revieren tätig seien. Die Haltung der 4 000 Mann im täglichen Dienst tätigen Beamten beurteilte Helldorf als gut, sie würden »niemals gegen das Heer angesetzt werden können«. Die Haltung der 8 000 kasernierten und der neu eingezogenen Polizisten schien Helldorf unsicher zu sein. Im übrigen verfüge die Polizei - hier sprach Helldorf kaum verhüllt von den Möglichkeiten eines Staatsstreichs - weder über Panzerwagen noch über Geschütze.

Über Polen berichtete der Berliner Polizeipräsident und hohe SA-Führer seinen beiden aufmerksamen Zuhörern, aus Krakau hätte der SS-Führer Streckenbach gemeldet, daß seine Leute die Erschießungen nur noch unter Alkoholeinfluß ausführen könnten. Offenbar entsprachen selbst Himmlers Prätorianer noch nicht gänzlich den Härteidealen; die allgemeine SS bezeichnete Helldorf als »völligen Sauhaufen«. Bemerkenswert für die moralische Doppelbödigkeit des Regimes sei, daß einer aus Polen zurückgekehrten Hundertschaft der Polizei ein Erlaß des Innenministeriums verlesen worden sei, »... wonach die Polizeibeamten nunmehr wieder nach Recht und Gesetz zu handeln und über alle Vorgänge in Polen absolut zu schweigen« hätten.[76]

Helldorfs Bericht schien Halders Sorge über ein nicht putschbereites Volk eher zu widerlegen, und zumindest kam sie Oster jetzt noch mehr als Schutzbehauptung des Generalstabschefs vor. Aber ließ sich denn Hitler bei seinen Entschlüssen von der Stimmung des Volkes leiten?

Anfang des Jahres 1940 häuften sich in diplomatischen Kreisen Berlins die Nachrichten, daß mit einer Zuspitzung der Lage in nächster Zukunft zu rechnen sei. Am 10. Januar hatte Hitler nach einem Vortrag Görings über die Wetterlage den Angriffsbefehl für den 17. erteilt, da Göring ein Hoch für den 13. vorausgesagt hatte, dessen voraussichtliche Dauer auf zwei Wochen veranschlagt wurde. Alles sah danach aus, als würde nach so vielen Verschiebungen der deutsche Angriff im Westen nun unmittelbar bevorstehen.

In diesem Moment kam die Nachricht, daß bei Mecheln in Belgien zwei Luftwaffenoffiziere notgelandet waren, die Papiere bei sich führten, aus denen die deutschen Operationsabsichten klar erkennbar waren. Gegen ausdrücklichen Befehl hatten die Offiziere – und obendrein nach durchzechter Nacht – ein Kurierflugzeug benutzt und offenbar war es ihnen nicht gelungen, das Material komplett zu verbrennen. Vielleicht aus Rücksicht auf seinen alten Paladin Göring, vielleicht aus anderen irrationalen Gründen, hielt Hitler jedoch auch nach Bekanntwerden dieses Zwischenfalls an dem festgesetzten Termin fest und erließ lediglich am 11. Januar den »Führerbefehl Nr. 1«, wonach niemand mehr von geheimen Dingen erfahren durfte, als aus dienstlichen Gründen unbedingt geboten war.

Oster war jetzt alarmiert. Es »roch« förmlich nach Offensive, und am 13. berichtete er Sas, Hitler fühle sich zwar ertappt, dennoch, oder gerade deshalb würde am nächsten Tage vor Sonnenaufgang der Angriff stattfinden. Oster kannte das genaue Datum also nicht, was merkwürdig erscheint, da Groscurth am 11. notiert hatte: »Befehl zum Angriff für den 17.1.!! gegeben!!! Also doch.« Vielleicht hatte Oster nicht die Zeit gehabt, bei Groscurth anzufragen, möglicherweise unterließ er es auch aus Gründen der Vorsicht. Diesmal aber wäre seine Warnung nicht nötig gewesen. Am Nachmittag des 13. Januar meldete der deutsche Militärattaché aus Brüssel, daß die belgische Armee in voller Umgruppierung sei, was darauf hindeutete, daß nicht alle Dokumente der Flieger verbrannt worden waren. Die holländische Armee folgte, vielleicht mehr aus Vorsicht denn aus Überzeugung, denn General Reynders hatte, von den Belgiern gewarnt, eher wegwerfend nur gesagt: »Ich danke Ihnen, ich danke ihnen, aber ich glaube es nicht! Dies ist ein Nervenkrieg, mehr nicht.«[77]

Reynders Einschätzung der Lage war ja nur zu verständlich. Die Straßen waren vereist, für Fahrzeuge nahezu unpassierbar – wie sollte da ein Angriff erfolgen? Auch das Wetter war nicht umgeschlagen, und so verschob Hitler den Termin an diesem 13. Januar erst auf den 20. und dann am 16.1. endgültig auf das Frühjahr. Für Sas ist die Lage zum Verzweifeln. Wieder hat sich nichts ereignet, und wiederum ist seine Glaubwürdigkeit in Den Haag gesunken.[78]

Nicht nur deshalb war Oster immer deprimierter. Die Stimmung im Oberkommando des Heeres zeigte ihm, daß man dort allmählich ein Gelingen der Offensive für aussichtsreicher als im April 1939 hielt. Am 13. Januar hatte Groscurth über eine Stunde lang unter vier Augen auf Halder eingeredet und ihm von Helldorfs ungeschminktem Bericht erzählt; aber er hatte ihn nicht beeinflussen können. Halder wollte jetzt eine erfolgreiche Offensive, dann sei das Heer stark genug, um sich auch im Innern durchzusetzen. Die SS hielt der Generalstabschef des Heeres plötzlich für keine Gefahr mehr, »jeder Mann der Truppe würde sofort gegen sie schießen und – treffen«. Worauf Groscurth lakonisch notierte: »Ja, warum macht man das denn jetzt nicht vor dem Kampf, um im Rücken gesichert zu sein?«

Das Verhältnis zwischen Groscurth und Halder verschlechterte sich zusehends, denn Groscurths Warnungen waren jetzt nicht mehr erwünscht, und Gisevius vermutet, daß Halder sich des lästigen Mahners entledigen wollte. In der Tat befreundete sich Halder immer mehr mit dem Gedanken einer Offensive. Am 23.1. schrieb Groscurth zornig: »Um 9 – 3/4 10 Uhr abends Vortrag beim Chef des Generalstabes. Grauenvolle Einstellung. Kaum noch zu ertragen. Eine grenzenlose Würdelosigkeit!« Als Halder zwei Wochen später auch noch erklärte, die Zustände in Polen »seien gar nicht so schlimm«, man würde sie später sowieso vergessen, glaubte Groscurth in »keiner Form mehr an die Anständigkeit von Halder« und war schließlich froh, als am 1.2. seine Versetzung zur Truppe ausgesprochen wurde.[79]

In Osters Augen bestand unter diesen Umständen keine vernünftige Aussicht auf einen Staatsstreich vor dem Beginn der Kampfhandlungen. Von nun an sollte es ihm bei seinen Warnungen an Sas nicht mehr auf die Verhinderung der Offensive ankommen, sondern auf einen militärischen Rückschlag; nur noch eine Niederlage kann die Generäle überzeugen. Das aber bedeutete den Tod Zehntausender von deutschen Soldaten, was eine entsetzliche Verantwortung war. Oster war bereit, sie auf sich zu nehmen. Dieser glühende Patriot sah sich urplötzlich in der übergreifenden Verantwortung für Europa. Immer mehr wurde ihm

Hitler zum Antichrist, zum großen Einbruch des Widermenschlichen, des absolut Bösen in der Geschichte. In seiner Jugend hatte er mit Begeisterung Dostojewski gelesen; jetzt fühlte er, wie sich die bedrohenden Träume aus den »Dämonen«, das Verhängnis Nietzsches und das Alptraumhafte Wagners in der Gestalt des »Führers« zusammenzogen. Die Favoriten und Götter Hitlers waren greifbare Gegenwart geworden; die Götterdämmerung sollte nicht mehr nur auf der Bühne stattfinden. Was spielte da der Unterschied zwischen Hoch- und Landesverrat für eine Rolle!

Von nun an versucht er alles in seiner Macht stehende, um über Sas den Westen zu warnen. Für einen Einzelnen ist das kaum durchführbar. Denn Oster sitzt in der Zentralabteilung, zwar günstig für Verbindungen aller Art, günstig auch für die Konspiration, aber sehr ungünstig für die Gewinnung von Nachrichten aus der Operationsabteilung des Heeres. So ist er auf das angewiesen, was er hört, von Canaris, Groscurth, befreundeten Offizieren und was ihn auf dem Dienstweg erreicht. Fragen kann er nicht, das würde Verdacht erregen, und so sind seine Warnungen oft die wörtliche Wiedergabe mehrerer Nachrichten, die nicht immer deckungsgleich sind. Vor allem benötigt er Zeit, er kann die Daten nicht von heute auf morgen erkunden. Oft kommen seine Nachrichten zu spät, zuweilen sind sie im Datum ungenau, denn Hitlers neue Spezialität scheint das Verschieben von Terminen zu sein - ganz gegen seinen Willen übrigens. Es gefällt ihm gar nicht, daß es Dinge gibt, die sich seinem Einwirkungskreis entziehen - wie das Wetter. Aber insgesamt kommt Oster der Wahrheit meist sehr nahe, häufig nennt er exakte Daten, zumeist dann, wenn die Abwehr an irgendwelchen Unternehmen beteiligt werden soll, denn dann laufen die Nachrichten über den Dienstweg. So hat Sas ein gutes Bild von dem, was in Berlin vorgeht - doch man glaubt ihm nicht.

Der einzige noch verbleibende Aktivposten der Verschwörer waren Müllers Verhandlungen in Rom. Nach dem Zwischenfall von Venlo und den folgenden Untersuchungen des SD hatte es eine lange Pause gegeben. Dann aber hatte am 12. Januar Pius XII. persönlich den britischen Gesandten Osborne zu einer Audienz empfangen, und ihm gegenüber war er sehr behutsam auf die Pläne einer deutschen Opposition eingegangen, ohne aber weiter ins Detail zu gehen oder konkrete Einzelheiten zu nennen. Da damit nichts bewirkt worden war, weil London skeptisch blieb, bat der Papst am 7. Februar 1940 Osborne erneut zur Audienz.

Mittlerweile hatte Müller über Pater Leiber die letzten Vorbehalte Pius' XII. und seiner eingeweihten Mitarbeiter zerstreuen können. Bei der zweiten Audienz am 7. Februar wurde der Papst viel deutlicher, so daß Osborne dem britischen Außenminister schrieb: »Er (Pius XII., d. Vf.) sagte lediglich, daß ein bekannter und hervorragender General beteiligt war (Beck, d. Vf.). Er verschwieg seinen Namen, da er nicht aus Unachtsamkeit den Tod des Mannes verschulden wollte, falls es herauskommen sollte. Aber er versicherte mir, daß er (der General, d. Vf.) bedeutend genug wäre, um vollkommen ernst genommen zu werden.«[80]

Die Londoner Antwort, von Halifax vorsichtig zurückhaltend formuliert, zeigte das deutliche Interesse der Regierung Chamberlain an einem Frieden mit einem nichtnationalsozialistischen Deutschland. So informierte Pater Leiber Rechtsanwalt Müller über eine grundsätzliche Verhandlungsbereitschaft Großbritanniens; nach Müllers Erinnerung geschah dies Ende Februar oder Anfang März 1940. Die Antwort von Halifax kann also frühestens Anfang März bei Oster in Berlin eingetroffen sein.

Am Tirpitzufer machte man sich sogleich daran, die Ergebnisse aus Rom zu einem Bericht umzuarbeiten, der Halder vorgelegt werden sollte. Dieser sogenannte X-Bericht – X war niemand anderes als Josef Müller – ist nicht mehr vorhanden und seinem Inhalt nach nicht mehr ganz eindeutig bestimmbar. Diejenigen, die ihn gesehen hatten, haben später unterschiedliche Angaben über seinen Inhalt gemacht. In wesentlichen Punkten dürfte er mit der Antwort von Halifax identisch gewesen sein. Da der X-Bericht bei Halder einen nachhaltigen Eindruck hinterlassen sollte, ist jedoch nicht auszuschließen, daß an einigen Stellen weitergehende Formulierungen verwandt wurden.

Für die Übergabe des Berichts an Halder hatte Oster den ehemaligen deutschen Botschafter in Rom, Ulrich von Hassell, vorgesehen, der zu den bedeutenden Vertretern des zivilen Widerstandes zählte. Hassell hatte schon früh Beziehungen zu Beck aufgenommen, Oster hingegen erst im Januar 1940 näher kennengelernt. Oster scheint sich von Rang und Persönlichkeit Hassells eine günstige Beeinflussung Halders versprochen zu haben.

Am 16. März 1940 unterrichteten Oster und Dohnányi Hassell in Gegenwart Becks über die Ergebnisse der römischen Gespräche Müllers. Wie Hassell in seinem Tagebuch notierte, war der Zweck der Beratung folgender: »1. mein außenpolitisches Urteil zu hören; 2. mich zu bitten, die Sache an Halder heranzubringen, weil sich von anderen Mittelsleuten kein Erfolg versprochen werden könnte.«

Eine weitere Zusammenkunft, in der besprochen wurde, wie

man Halder am ehesten gewinnen könne, fand in Osters Privatwohnung am 18. März statt. Unglücklicherweise hatte inzwischen Goerdeler, der vom X-Bericht nichts wußte, in seiner oft wenig diplomatischen Art Halder bereits mehrfach aufgesucht, und sein ungeduldiges Drängen hatte nur eine verärgerte Ablehnung aller weiteren Gespräche mit der Opposition provoziert. So wurde ein ganz unabhängig von Osters Absichten von Halder selber angesetztes Gespräch mit Hassell von Halder wieder abgesagt.[81]

Alle diese Bemühungen fielen zeitlich mit einer neuen Unternehmung Hitlers zusammen. Am 10. September 1939 hatte Raeder in einem auch Hitler überraschenden Vorstoß auf die Bedeutung Norwegens in einem künftigen Seekrieg hingewiesen. Für die Sicherung der Erzlieferungen aus Schweden, die nur über Narvik laufen konnten, hatte er die Besetzung Norwegens vorgeschlagen.

Hitler hatte zunächst nur die entsprechenden Unterlagen der Seekriegsleitung erbeten, kam dann aber auf das Thema Norwegen nicht mehr zurück. Erst als die Russen am 30. November in Finnland einfielen, richtete sich sein Augenmerk wieder auf die skandinavische Flanke. Inzwischen hatten sich Nachrichten über englische Invasionsabsichten in Norwegen verdichtet. Der russisch-finnische Krieg bot London einen geeigneten Anlaß oder Vorwand für eine Landung in Norwegen. Unter dem Deckmantel einer Hilfe für die schwer kämpfenden Finnen hätte man Nordnorwegen besetzen und die Erzlieferungen für Deutschland stoppen können. Tatsächlich entsprach dies den Absichten des französischen Generalstabschefs Gamelin, der an der norwegischen Westküste bei Kiruna vorstoßen wollte. Churchill, damals Marineminister, hatte dem britischen Kabinett bereits am 19. September die Verminung der norwegischen Häfen vorgeschlagen.

Als am 15.12.1939 der norwegische Faschistenführer Vidkun Quisling Hitler von der Gefahr einer britisch-französischen Landung berichtete, schien auch Hitler der Gedanke an eine deutsche Invasion nicht mehr unmöglich, und er befahl dem OKW, eine Studie darüber anzufertigen. Am 27. Januar 1940 erließ er den Befehl, einen Plan für die Besetzung ganz Dänemarks und Norwegens auszuarbeiten unter dem Decknamen Unternehmen »Weserübung«.

Drei Tage später wurde die Abwehr damit befaßt. Am 30. Januar 1940 gab Canaris dem Abwehroberstleutnant Pruck den Auftrag, die Tätigkeit der Feindmächte in Norwegen aufzuklären sowie Einzelheiten über Stärke und Verteilung der norwegischen Streitkräfte und der Hafenanlagen von Oslo, Stavanger, Bergen, Kristiansand, Trondheim und Narvik auszukundschaften. Bereits wenige Wochen später lagen die Meldungen von Prucks V-Männern vor, so daß die Planungen für das Unternehmen »Weserübung« im Sonderstab XXI zügig voranschritten. Prucks V-Männer hatten auch von ständig wachsenden Aktivitäten britischer und französischer Freiwilliger für Finnland berichtet, ohne freilich zu wissen, daß am 20. März 1940 eine kombinierte See-Land-Aktion der Engländer und Franzosen geplant war, bei der diese sogenannten Freiwilligen gemeinsam mit angelandeten Einheiten die wichtigsten norwegischen Hafenstädte in ihren Besitz bringen sollten. Lediglich der Waffenstillstand zwischen Moskau und Finnland hatte diesen Plan verhindert. Die alliierten Pläne einer Invasion Norwegens waren damit jedoch keineswegs ad acta gelegt. Wenig später beschloß man in London und Paris, Mitte April Norwegen zu besetzen.

Oster wurde von Canaris und vor allem von Korvettenkapitän Liedig, dem Vertreter der Abwehr beim Sonderstab des neugebildeten Armeeoberkommandos XXI für »Weserübung«, über den jeweiligen Stand der Planungen für die Invasion Norwegens informiert. Noch war es jedoch für eine Warnung nach Den Haag zu früh, denn der genaue Termin stand noch nicht fest. Oster war der Überzeugung, daß eine deutsche Besetzung Norwegens einen Frieden mit England wesentlich erschweren mußte. Auch würde sich England dann in seinem Lebensnerv, den atlantischen Seewegen, direkt bedroht fühlen, was den Entschluß, bis zur Entscheidung zu kämpfen, nur erhärten konnte. Ein weltweiter Seekrieg aber, das sagte Oster seine Erfahrung aus dem Ersten Weltkrieg, müßte den von ihm seit je erwarteten Kriegseintritt der USA beschleunigen.[82]

Am 1. April berichtete Liedig Canaris und Oster über den Stand der Vorbereitungen zu »Weserübung«. Oster fragte sofort, wie man die Engländer zu einem Gegenschlag mit ihrer Flotte veranlassen könne und fuhr, zu Liedig gewandt, fort: »Man versteht die Engländer ja gar nicht, daß die so blind sind. Man müßte doch eigentlich sehen, daß es möglich wäre, eine Demonstration der englischen Macht auszulösen. Ich bin sicher, daß das ganze Unternehmen abgeblasen würde, wenn man sieht, daß die Grand Fleet zum Gegenschlag ausholt...« Der Korvettenkapitän dachte sich bei Osters Bemerkung seinen eigenen Teil, wußte er doch von Osters Beziehung zu Sas und den verzweifelten Bemühungen seines Freundes, mit allen Mitteln den Sturz Hitlers herbeizuführen.[83]

Unterdessen hatte Hitler am 5. März die Oberbefehlshaber der drei Wehrmachtsteile über die geplante Invasion Norwegens in Kenntnis gesetzt. Die letzten Besprechungen mit General v. Falkenhorst, dem Kommandierenden General des XXI. Korps, Raeder und Göring fanden am 1. und 2. April statt. Raeder erhielt den Befehl zur Durchführung des Unternehmens für den 9. April.

Für Oster galt es nun keine Zeit mehr zu verlieren. Am 2. April konnte er Sas noch kein genaues Datum der Invasion nennen, aber am nächsten Morgen berichtete er, daß die Landung in Norwegen und Dänemark unmittelbar bevorstehe, und zwar »in der ersten Hälfte der kommenden Woche«, also zwischen dem 8. und 10. April. Er fügte noch hinzu, daß ein anschließender Angriff im Westen zwar möglich, aber nicht wahrscheinlich sei.

Sas telegrafierte seine Informationen sofort nach Den Haag und bat außerdem, den britischen Geheimdienst zu informieren; Goethals, den er gleichzeitig unterrichtet hatte, kabelte die düsteren Neuigkeiten nach Brüssel. Dabei ließ es Sas jedoch nicht bewenden, sondern verabredete sich mit dem norwegischen Gesandtschaftsrat Stang im Hotel Adlon. Der norwegische Diplomat zeigte sich allerdings wenig beeindruckt. Zur gleichen Zeit häuften sich die Meldungen über Truppentransporter in englischen Häfen. Sas war mehr als erstaunt: »Wissen Sie denn nicht, daß die Deutschen nächsten Dienstag in Norwegen landen werden?« Doch Stang meinte nur: »Unsinn«, und damit war für ihn die Sache abgetan. Sas, ganz erschüttert über so viel Borniertheit, informierte unmittelbar darauf den dänischen Marineattaché Kjølsen, und der wenigstens nahm den aufgeregten Holländer ernst und gab sein Wissen per Kurier nach Kopenhagen weiter. Was Sas nicht wissen konnte: Stang war Anhänger Quislings und daher wenig geneigt, eine deutsche Landung als Gefahr zu betrachten.[84]

In der Tat war es England selbst, das die Aufmerksamkeit der skandinavischen Staaten von Hitler ablenkte. In einer Note vom 5. April hatten Frankreich und England Schweden und Norwegen vor einer prodeutschen Haltung gewarnt und beide Staaten beschuldigt, Deutschland materiell zu unterstützen. Das lief auf eine Erpressung hinaus, und am 8. April legten denn auch britische Zerstörer Minen entlang der norwegischen Küste.

Von einer Bedrohung durch Deutschland redete keiner mehr. Dabei befand sich die deutsche Flotte schon auf See. Als Müller Oster an diesem Tage besuchte, fand er ihn über eine Generalstabskarte gebeugt, mit dem Finger auf einen Punkt in der nördlichen Nordsee deutend: »An dieser Stelle wird die englische Flotte die deutschen Truppentransporte angreifen und dann wird alles aus sein.« Emil, wie Oster Hitler nannte, würde diese Niederlage politisch nicht überstehen – der Zeitpunkt zum Handeln sei dann gekommen.[85]

Aber die Engländer kamen zu spät. Während die Kreuzer des 1. Kreuzergeschwaders am 7. April im Firth of Forth noch Truppen an Bord nahmen, trafen Meldungen der englischen Luftaufklärung ein, die einen deutschen Flottenverband am Nordausgang des Kattegats mit nördlichem Kurs ausgemacht hatten. Weder gelang es der britischen Home Fleet, die deutschen Schiffe zu stellen, noch konnte die Royal Air Force die deutschen Seebewegungen verhindern. Im Morgengrauen des 9. April landeten die deutschen Truppen planmäßig in ihren Kampfräumen. Obwohl die deutsche Flotte an einigen Stellen starke Verluste durch landgestützte norwegische Artillerie- und Torpedobatterien erlitt, konnte das den erfolgreichen Verlauf der Unternehmung nicht beeinträchtigen. Weder der holländische Generalstab hatte die Briten informiert, noch hatte Oslo die Informationen an London weitergeleitet. Alle Bemühungen Osters waren umsonst gewesen.

Der deutsche Triumph hatte allerdings noch eine kritische Phase durchzustehen, da die kurz nach den Deutschen in Mittel- und Nordnorwegen landenden Invasionsstreitkräfte der Alliierten die deutschen Truppen an verschiedenen Stellen zurückdrängen konnten. Die deutsche Luftwaffe und der Beginn der deutschen Offensive im Westen am 10. Mai 1940 verhinderten jedoch einen durchgreifenden Erfolg der beiden Westmächte, die schließlich ihre Truppen im Mai wieder einschifften. Hitlers Erfolg war gesichert.

Inzwischen hatte Halder den bereits anvisierten Besuch Hassells in einem Brief an Goerdeler abgelehnt, dessen fadenscheinige Begründung Hassell naiv nannte. Jetzt sei Krieg, hatte Halder argumentiert, und da es England und Frankreich gewesen seien, die ihn erklärt hätten, müsse er auch durchgekämpft werden. Die Wehrmacht könne unmöglich den Sturz Hitlers herbeiführen, schließlich gebe es keine Not, die ein Eingreifen rechtfertigen würde. Erst nach einem schweren Rückschlag oder wenn die Gefahr einer Niederlage gegeben sei, dürfe gehandelt werden. Dies war eine brüchige Argumentation, aber sie zeigte wenigstens, daß Halder, offenbar in Absprache mit Brauchitsch, jetzt jegliche Staatsstreichvorbereitungen ablehnte und statt dessen entschlossen war, Hitlers Krieg siegreich zu schlagen.

Wie konnte man unter diesen Umständen den X-Bericht, von dem man sich so viel versprach, doch noch in Halders Hände lancieren? Diese Frage stellten sich Oster, Hassell und Dohnányi, die sich deswegen am 3. April bei Oster in der Bayerischen Straße trafen. Canaris kam nicht in Frage, da er sich – »es hat ja doch keinen Zweck« – mehr und mehr auf eine passive Haltung zurückgezogen hatte. So verfiel man wieder einmal auf Thomas. Allerdings war das nicht unbedingt die beste Lösung, da Thomas physisch nicht auf der Höhe war. Dennoch erklärte er sich bereit, mit Halder zu sprechen und unterbrach seine Kur, nachdem ihn Oster gebeten hatte, den X-Bericht zu überbringen.

Thomas traf am 4. April den Generalstabschef, der mit den Angriffsvorbereitungen für »Weserübung« und Westoffensive alle Hände voll zu tun hatte. Immerhin nahm Halder den X-Bericht zur Kenntnis und war offensichtlich so beeindruckt, daß er ihn Brauchitsch zum Lesen gab, während er in sein Tagebuch schrieb: »Gen. Thomas: Einblick in Nachrichtenmaterial.«[86] Brauchitsch jedoch fühlte sich unangenehm an die Vorgänge vom Herbst 1939 erinnert; Hitlers Wutausbruch vom 5. November war noch keineswegs vergessen. So erhielt Halder am nächsten Morgen eine schroffe Abfuhr durch seinen Oberbefehlshaber: »Sie hätten mir das nicht vorlegen sollen. Was hier geschieht, ist glatter Landesverrat ... Wir stehen im Krieg, daß man im Frieden mit einer ausländischen Macht Verbindungen anknüpft, darüber läßt sich reden. Im Krieg ist das für den Soldaten unmöglich. Es handelt sich hier im übrigen nicht um einen Kampf der Regierungen, sondern um die Austragung von Weltanschauungen.«

Josef Müller will nach dem Krieg von Halder erfahren haben, daß Brauchitsch dem sogar noch hinzugefügt habe: »Sie müssen diesen sogenannten Bericht dorthin geben, wo er hingehört, nämlich an das Reichssicherheitshauptamt. Und die im Bericht genannten Personen und Überbringer müssen Sie sofort verhaften lassen.«[87] Das war selbst für Halder zuviel, der sich einen Ruck gab und sagte: »Wenn einer verhaftet werden soll, dann verhaften Sie bitte mich.« Davon aber wollte Brauchitsch nun auch nichts wissen, denn erstens wußte Halder ja, wie tief Brauchitsch selber in Putschpläne verstrickt gewesen war und zweitens war Halder ja als Generalstabschef gerade jetzt unersetzlich. Zehn Tage später sollte es Brauchitsch sein, der bei Hitler auf eine Auslösung der Westoffensive drängte. So ebbte Brauchitschs Erregung rasch wieder ab, nur wollte er in diesem Frühjahr 1940 von einem Staatsstreich nichts mehr hören.

Dennoch gaben die Verschwörer nicht auf. Jetzt sollte mit Hilfe des Generals Alexander von Falkenhausen, des stellvertretenden Kommandierenden Generals im Wehrkreis IV (Dresden), eine Blitzaktion gestartet werden, um alle Armeeführer, auf die man glaubte zählen zu können, zu einem Schritt bei Brauchitsch zu veranlassen. Hierbei handelte es sich nach Hassells Bericht um

Witzleben, Leeb, List und Kluge. Allzuviel scheint man sich aber von diesem Schritt nicht versprochen zu haben. Hassell, der ebenfalls »... kaum eine Möglichkeit sah«, schrieb in sein Tagebuch: »Wir waren nicht gerade hochgestimmt, man hatte den Eindruck eines rollenden Verhängnisses.«[88] Falkenhausens Reise zu den Armeeführern an die Westfront fand dann auch gar nicht statt. Er hatte vor dem Antritt der Reise mit Thomas gesprochen, der über seinen Besuch bei Halder noch tief deprimiert war, und die Überzeugung gewonnen, daß sein Versuch gar keinen Sinn habe.

Hitlers skandinavischer Erfolg markiert einen Tiefstpunkt der Opposition. Von nun an würde die Generalität kaum mehr zu einer Aktion zu bewegen sein, das stand für Oster fest. Es blieben nichts als Warnungen, auf die keiner hören würde.

Beck hatte zwar entschieden, daß Müller noch einmal nach Rom fahren solle, um dem Vatikan die Botschaft zu übermitteln, daß die Offensive im Westen nun unmittelbar bevorstehe. Aber dabei ging es in erster Linie darum, die Glaubwürdigkeit der Verschwörer auch nach dem Beginn der kriegerischen Ereignisse bei ihren Verhandlungspartnern zu sichern; niemand glaubte mehr, daß man das Verhängnis abwenden könne. Durch die negative Erfahrung von Venlo konnte bei den Engländern der Eindruck aufgekommen sein, zwischen Opposition und Geheimdienst gebe es auf deutscher Seite ein Zusammenspiel. Durch die neue Warnung sollte bewiesen werden, daß es doch noch ein »anständiges und verhandlungsbereites Deutschland« gab.

Der Wortlaut der Nachricht wurde von Oster, Dohnányi und Müller gemeinsam erarbeitet und anschließend von Beck gebilligt. Nach Rom zurückgekehrt, übermittelte Müller am 1. Mai Pater Leiber die Nachricht vom unmittelbar bevorstehenden Angriff Hitlers. Dann informierte Müller in zwei Gesprächen vom 1. und 3. Mai seinen belgischen Freund Hubert Noots, den Generalabt der Prämonstratenser, über Hitlers Absichten. Im Vatikan übermittelte am 3. Mai der Kardinalstaatssekretär Maglione an die Nuntien in Brüssel und Den Haag telegrafisch den Auftrag, die Regierungen beider Länder zu unterrichten. Am 6. Mai warnte Prostaatssekretär Montini, der spätere Papst Paul VI., die Vertreter Englands und Frankreichs vor dem Angriff. Aber Osborne zweifelte noch immer, er kabelte nach London: »Vatikan erwartet eine deutsche Offensive im Westen Anfang nächster Woche – da man dort jedoch schon früher ähnliche Erwartungen gehegt hat, setze ich kein großes Vertrauen in die gegenwärtige Voraussage.«[89]

Inzwischen hatte Noots den belgischen Gesandten Adrien Nieuwenhuys aufgesucht und ihn aufgefordert, unverzüglich

Brüssel zu verständigen. Nieuwenhuys entsprach zwar Noots Aufforderung, doch machte er in zwei Telegrammen kein Hehl aus seinen Bedenken. Die Zweifel der Vertreter der betroffenen Länder waren so allgemein, daß es schon beinahe grotesk anmutet, mit wieviel spitzfindigen Argumenten die Opfer die Gefahr einer Offensive Hitlers zu entkräften suchten.

Die nach Brüssel gesandten Telegramme des belgischen Gesandten sollten aber unangenehme Folgen für Oster und seine Vertrauten nach sich ziehen.

Am 3. Mai teilte Oster seinem Freund Sas mit: »Ein hoher Offizier aus dem Oberkommando der Wehrmacht hat mir folgendes anvertraut: Der General Keitel hat mir persönlich mitgeteilt, daß die Westoffensive in allernächster Zeit stattfinden wird.«[90] Am gleichen Tag informierte der Vatikan seine Vertreter in Den Haag und Brüssel von der Gefahr einer deutschen Offensive, denn man hatte in Rom inzwischen die Warnung Müllers erhalten. Ein genaues Datum konnte Oster jedoch noch nicht geben, da auf Grund der sich dauernd ändernden Wetterlage ständig Verschiebungen des Angriffstermins nötig wurden. Aus diesem Grunde trafen sich Oster und Sas täglich, mehrfach sogar in Osters Wohnung, was nicht ungefährlich war; in Anbetracht der Lage glaubte man das in Kauf nehmen zu müssen. Am 6. Mai besserte sich die Wetterlage, und Hitler befahl den Angriff für Mittwoch, den 8. Mai. Oster reagierte prompt, und am 7. Mai um 8.30 Uhr berichtete Goethals nach Brüssel: »Übliche Nachrichtenquelle: Westoffensive für Mittwoch angesetzt, aber er fügt hinzu, daß die Wetterbedingungen möglicherweise eine Verschiebung bewirken könnten.«[91] Doch wieder wurde der Termin verschoben, und Goethals empfing von Sas Osters neueste Information: »Angelegenheit um einen oder mehrere Tage verschoben.«[92]

Als das Kabinett am 8. Mai in der Reichskanzlei zusammentritt, herrscht große Nervosität. Hitler hat endgültig genug von den ewigen Terminverschiebungen, er kann und will nicht mehr warten. Göring jedoch sieht Gefahren, solange das Wetter nicht mitspielt, und für den 9. Mai ist ungünstiges Wetter angesagt. Göring braucht klares Wetter für seine Luftwaffe, und seine Argumente sind schwer zu widerlegen: Schließlich soll die französische Luftwaffe möglichst in den ersten Stunden des Angriffs so weit vernichtet werden, daß die Luftüberlegenheit von der ersten Stunde an gesichert ist. Das aber geht nur durch überraschende Bombenangriffe auf die französischen Flugplätze, und Bomber brauchen gute Sicht. Hitler erregt sich, die Auseinandersetzung wird lauter und schärfer. Noch einmal aber verschiebt Hitler den Termin – der 10. Mai soll jetzt der Angriffstag sein. Dies ist der letzte Aufschub, wie er Göring definitiv zu verstehen gibt.

Am 9. Mai um 16.48 Uhr steht Hitlers Sonderzug auf dem Bahnhof Berlin-Finkenkrug. Nur von Kripo und Sicherheitsdienst eskortiert, fährt Hitler von der Reichskanzlei zum Bahnhof. Es heißt, er würde Einheiten in Dänemark und Norwegen besuchen. In Hamburg angekommen, ändert der Zug seine Richtung, die nächste Station ist Hannover. Jetzt ist auch für seine Umgebung klar, wohin es geht und was bevorsteht. Bis zu dieser Minute tappen seine engsten Vertrauten im Dunkeln, auch der ihm vermutlich am nächsten stehende Mensch, sein Architekt Albert Speer.

Das Ziel der Reise war eine ehemalige Flakstellung bei Münstereifel, die zum Führerhauptquartier »Felsennest« umgebaut worden war. Von hier aus wollte Hitler die Operationen verfolgen, die auf seinen Befehl am 10. Mai 1940 um 5.35 Uhr beginnen sollten.

Den ganzen Tag über hat am 9. Mai die Sonne geschienen, über Westeuropa herrschte schönes Wetter – ideale Bedingungen für Görings Bomber und Jäger. Sas weiß inzwischen, daß Oster die Offensive für den nächsten Tag erwartet, wenn nicht im letzten Augenblick ein Haltebefehl kommt. »Augsburg« heißt dieses Codewort, und es müßte aus dem fahrenden Sonderzug des Führers kommen. Nur, und dies hat technische Gründe, nach 21.00 Uhr kann der Angriff nicht mehr gestoppt werden. Für den Abend hat sich der Holländer mit Oster verabredet.

An diesem Abend läuft Oster ruhelos in seiner Wohnung hin und her, als gegen 19.00 Uhr die Türglocke schellt. Draußen steht Sas, die Nervenanspannung steht ihm im Gesicht geschrieben. Der nicht weniger unruhige Oster schlägt ein gemeinsames Essen in der Innenstadt vor, vielleicht dämpft das die Erregung. Zu Sas sagt er: »Es besteht immer noch die Möglichkeit, daß die Sache zurückgestellt wird ... Also laß uns noch ein bißchen warten.«[93]

Gegen 21.30 Uhr kann Oster seine Ungeduld nicht länger zähmen. Gemeinsam mit Sas besteigt er ein Taxi und fährt zum Tirpitzufer. Dort bleibt Sas im Wagen, während Oster in sein Dienstzimmer eilt. Nach zwanzig Minuten kommt er die Treppe heruntergestürzt, diesmal bringt er endgültige Gewißheit: »Mein lieber Freund, nun ist es endgültig aus. Es sind keine Gegenbefehle gegeben, das Schwein ist abgefahren zur Westfront, jetzt ist es wirklich endgültig aus. Hoffentlich sehen wir uns nach dem

Krieg wieder.« Bitter fügt Oster hinzu: »Sprengt mir die Maasbrücken.«[94] Nach einigen Abschiedsworten trennen sich die beiden, Oster fährt zurück in seine Wohnung, während Sas »im Laufschritt« zu seiner Gesandtschaft rennt, wo Goethals auf ihn wartet, den er vorsorglich dorthin bestellt hat. Kaum hört Goethals die Nachricht, stürzt er aus dem Zimmer. Gegen 23.30 Uhr kommt die Meldung in Brüssel an: »Kein Gegenbefehl ist um 21.00 Uhr gegeben worden. Angriff findet vor Sonnenaufgang statt. Informant, der mehrfach seine Meinung geändert hatte, ist heute ganz sicher.«[95]

Derweilen versucht Sas verzweifelt, eine Telefonverbindung nach Holland zum Kriegsministerium herzustellen. Endlich meldet sich nach zwanzig Minuten der diensthabende Offizier, Leutnant zur See Post Uitweer, ein alter Bekannter von Sas. »Post, Sie kennen meine Stimme«, schreit der erregte Sas, »ich bin Sas in Berlin. Ich habe Ihnen nur eines zu sagen. Morgen früh bei Tagesanbruch: Ohren steif! Sie begreifen mich doch? Wollen Sie es eben wiederholen?« Der Leutnant begreift, er wiederholt einen vorher verabredeten Code. »Brief 210 erhalten«, meldet er. »Ja, Brief 210 erhalten«, wiederholt Sas und weiß, daß Uitweer ihn verstanden hat, die beiden letzten Zahlen bezeichneten das Datum.[96]

In Holland aber zweifelt man eher auch jetzt noch. Nach Mitternacht klingelt bei Sas das Telefon. Oberst van de Plaasche, der Chef des Geheimdienstes, ist am Apparat: »Ich habe so schlechte Nachrichten von Ihnen über eine Operation ihrer Frau Wie leid mir das tut! Haben Sie denn auch alle Ärzte konsultiert?« Das war zuviel für Sas. Kochend vor Wut – er wußte ja, daß die Gespräche der diplomatischen Missionen in Berlin von Görings Forschungsamt abgehört wurden – schrie er geradezu in den Apparat: »Ja, ich verstehe nicht, daß Sie mich unter diesen Umständen noch belästigen. Ich habe mit allen Ärzten gesprochen. Morgen früh bei Tagesanbruch findet sie statt.«[97] Er wirft den Telefonhörer auf die Gabel.

Noch weiß Sas nicht, daß er Oster nie wiedersehen wird, seinen tapferen Freund, der einmal geäußert hatte: »Man kann nun sagen, daß ich Landesverräter bin, aber das bin ich in Wirklichkeit nicht, ich halte mich für einen besseren Deutschen als alle die, die hinter Hitler herlaufen. Mein Plan und meine Pflicht ist es, Deutschland und die Welt von dieser Pest zu befreien.«[98]

Am 10. Mai um 5.35 Uhr begann der deutsche Angriff. 136 deutschen Divisionen standen 137 alliierte, etwa 2 500 deutschen ungefähr 3 000 Panzer des Gegners gegenüber. Bei den Flugzeugen allerdings betrug das Kräfteverhältnis etwa 3500 zu 2000 zugunsten Deutschlands. Auf dem Papier waren das keine großen Unterschiede, doch gerade bei der Panzerwaffe hatten die Deutschen einen entscheidenden Vorteil: Sie hatten ihre Panzer in zehn Panzerdivisionen zusammengefaßt, die zur Schwerpunktbildung hervorragend geeignet waren. Bei den Franzosen hatte sich die Ansicht eines Obersten de Gaulle noch nicht durchsetzen können, der ebenfalls eine Zusammenfassung aller Panzer in eigenen Verbänden gefordert hatte; statt dessen waren die französischen Panzer der Infanterie zugeteilt, was sie notwendigerweise verzettelte. An speziellen Panzerverbänden verfügte General Gamelin nur über zwei französische Divisionen und ein britisches Panzerregiment.

Der deutsche Operationsplan hatte ursprünglich einen Vorstoß mit der Masse der Truppen durch Nordbelgien vorgesehen, wo das gute Wegenetz und das flache Gelände den Einsatz von Panzern besonders begünstigen mußten. Andererseits waren zahlreiche Kanäle und Flußläufe nicht zu unterschätzende Hindernisse, und so erwartete das OKH einen schweren Kampf. Die Engländer und Franzosen kamen bei ihren Studien zu ähnlichen Ergebnissen und in Erwartung eines neuen Schlieffen-Plans massierten sie die beweglichen Reserven an der belgisch-französischen Grenze. Im Fall eines deutschen Vormarsches durch Belgien sollte die Linie Maas–Namur–Antwerpen verteidigt werden.

Dieser deutsche Feldzugsplan, vom Oberkommando des Heeres ausgearbeitet, war dem damaligen Generalleutnant von Manstein, Chef des Stabes von Rundstedts Heeresgruppe A, aber wenig befriedigend erschienen. Das von Hitler formulierte Ziel, »möglichst starke Teile des französischen Heeres und die an seiner Stelle fechtenden Verbündeten zu schlagen«, konnte in seinen Augen nur ein Teilziel sein; eine Möglichkeit, diesen Kampf siegreich zu beenden, war damit nicht gegeben. So hatte Manstein in mehreren Eingaben an das OKH eine Verlagerung des Schwerpunkts von Bocks nördlicher Heeresgruppe B zu Rundstedts mittlerer Heeresgruppe A vorgeschlagen, also einen überraschenden Vorstoß mit massierten Panzerkräften durch die Ardennen in Richtung Somme; nur auf die Weise war die Vernichtung des gesamten französischen Nordflügels in Belgien denkbar und möglich. Manstein war mit seinen Gedanken jedoch nicht durchgedrungen. Auch die Notlandung der Flieger bei Mechelen und die damit gegebene Gefahr, daß die deutschen Operationspläne dem Gegner nun bekannt waren, bewirkten keine Änderung des Operationsplanes, wenn Halder jetzt auch eine zusätzliche Schwerpunktbildung bei der Heeresgruppe A ins Auge faßte.

Manstein hatte seinen abweichenden Plan zusammen mit einem jungen Generalstabsoffizier entwickelt, dem noch eine entscheidende Rolle im Widerstand zufallen sollte, dem Major i.G. Henning v. Tresckow. Durch Tresckow hörte Hitlers Wehrmachtsadjutant Schmundt vom Plan Mansteins, der inzwischen Kommandierender General eines Korps geworden war. Mittlerweile hatte Hitler auch von sich aus einen zweiten Schwerpunkt auf dem linken Flügel der Heeresgruppe A vorgesehen, was zweifellos nicht richtig durchdacht war, aber im groben den Gedanken Mansteins ähnelte. So wurde Manstein auf Schmundts Betreiben in die Reichskanzlei geladen, um Hitler seine Gedanken vorzutragen. Der fand sich durch Mansteins Ausführungen bestätigt, und im Endeffekt kam am 24. Februar eine neue Aufmarschanweisung des Oberkommandos des Heeres heraus, die ziemlich genau Mansteins Plänen entsprach. Zu einem seiner Adjutanten sagte Hitler über Manstein: »Der Mann ist nicht mein Fall, aber können tut er was.«

So traf am 10. Mai der Hauptstoß der deutschen Kräfte das schwache französische Zentrum in den Ardennen. Drei Panzerkorps unter dem Befehl des Generals der Kavallerie von Kleist, die stärkste Panzermassierung, die bis dato in der Kriegsgeschichte zu verzeichnen gewesen war, zerbrachen noch am Angriffstag die französischen Linien und standen drei Tage später an der Maas. Reichenaus 6. Armee kämpfte sich nach Belgien durch, während Kleists Panzerdivisionen in Richtung Kanalküste vorstießen, um dann nach Norden einzuschwenken, was Churchill später den Sichelschnitt genannt hat.

Schon am 15. Mai kapitulierte Holland, und am 17. Mai zeichnete sich eine große Kesselschlacht in Artois und Flandern ab, wo zwei französische, die britische und die belgische Armee im Sack saßen.

In diesem Moment wurde Hitler nervös; wie Halder schrieb, hat er »Angst vor dem eigenen Erfolg, möchte nichts riskieren und daher am liebsten anhalten«. Offenbar verlor Hitler auf dem Höhepunkt der Schlacht den Überblick, vielleicht weil der Erfolg seine kühnsten Erwartungen überstieg, denn bereits am 20. Mai erreichte die 8. Panzerdivision des Generals Kuntzen bei Montreuil den Kanal, und am 23. Mai schnitten Kleists Panzer Boulogne und Calais ab.

In England und Frankreich sah man die Niederlage kommen, sie schien unabwendbar. Am 10. Mai hatte Churchill an der Spitze eines Kriegskabinetts aus Konservativen und Labour-Partei das

Amt des Premierministers übernommen, der glücklose Chamberlain war zurückgetreten.

Am 13. Mai versprach Churchill den Engländern nichts als »Blut, Schweiß und Tränen«, aber die Engländer waren entschlossen, bis zum letzten zu kämpfen, auch als Belgien am 28. Mai kapituliert hatte und der Zusammenbruch Frankreichs vor der Tür stand. Churchill hatte inzwischen erkannt, daß für England jetzt nur noch die Rettung der eigenen Truppen in Frage kam; eine Gegenoffensive in Flandern war nicht mehr denkbar. Aber auch der deutsche Generalstabschef Halder spürte die Absetzbewegung der Briten, und so wollte er sie rechtzeitig zwischen den Heeresgruppen A und B aufreiben und vernichten. Dazu nahm er ein Umstellungsverhältnis vor, indem er die 4. Armee Kluges von Rundstedt zu Bock gab, wobei er Hitlers Genehmigung nicht einholte. Sei es, daß Hitler plötzlich seine Stellung als Oberster Befehlshaber der Wehrmacht in Frage gestellt sah, sei es, daß er die Panzerkräfte für weitere Operationen schonen wollte – jedenfalls befahl er am 24. Mai das Anhalten der siegreich nach vorn rollenden Panzerverbände. Dieses war zweifellos die erste große Fehlentscheidung Hitlers, letzten Endes war sein ungenügendes strategisches Verständnis der ausschlaggebende Faktor dafür, denn er kämpfte nicht bis zur militärischen Vernichtung des Gegners. Der Befehl zum Anhalten der Panzerverbände ermöglichte die Rettung des Gros des britischen aktiven Heeres.

Am 25. Mai begann unter der Führung des Flag Officer Dover, Vizeadmiral Sir Bertram Ramsay, die Operation »Dynamo«, der Rücktransport des britischen Heeres über See aus dem Raum Dünkirchen. Unter rücksichtslosem Einsatz aller verfügbaren Zerstörer und aller greifbaren Schiffe bis hin zur Barkasse gelang es, bis zum 4. Juni 338 000 Mann zu evakuieren. Hitler zog zwar zwei Tage später den Haltebefehl wieder zurück, aber nun war es zu spät, die deutschen Verbände kamen nicht mehr rechtzeitig heran, und die Luftwaffe konnte entgegen Görings Zusage den Kessel von Dünkirchen nicht sprengen. Die deutsche Luftwaffe hatte es plötzlich nicht nur mit bisher zurückgehaltenen frischen britischen Jagdgeschwadern zu tun, auch das Wetter spielte nicht mehr mit, die schlechte Sicht erlaubte tagelang nur geringe Flugtätigkeit. Als es dann wieder aufklarte, errang die Luftwaffe zwar einige gute Erfolge, aber den Briten war inzwischen der Abtransport des Hauptteils ihres Expeditionsheeres gelungen.

Einen Tag nach dem Fall von Dünkirchen, am 5. Juni, traten die frisch gruppierten deutschen Kräfte an der Somme erneut an, diesmal zur Schlacht um Frankreich. Aber es wurde keine Schlacht in dem Sinne, daß die Franzosen sich verzweifelt verteidigt hätten. Sie kämpften teilweise tapfer, aber ohne innere Anteilnahme. Sie kämpften und gingen in Gefangenschaft.

In der Nacht vom 16. zum 17. Juni ersucht die französische Regierung Deutschland um einen Waffenstillstand. Ministerpräsident Reynaud tritt zurück. Ihm folgt Marschall Pétain, der Held von Verdun. Allein, der Held der Vergangenheit konnte keine Panzer und Flugzeuge ersetzen, die Erinnerung kann keine Schlachten gewinnen.

Am 22. Juni wird in Compiègne das Waffenstillstandsabkommen unterzeichnet, an derselben Stelle wo 1918 die Niederlage Deutschlands besiegelt worden war. Am 25. Juni 1940 um 1.35 Uhr tritt die französische Kapitulation in Kraft. Daß Mussolini – als alles entschieden war – noch schnell am 10. Juni in den Krieg eingetreten war, wurde kaum noch zur Kenntnis genommen.

Die Deutschen waren nicht so begeistert wie man hätte annehmen können. Als Hitler am 6. Juli nach Berlin zurückkehrt, paradieren dieselben Truppen am Brandenburger Tor, die kurz zuvor in Paris auf den Champs Elysées marschiert sind. Das Volk feiert, aber nicht aus innerer Überzeugung. »Es ist ein durch Sensationen abgestumpftes, aber zu jeder Leistung zu bringendes Volk«, schrieb Jochen Klepper in diesen Tagen.

Die Abwehr war vom Sog des Feldzugs mitgerissen worden. Überall waren die Männer des Sonderverbandes »Brandenburg« im Einsatz gewesen, von einundsechzig Objekten, die im Handstreich besetzt werden sollten, konnten zweiundvierzig genommen werden, schrieb Lahousen ins Tagebuch der Abwehrabteilung II.

Nach und nach kehrte eine ruhigere Gangart ein, und für Oster bedeutete das plötzlich Gefahr. Im Forschungsamt hatte man Nieuwenhuys' Funktelegramme nach Brüssel in den letzten Tagen vor dem Angriff abgehört. Die Ergebnisse waren im Trubel der Offensive zunächst liegengeblieben. Mitte Juni jedoch kamen sie zur Abwehrabteilung III unter Oberst Rohleder, der zuständig für Gegenspionage war. Dort kam man der Quelle bald auf die Spur und Rohleder sah in Müller den Hauptverdächtigen. Die Ermittlungen blieben Oster natürlich nicht verborgen, und so rief Dohnányi Müller sofort nach Berlin zurück, wo er sich mit Oster in dessen Privatwohnung traf.

Oster war in ungewöhnlich ernster Stimmung: »Erinnerst Du Dich, was wir uns versprochen haben? Wenn einer von uns platzt, geht er allein an den Galgen.« Ohne Details zu nennen, erklärte er ihm, er könne ihm nicht helfen, da er ebenfalls gefährdet sei. Aber er versuchte Zuversicht auszustrahlen: »Aber Kopf hoch, der liebe Gott wird uns helfen, und nicht den Lumpen.«

Anschließend traf Müller in der Abwehr Canaris, der zeigte ihm die Berichte des Forschungsamtes und fragte: »Bist du das?« Müller antwortete: »Was soll ich denn sein? Ich weiß doch gar nicht, was los ist!« Beim Lesen der Berichte gewann er bald Klarheit über die Lage, die Hinweise, die auf ihn zielten, waren nicht zu übersehen. Dennoch beharrte er auf seiner Unwissenheit, und anscheinend ist ihm von Canaris oder auch von Oster Gelegenheit gegeben worden, seine Spuren in Rom zu verwischen.

Die Zeit drängte, denn Rohleders Abwehrleute hatten inzwischen zweifelsfrei ermittelt, daß der Verräter niemand anders als Dr. Josef Müller sein konnte. Den entscheidenden Hinweis hatte ein zum katholischen Glauben übergetretener deutsch-jüdischer Emigrant namens Gabriel Ascher gegeben, den Rohleder auf den Vatikan als V-Mann angesetzt hatte. Ascher hatte im Vatikan sehr schnell Vertrauen gefunden, nicht zuletzt, weil er ein Bekannter des katholischen Bischofs von Schweden, Erik Müller, war.

Aschers Bericht wies eindeutig auf Josef Müller, als die Quelle des Verrats, und Rohleder hielt die Zeit für gekommen, seine Untersuchungen zu einem Abschluß zu bringen. Weitere Recherchen hatten überdies ergeben, daß Oster sich durch seine häufigen Kontakte zu Sas ebenfalls verdächtig gemacht hatte.[99]

Schließlich ging Rohleder zu Oster und legte ihm seine Untersuchungsergebnisse vor. Oster war zunächst wie vor den Kopf geschlagen, dann aber erklärte er mit äußerster Entschiedenheit, es handele sich um Unterstellungen und Halbwahrheiten, die auf keiner sicheren Grundlage beruhten. Rohleder ließ sich jedoch nicht beirren und forderte eine Entscheidung von Canaris. Im Beisein von Oster trug er Canaris seine Verdachtsmomente vor, aber auch dieser fand die Berichte nicht beweiskräftig. Als Rohleder hartnäckig blieb, erledigte Canaris die Angelegenheit schließlich mit dem ausdrücklichen Befehl, sie fallenzulassen.

Rohleders Verdacht war damit natürlich in keiner Weise ausgeräumt. Bei einer anderen Gelegenheit wies er Canaris erneut eindringlich auf die Gefahren durch Osters privaten Nachrichtendienst hin; eine Untersuchung durch die Gestapo hätte zu ähnlichen Ergebnissen mit womöglich weiterreichenden Folgen für die Abwehr führen können. Da Rohleder aber die Entscheidung von Canaris trotz seiner Skepsis akzeptierte, war die Gefahr für Oster und seine Mitverschwörer gebannt. Bis zur nächsten – diesmal endgültigen – Panne sollten noch fast drei Jahre vergehen.[100]

»Ein Mann nach dem Herzen Gottes«[1]

Pläne und Anschläge zwischen Westoffensive und Osters Entlassung am 5.4.1943

Alles, was nach dem Abschluß des Frankreichfeldzuges geschah, ob es die Kämpfe im Mittelmeer und später auf dem Balkan waren, stellte sich Oster als nichtendenwollende Kette von Enttäuschungen und Rückschlägen dar. Ein triumphierender Hitler verstrickte Deutschland immer tiefer in seine Kriege, und je mehr sich die Siege häuften, desto geringer erschien Oster die Möglichkeit, daß Deutschland einen annehmbaren politischen Ausweg aus diesem Kriegstheater finden könnte.

Ständig quälten Oster nagende Zweifel, ob er unter diesen Umständen noch weiter im Amt bleiben durfte.[2] Diese Gewissensfrage beantwortete er resignierend immer wieder mit dem Schluß, daß seinesgleichen in ihren Stellungen ausharren müßten, weil es sonst an Männern fehlen würde, die die technischen Voraussetzungen für einen Staatsstreich beherrschten.[3] Der starke psychische Druck, unter dem Oster stand, betraf nicht nur ihn, wie Hassells Tagebuch zeigt: »Sonnabend 25. Frühstück mit Oster, Dohnányi und Guttenberg bei ›Kroll‹. Ich versuchte die stark erschütterten Gemüter etwas zu stärken. Gerade die Soldaten, die skeptisch waren, sind jetzt in unbequemer Lage.«[4] Daß die Ignoranz vieler Generäle für Oster und die anderen Köpfe der Widerstandsbewegung dennoch nur schwer zu begreifen war, zeigt ein anderer Vermerk Hassells in seinem Tagebuch, in dem die Männer des Widerstandes mit Decknamen bezeichnet werden: »In allen Unterhaltungen mit Geibel (Beck), Geißler (Popitz), Pfaff (Goerdeler), Hase (Oster) usw. fragen wir uns vergebens, ob denn nun die Generäle endlich merken, was gespielt wird, und welch furchtbare Verantwortung sie sowohl für die innere Entwicklung wie für den Ausgang des Krieges tragen. Wir sind uns alle darüber klar, daß jetzt noch einmal alles getan werden muß, um sie zu überzeugen, daß sie die Dinge nicht weiterlaufen lassen dürfen, wenn wir nicht plötzlich vor oder in einer Katastrophe stehen wollen: Katastrophe innerer Zerstörung oder äußerer Niederlage oder beides.«[5]

Doch die Armeeführung merkte nichts oder wollte es einfach nicht zur Kenntnis nehmen, was nahezu täglich um sie herum oder zumindest doch nicht außerhalb ihres Wahrnehmungshorizonts geschah: Festnahmen, Deportationen, Erschießungen. Gerade in Polen hat die SS zahlreiche Greuel verübt, denen die

Wehrmacht entgegenzutreten versucht hatte. Am 26. Oktober 1939 trat der Führererlaß »über die Verwaltung der besetzten polnischen Gebiete« in Kraft, und der nur Hitler verantwortliche Generalgouverneur Hans Frank war zum Herrscher über eine selbständige Verwaltung geworden, die sich von der Wehrmacht nicht mehr hineinreden ließ. Damit waren auch die Einheiten von SS und Polizei sowie die Einsatzgruppen der Gerichtsbarkeit des Heeres entzogen und konnten ihren finsteren Tätigkeiten noch ungehemmter nachgehen.

Hier und da hat es Proteste gegeben, so vom Oberbefehlshaber Ost, Generaloberst Blaskowitz, der in Denkschriften im November 1939 und Februar 1940 die Verhältnisse in Polen scharf kritisierte; es heißt dort unter anderem: »... Die Einstellung der Truppe zu SS und Polizei schwankt zwischen Abscheu und Haß. Jeder Soldat fühlt sich angewidert und abgestoßen durch diese Verbrechen, die in Polen von Angehörigen des Reiches und Vertretern der Staatsgewalt begangen werden. Er versteht nicht, wie derartige Dinge, zumal sie sozusagen unter seinem Schutz geschehen, ungestraft möglich sind...«[6]

Dieser starke Protest blieb letzten Endes wirkungslos, und Blaskowitz wurde auf Betreiben des Generalgouverneurs Frank seines Kommandos enthoben, das dann der willfährigere General v. Gienanth übernahm. Zwar hat auch er einige Proteste erhoben, doch ein in scharfem Ton gehaltener Brief Keitels brachte ihn zum Schweigen, in dem er ihn anwies, »... endlich aufzuhören, sich um Dinge zu kümmern, die ihn nichts angingen«.[7] Was Halder und Brauchitsch anging, so demonstrierten sie mit dem Rückzug auf ihre rein militärischen Belange, wie wenig fähig oder gewillt sie waren, diesen Dingen Widerstand zu leisten.

Oster sah in Halder seit dem Ende des Frankreichfeldzuges, eigentlich schon seit dem Sommer 1939, nicht mehr die Schlüsselfigur für einen erfolgreichen Staatsstreich: Im entscheidenden Augenblick hatte er sich immer wieder als handlungsunfähig erwiesen. In Canaris' Augen erschien Halder als ein Mann, der resigniert hat und in keiner Weise den Einfluß besaß, über den normalerweise ein Chef des Generalstabs verfügte, wie Hassell notierte: »... Ich vergaß zu erwähnen, daß mir Hase (Oster) neulich eine Aufzeichnung über eine Unterhaltung zwischen seinem Chef (Canaris) und Wiesner (Halder) zeigte, aus der eine geradezu trostlose Schwäche der Position und Unorientiertheit dieses letzteren hervorgeht. W. (Halder) und sein Chef Pappenheim (Brauchitsch) sind nichts weiter als technische Handlanger.«[8] Wen Oster damals auch warnte, er stieß auf taube Ohren, und so mußte er sich darauf beschränken, die anderen Mitglieder der Verschwörung auf dem laufenden zu halten.[9]

Oben: Hitler mit Generalfeldmarschall v. Kluge (links) und Generalfeldmarschall Keitel (ganz rechts). *Unten:* Hermann Kaiser vor dem Volksgerichtshof

Vier aktive Mitglieder des militärischen Widerstands: *Oben:* Generalmajor Henning v. Tresckow (4. v. rechts) und Fabian v. Schlabrendorff (rechts stehend). *Unten links:* General der Nachrichtentruppe Erich Fellgiebel. *Unten rechts:* Oberst i. G. Rudolf Christoph v. Gersdorff

Im privaten Bereich lebte Oster seit Ausbruch des Krieges zurückgezogen in seiner großen Zehn-Zimmer-Wohnung in der Bayerischen Straße und damit eher im Gegensatz zu seinen Gepflogenheiten vor Kriegsbeginn. Sein Leben verlief äußerlich unauffällig, und außer zu seinen Vertrauten und Mitverschwörern, die ihn der Tarnung halber meist nach Dunkelheit und mit öffentlichen Verkehrsmitteln besuchten, pflegte er keine gesellschaftlichen Kontakte.

Das war in den Jahren 1940–42 noch relativ unproblematisch, denn die schweren Bombenangriffe begannen erst 1943. Abgesehen von diesen sozusagen »dienstlichen« Besuchen war Oster, wie gesagt, bestrebt, sich gesellschaftliche Verpflichtungen »vom Leibe zu halten«, und seine Frau bemühte sich, ihn weitgehend davor abzuschirmen. Von seiner Heiterkeit und seinem Optimismus – Charaktereigenschaften, für die er bekannt war – bemerkte seine Umwelt nur noch selten etwas. Wie Achim Oster sagt, wurde seit Beginn des Krieges im Familienkreis nur noch wenig gelacht. Seine drei Kinder waren aus dem Haus, so daß es schon deshalb wesentlich ruhiger zuging.[10]

Erholung und Entspannung brachten ihm seine täglichen Ausritte in den Grunewald, bei denen es ihm größtes Vergnügen bereitete, durch scharfe Galoppaden »Goldfasane« oder andere Funktionäre der NSDAP einzustauben, für die jeder ausreitende Offizier ein grundsätzliches Ärgernis darstellte. Obwohl Pessimismus und Resignation für Osters Charakter atypisch waren, beschlich ihn manchmal ein Gefühl der Nutz- und Hoffnungslosigkeit, von dem nur seine täglichen Ritte ihn ablenken konnten.[11]

An den innenpolitischen Plänen, die in dieser Phase der Stagnation des Widerstandes von Hassell, Goerdeler, Popitz und anderen formuliert wurden, nahm Oster keinen Anteil. Diese Art der Planung lag ihm nicht, sie entsprach nicht seinem Naturell: Oster war ein Mann der Tat. Ein unermüdlicher Denker zwar, wenn es um den Umsturz ging, aber kein Mann, der Überlegungen für eine neue Staatsordnung entwickelt hätte. Dies überließ er anderen, z.B. Schulenburg oder Goerdeler, die auch seiner eigenen Meinung nach auf diesem Gebiet kompetenter waren. Dabei war Oster unter den Verschwörern einer der politisch weitsichtigsten und, folgt man Gisevius, »... derjenige Offizier, der am klarblickendsten, am entschlossensten, am unentwegtesten gegen die braune Tyrannei gekämpft hat – und am längsten«.[12] Nie wäre er jedoch so weit gegangen, zu versuchen, den anderen Verschwörern in der Diskussion eigene Vorstellungen über ein Deutschland nach dem Staatsstreich aufzuzwingen.[13] Seine Abstinenz in diesem Bereich ging so weit, daß er, selbst nach einem gelungenen Staatsstreich, eine einflußreiche Position für sich grundsätzlich ablehnte.

Gisevius sagt von Oster, daß jener für sich »auf jeden politischen Ehrgeiz verzichtete«,[14] während Oster seine eigene Rolle eher noch unterbewertete: »Ich habe nach allen Seiten Mittlerdienste zu leisten.«[15] Gisevius' Behauptung, daß Oster nach dem 20. Juli als Präsident des Reichskriegsgerichts vorgesehen war, läßt sich nirgends sonst belegen.[16] Selbst wenn er für eine entsprechende Position in einer neuen Regierung bestimmt worden wäre, so bleibt zu bezweifeln, ob er eine solche Tätigkeit, die im Grunde außerhalb seines Soldatenberufes lag, überhaupt angenommen hätte.

Wieder einmal sollte Hitler derjenige sein, der die Phase der Hoffnungslosigkeit und Inaktivität der Verschwörer beendete. Der Diktator hegte mittlerweile erhebliche Zweifel, ob die weitere Einbeziehung der Sowjetunion in seine Konzeption eines Kontinentalblocks überhaupt noch möglich sein würde. Hitler sah die Weltlage eher ungünstig; gegen England war ihm der entscheidende Sieg verwehrt geblieben, und der von Mussolini am 28.10.1940 begonnene Angriff auf Griechenland hatte die Stellung Deutschlands auch in Südosteuropa nur verschlechtert.

Hitler konnte zwar alle Anstrengung auf eine speziell gegen England gerichtete Rüstung werfen, aber das hätte die Zusammenarbeit mit der Sowjetunion erfordert, und er war nicht sicher, ob sie ihm nicht im entscheidenden Moment in den Rücken fallen würde. Darüber hinaus fürchtete er sich vor einem sowjetischen Panzervorstoß gegen die für seine Kriegsführung lebenswichtigen Ölfelder Rumäniens. Deshalb spielte er zeitweilig auch mit dem Gedanken einer Besetzung Südrußlands, den ihm die Militärs aber bald wieder ausredeten. So neigte sich das Pendel bei Hitler mehr und mehr der von ihm schon Ende Juli 1940 ins Auge gefaßten Radikallösung gegen Rußland zu; erst nach einer militärischen Vernichtung der Sowjetunion durch einen »Feldzug« im Sommer 1941 sollte die endgültige Abrechnung mit England erfolgen.

Die erfolglosen Verhandlungen mit den Staatschefs von Spanien und Frankreich am 23. und 24. Oktober in Hendaye und Montoire über einen Kriegseintritt beider Länder an Deutschlands Seite hatte ihn in der Überzeugung bestärkt, daß ein Krieg mit der Sowjetunion unvermeidlich sei. So erklärte er schon Anfang November 1940, man müsse zur »großen Abrechnung«

mit der Sowjetunion bereit sein. Nichtsdestotrotz erging an den sowjetischen Volkskommissar des Äußeren, Molotow, eine Einladung nach Berlin, um dort die »... zukünftige Entwicklung ihrer Völker in die richtigen Bahnen zu lenken«. Bei diesem Besuch Molotows vom 12.-14. November wurde die Konzeption Hitlers deutlich. Was er und Ribbentrop dem sowjetischen Volkskommissar anboten, war nichts weniger als eine Teilung der Welt, wobei mit dem Köder der Trümmer des britischen Weltreichs das Ziel der russischen Expansion in Asien liegen sollte. »Nach der Niederringung Englands«, so führte Hitler aus, würde »das britische Weltreich als eine gigantische Weltkonkursmasse von 40 Millionen Quadratkilometern zur Verteilung kommen. In dieser Konkursmasse« läge »für Rußland der Weg zum eisfreien und wirklich offenen Weltmeer«.

Eine Minderheit von 45 Millionen Engländern habe »bisher 600 Millionen Einwohner des britischen Weltreichs regiert«. Er stehe »im Begriff, diese Minderheit zusammenzuschlagen«.[17] Molotow bekundete höfliches Interesse an Hitlers Ausführungen, mit denen er ganz einverstanden war, meinte aber, er könne »weniger dazu sagen als der Führer, da dieser sicherlich mehr über diese Probleme nachgedacht und sich konkretere Vorstellungen davon gemacht« habe.[18]

Im übrigen wich Molotow keinen Finger breit von den sowjetischen Forderungen nach Erweiterung ihrer Interessensphäre nach Südeuropa und vollkommen freier Hand in Finnland ab, und der Staatssekretär im Auswärtigen Amt, Ernst von Weizsäcker, schrieb über ihn: »Molotow ist kein Mann, dem man mit nebelhaften Zukunftshoffnungen auf die britische Konkursmasse beikommen könnte.«[19] Die Diskrepanz zwischen Hitlers großzügigen Verteilungen von im britischen Besitz befindlichen Ländern und der Kriegslage blieb Molotow nicht verborgen. Dies wurde besonders kraß deutlich, als die Konferenzteilnehmer während eines englischen Luftangriffs die Schutzräume aufsuchen mußten und Molotow auf Ribbentrops Behauptung, daß England erledigt sei, mit der Frage antwortete, warum sie sich dann in einem Luftschutzkeller befänden.

Insgesamt gesehen, hatte der Besuch Molotows im November 1940 Hitler zu der folgenschweren Überzeugung gebracht, daß mit Stalin nicht zu reden sei. Hitlers Weisung Nr. 21 vom 18. Dezember 1940 zur »Niederwerfung der Sowjetunion« veranlaßte den Heeresgeneralstab und damit Halder und dessen Mitarbeiter zu hektischer Betriebsamkeit. Viele konnten sich bei dem Gedanken an eine kriegerische Auseinandersetzung mit der Sowjetunion eines unguten Gefühls nicht erwehren, zumal England noch nicht ausgeschaltet war. Genau diese Bedenken trug Großadmiral Raeder am 27. Dezember bei Hitler vor; in einer »sehr wichtigen und ernsten Unterredung«, wie Hitlers Luftwaffenadjutant v. Below schreibt. Hitler erklärte Raeder, mit diesem Schlag gegen Rußland treffe er auch England, und ab 1942 wären die Russen dank ihrer Aufrüstung zu einem Angriff auf Deutschland fähig, so daß man ihnen zuvorkommen müsse.[20] Die meisten Generäle behielten jedoch ihre Befürchtungen für sich und vergruben sich stattdessen verstärkt in der fachlich-militärischen Vorbereitung. Daß es diesmal kein Krieg im herkömmlichen Sinne sein sollte, wurde bald deutlich, denn was Hitler in der Sowjetunion vorhatte, warf schon Monate vor dem Angriffsbeginn seine Schatten voraus und veranlaßte den Kreis um Oster zu neuen Aktivitäten.

Am 30.3.1941 verkündete Hitler in einer zweieinhalbstündigen Rede in der Berliner Reichskanzlei den Oberbefehlshabern der Heeresgruppen, ihren Stabschefs sowie den Armee- und Panzergruppenführern, was er unter Kampf gegen den Bolschewismus verstand. Unter dem Stichwort »Wehrmacht zerschlagen, Staat auflösen« forderte er Härte und nochmals Härte sowie Vermeidung jeder Ritterlichkeit, er proklamierte den totalen Krieg der Weltanschauungen gegen das »asoziale Verbrechertum« des Bolschewismus. Die politischen Kommissare seien die Träger der bolschewistischen Idee und nicht als Soldaten zu behandeln: »Ein Kommunist kann nie ein Kamerad sein. Es handelt sich um einen Vernichtungskampf.« Die Kommissare sollten nach ihrer Gefangennahme den Einsatzgruppen der Sicherheitspolizei und des SD übergeben werden. »Im Kampf gegen Rußland kommt es darauf an, die Vernichtung der bolschewistischen Kommissare und der kommunistischen Intelligenz durchzuführen … Kommissare und GPU-Leute sind Verbrecher und als solche zu behandeln.« Wo eine Übergabe der gefangenen Kommissare an den SD nicht möglich war, sollten diese sofort von der Truppe erschossen werden.[21]

Damit forderte Hitler die Wehrmacht zu einem Vorgehen auf, das nicht nur den Grundsätzen des Kriegs- und Völkerrechts, sondern auch dem deutschen Militärstrafgesetzbuch widersprach, denn es handelte sich ja um Wehrlose, die ohne jegliches Verfahren einfach umgebracht werden sollten. Die meisten der anwesenden Generäle ließen sich von Hitlers Ausführungen, die er mit zahlreichen, meist nutzlosen Detailkenntnissen ausschmückte, beeindrucken, und nur wenige, wie der Generaloberst Hoepner, der nach dieser Besprechung voller Wut zu seiner Frau sagte: »Jetzt haben sich wieder alle von Adolf faszinieren lassen«,[22] begriffen die Tragweite der Eröffnungen Hitlers.

Bald folgten die ersten konkreten Erlasse, wie zum Beispiel die von Halder (»i. V.«) unterzeichneten »Besonderen Anordnungen für die Versorgung« vom 3.4.1941, wo es hieß, daß »aktiver oder passiver Widerstand der Zivilbevölkerung im Keime zu erstikken« sei und wo schon von den »Sonderaufgaben« von Himmlers Organen im rückwärtigen Heeresgebiet gesprochen wurde.[23]

Offenbar bezog sich Hassell darauf, als er in seinem Tagebuch notierte: »Ich war am 8.4. (1941) mit Oster bei Beck, und es stiegen einem die Haare zu Berge, was, urkundlich belegt, mitgeteilt wurde über die den Truppen erteilten, von Halder unterschriebenen Befehle betreffend das Vorgehen in Rußland und über die systematische Umwandlung der Militärjustiz gegenüber der Bevölkerung in eine unkontrollierte, auf jedes Gesetz spottende Karikatur. Mit dieser Unterwerfung unter Hitlers Befehle opfert Brauchitsch die Ehre der deutschen Armee.«[24]

Man hatte die Greuel der Sondereinheiten des SD in Polen noch in allzu frischer Erinnerung, um nicht ahnen zu können, welche Ungeheuerlichkeiten sich hinter der trockenen Sprache dieser Anordnungen verbargen. Diesen Befehlen folgte am 6. Juni 1941 der sogenannte Kommissarbefehl, »Richtlinien für die Behandlung politischer Kommissare«, die als Urheber »barbarisch asiatischer Kampfmethoden ... grundsätzlich sofort mit der Waffe zu erledigen seien«.[25] Oster, der aus seiner antikommunistischen Einstellung nie ein Hehl gemacht hatte, sah besonders klar das Verbrechen, das unter dem Deckmantel der ideologischen Auseinandersetzung begangen werden sollte; für ihn war damit faktisch im voraus eine Amnestie für alle Verbrechen von Heeresangehörigen ausgesprochen.[26]

Die Durchführung dieser Befehle mußte zwangsläufig jeden Soldaten mitschuldig an Hitlers Verbrechen werden lassen. Osters Rechtsempfinden, das sich nicht von politischen Fanatismen beirren ließ, schrieb ihm zwingend vor, mit allen Mitteln gegen eine Durchführung dieser Befehle vorzugehen.[27] Doch außer einigen abschwächenden Anordnungen unternahmen weder Brauchitsch noch Halder etwas gegen Hitlers geplante Verbrechen, die nun, wie Hassell es in seinem düsteren Satz geschrieben hatte, die Ehre der Armee endgültig opferten.

Es würde die tatsächlichen Vorgänge überbewerten, wollte man in der Zeit zwischen Frankreichfeldzug und Angriff auf die Sowjetunion von erfolgversprechenden Absichten der Verschwörer reden. Die Voraussetzungen für einen Staatsstreich waren nicht gegeben, und es fehlte die enge Zusammenarbeit mit dem Heer, so daß fast alle Planungen ruhten. Allerdings tauchen im Zusammenhang mit Oster neue Namen auf, so der des Rechtsanwalts Joseph Wirmer,[28] der von den Akteuren des 20. Juli als späterer Justizminister vorgesehen war, der preußische Finanzminister Johannes Popitz,[29] der durch Osters Bekanntschaft Zugang zur Gruppe der Verschwörer um Beck fand, und der General der Infanterie und Ritterkreuzträger Friedrich Olbricht.

In Olbricht sollte der militärischen Opposition ab 1942 eine Verstärkung von entscheidender Bedeutung erwachsen. Er war im März 1940 Chef des Allgemeinen Heeresamtes (AHA) und damit gleichzeitig Stellvertretender Befehlshaber des Ersatzheeres geworden. Das AHA bildete innerhalb des Ersatzheeres die größte und wichtigste Dienststelle, zu deren Aufgaben die Planung der Aufstellung von neuen und Ersatztruppen gehörte. Diese Position versetzte Olbricht in die Lage, konstruktiv und in aller Ruhe Pläne zu schmieden – relativ ungestört von seinem Befehlshaber, dem Generalobersten Friedrich Fromm, einem januskÖpfigen General, dessen Einstellung zu Hitler zwar im Grunde positiv, aber dennoch zwiespältig war.

Oster und Olbricht hatten sich nach Osters Ausscheiden aus der Reichswehr 1932 aus den Augen verloren, aber als Olbricht seine neue Stellung im AHA in Berlin im Jahre 1940 antrat, wurde die alte Bekanntschaft erneuert und noch gefestigt.[30] Schließlich wurde ein Vertrauensverhältnis daraus, und Olbricht konnte dann von 1942 an zu den Hauptakteuren bei den Vorbereitungen zum Staatsstreich gerechnet werden. Sie sollten 1943 einen vorläufigen Höhepunkt erreichen.[31]

In Frankreich hatte es im Stab des OB West, Generalfeldmarschalls von Witzleben, 1941 Absichten gegeben, Hitler zu töten. In Witzlebens Stab waren es vor allem der Major i. G. Alexander von Voß und der Hauptmann Ulrich-Wilhelm Graf Schwerin von Schwanenfeld, die Hitler bei einer Parade deutscher Truppen auf den Champs Elysées im Mai erschießen lassen wollten.[32] Schwerin hatte sich schon vorher entschlossen, Hitler bei der ersten sich bietenden Gelegenheit durch einen Handgranatenwurf umzubringen, doch Hitler unternahm keine Reise in den Westen.

Weitere Pläne im Stab des OB West wurden mit Witzlebens Verabschiedung am 15.3.1942 gegenstandslos. Die Tatsache, daß – zu Lasten eben dieses Stabes[33] – die Masse der Feldverbände für den Aufmarsch gegen die Sowjetunion im Osten konzentriert war, lenkte Osters Augenmerk zwangsläufig in jene Richtung, denn ohne den Kern der militärischen Macht kam ein Staatsstreich einem hohen Einsatz mit sehr geringen Gewinnchancen gleich.

Mit dem Beginn des Angriffs auf die UdSSR am 22. Juni 1941 sah Oster den endgültigen Schritt zur deutschen Niederlage vollzogen.[34] Wie Beck hatte er die vorangegangenen Feldzüge des Jahres 1941 auf dem Balkan und in Nordafrika nur als ein Hinauszögern der Niederlage betrachtet; auch andere führende Vertreter der Verschwörer hatten sich durch die kurzfristigen militärischen Triumphe nicht beirren lassen.[35] Jetzt sah Oster in den zu erwartenden militärischen Rückschlägen in der Sowjetunion die Chance für einen neuen Ansatz zum Staatsstreich.

Die gewaltigen Anfangserfolge der deutschen Truppen, die in den ersten Wochen des Krieges Millionen Gefangene gemacht und Tausende von Kilometern Geländegewinn erbracht hatten, konnten Oster in seiner Überzeugung nicht wankend machen, daß die Niederlage früher oder später zwangsläufig eintreten muß.[36] Schon im Herbst 1941, auf dem Höhepunkt der Siege, als Leningrad eingeschlossen, die Kesselschlacht von Kiew mit 500 000 Gefangenen geschlagen und bei Wjasma und Briansk – auf der Straße, die Napoleon einst nach Moskau gezogen war – eine weitere gewaltige Umfassungsaktion gelungen war, hielten Oster, Beck, Olbricht, Hassell und Dohnányi einen Sieg im Osten für unwahrscheinlich. Sie sahen deshalb immer weniger Möglichkeiten, Frieden zu schließen.[37]

Eine Reise von General Thomas an die Ostfront Anfang September 1941 hatte zwar gewisse Übereinstimmungen in der Ablehnung Hitlers und seiner Methoden mit Offizieren vom Stab der Heeresgruppe Mitte erbracht, aber keine brauchbaren Ergebnisse. Die Stimmung war für einen aktiven Widerstand noch nicht reif.[38]

Notgedrungen blickte die Berliner Zentrale der Verschwörer in der zweiten Hälfte 1941 wieder mehr nach Westen, da man dort – im Gegensatz zum Osten – von Witzleben unter Umständen einen Versuch zur Beseitigung Hitlers erwartete.

Im Stab der Heeresgruppe Mitte unter Generalfeldmarschall Fedor von Bock, die seit dem 1.4.1941 bestand, hatte sich inzwischen unter der Führung des Ia der Heeresgruppe, Oberstleutnant Henning von Tresckow,[39] eine entschlossene Gruppe von Offizieren gebildet. Tresckow wurde bald eine der hervorragendsten und wichtigsten Persönlichkeiten des Widerstandes. In den Kaltenbrunner-Berichten wurde er dann ja auch als der »Treiber« und der »böse Geist« der Putschisten bezeichnet.[40]

Tresckow stammte aus einer alten preußischen Offiziersfamilie. Er hatte das Ende des Ersten Weltkrieges als Zugführer erlebt, war nach Kriegsende aus dem Dienst geschieden, doch 1924 wieder in die Reichswehr eingetreten, nachdem er in der Zwischenzeit als Bankkaufmann gearbeitet hatte. Schon früh in Gegnerschaft zum nationalsozialistischen Regime, hatte er bereits im Sommer 1939 bekannt, »daß Pflicht und Ehre von uns fordern, alles zu tun, um Hitler und den Nationalsozialismus zu Fall zu bringen und damit Deutschland und Europa vor der Gefahr der Barbarei zu retten«.[41]

Tresckow hatte Oster im Herbst 1939 kennengelernt, wurde aber kein Anhänger von dessen Rückschlagtheorie. Er vertrat vielmehr den Standpunkt, daß Hitlers Offensiven von sich aus scheitern mußten und nicht durch ein Eingreifen der Verschwörer.[42]

Mit allen Mitteln hatte Tresckow im Hauptquartier der Heeresgruppe Mitte in Posen versucht, gegen Hitlers verbrecherische Befehle vorzugehen. Der für die Beurteilung der Feindlage zuständige Oberstleutnant v. Gersdorff berichtet, wie Tresckow ihm mit tiefem Ernst sagte: »Gersdorff, wenn es uns nicht gelingt, den Feldmarschall (Bock, d. Vf.) dazu zu bewegen, umgehend zu Hitler zu fliegen und die Aufhebung dieser Befehle durchzusetzen, dann wird dem deutschen Volk eine Schuld aufgeladen, die die Welt uns in Hunderten von Jahren nicht vergessen wird. Diese Schuld betrifft nicht nur Hitler, Himmler, Göring und Genossen, sondern ebenso Sie und mich, Ihre Frau und meine Frau, Ihre Kinder und meine Kinder, die alte Frau, die dort drüben auf dem Rad vorbeifährt und das kleine Kind, das dort mit seinem Ball spielt.«

Dieses Gespräch fand in einem kleinen Park auf dem Weg zur Villa des Generalfeldmarschalls v. Bock statt, und Gersdorff, der damals noch nicht zu den Verschwörern zählte, verstand die volle Bedeutung der Worte erst später. Als beide dann vor Bock standen, gab dieser sich äußerst erregt, schlug mit der Faust auf den Tisch, wobei er ausrief: »Das ist ja unglaublich, das ist ja grauenhaft.« Tresckow schlug ihm vor, sofort gemeinsam mit den beiden anderen Heeresgruppenbefehlshabern Ritter v. Leeb (Nord) und v. Rundstedt (Süd) zu Hitler zu fliegen und eine Rücknahme der Befehle zu erzwingen. Auf Bocks Einwurf: »Und wenn er uns herausschmeißt?«, entgegnete Tresckow: »Dann hast Du wenigstens einen anständigen Abgang vor der Geschichte gehabt.«

Ein Abgang vor dem größten Feldzug der Kriegsgeschichte, bei dem er überdies die bei weitem stärkste Heeresgruppe befehligte, war nun aber gerade das, was Bock nicht wollte. Er schickte schließlich Gersdorff zum Oberkommando des Heeres nach Berlin, um dort zu protestieren. Doch Gersdorff drang nicht einmal zu Brauchitsch vor, und damit war dann die Angelegenheit für Bock erledigt. Nach dem Mißlingen von Gersdorffs Reise äußerte er: »Meine Herren, ich stelle fest, der Feldmarschall v. Bock hat protestiert.«[43]

Nach dem Bekanntwerden von Hitlers Angriffsabsichten gegen die Sowjetunion begann Tresckow zielstrebig, Männer aus dem Stab der Heeresgruppe Mitte um sich zu sammeln und mit diesem Stab ein Instrument des Umsturzes zu formen, konnte aber im Sommer 1941 noch keine brauchbare Verbindung zur Zentrale der Opposition in Berlin herstellen.[44] Daß eine organisatorische Verknüpfung mit Osters Gruppe schließlich gelang, war hauptsächlich das Verdienst des Rechtsanwalts und Oberleutnants der Reserve Fabian von Schlabrendorff, der Ordonnanzoffizier bei Tresckow und einer seiner wichtigsten Helfer war.

Schlabrendorff hatte Oster schon im Jahre 1938 durch seinen Schwiegervater kennengelernt – den Staatssekretär a. D. Herbert von Bismarck aus Lasbeck – und charakterisiert Oster folgendermaßen: »Er war gewissermaßen die Clearingstelle der Widerstandsbewegung. Oster war ein Mann nach dem Herzen Gottes, von untadeligem Charakter und großer Klarheit, die ihn auch in gefahrvollen Situationen nicht verließ.«[45]

Aufgrund seiner Bekanntschaft mit Oster bot sich Schlabrendorff als Verbindungsmann zu Tresckow an. Beide kannte er gut, und beide brachten ihm großes Vertrauen entgegen. Seit dem Beginn des Rußlandfeldzuges schuf Schlabrendorff die Verbindung vom Stab der Heeresgruppe Mitte nach Berlin. Er berichtet hierüber: »Durch wiederholte Flüge aus Rußland nach Berlin hielt ich die Verbindung zwischen den Widerstandskreisen im Frontheer und den Widerstandskreisen im Heimatheer aufrecht. Ich unterrichtete Oster über die militärische Lage in Rußland, über die psychologische Situation im Frontheer und über die Schlußfolgerungen, die wir daraus zogen. Andererseits nahm ich von Oster Berichte über die Heimat und über die politische Lage in Europa und in der Welt entgegen.«[46]

Ende September 1941 reiste Schlabrendorff im Auftrag Tresckows erneut nach Berlin, um sich nach »brauchbaren Kristallisationspunkten in der Heimat« umzusehen. Gleichzeitig sollte er seinen Gesprächspartnern versichern, daß man bei der Heeresgruppe Mitte zum Handeln bereit sei. Im Ergebnis konnte Schlabrendorff die Verbindungen zu Oster, Beck und anderen Verschwörern in Berlin zwar intensivieren, aber wirkliche Hoffnung auf aussichtsreiche Aktionen bestand nicht.[47]

Genau wie Hassell und Oster, kam Tresckow schließlich zu der Überzeugung, daß sich günstige Möglichkeiten für einen Schlag gegen Hitler, entgegen seiner ursprünglichen Annahme im Jahre 1941, noch nicht boten. Die Niederlage in Rußland ließ vorerst auf sich warten, und gleich Oster war Tresckow der Überzeugung, daß es unmöglich sei, zu handeln, solange das deutsche Heer im Osten siegreich war. Erst die eigene Niederlage würde den »Bann brechen« und einen Meinungsumschwung der Generäle herbeiführen.

Dies galt es zunächst abzuwarten. Allerdings war die Ausgangslage inzwischen ungleich günstiger geworden, da es Tresckow gelungen war, in der Heeresgruppe Mitte eine der stärksten Oppositionsgruppen zu bilden, die je bestanden hatten. Zu dieser Gruppe zählten der Ia/Op der Heeresgruppe, Oberstleutnant, später Oberst i.G. Georg Schulze-Büttger, ferner dessen Nachfolger, Oberstleutnant i.G. Alexander von Voß, außerdem der Ib (Versorgungsoffizier) Oberstleutnant i.G. Bernd von Kleist, der Ic/AO (Abwehroffizier) Oberst i.G. Rudolf Christoph Freiherr von Gersdorff, die Ordonnanzoffiziere Major d. Res. Graf von Hardenberg, Oberleutnant Philipp Freiherr von Boeselager, Oberleutnant d.R. Graf von Lehndorff, Major d.R. Schach von Wittenau, Leutnant d.R. Graf von Berg, Hauptmann Graf von Matuschka, Major i.G. Pretzell, Oberleutnant von Breitenbuch. Außerdem stellte Major Georg Freiherr von Boeselager ab Januar 1943 im Einvernehmen mit Bocks Nachfolger, dem GFM v. Kluge, den Kavallerieverband »Mitte« auf, der in die Attentatsplanungen ebenfalls zeitweilig eingebaut wurde.[48] Dieses Regiment ging aus dem nach seinem Kommandeur benannten »Reiterverband Boeselager« hervor und war als kampfkräftige Eingreifreserve der Heeresgruppe gedacht, was dem Verband eine gewisse Unabhängigkeit und Verfügbarkeit sicherte, ohne die eine Einbeziehung in die Attentatspläne wohl kaum erwogen worden wäre.

Die Zusammensetzung dieser Gruppe war das Werk von Tresckows Personalpolitik, in der ihn sein Freund Rudolf Schmundt, der Chefadjutant der Wehrmacht bei Hitler und im Oktober 1942 Chef des Heerespersonalamts wurde, häufig unterstützte, ohne auch nur die geringste Vorstellung davon zu besitzen, welchen Plänen er damit Vorschub leistete.[49] Bei diesen Plänen kam naturgemäß der Rolle des Oberbefehlshabers der Heeresgruppe Mitte eine Schlüsselfunktion zu: War dieser erst einmal gewonnen, so konnten kraft seiner Autorität auch die anderen Heeresgruppen- und Armeebefehlshaber nach einem gelungenen Putsch leichter gewonnen werden.

Im Falle des OB der Heeresgruppe Mitte schienen Tresckows Vorhaben von wenig Erfolg gekrönt gewesen zu sein. Obwohl der Generalfeldmarschall Fedor von Bock ein Onkel Tresckows und dessen Vorstellungen nicht gänzlich abgeneigt war, blieben die Bemühungen um ihn letztlich erfolglos. Weder nach Bekanntgabe des Kommissarbefehls,[50] noch während der ersten militärischen Rückschläge im Frühwinter 1941 ließ Bock sich beeinflussen. Tresckow sah die sich anbahnende Katastrophe vor Moskau voraus und versuchte nun Bock in einem Vortrag Hitlers Alleinschuld an der fatalen Gesamtlage auseinanderzusetzen. Bevor Tresckow seine Schlußfolgerungen ziehen konnte, »... fuhr Bock auf, unterbrach den Vortrag und schrie, aus dem Zimmer laufend und vor Zorn bebend: ›Ich dulde nicht, daß der Führer angegriffen wird. Ich werde mich vor den Führer stellen und ihn gegen jedermann verteidigen, der ihn anzugreifen wagt.‹[51]« Als Bock am 19. Dezember 1941 von Generalfeldmarschall Günther von Kluge abgelöst wurde, stand Tresckows Gruppe zwar vor dem Ende aller bisherigen Hoffnungen, andererseits vor neuen Möglichkeiten.

Während die Verschwörer im Stab der Heeresgruppe Mitte notgedrungen Gewehr bei Fuß gestanden und in immer neuen Anläufen versucht hatten, den Generalfeldmarschall von Bock zu beeinflussen, unternahm Oster im Herbst 1941, bei Olbricht erste Sondierungen über einen Umsturzplan.[52] Doch erst ein Jahr später sollten diese Gespräche in ein entscheidendes Stadium treten. Die Gründe dafür lagen vor allem im militärischen Geschehen an der Ostfront in der ersten Hälfte des Jahres 1942, das wenig Zeit für andere Überlegungen ließ.

Am 5. April 1942 hatte Hitler den »Fall Blau«, die Führerweisung Nr. 45, erlassen, die in Rußland die Entscheidung bringen sollte: »Die Winterschlacht in Rußland geht ihrem Ende zu. Der Feind hat schwerste Verluste an Menschen und Material erlitten. In dem Bestreben, scheinbare Anfangserfolge auszunutzen, hat er auch die Masse seiner für spätere Operationen bestimmten Reserven in diesem Winter weitgehend verbraucht... Das Ziel ist, die den Sowjets noch verbliebene lebendige Wehrkraft endgültig zu vernichten und ihnen die wichtigsten kriegswirtschaftlichen Kraftquellen so weit als möglich zu entziehen.«[53]

Der Plan sah zunächst die Vernichtung der russischen Kräfte am Don vor, der die Wegnahme der kaukasischen Ölfelder folgen sollte. Hitler hatte erneut die Überzeugung gewonnen, eine Entscheidung im Osten erzwingen zu können, und die deutsche Südoffensive sollte diese Entscheidung bringen.

Zunächst vereitelten aber die Russen mit einem Angriff der Armeen Marschall Timoschenkos am 12. Mai 1942, der auf Charkow und Dnjepropetrowsk zielte, die deutschen Angriffsvorbereitungen für den »Fall Blau«, der nun, nach Zerschlagung der russischen Kräfte, erst am 28. Juni beginnen konnte. Unter dem Oberbefehl des Generalfeldmarschalls v. Bock gab es noch einmal eine stürmische Offensive mit großen Landgewinnen, und einige Wochen lang sah es so aus, als würde Hitler recht behalten.

Die Stimmung im Führerhauptquartier beschreibt Speer folgendermaßen: »Im Hauptquartier herrschte Hochstimmung. Allabendlich erläuterte Hitlers Chefadjutant Schmundt den Zivilisten des Hauptquartiers den Vormarsch der Truppen auf der Wandkarte. Hitler triumphierte.«[54] Auch die Generäle ließen sich von den neuen Erfolgen blenden und wurden wieder unzugänglicher für Staatsstreichgedanken. Die neue, schmerzliche Erkenntnis für Oster, Beck und Tresckow war, daß die erhoffte Sinnesänderung der Generäle nur nach der endgültigen Niederlage zu erwarten war.

Die außenpolitische Lage Deutschlands hatte sich mit dem Kriegseintritt der USA im Dezember 1941 zusehends verdüstert. Oster sah zudem deutlich, daß damit auch auf kriegswirtschaftlichem Gebiet sich das Pendel zuungunsten Deutschlands neigen würde, auch wenn die deutschen Truppen zur Zeit noch in Nordafrika und im Osten Sieg auf Sieg an ihre Fahne hefteten. Die Prognosen des Generals Thomas zeigten unmißverständlich die Unterlegenheit der deutschen Kriegswirtschaft gegenüber dem vereinigten Rohstoff- und Rüstungspotential der USA, des Empires und der Sowjetunion. Auch wenn der von Thomas prophezeite baldige Zusammenbruch der deutschen Rüstung nach der Übernahme des Ministeriums durch Albert Speer erst zu einem wesentlich späteren Zeitpunkt erfolgen sollte, zeichnete sich immer deutlicher die materielle Überlegenheit der Alliierten ab. Darüber hinaus war die uneinheitliche Lenkung der deutschen Rüstung für Engpässe und Schwächen verantwortlich, die sich sehr bald bemerkbar machten. Auch der neue Rüstungsminister Speer dessen Amtsvorgänger Dr. Todt am 8. Februar 1942 mit seinem Flugzeug abgestürzt war, hat sie nie gänzlich bewältigen können.

Todt hatte übrigens zu denen gehört, die sich große Sorgen um die Zukunft machten. Das geht auch aus seinem letzten Gespräch mit Hitler am Abend vor seinem Tod hervor, nach dem er auf Speer einen niedergeschlagenen Eindruck machte.[55] Daß die Rüstung des Deutschen Reiches keineswegs so überwältigend war, wie die militärischen Erfolge der ersten Jahre glauben machen konnten, dafür waren auch zwei Selbstmorde symptomatisch: Im Frühjahr 1940 hatte sich der Chef des Heereswaffenamtes, General der Artillerie Prof. Dr. Becker, erschossen; im November 1941, vor dem Hintergrund der russischen Winterkrise, erschoß sich der Generalluftzeugmeister, Generaloberst Ernst Udet, weil Hitler sich nicht zu einer eindeutigen Entscheidung über die Führung des Luftkrieges durchringen konnte. Sowohl Becker wie Udet hatten die mangelhafte Rüstung wie die fehlgeleitete Kriegsführung nicht verwinden können.

Speer bestätigte das nach dem Krieg: »Trotz aller technischen und industriellen Fortschritte war selbst auf dem Höhepunkt der militärischen Erfolge in den Jahren 1940 und 1941 die Rüstungsproduktion des Ersten Weltkrieges nicht erreicht worden. Im ersten Jahr des Rußlandkrieges wurde nur ein Viertel der Geschütz- und Munitionsproduktion des Herbstes 1918 erreicht. Selbst drei Jahre später noch, im Frühjahr 1944, als wir uns nach all unseren Erfolgen der Produktionsspitze näherten, lag die Munitionsproduktion immer noch unter der des Ersten Weltkrieges – des damaligen Deutschland und Österreich mit der Tschechoslowakei zusammengenommen.«[56]

Durch Thomas, der als Leiter des Wehrwirtschafts- und Rüstungsamtes des OKW die Rüstungslage überblicken konnte, erfuhr Oster nicht nur den Stand der jeweiligen deutschen Leistungen. Er ließ ihn auch über die Leistungsfähigkeit der nordamerikanischen Rüstungsindustrie nicht im unklaren, deren ungeheure Kapazitäten bisher kaum ausgenutzt worden waren. Vor diesem Hintergrund einer wachsenden alliierten Überlegenheit an Menschen und Material wollte Oster herausfinden, wie es mit der Friedensbereitschaft der Westmächte mit einem Deutschland ohne Hitler stand und leitete einen neuen Vorstoß in dieser Richtung ein. Alle Tatsachen deuteten jetzt auf eine militärische Niederlage hin, und es mußte vermieden werden, daß sie auch das politische Ende Deutschlands bringen würde.

Oster hatte schon Anfang 1942 mit Dohnányi und Bonhoeffer Besprechungen über eine Reise nach Schweden geführt. Bonhoeffer sollte dort mit dem Bischof von Chichester, George Kennedy Allen Bell, zusammentreffen.[57] Oster und Dohnányi hatten sich ihrerseits mit Beck abgesprochen, der im März die anerkannte Führung der Opposition übernommen hatte, und sein Einverständnis zur Reise Bonhoeffers gab. Bell führte in Schweden Verhandlungen mit der Nordischen Ökumene und hatte schon von Dr. Hans Schönfeld, dem Direktor der Forschungsabteilung des Ökumenischen Rates in Genf, Informationen über den deutschen Widerstand erhalten. Bonhoeffer war der Abwehrstelle VII (München) als V-Mann zugeteilt, da Osters Abteilung Z »grundsätzlich keine V-Leute führte«,[58] und konnte mit der Tarnung als V-Mann der Abwehr die Reise nach Schweden unternehmen, wo er am 31.5.1942 Bell und Schönfeld in Sigtuna traf. Dort trug er die Bitte vor, eine eventuell vorhandene Kontaktbereitschaft der britischen Regierung zur deutschen Opposition zu erkunden und nannte gegenüber Bell auch einige Namen der Beteiligten.[59]

Bell bemühte sich nach Kräften, um Außenminister Eden zu einer Antwort im positiven Sinne zu bewegen. Er konnte aber nichts erreichen, da dieser auf sichtbaren Zeichen für das Vorhandensein einer Opposition in Deutschland bestand, was quasi bedeutet hätte, daß erst nach einem erfolgten Attentat die Verschwörer bei ihren britischen Gesprächspartnern glaubwürdig geworden wären. Damit war dieser Vorstoß gescheitert. Die Planungen für ein Attentat bei einem Besuch Hitlers an der Front im Osten bei der Heeresgruppe Mitte und in Berlin wurden davon jedoch nicht betroffen.

Der neue Befehlshaber der Heeresgruppe Mitte, Generalfeldmarschall von Kluge, der seit seiner Befehlsübernahme am 19.12.1941 dem ständigen Einfluß Tresckows ausgesetzt war, schwankte in seiner Haltung zu Hitler, obgleich er Tresckows Ausführungen weniger ablehnend gegenüberstand als Bock. Auch er hatte die Unmöglichkeit eines deutschen Sieges inzwischen erkannt. Es fehlte ihm aber der Impetus, sich selbst zu einer führenden Rolle aufzuraffen und von sich aus eine Aktion gegen Hitler zu beginnen. Zudem hatte sich Kluge in Augenblicken der direkten Konfrontation oft auf Hitlers Seite geschlagen, so bei der schmählichen Entlassung des Generaloberst Hoepner im Januar 1942, bei der Kluge eine düstere Rolle gespielt hat: Hoepner hatte das ihm unterstellte XX. Armeekorps des Generals Materna entgegen einem Führerbefehl zurückgenommen und damit vor der Einkesselung und Vernichtung gerettet, worauf Kluge Hoepners Eigenmächtigkeit in einer für diesen belastenden Weise Hitler meldete und der mit dessen sofortigen Enthebung von seinem Kommando und seiner Ausstoßung aus der Wehrmacht reagierte.[60] Als Kluge anschließend Hoepner am Telefon noch den

Vorwurf der Pflichtvergessenheit gegenüber dem Führer machte, hat dieser geantwortet: »Herr Feldmarschall, ich habe Pflichten, die höher stehen als die Pflichten Ihnen gegenüber und die Pflichten gegenüber dem Führer. Das sind die Pflichten gegenüber der mir anvertrauten Truppe.«[61] Kluge hatte sich, möglicherweise wider besseres Wissen, auf den Standpunkt des unbedingten Gehorsams gestellt, der in seiner Bedingungslosigkeit bis in die letzten Wochen des Krieges hinein eine Wurzel der Hilflosigkeit der Generäle in der Auseinandersetzung mit Hitlers längst unsinnig gewordenen Befehlen war.

In der Haltung dieser beiden Männer waren entgegengesetzte Prinzipien aufeinander gestoßen. Hoepner dagegen sah das Ende seiner Laufbahn in »dem Bewußtsein der meiner Armee und meinem Volke gegenüber erfüllten Pflicht«.[62] Dieser Konflikt war auch zwischen den Generälen Fromm und Olbricht aufgebrochen; Fromm hatte in einem Gespräch mit Olbricht die Meinung, »in hundert Fällen müsse man 100prozentig gehorsam sein«, während Olbricht ihm entgegenhielt, man müsse »bei 99 Fällen einmal nein sagen können«.[63]

Es hatte allgemein überrascht, daß ausgerechnet Kluge in der Auseinandersetzung mit Hoepner diesen Standpunkt eingenommen hatte, denn er war, wie der zu den Verschwörern zählende Hermann Kaiser am 6.4.1943 in sein Tagebuch schrieb, »... immer noch der beste, er hat Einsicht und eingesehen. Nur handelt er nicht.«[64]

Gerade diese Auseinandersetzung zwischen Kluge und Hoepner macht deutlich, welche Schwierigkeiten Tresckow zu bewältigen hatte und was für zähe Kleinarbeit dahintersteckte, wenn es ihm mit der Zeit gelang, Kluge den Verschwörern anzunähern. Um Kluge noch stärker zu motivieren, wurde durch Schlabrendorff ein Besuch von Goerdeler in Kluges Hauptquartier in Smolensk in die Wege geleitet. Wieder einmal bedurfte man Osters Hilfe, der beschaffte Goerdeler die für die Reise benötigten Papiere.[65] Dieser Besuch erfolgte im Oktober 1942 und, wie Schlabrendorff schreibt: »Auf der Vorarbeit Tresckows aufbauend, brach Goerdeler bei Kluge das Eis und nahm ihn gewissermaßen in Pflicht.«[66]

Das war ein beachtlicher Erfolg, doch mußte Kluge danach immer wieder von neuem auf die Linie der Männer um Tresckow eingeschworen werden, die ihn unter anderem damit unter Druck setzten, daß er von Hitler zu seinem 60. Geburtstag am 30. Oktober 1942 einen Scheck in Höhe von 250 000,– RM angenommen hatte. Hitlers Wehrmachtsadjutant, Generalmajor Schmundt, hatte den Scheck überbracht, der sich in einem Umschlag mit dem Aufdruck »Geheime Reichssache« befand. Beim Mittagessen zur Feier von Kluges Geburtstag entspann sich dann nach Gersdorffs Schilderung zwischen Kluge, Tresckow, dem Chef des Generalstabes der Heeresgruppe Generalmajor Krebs und Kluges Ordonnanzoffizier Oberleutnant Philipp Freiherr von Boeselager folgende Unterhaltung:

»Kluge: ›Meine Herren, was tut man eigentlich, wenn man ein Trinkgeld bekommt?‹

Krebs: ›Aber Herr Feldmarschall, das dürfen Sie doch nicht so auffassen. Schließlich haben die Feldmarschälle Blücher, Yorck und Moltke auch Dotationen erhalten und angenommen.‹

Kluge: ›Mein lieber Krebs, das war etwas ganz anderes. Da haben Feldherren nach einem siegreich beendeten Feldzug aus der Hand ihres Königs Dotationen in Form von Ländereien bekommen. Denen hat man aber nicht während eines Krieges, dessen Ausgang noch höchst zweifelhaft ist, einen Scheck zugesandt.‹

Tresckow: ›Herr Feldmarschall, Sie wissen, wie sehr wir Sie verehren und welch große Verehrung Sie in der gesamten Heeresgruppe genießen. Wenn Sie sich das erhalten wollen, dann kann ich Sie nur bitten, sich so schnell wie möglich von diesem Geld zu trennen.‹

Kluge: ›Aber wie?‹

Boeselager: ›Ach, Herr Feldmarschall, das schicken wir dem Roten Kreuz.‹

Kluge: ›Halt's Maul, Frechdachs. Ja, meine Herren, das muß ich mir noch einmal überlegen.‹

Tresckow: ›Herr Feldmarschall, ich möchte Sie erneut mit allem Nachdruck darauf hinweisen, daß Sie einen Weg finden müssen, dieses Geld wieder loszuwerden. Sie dürfen keinen Pfennig davon für sich verwenden.‹«[67]

Über die Verwendung des Schecks hat Gersdorff nichts erfahren, es wurde nicht wieder davon gesprochen. Schlabrendorff notiert, Hitler hätte zu seinem Geschenk geschrieben: »Zu Ihrem Geburtstag, mein lieber Feldmarschall. 125 000,– RM können sie auf Ihrem Gut einbauen. Reichsminister Speer hat Anweisung.« Nach Schlabrendorff, hat Kluge von Hitlers Angebot dann auch Gebrauch gemacht.[68]

Dennoch war sicher, daß Kluge sich einer Aktion der Verschwörer zumindest nicht in den Weg stellen würde, und das war eine Grundvoraussetzung jeglicher Attentats- und Staatsstreichplanung.

Die für die Koordinierung der Staatsstreichpläne und Attentatvorhaben so notwendigen Kontakte zwischen der Berliner Gruppe und dem Stab der Heeresgruppe Mitte wurden wesentlich erleichtert durch die Tätigkeit des Hauptmanns der Reserve Hermann Kaiser, eines überzeugten Gegners des nationalsozialistischen Regimes.[69] Im Zivilberuf Lehrer, war er bei Kriegsausbruch zur Wehrmacht einberufen worden, wo er ab 1940 beim Stab des Ersatzheeres als Kriegstagebuchführer des Befehlshabers des Ersatzheeres, Generaloberst Fromm, fungierte. Da er außerdem noch Vertrauensmann von General Olbricht war, dem Stellvertreter Fromms, und zudem als Mittler zu Goerdeler und Beck auftrat, wurde Kaiser zu einer weiteren Schaltstelle zur Heeresgruppe Mitte.[70]

In der Morgendämmerung des 19. November 1942, als sich die deutschen Stoßtrupps der 6. Armee in Stalingrad Stück für Stück dem Ufer der Wolga näherkämpften, traten die Russen einhundertfünfzig Kilometer nordwestlich am Don gegen den Frontabschnitt der benachbarten 3. rumänischen Armee an. Die Angriffswucht von zwei sowjetischen Armeen, der 5. Panzerarmee und der 21. Armee, traf die Verbündeten der Deutschen, und schon am Mittag des 19. November zeichnete sich die Katastrophe ab, als ganze rumänische Divisionen in Panik vor den angreifenden Russen zurückflohen. Wenig später wurde deutlich, daß es sich um einen Zangenangriff handelte, denn gleichzeitig griffen im Süden der 6. Armee, im Abschnitt der 4. Panzerarmee, die 57. und die 51. sowjetische Armee an, und als am 23. November die Stadt Kalač im Rücken der 6. Armee fiel, wo sich die beiden russischen Angriffsgruppen trafen, war die deutsche 6. Armee eingekesselt.

Vor der sich abzeichnenden Katastrophe bei Stalingrad trafen sich Ende 1942 Tresckow, Olbricht und Goerdeler in Berlin und vereinbarten, »daß Olbricht sich verpflichtete, in Berlin, Wien, Köln und München ein Instrument aufzubauen, mit dessen Hilfe in den fraglichen Städten Hitler die Macht entrissen werden sollte, wenn von anderer Seite der erste Schlag gegen Hitler geführt würde«.[71] Das Attentat sollte von der Heeresgruppe Mitte aus erfolgen, ein bestimmter Zeitpunkt wurde noch nicht festgelegt; allerdings hofften die Verschwörer, daß sich innerhalb der nächsten drei oder vier Monate bei einem Frontbesuch Hitlers die Chance zum Handeln bieten würde. Zur Unterstützung bei der Planung der technischen Einzelheiten brachte Olbricht auf Wunsch Osters und Becks am 1. Januar 1943 Hans Bernd Gisevius in seiner Dienststelle unter, wo er sich relativ ungestört mit den Putschvorbereitungen beschäftigen konnte. Zur Tarnung schloß Olbricht stets den schwer arbeitenden Gisevius in einem Zimmer ein, das dicht neben dem Büro des Amtschefs lag. Als einmal der Schlüssel abbrach und Gisevius unter einigen Schwierigkeiten befreit werden mußte, war das der Verschleierung seiner Tätigkeit nicht gerade förderlich.[72]

Die Staatsstreichvorbereitungen verliefen bei der Heeresgruppe Mitte und in Berlin nicht immer in regelmäßigem Kontakt miteinander. Durch diese mangelnde Abstimmung gab es Verzögerungen, und die große Entfernung zwischen Berlin und dem Hauptquartier der Heeresgruppe in Smolensk schuf zusätzliche Probleme; schriftliche oder gar telefonische Verbindung konnte man ohnehin nicht halten. Das gehört zu den Gründen, warum Oster in dieser Phase der Vorbereitungen nicht mit Tresckow zusammengetroffen ist. Hinzu kamen Sicherheitsgründe, die damals ein Treffen dieser beiden Exponenten des Widerstandes verhindert haben mögen.[73] Ebenso unterblieb ein Treffen Osters mit Tresckow an der Front, denn Oster hat offenbar an keiner der Frontreisen von Admiral Canaris im Winter 1942/43 teilgenommen.[74] Sein damals achtundzwanzigjähriger Sohn Achim, der zur gleichen Zeit bei seinen Eltern wohnte, da er als Hauptmann zur Generalstabsbildung an die Kriegsakademie in Berlin kommandiert war, kann sich für diesen Zeitraum an keine längere Abwesenheit seines Vaters erinnern.[75]

Kennzeichnend für Osters vielfältige Beziehungen ist eine Episode vom 22. Dezember 1942.[76] An diesem Tage wurde unter Einschaltung Osters ein Vorstoß zur Rettung des wegen Spionage und Landesverrats zum Tode verurteilten Oberregierungsrates im Reichswirtschaftsministerium, Dr. Arvid Harnack, unternommen. Harnack hatte zur sogenannten Roten Kappelle gehört, der Kriegsorganisation des sowjetischen Nachrichtendienstes unter der Führung des am Luftfahrtministerium tätigen Oberleutnants Harro Schulze-Boysen, der ebenfalls wegen Spionage und Landesverrat zum Tode verurteilt worden war.[77]

Am Morgen vor der anberaumten Hinrichtung hatte der Bruder Harnacks, Falk Harnack, Professor Jens Jessen[78] aufgesucht, der als Hauptmann der Reserve die Passierscheinstelle Q 6 beim Generalquartiermeister leitete. Der Wirtschafts- und Staatswissenschaftler war ursprünglich begeisterter Anhänger des Nationalsozialismus gewesen. Dessen Methoden hatten ihn aber sehr bald enttäuscht und Anschluß an Oppositionskreise suchen lassen. Da er zur »Mittwochgesellschaft« gehörte, einem Kreis, der sich regelmäßig bei Beck traf, hatte auch er Oster kennengelernt.

Jessen wie Harnack waren überzeugt, daß der Krieg im Osten verloren sei und stellten die Frage, ob Harnacks Bruder in der Lage sei, Kontakte mit den Russen zur Aufnahme von Verhandlungen herzustellen. Als Falk Harnack dies bejahte, eilte Jessen zu Oster und dieser ging sogleich zum Reichswirtschaftsminister Funk, um ihn zu bitten, Arvid Harnack als potentiellen Unterhändler mit der Sowjetunion vor dem Schafott zu bewahren. Funk wurden homosexuelle Neigungen nachgesagt, die Opposition verfügte notfalls über ein Druckmittel gegen ihn. Der Vorstoß hatte jedoch keinen Erfolg, da Funks Einflußmöglichkeiten in solchem Fall wohl sehr gering waren. Arvid Harnack wurde unmittelbar danach hingerichtet. Aber Funk hat weder Himmler noch Hitler von Osters Ansinnen unterrichtet.

Trotz seiner bekannt antikommunistischen Einstellung hat sich Oster prompt für den verurteilten Harnack eingesetzt. Offensichtlich sah er in ihm für den Eventualfall einen von Moskau akzeptierten Kontaktmann. Den Putsch erwartete er innerhalb der nächsten Monate, und die Frage, was nach einem erfolgreichen Staatsstreich an der Ostfront geschehen sollte, war durchaus offen.

Obgleich Oster, am 1.12.1942 zum Generalmajor befördert,[79] um die Jahreswende 1942/43 ein baldiges Handeln für immer dringlicher hielt, durfte nichts überstürzt werden. Eine übereilt ausgelöste Aktion hätte sämtliche Vorbereitungen zunichte gemacht. Schlabrendorff spricht von acht Wochen, die Oster und Olbricht Ende 1942 noch zum Abschluß der Vorbereitungen benötigt hätten.[80]

Bei Stalingrad waren die Russen am 16. Dezember 1942 mit drei Armeen gegen die 8. italienische Armee angetreten und nach kurzem Kampf durchgebrochen. Wieder hatten sie einen Frontabschnitt gewählt, der von den Truppen eines Verbündeten der Deutschen gehalten wurde. Durch diesen Durchbruch der Russen drohte jetzt nicht nur die Vernichtung der 6. Armee in Stalingrad, sondern die Einkesselung der Heeresgruppen Don und A, die noch im Kaukasus standen. Nun ging es um das Schicksal von weit über einer Million Soldaten.

Der deutsche Entsatzangriff auf Stalingrad, dem der Ausbruch der eingeschlossenen 6. Armee folgen sollte, wurde am 23. Dezember angesichts dieser Lage abgebrochen, und damit war das Schicksal der in Stalingrad Eingekesselten besiegelt. Bei einigen Mitgliedern der Opposition ließ die sich anbahnende militärische Katastrophe die Forderung immer lauter werden, die Aktion jetzt endlich auszuführen. Besonders Goerdeler wollte nicht mehr warten,[81] und Groscurth, der im Kessel von Stalingrad eingeschlossen war, hatte den leicht verwundeten Major Graf Waldersee herausfliegen lassen, um die Widerstandsgruppe in Berlin »zur höchsten Eile« anzutreiben.[82]

Die Betriebsamkeit der Verschwörer zu Anfang des Jahres 1943 darf jedoch nicht über die zahlreichen Schwierigkeiten hinwegtäuschen, die so viele Ansätze vereitelten. Ohne eine militärische Aktion war nichts zu erreichen, aber Kluge wollte eben lediglich einem Putsch nicht im Wege stehen, nicht aber selbst den ersten Schritt unternehmen. Bitter ließ Tresckow Mitte Januar durch Schlabrendorff in Berlin ausrichten, Kluge sei »ein Pfau, der ein Rad schlägt. Wenn gelungen, so Ruhm für sich. Wenn mißlungen, weiß er von nichts.«[83]

Damit war Olbricht in einer unglücklichen Lage, denn plötzlich schien alles auf ihm zu ruhen; unter diesen Umständen war auch er nicht mehr bereit, ohne Fromm etwas zu tun. Die Situation bedurfte dringend einer Klärung, so daß sich Tresckow nun doch zu einem Besuch Ende Januar 1943 in Berlin entschloß. Nach einem Gespräch mit Hermann Kaiser besuchte Tresckow Olbricht, mit dem er die Maßnahmen besprach, die nach einem erfolgreichen Attentat in Deutschland zu ergreifen wären. Als Hermann Kaiser einige Tage später erkrankt war, fand im Dienstzimmer seines Bruders Ludwig, der wie Hermann Kaiser im Stab des Ersatzheeres arbeitete und ebenfalls zum Widerstand zählte, eine Aussprache zwischen Tresckow, Olbricht und Goerdeler statt, der wenig später ein weiteres Treffen folgte. Wir wissen darüber nur soviel, daß in diesen Gesprächen eine endgültige Zusammenarbeit zwischen den Widerstandskreisen in Berlin und der Heeresgruppe Mitte erreicht wurde.[84]

Von Kluge hatte er nur die üblichen Unverbindlichkeiten überbringen können: »Keine Teilnahme an einem Fiaskounternehmen. Ebensowenig an einer Aktion gegen Hitler. Ist nicht im Wege, wenn Handlung beginnt.«[85] Die Last der Durchführung ruhte somit auf Tresckow, der lediglich nach einem Gelingen auf Kluges Mitwirken hoffen konnte.

Tresckow bemühte sich auch um Manstein, dem er mehrfach ohne Erfolg die Bereitschaft zum Mitmachen abzuringen versuchte. Kaiser schrieb, Kluge sei Manstein »um Pferdelängen der Erkenntnis voraus.«[86] Eine ganze Nacht lang in diesen schicksalsschweren Frühjahrsnächten des Jahres 1943, als die Wende des Krieges immer offenbarer geworden war, fochten der Generalstäbler und der Marschall einen zähen Kampf aus. Auf der einen Seite Tresckow, den Halder als den künftigen Chef des Generalstabes sah, und dem als jungem Offizier sein Kommandeur gesagt hatte: »Sie, Tresckow, werden einmal Chef des Generalstabes werden oder als Revolutionär auf dem Schafott enden.« Auf der anderen Seite Manstein, einer der fähigsten operativen Köpfe unter den Generalen des Zweiten Weltkrieges, den der britische Militärhistoriker Liddell Hart den gefährlichsten Gegner der Alliierten genannt hat. Am Ende dieser inhaltsschweren Unterredung sagte Manstein schließlich zu Tresckow: »Sie können das Rad der Geschichte nicht zurückdrehen.«[87] Manstein war kein Yorck, zudem hoffte er auf ein Gelingen der nächsten großen Offensive, wie überhaupt die Stimmung in Mansteins Heeresgruppe im Frühjahr 1943 nach dem Tiefpunkt von Stalingrad sich deutlich gebessert hatte, was auch Hitlers Luftwaffenadjutant v. Below bestätigt.[88]

Auch die Hoffnung Osters und Gisevius', daß die Kapitulation der 6. Armee in Stalingrad als mitreißendes Fanal wirken würde, erwies sich als trügerisch. Manstein wurde wieder in »Hitlers Arme« zurückgetrieben, und da auch Paulus, der Oberbefehlshaber der 6. Armee, weder Selbstmord beging noch einen flammenden Aufruf an das Heer gegen Hitler richtete, scheint sich Kluge außerstande gesehen zu haben, bei einer entscheidenden Besprechung im Führerhauptquartier gegen Hitler Stellung zu beziehen, wie man in Berlin gehofft hatte.[89]

Stalingrad hatte Oster eine weitere Belastung aufgebürdet: Sein zweiter Sohn, Harald, befand sich als O I der 3. Infanteriedivision im Kessel von Stalingrad, und es bestand nach dem Verlust der letzten Flugplätze im Kessel am 22. und 23. Januar 1943[90] keine Hoffnung mehr, ihn lebend wiederzusehen. Harald Oster hat sich am 27. Januar im Kessel von Stalingrad erschossen, was sein Vater aber nie erfuhr. Für das Schicksal seines Sohnes machte Oster Hitler persönlich verantwortlich, wie für das sinnlose Opfern einer ganzen Armee. In seiner Erbitterung ließ er sich zu unvorsichtigen Äußerungen hinreißen, so daß Hauptmann Gehre, Schlabrendorffs Nachrichtenübermittler in der Abwehr, Achim Oster vor Unvorsichtigkeiten seines Vaters warnen mußte. So soll Oster einmal beim Aussteigen aus seinem Wagen vor dem Dienstgebäude der Abwehr am Tirpitzufer laut gesagt haben: »Jetzt bringen wir ihn um.«[91]

Oster kam jetzt abends meist sehr spät vom Tirpitzufer nach Hause zurück, und noch in der Nacht empfing er seine Mitverschwörer. Sein Sohn Achim erinnert sich, wie einmal ein unscheinbarer Mann in Zivil an der Haustür läutete, der sich als der ehemalige Chef des Generalstabes, Generaloberst Beck, entpuppte. In einer anderen Nacht erschien Olbricht in einem Zivilanzug und verschwand sofort im Arbeitszimmer seines Vaters, der seiner Familie striktes Verbot erteilt hatte, während der Besprechungen mit den nächtlichen Besuchern sein Zimmer zu betreten. Was sein Vater mit seinen Gästen besprach, über deren hohen Rang der Sohn häufig verwundert war, erfuhr er nie. Hans Oster pflegte dann einige eher unverständliche Erklärungen zu geben, die die Skepsis des Sohnes nur verstärkten. Die Unterhaltung endete meistens mit der Andeutung von dienstlichen Geheimnissen, von denen junge Hauptleute überhaupt nichts zu wissen brauchten.[92]

Anfang Februar 1943 schien die militärische Lage keinen weiteren Aufschub zu dulden; die Situation verschlechterte sich immer mehr. Hassell schildert am 14.2.1943 die Lage nach Stalingrad für die Verschwörer als nicht ganz hoffnungslos, zum Handeln war es dennoch »zu früh, da die Vorbereitungen noch nicht vollständig abgeschlossen« waren. Es fehlte eben die »Initialzündung«, der Anschlag auf Hitler; gelang es nicht, den Diktator aus dem Weg zu räumen, so waren alle Überlegungen hinfällig: »Sogar Herr Zeitzler, Hitlers auserwählter Generalstabschef, merkt jetzt, was los ist und hat den Mut zum Widerstand gegen unsinnige Befehle gefunden, indem er zwei Tage lang nicht zum Vortrag erschienen ist und dadurch seine Ansicht durchgesetzt hat. Auch Kluge und Manstein haben sich, nachdem das Kind in den Brunnen gefallen ist, etwas mehr Bewegungsfreiheit erkämpft. Und Herr Fromm, diese Wetterfahne, äußerte tapfere Ansichten. Aber was trotz aller Bemühungen noch fehlt, ist die Initialzündung.«[93]

Tresckow kam nun ein zweites Mal nach Berlin, um die Vorbereitungen zum Attentat zu beschleunigen, sein Drängen hat Kaiser in seinem Tagebuch festgehalten: »Kein Tag sei zu verlieren. Es sei so bald als möglich zu handeln. Von den Feldmarschällen sei keine Initialzündung (Attentat auf Hitler, d. Vf.) zu erwarten. Sie folgten nur einem Befehl, genau wie die Stelle hier (Olbricht, d. Vf.). Der Befehl müsse von anderer Seite kommen, das habe er auch Beck gesagt.«[94] Witzleben hatte sich bereit erklärt, den Oberbefehl über die Wehrmacht zu übernehmen, allerdings nur im Einvernehmen mit Beck.[95] Ebenso standen bereit: Osters Mitarbeiter Hauptmann Gehre, der einen Stoßtrupp in Berlin führen sollte, sowie der Oberst Fritz Jäger, Kommandeur der Panzerersatztruppen II und XXI, dem die Übernahme des Befehls über das Berliner Wachbataillon zugedacht war.[96]

Olbricht zeigte sich über den Stand dieser Vorbereitungen

»sehr befriedigt«, verlegte aber nach einer neuerlichen Anfrage Tresckows, der ihn händeringend um einen Termin für das Attentat bat, den Zeitpunkt auf Anfang März.[97] Das bedeutete, daß von diesem Datum an jederzeit die »Initialzündung« in der Heeresgruppe Mitte ausgelöst werden konnte. Es fehlte nur noch die günstige Gelegenheit.

Über die Art des Attentats hatte Tresckow nach langen Überlegungen Klarheit gewonnen: Ein Sprengstoffattentat schien ihm die größtmögliche Sicherheit zu bieten, daß Hitler auch wirklich getötet werden würde.[98] Der zunächst von ihm erwogene Plan eines gemeinschaftlichen Pistolenattentats auf Hitler barg die Gefahr, daß Kluge im allgemeinen Durcheinander der dann unvermeidlich entstehenden Schießerei mit umkommen würde.[99] Kluge durfte aber nicht gefährdet werden, denn er war eine zu wichtige Person in Tresckows Kalkül, »... dem es darauf ankam, die Ostfront zu halten«.[100]

Auch Kluge wandte sich verständlicherweise entschieden gegen den Plan eines Pistolenattentats, dem Tresckow ja selber nicht ohne Skepsis gegenüberstand.[101] Auf die Alternative, Hitler in die Luft zu sprengen, war Tresckow schon früh gekommen. Im Sommer 1942 hatte er eines Tages seinen Ic, Oberst v. Gersdorff, aufgesucht und diesem eine merkwürdige Bitte vorgetragen: »Fragen Sie mich bitte nichts, aber ich brauche einmal einen besonders wirksamen Sprengstoff, der wenig Raum beansprucht, und zum anderen einen absolut zuverlässigen Zeitzünder, der keinerlei Geräusche verursacht. Können Sie mir beides besorgen?«[102] Gersdorff ahnte sogleich, worum es sich handelte, obwohl er zum damaligen Zeitpunkt noch nicht zum Kreis der eingeweihten Verschwörer zählte.

Nach längerem Suchen fand er einen englischen Plastiksprengstoff aus Beutebeständen, der bei einem Test an einem russischen Panzer die Kuppel meterweit absprengte, obwohl nur zweihundertfünfzig Gramm der Sprengmasse verwendet worden waren. Tresckow führte in den darauffolgenden Wochen zusammen mit seinem Vetter Schlabrendorff zahlreiche zufriedenstellende Versuche durch, die allerdings einen Mangel offenbarten: Je kälter es wurde, desto höher wurde die Zünddauer der chemischen Zünder. Tresckow und Schlabrendorff hielten auf Tabellen die Abhängigkeit der Zünddauer fest, um den jeweiligen Witterungsverhältnissen Rechnung tragen zu können, die im russischen Frühjahr sehr großen Temperaturschwankungen unterworfen waren. Für den Fall, daß es zu keinem Sprengstoffattentat kommen würde, verfügte man noch über den Reiterverband »Boeselager«, dessen Kommandeur, Rittmeister Georg Freiherr von Boeselager, von Tresckow eingeweiht war und mit seinen Ansichten voll übereinstimmte. Ihm und seinen Offizieren wäre im Attentatsfall wohl die Aufgabe zugefallen, Hitler zu erschießen, wobei er sich seines Verbandes sicher sein konnte.[103]

Parallel zu all diesen praktischen Vorbereitungen für ein Attentat hatte Oster in Berlin flankierende Maßnahmen zur Sicherung des Staatsstreichs unternommen. Durch eine geschickte Politik bei der Besetzung der Kommandeurstellen der Division »Brandenburg«, bei der Oster eine erhebliche Rolle gespielt hatte, war es gelungen, mit Teilen dieser Einheit eine Art Verfügungstruppe für den Staatsstreich zu schaffen.[104] Die sogenannten Brandenburger, die aus der im Oktober 1939 aufgestellten »Bau-Lehr-Kompanie z.b.V. 800« hervorgegangen waren, entsprachen in ihrem Verwendungszweck etwa den britischen »Commandos« und den amerikanischen »Rangers«. Bis zum Jahr 1942 waren sie zur Division angewachsen, die an allen Frontabschnitten Rußlands, im Kaukasus und in Nordafrika eingesetzt worden waren, bevor sie nach schweren Verlusten Anfang 1943 wieder nach Deutschland verlegt wurden.[105] Nach dem Tod ihres Kommandeurs, Oberst Haehling von Lanzenauer, der am 8.2.1943 einem Lungenleiden erlag, schlug Oster Canaris seinen alten Bekannten Alexander von Pfuhlstein als Nachfolger vor. Bis zu dessen offizieller Kommandoübernahme am 1.4.1943 wurde die Division provisorisch von Oberst von Lahousen geführt, so daß zumindest die Verfügbarkeit der im Raum von Berlin befindlichen Truppen der Division nach Meinung der Verschwörer gewährleistet blieb. Eine Einbeziehung der »Brandenburger« in die Staatsstreichplanung wurde dadurch ermöglicht, daß die Division bis Frühjahr 1943 dem OKW Amt Ausland/Abwehr unterstand. Diese Unterstellung wurde anschließend aufgehoben und Canaris' Mitspracherecht bei Einsätzen dieser Einheit eingeengt. Nach dem gescheiterten Putsch vom 20. Juli 1944, im Herbst 1944, wurde sie zu einer reinen Panzergrenadierdivision umgewandelt.[106]

Pfuhlstein war von Oster über Einzelheiten des Planes eingeweiht worden: Er sollte mit den in Berlin befindlichen Teilen der »Brandenburger« zur Ausschaltung der Parteidienststellen mit eingesetzt werden. Pfuhlstein beschäftigte sich ab Februar 1943 mit der technischen Abwicklung dieses Planes, der nicht ohne Risiken war, da eine vorherige Orientierung der Soldaten ausgeschlossen blieb. Diese Vorbereitungen konnten trotz erheblicher Schwierigkeiten und großer Skepsis Pfuhlsteins soweit abgeschlossen werden, daß nach Aussage von Oberstleutnant Heinz, der das IV. Regiment der Division befehligte, dieses im März 1943 für eine Aktion abrufbereit gewesen wäre.[107]

Kurz zuvor hatte Oster den designierten Kommandeur der Division Brandenburg, Oberst und ab 1.4.1943 Generalmajor Pfuhlstein, in dessen Büro am Lochow-Damm angerufen und ihn gebeten, am gleichen Abend in seine Wohnung zu kommen. Pfuhlstein kam gegen 21.00 Uhr in Zivil, und das Hausmädchen führte den abendlichen Besucher sofort ins Arbeitszimmer Osters, wo das Ehepaar Oster ihn schon erwartete. Frau Oster brachte Wein und Zigaretten, verabschiedete sich dann, wie üblich, von beiden Männern. Das nun folgende Gespräch gibt Pfuhlstein folgendermaßen wieder:

»Oster: ›Haben Sie die Möglichkeit, in den nächsten Tagen unter irgendeinem dienstlichen Vorwand in das OKH zu fahren?‹

Pfuhlstein: ›Ja, das kann ich glaubhaft organisieren.‹

Oster: ›Sie wissen, unsere Vorbereitungen leiden an zwei Dingen. Uns fehlt ein Vertrauensmann im Heerespersonalamt. Deshalb ist es entsetzlich schwierig, die Offiziere zu erhalten, die wir unbedingt brauchen. Wir kennen viele, die bereit wären und geeignet sind, am Umsturz mitzuarbeiten, aber nur einzelne können wir erhalten ... Olbricht hatte drei zuverlässige Bataillone in Ostpreußen ›versteckt‹, sie sollten bei der Einschließung des Führerhauptquartiers mitwirken. Nun hat Jodl diese Bataillone auch abgezogen und eingesetzt. Wir suchen jetzt nach einem Ausweg. Heusinger, der Chef der Operationsabteilung des Heeres soll durch Stalingrad und allgemein von der Unfähigkeit des Lumpen (Hitler, d.Vf.) stark beeindruckt sein. Heusinger selbst hat einen Schwager in Stalingrad verloren. Versuchen Sie durch allgemeine Unterhaltung festzustellen, ob wir es wagen können, ihn in die Pläne des Umsturzes einzuweihen ... Olbricht selbst, Canaris, ich oder andere sind zu gefährdet. Sie werden von Heusinger als Frontoffizier und bisheriger Kommandeur eines Infanterieregiments angesehen. Sie beide kennen sich gut aus der Leutnantszeit. Ich habe Olbricht deshalb vorgeschlagen, Sie damit zu beauftragen, Heusinger auf den Zahn zu fühlen. Versuchen Sie es! Aber seien Sie vorsichtig! Also gute Fahrt!‹«

Bald darauf fuhr Pfuhlstein von Berlin mit dem regelmäßigen Sonderzug vom Görlitzer Bahnhof nach Lötzen ins OKH. Es gelang ihm, dort zu Heusinger vorzudringen und vor der abendlichen Meldung der Heeresgruppen und Armeen in Ruhe mit ihm zu reden.

Nach einigen einleitenden Sätzen kam Pfuhlstein zum Kern

der Sache: »Herr General, können Sie mir sagen, was denken Sie eigentlich?« Sehr ernst, mit ruhiger Stimme erläuterte dieser Pfuhlstein seine Ansichten: »Hitlers Krieg ist verloren, schon lange. Das deutsche Volk ahnt noch nichts davon ... Der Umsturz, die Beseitigung Hitlers kann jetzt im Kriege nur vom Heer und nur von den ältesten Generälen und Feldmarschällen durchgeführt werden. Es ist nicht zu erwarten, daß die Feldmarschälle und Generäle des Heeres bereit sind, etwas derartiges zu tun. Es ist nicht etwa Mangel an persönlicher Tapferkeit und Mangel an Einsatzbereitschaft ... es sind andere Gründe: Der Treuekomplex ... Gebranntes Kind scheut das Feuer. Die Generäle spüren noch heute in ihren Knochen die Revolution 1918/19. In Erinnerung an die damaligen Zustände in Deutschland werden sie es ablehnen, nun von sich aus eine neue Revolution zu inszenieren ... Man müßte seine Pistole nehmen und Hitler erschießen! Von welchem General wollen Sie das verlangen! ... Nein! Die Hoffnung auf einen Umsturz müssen wir fallenlassen, der Krieg ist verloren ... Wir wirken nur verzögernd, mehr auch nicht. Es geht dem Ende zu – ohne Umsturz, ohne Rettung.«

Nach dieser Unterredung wurde eine Beteiligung Heusingers an der Verschwörung von Oster und Olbricht nicht mehr erwogen.[108]

Immerhin verfügten die Verschwörer im Führerhauptquartier mit dem General der Nachrichtentruppe Erich Fellgiebel über einen ihrer wichtigsten Verbündeten. Fellgiebel zählte seit dem Winter 1939/40 zum Kreis der Verschwörer und war durch seine Dienststellung von ähnlicher Bedeutung für sie wie Olbricht im Allgemeinen Heeresamt. Als Chef des Nachrichtenwesens im OKH war er gleichzeitig Chef der Wehrmachtsnachrichtenverbindungen im OKW und damit Vorgesetzer der Nachrichtenführung aller drei Wehrmachtsteile mit Weisungsrecht auch im Nachrichtenapparat der deutschen Reichspost. Ihm und seinen Mitarbeitern Oberst Kurt Hahn und Hauptmann Max Ulrich Graf von Drechsel, die alle drei am 4.9.1944 wegen Beteiligung an der Verschwörung des 20. Juli 1944 hingerichtet wurden, hatte nach gelungenem Umsturz die Aufgabe der nachrichtentechnischen Blockierung des Füherhauptquartiers zufallen sollen.[109] Fellgiebel war allerdings der Ansicht, man könne erst nach dem Staatsstreich diesbezügliche Maßnahmen treffen, da für eine vollständige Isolierung des FHQ die Fern- und Verstärkerämter der Reichspost hätten ausgeschaltet werden müssen – ein nach Fellgiebels Meinung zu großer Aufwand.[110] War aber Hitler erst einmal beseitigt, so würden sich viele Probleme von selbst lösen. Alles lief darauf hinaus, daß der wichtigste Punkt das Attentat selber blieb.

Um Hitlers außerhalb seines gesicherten Hauptquartiers habhaft zu werden, ließ Tresckow seinem alten Bekannten Generalleutnant Schmundt, der Hitlers Chefadjutant war, die Bitte übermitteln, Hitler zu einem Besuch bei Kluge zu bewegen, der mit militärischen Notwendigkeiten begründet wurde.[111]

Nach längerem Hin und Her traf Hitler am 13. März 1943 mit dem Flugzeug im Hauptquartier der Heeresgruppe Mitte in Smolensk ein. Fünf Tage vorher, am 7. März, war Canaris in Begleitung von Lahousen und Dohnányi dort gewesen, wobei Dohnányi die letzten Probleme zu klären hatte, die sich bei der Koordinierung der Aktionen in Smolensk und Berlin ergaben. Lahousen hatte eine Kiste Sprengstoff hintransportiert.[112] Oster hatte ihn schon im Februar 1943 um die neuesten Zünd- und Sprengmittel für die Heeresgruppe Mitte gebeten, obwohl bei dem der Heeresgruppe unterstellten Abwehrkommando II Bestände an Sprengmitteln vorhanden waren, aus denen Gersdorff bislang Tresckow hatte versorgen können.[113]
Im Zimmer des Kriegstagebuchführers der Heeresgruppe Mitte, einem »kleinen, anspruchslosen Raum«, fand dann am Abend des 7. März 1943 die letzte entscheidende Besprechung zwischen Tresckow und Dohnányi statt. Tresckow unterrichtete Dohnányi von dem in Kürze bevorstehenden Attentat, legte gemeinsam mit ihm einen Code fest, mit dem das Gelingen oder auch Mißlingen des Anschlags nach Berlin durchgegeben werden konnte. Nach der Abreise von Canaris und seinen Begleitern präparierten Tresckow und Schlabrendorff sofort eine Sprengladung, die als Paket zwei Kognakflaschen glich.[114] Nun fehlte nur noch eine günstige Gelegenheit, an Hitler heranzukommen.

Am 13.3.1943 schien der entscheidende Augenblick gekommen zu sein. Hitler befand sich auf dem Rückflug von seinem Hauptquartier Winniza in der Ukraine nach Rastenburg in Ostpreußen und hatte seinen Besuch in Smolensk bei der Heeresgruppe Mitte angekündigt. In Berlin war man immer noch damit beschäftigt, die Trümmer der schweren Bombenangriffe vom 1./2. März zu beseitigen, die über 2000 Tote und Verwundete sowie 35 000 Obdachlose gefordert hatten. Wie zum Hohn darauf wurde am 5. März zum fünfundzwanzigjährigen Jubiläum der Ufa-Filmgesellschaft der Mammutfilm »Münchhausen« uraufgeführt, der mit Hans Albers, Brigitte Horney und Ilse Werner in den Hauptrollen gewaltige Mittel verschlungen hatte, wohingegen am 16. März der Reichsbeauftragte für Glas, Keramik und

Holzverarbeitung eine Normung für Särge erließ, die nicht mehr als 0,11 beziehungsweise 0,12 Kubikmeter Holz verbrauchen durften. Aber Hitler bestand auf friedensmäßiger Öffnung der Theater- und Opernhäuser, da er befürchtete, durch die andauernden Bombenangriffe könnte »... die Haltung des Volkes einen unreparierbaren Knacks« bekommen.[115]

Ansonsten befand sich Hitler in überraschend guter Stimmung, als er zum Flug nach Smolensk seine viermotorige Focke Wulf Condor bestieg. Er erschien in Smolensk in großer Begleitung: mit seinem Leibarzt Dr. Theo Morell, seinen Privatköchen und einem Heer von SS- und SD-Leuten. Schlabrendorff meinte nach dem Krieg, man hätte Hitler bei dieser Gelegenheit mit Hilfe von Boeselagers Reiterverband beseitigen können, doch hätte dies zweifellos der Mitwirkung Kluges bedurft, der sich dazu ja nicht bereit fand. So mußten Tresckow und Schlabrendorff versuchen, die Bombe unbemerkt irgendwo anzubringen.

Hitlers Besuch begann mit einer längeren Besprechung mit Kluge und den Armeeführern. Nach einigen Stunden folgte im Kasino das Mittagessen. Aber weder im Besprechungszimmer noch im Kasino hatte man, was ein leichtes gewesen wäre, die Bombe versteckt. In beiden Fällen nämlich hätte man Kluge sowie die versammelten Generäle mit Hitler getötet und sich so »selber um den Erfolg betrogen«.[116]

Hitler nahm ein gesondertes Essen zu sich, das von seinem Koch zubereitet und vom Leibarzt vorgekostet wurde, was Schlabrendorff anschaulich schildert: »Der Vorgang mutete an, als ob man einen orientalischen Despoten der Vorzeit vor sich gehabt hätte. Hitler essen zu sehen, war ein höchst widerwärtiger Anblick. Die linke Hand stützte er auf den Oberschenkel, während er mit der rechten Hand sein aus vielerlei Gemüsesorten bestehendes Essen in sich hineinlöffelte. Dabei führte er nicht etwa den rechten Arm zum Munde, sondern ließ ihn während des ganzen Essens auf dem Tisch liegen und neigte stattdessen seinen Mund zum Essen. Zwischendurch trank er verschiedene vor seinem Teller aufgestellte nichtalkoholische Flüssigkeiten. Auf Befehl Hitlers hatte das Rauchen nach dem Essen zu unterbleiben.«[117]

Gersdorff saß an einem Nebentisch mit Tresckow und dem zu Hitlers Begleitung zählenden Oberst i. G. Brandt vom Oberkommando des Heeres. Während Gersdorff mehr oder weniger fasziniert dem schlürfenden und löffelnden »Führer« zusah, hörte er, wie Tresckow Oberst Brandt fragte, ob er beim Rückflug in der gleichen Maschine wie Hitler säße. Als Brandt bejahte, bat ihn Tresckow, ein Päckchen für den Chef der Organisationsabteilung im Generalstab des Heeres, Oberst i.G. Stieff, mitzunehmen.[118] Stieff konnte ab Sommer 1943 zum engeren Kreis der Verschwörer gerechnet werden, jetzt aber war er in die Einzelheiten nicht eingeweiht.[119]

Das für Stieff bestimmte Päckchen enthielt jene als Kognakflaschen getarnte Sprengladung mit einem Zünder von dreißig Minuten Ansprechdauer, so daß Hitlers Focke Wulf Condor spätestens zweihundert Kilometer nach dem Start abstürzen mußte.

Nach dem Essen begab sich Hitler zum Flugplatz, wo Schlabrendorff auf einen Wink Tresckows hin Oberst Brandt das Päckchen übergab. Er bestieg das gleiche Flugzeug wie Hitler. Treskkow und Schlabrendorff beobachteten noch wie Hitlers Maschine abhob und, begleitet von mehreren Me-109-Jägern, in Richtung Ostpreußen entschwand. Nach menschlichem Ermessen und den Berechnungen Tresckows mußte die Maschine etwa auf der Höhe von Minsk abstürzen, einer der Begleitjäger würde den Absturz melden.[120]

Nach dem Start rief Schlabrendorff Gehre an, der über Dohnányi das Stichwort für die gestartete »Initialzündung« an Oster weitergab. Reichlich zwei Stunden später kam die Nachricht aus Rastenburg, daß Hitlers Flugzeug unversehrt gelandet sei; die Sprengladungen waren nicht detoniert. Schlabrendorff rief Gehre sofort erneut an und gab das Stichwort für den Mißerfolg des Attentats. In Berlin waren glücklicherweise von Oster und Olbricht noch keine Maßnahmen angelaufen, die bei einem Widerruf die Gefährdung der Verschwörer bedeutet hätten.

Durch einen Anruf bei Oberst Brandt in Rastenburg gelang es Tresckow, diesen zu veranlassen, das Paket zurückzuhalten, so daß Schlabrendorff am nächsten Tag unter »einem militärischen Vorwand« ins FHQ flog und dort das Päckchen gegen wirkliche Kognakflaschen austauschen konnte. Nachdem er das Päckchen in seinem Nachtquartier geöffnet hatte, stellte er fest, daß der Schlagbolzen des Zündmechanismus zwar auf das Zündhütchen geschlagen, dieses aber nicht gezündet hatte.[121] Das lag vermutlich an der zu niedrigen Temperatur im Gepäckraum von Hitlers Condor, deren Heizung häufig ausfiel, wie sich Flugkapitän Baur später erinnerte.[122]

In der Nacht zum 15. März fuhr Schlabrendorff nach Berlin zu Oster, um ihm von dem fehlgeschlagenen Attentat zu berichten. Achim Oster öffnete Schlabrendorff die Tür und aus der Art, wie sein Vater diesen empfing, schloß er, daß der nächtliche Besucher von großer Wichtigkeit sein mußte. Oster schloß sich mit Schlabrendorff in sein Arbeitszimmer ein. Schlabrendorff schreibt: »Kein Wort des Vorwurfs entschlüpfte Oster. Mit Ruhe und Gelassenheit nahm er den Bericht entgegen.«[123] Achim Oster fiel an diesem Abend die ungewöhnliche Blässe im Gesicht seines Vaters auf, äußerlich erweckte er einen ruhigen Eindruck. Endlich war das Ziel zum Greifen nahe gewesen, und nur durch einen unglücklichen Zufall war das Attentat mißlungen. Seiner Familie gegenüber ließ er nicht die geringste Andeutung fallen, die einen Hinweis auf die Vorgänge oder seine Gefühle gegeben hätte.[124]

Inzwischen versuchte Hitler noch einmal, das Schicksal zu wenden: Bei Kursk, wo die russische Front in einem auffallenden Bogen in die deutschen Linien hineinragte, sollte durch eine große deutsche Offensive die Entscheidung erzwungen werden. »Zitadelle« sollte der Deckname für die neue Offensive sein, von der sich Hitler, zeitweise ganz euphorisch, einen durchschlagenden Erfolg versprach.

Aber auch Tresckow war nicht untätig geblieben. Kurz nach dem 13. März hatte ihm Schmundt telefonisch mitgeteilt, daß Hitler am 21. März während der Feier zum Heldengedenktag im Berliner Zeughaus eine Ausstellung russischer Beutewaffen zu besichtigen vorhatte, die von der Heeresgruppe Mitte zusammengestellt worden war. Zu diesem Zweck wünsche Hitler die Anwesenheit des Feldmarschalls von Kluge als des Oberbefehlshabers der Heeresgruppe mit seiner Frau. Tresckow sah sogleich eine neue Möglichkeit für einen Anschlag. Da die Ausstellung von Gersdorffs Ic-Abteilung organisiert worden war, sollte Gersdorff bei dieser Besichtigung anwesend sein. Unvermittelt stand er der Frage gegenüber: »Tresckow fragte mich, ob ich bereit sei, bei dieser Gelegenheit, bei der man unter Umständen neben Hitler auch Göring, Himmler und Goebbels beseitigen könnte, einen Attentatsversuch zu unternehmen. Er könne mir keine Anweisungen für die Durchführung geben, da dies von den örtlichen Verhältnissen abhängig sei. Wahrscheinlich werde es aber notwendig sein, daß ich mich mit Hitler zusammen in die Luft sprengen müsse. Wir waren damals so fest in die neue gestellte Aufgabe der Beseitigung Hitlers verstrickt, daß ich nicht viel Zeit brauchte, um die schwerwiegendste Frage, die je an mich gerichtet wurde, mit Ja zu beantworten.«[125]

Anschließend weihte Tresckow Gersdorff in die Einzelheiten der Vorbereitungen ein, die nach dem gelungenen Attentat anlaufen würden. Nun kam es nur noch darauf an, Kluge von dem Besuch in Berlin abzubringen, da man nach einem erfolgreichen Staatsstreich nicht auf ihn verzichten wollte. Tresckow überredete den Feldmarschall schließlich, sich durch Generaloberst Model, den Befehlshaber der 9. Armee, vertreten zu lassen, der als Anhänger Hitlers, wie Gersdorff sagt, »nicht geschont zu werden brauchte«.[126]

Vor dem Abflug nach Berlin sprachen Tresckow und Gersdorff auf einem »langen Spaziergang auf den Dnjepr-Wiesen« wiederum alle Möglichkeiten durch, und in den Worten Tresckows bricht noch einmal die unbedingte Gegnerschaft zu Hitler durch: »Ist es nicht etwas Ungeheuerliches, daß hier zwei deutsche Generalstabsoffiziere zusammen überlegen, wie sie am sichersten ihren Obersten Befehlshaber umbringen können? Aber es muß getan werden. Es ist die einzige Möglichkeit, Deutschland vor dem Untergang zu retten. Die Welt muß von dem größten Verbrecher aller Zeiten befreit werden. Man muß ihn totschlagen wie einen tollwütigen Hund, der die Menschheit gefährdet!«[127]

Am 20. März flog Gersdorff mit Model nach Berlin, der gegenüber Schmundt auf der Anwesenheit Gersdorffs bestand, da er selbst keine Einzelheiten zu den Ausstellungsstücken berichten könne. Damit war die Teilnahme Gersdorffs gesichert, der nach Besichtigung der Örtlichkeiten feststellen mußte, daß ein unbemerktes Anbringen einer Sprengladung angesichts der zahlreichen SS- und SD-Leute unmöglich war. »Mir wurde in diesen Stunden endgültig klar, daß ein Attentat nur durchführbar war, wenn ich die Sprengkörper bei mir trug, um mich in unmittelbarer Nähe Hitlers mit ihm zusammen in die Luft zu sprengen«, berichtet Gersdorff.[128] In der Nacht brachte Schlabrendorff zwei Clam-Haftminen in Gersdorffs Zimmer im Hotel Eden, zwei »schon ziemlich alte Zehn-Minuten-Zünder« hatte sich Gersdorff aus Smolensk mitgenommen. Gersdorff sagt: »Ich habe in dieser Nacht kein Auge zugetan und hatte ähnliche Empfindungen wie ein Verurteilter in der Todeszelle vor seiner Hinrichtung.«[129]

Die Feier am 21. März begann um 13.00 Uhr. Nach der 7. Sinfonie von Anton Bruckner hielt Hitler seine Festrede, in der er von den bis jetzt 542 000 Gefallenen sagte, daß sie »als unvergängliche Helden und Pioniere eines besseren Zeitalters in unseren Reihen ewig weiterleben« würden. Nach dem Ende der Rede Hitlers nahm Gersdorff zur Beruhigung Pervitin und stellte sich gemeinsam mit Model und dem Museumsdirektor am Eingang zum Zeughaus auf. Die nun folgenden Ereignisse sind hier mit Gersdorffs Worten wiedergegeben: »Es dauerte jedoch noch eine ganze Weile, bis Hitler erschien. Neben ihm ging Göring, der in seiner weißen, mit Orden und Schmuck überladenen Uniform und in roten Saffianstiefeln den Eindruck eines Operettenfürsten machte; zudem war er auf grotesk auffallende Weise geschminkt.

Hitler wurde von Himmler, Keitel, Dönitz, Schmundt sowie zwei oder drei Ordonnanzoffizieren begleitet. In der Tür wandte Hitler sich plötzlich um und sagte: ›Herr Feldmarschall v. Bock, ich bitte Sie, als ehemaliger Oberbefehlshaber der Heeresgruppe Mitte, sich mir anzuschließen.‹ Bock quittierte mit einer etwas übertriebenen Verbeugung und betrat den Raum zusammen mit seinem Begleitoffizier, Major der Reserve Hans-Carl Graf v. Hardenberg-Neuhardenberg. Diesen Augenblick – als die Aufmerksamkeit aller auf Hitler, Bock, Hardenberg gerichtet war – benutzte ich, um den Zünder der in meiner linken Manteltasche steckenden »Clam«-Haftmine zu betätigen. Die andere »Clam« hatte ich in der rechten Manteltasche. Den rechten Arm hatte ich aber bereits wie meine beiden Nachbarn zum »Deutschen Gruß« erhoben. Hitler begrüßte nur Model mit Handschlag. Dann begann der Rundgang, wobei ich mich dicht an Hitlers linke Seite drängte. Als ich Erklärungen zu verschiedenen Ausstellungsstücken abgeben wollte, hörte Hitler offensichtlich gar nicht zu. Auch als ich ihn auf einen napoleonischen Adler aufmerksam machte, den deutsche Pioniere beim Brückenbau über die Beresina im Flußbett gefunden hatten, erhielt ich keine Antwort. Stattdessen ging – oder besser gesagt, lief – Hitler auf kürzestem Weg in die Richtung des seitlichen Ausgangs. Auch Göring, der inzwischen einen Blick in eine Vitrine mit Schriftstücken geworfen hatte und Hitler auf einen patriotischen Aufruf des Metropoliten von Moskau aufmerksam machen wollte, wurde keiner Antwort gewürdigt. Am Ausgang an der Zeughausseite, in deren Nachbarschaft das Ehrenmal steht, verabschiedete sich Hitler von Model und mir mit dem üblichen rechtwinkligen Erheben des rechten Unterarmes.«[130]

Hitler war in zwei Minuten durch die Ausstellung sozusagen durchgerannt, eine viel zu kurze Zeitspanne für die Zehn-Minuten-Zünder von Gersdorff. Während Hitler vor dem Zeughaus auf einen sowjetischen Beutepanzer kletterte, warf Gersdorff seinen Zünder ins nächste WC. Ein zweites Mal war der Diktator davongekommen, und wieder mußte Oster gemeldet werden: »Es hat nicht geklappt.« Seine Familie kann sich an kein besonderes Verhalten erinnern, lediglich der Allgemeinzustand des Vaters gab ihnen Anlaß zur Sorge. Oster wirkte zunehmend erschöpft und abgespannt. Man schob das aber auf den vermißten Sohn Harald und die sich ständig verschlechternde Kriegslage. Die Familie ahnte nicht, daß Hitler zweimal um Haaresbreite dem Tod entronnen war.[131]

Beide Attentatsversuche hatten Olbricht gezeigt, daß die Vorbereitungen in Berlin noch stark verbesserungsbedürftig waren.[132] Dies zeigt besonders drastisch Hassells Tagebucheintragung vom 28.3.1943, wo es heißt: »Siegt wirklich überall das Schlechte? Kurt Hammerstein (ehemaliger Chef der Heeresleitung, d. Vf.) ist todkrank. Ich besuchte ihn, ein jämmlicher Eindruck. Trotz seiner Schwäche – nur zehn Minuten bei ihm – sagte er leidenschaftlich beschwörend: ›Macht nur keinen Kapp-Putsch, sagen Sie das auch dem Goerdeler.‹ Die Warnung ist berechtigt, denn das Ausbleiben einer rechten Organisation rückt die Versuchung zu verzweifeltem Einzelvorgehen näher. Auch zum Beispiel bei Nordmann (Professor Jens Jessen, Hassell benutzt stets Decknamen, d. Vf.), der neulich in heftigen Konflikt mit Hase (Oster) geriet, der ihm vorwarf, Wunschträume als Realität ausgegeben zu haben ... Die Generäle sind zum Verrücktwerden. Mein alter Mitarbeiter Etzdorf, der bei ihnen ist (als Vertreter des Auswärtigen Amts im Hauptquartier, d. Vf.), erzählte verzweifelt, nachdem es jetzt wieder etwas besser stünde, sei alles wieder in Butter. ›Der Führer hat doch wieder recht gehabt.‹ Hoffnungslos!«[133]

Bevor aber daran gegangen werden konnte, neue Pläne auszuarbeiten, traf die Verschwörer ein Schlag, der für die gesamte militärische Opposition auf absehbare Zeit eine Lähmung aller Aktivitäten bedeutete. Am 5. April 1943 wurden Oster kaltgestellt und Dohnányi verhaftet.

»So ein verlogener Bursche«[1]

Vor dem Reichskriegsgericht

Osters Entlassung ging auf Vorgänge zurück, die in das Jahr 1942 zurückreichen. Er hat hierin nur eine Nebenrolle gespielt, die Auswirkungen für ihn selbst und den Widerstand aber waren katastrophal. Mitte 1942 war in Prag ein Devisenschmuggel größeren Ausmaßes entdeckt worden, in den der portugiesische Wahlkonsul und V-Mann der Abwehr, Wilhelm Schmidhuber, tief verstrickt war.

Bei der Zollfahndungsstelle Prag war man aber nicht schlüssig geworden, wie man an Schmidhuber und den zugleich mit ihm belasteten Heinz Ickrath, der ebenfalls als Offizier bei der Abwehrstelle VII (München) geführt wurde, herankommen sollte. Daher informierte sich der Leiter der Prager Zollfahndung, Regierungsrat Wapenhensch, erst einmal bei dem ihm bekannten Hauptmann Süß, dem Leiter der Abteilung III F bei der Münchener Abwehrstelle, wie er in diesem Fall vorzugehen habe. Der Regimegegner Süß belehrte ihn dahin, daß eine Verhaftung Schmidhubers nur auf höhere Weisung erfolgen könne. Wapenhensch ließ jedoch nicht locker, während Süß, in sofortiger Erkenntnis der drohenden Gefahr, Schmidhuber, Ickrath und Dr. Müller über die Aktivitäten der Prager Zollfahndung benachrichtigte. Müller wiederum rief sofort Dohnányi an, so daß schließlich auch Oster vor einer Untersuchung dieser Affäre gewarnt wurde.[2]

Allen war deutlich, daß mit einer Verhaftung Schmidhubers erhebliche Probleme entstehen würden, er wußte genügend Einzelheiten der Pläne aus den Jahren 1939/40, um eine echte Gefährdung für den Verschwörerkreis in der Abwehr darzustellen. Erschwerend kam noch hinzu, daß Schmidhuber mit dem Ehepaar Dohnányi aus dienstlichem Anlaß bekannt war und dadurch auch gewisse Einblicke in dessen Tätigkeit hatte. So war ihm beispielsweise das sogenannte Unternehmen U 7 bekannt, eine Aktion Dohnányis, bei der Juden, als V-Leute getarnt, in die Schweiz gebracht wurden, um sie auf diese Weise vor der Gestapo zu schützen.[3]

Osters eigene Beurteilung Schmidhubers war nicht gerade schmeichelhaft; er hegte ihm und seinen undurchsichtigen Geschäften gegenüber eine ausgeprägte Abneigung. Gegen zu enge Kontakte der Mitarbeiter der Abwehr mit dem für bestimmte Aufträge unentbehrlichen V-Mann Schmidhuber hatte Oster Vorbehalte. Eine Verhaftung dieses Mannes konnte eine Lawine auslösen, die für die Widerstandsgruppen in der Abwehr in höchstem Maße gefährlich war.

Da die Staatsstreichvorbereitungen um die Jahreswende 1942/43 seine ganze Energie in Anspruch nahmen, verlor Oster die Affäre Schmidhuber jedoch wieder aus den Augen. Auch rechnete er wohl nicht sobald mit einem Zugriff der Gestapo gegen Abwehrangehörige wegen einer bloßen Devisensache. Er übersah, daß es sich genau umgekehrt verhielt: Schmidhubers Devisenvergehen boten einen handfesten Ansatzpunkt für eine Untersuchung, die es dem Reichssicherheitshauptamt endlich gestattete, dort zu arbeiten, wo es ihm bisher versagt war - in der Abwehr. Die seit Jahren vorhandene Rivalität zwischen dieser Stelle und der Abwehr hatte nie völlig beseitigt werden können, daher konnte es dem Reichssicherheitshauptamt nur recht sein, Schwächen und Unzulänglichkeiten der Abwehr aufzudecken. Gelang es, deren Unfähigkeit zu beweisen, so bedeutete dies einen weiteren Schritt zur Verwirklichung des Ziels einer Übernahme der Abwehr durch das Reichssicherheitshauptamt.

Wegen der ständigen Reibereien, die bereits nach der Machtergreifung durch unklare Kompetenzen bei Abwehr und Gestapo aufgetreten waren, hatten Ende 1936 Canaris und der Leiter der Abteilung für Rechts- und Verwaltungsfragen der Gestapo, SS-Obersturmbannführer Dr. Werner Best, ein Abkommen ausgehandelt, das wegen der zehn Punkte, die es enthielt, »die zehn Gebote« genannt wurde.

Dieser Vertrag hatte die Bereiche von Abwehr und Gestapo abgegrenzt und den Geheimen Meldedienst (Abw. Abt. I) sowie die Gegenspionage (Abw. Abt. III F) der Abwehr überlassen. Den Abwehrinteressen wurde damals insofern der Vorrang eingeräumt, als die Gestapo in Fällen, die für den Geheimen Meldedienst und die Gegenspionage von Bedeutung waren, erst dann in Aktion treten sollte, wenn seitens der Abwehr kein Interesse mehr für den Fall bestand. Damit war das Gebiet der Spionage und Gegenspionage dem Reichssicherheitshauptamt zunächst verschlossen geblieben.

Nach Kriegsbeginn jedoch hatten sich dort die Stimmen gemehrt, die eine Erweiterung der Kompetenzen zugunsten des Reichssicherheitshauptamtes forderten. Nach zahlreichen Vorstößen seitens Heydrichs und des Reichssicherheitshauptamtes kam es im April 1942 in Prag zu einer Neuregelung der Aufgabenbereiche, die Canaris mit Heydrich selber aushandelte. Nun war es der Sicherheitspolizei und dem SD ebenfalls gestattet, auf dem Gebiet der Gegenspionage tätig zu werden. Ein Übergewicht der Abwehr blieb dennoch gewahrt, da die politische Berichterstattung ausschließliche Aufgabe der Sicherheitspolizei und des SD werden sollte, während die militärische Berichterstattung der Abwehr vorbehalten blieb.

Das Ergebnis zeigte einen erheblichen Abbau der bisherigen Alleinzuständigkeit der Abwehr auf dem Gebiet der Spionage, doch bis zur endgültigen Übernahme durch das Reichssicherheitshauptamt sollten noch über zwei Jahre vergehen.

Durch die Aufmerksamkeit von Süß war die Abwehr nunmehr gewarnt, und in einer Besprechung zwischen Canaris, Oster und Dohnányi kam man überein, Schmidhuber zu veranlassen, sich nach Italien abzusetzen, bevor ihn der Zugriff Wapenhenschs treffen würde. Während Ickrath sich aus München absetzte, bekam Schmidhuber vom Leiter der Abwehrstelle VII, Oberstleutnant Ficht, einen dreiwöchigen Urlaub und reiste mit seiner Frau nach Meran, wo er sich in einem kleinen Hotel einquartierte. Kaum war er verschwunden, öffneten Süß und Müller seinen Panzerschrank und vernichteten jedes Dokument von Schmidhuber, mit dem der hartnäckige Wapenhensch seine Verdachtsmomente hätte untermauern können.

Mittlerweile war der Zollfahnder in München eingetroffen, wo er bei Ficht die Verhaftung Schmidhubers verlangte. Ficht sandte daraufhin Müller nach Meran, um den Wahlkonsul zur Rückkehr zu bewegen. Doch in Meran angekommen, beschwor Müller den aufgebrachten Schmidhuber, nicht nach Deutschland zurückzukehren, da er dort in Gefahr sei; er empfahl ihm, sich nach Portugal abzusetzen. Mit dem Versprechen, ihn über sämtliche Aktionen Wapenhenschs zu unterrichten, verließ Müller den gefährdeten Devisenjongleur.

Schmidhuber wartete jedoch vergeblich auf eine Nachricht Müllers, denn Wapenhensch hatte bei Ficht einen Haftbefehl gegen Schmidhuber erwirkt, den das für Schmidhuber zuständige Feldgericht des Luftgaus VII ausstellte, da der Gesuchte bei der Münchener Abwehrstelle gleich seinem Genossen Ickrath als Luftwaffenoffizier geführt wurde. Ohne daß Oster oder einer der Eingeweihten davon erfahren hätte, erschien Wapenhensch in Begleitung von Schmidhubers formalem Vorgesetzten, Hauptmann Brede, in Meran und präsentierte den italienischen Behörden einen hieb- und stichfesten Haftbefehl gegen den ahnungslosen Schmidhuber. Am 31.10.1942 wurde Schmidhuber von der italienischen Polizei festgenommen, die ihn zwei Tage später in Bozen an Brede und Wapenhensch übergab. In Handschellen wurde er nach München gebracht und in das dortige Wehrmachtsgefängnis eingeliefert.[4]

Seine überraschende Festnahme faßte Schmidhuber als Wortbruch auf, da er fest angenommen hatte, daß die Abwehr ihn schützen würde. Nach diesem vermeintlichen Verrat drohte er, sich zu rächen und alles »auszupacken«, was er über die unzweifelhaft hochverräterischen Umtriebe des Oster-Kreises wußte. Als der Bagatellfall eine dramatische Wendung nahm, kamen Müller und Dohnányi auf den nicht sehr glücklichen Einfall, Schmidhuber als Agenten des britischen Geheimdienstes auszugeben, weil sowohl Oster wie Dohnányi, der Schmidhuber für gutmütig aber schwach hielt, der Meinung waren, er würde beim ersten scharfen Verhör zusammenbrechen.[5]

Das Feldgericht des Luftgaus VII führte die Untersuchung, und dort verdächtigte nun der Leiter der ASt VII, Oberstleutnant Ficht, in Absprache mit Müller Schmidhuber des Hoch- und Landesverrats. Erst durch dieses verständliche, aber wenig durchdacht angelegte Ablenkungsmanöver wurde aus der ursprünglich banalen Devisenaffäre Schmidhuber ein Fall von Hoch- und Landesverrat, dessen Auswirkungen gar nicht abzuschätzen waren. Die Angelegenheit Schmidhuber wurde dem untersuchenden Luftwaffenfeldgericht bald zu heiß, und so wurde die Gestapo zumindest hinzugezogen, ohne daß der Fall jedoch ganz unter die Zuständigkeit des Reichssicherheitshauptamtes fiel.

Immerhin wurden Schmidhuber und der bereits am 13.10.1942 verhaftete Ickrath der Gestapo überstellt, die sogleich mit einer Kette von Vernehmungen begann. Schon nach den ersten Verhören wurde klar, daß Schmidhubers Aussagen brisant waren, so brisant, daß man bei der Gestapo dem gesprächigen V-Mann zunächst mit großer Zurückhaltung begegnete, da er als ».. etwas haltlose und charakterlich wenig überzeugende Persönlichkeit« angesehen wurde, wie nach dem Krieg der SS-Standartenführer Walter Huppenkothen vom Reichssicherheitshauptamt befand. Schließlich hatte Schmidhuber nicht nur über Dohnányis Unternehmen 7 geplaudert, er hatte auch Andeutungen über Müllers Romreisen gemacht, die Dohnányi vorbereitet hätte und hinter denen eine »Generalsclique« stünde.

Namen allerdings hatte Schmidhuber kaum preisgegeben. Oster wurde zwar erwähnt, weil Dohnányi ihm unterstellt war, aber konkrete Beschuldigungen vermied Schmidhuber, denn dies hätte ihn zweifellos selber erheblich belastet. Die anfängliche Skepsis bei der Gestapo wich mit der Zeit der Erkenntnis, daß innerhalb der Abwehr einiges nicht zu stimmen schien, denn aus den ungenauen Äußerungen Schmidhubers ging doch einwandfrei hervor, daß eine Untersuchung nur dann zum Erfolg führen konnte, wenn sie in der Abwehr ansetzte. Dort aber hätte über kurz oder lang auch Canaris in die Untersuchung einbezogen werden müssen, und hier türmten sich der Gestapo Schwierigkeiten auf.[6]

Im Februar 1943 leitete der Gestapochef, SS-Gruppenführer Heinrich Müller, einen Untersuchungsbericht an Himmler weiter, in dem er sich für einen Überraschungsschlag gegen Canaris' Abwehr einsetzte. Entgegen der Erwartung, daß Himmler diesen Vorschlag begierig aufgreifen würde, schrieb der Reichsführer SS ärgerlich an den Rand des Berichts: »Laßt mir endlich den Canaris in Ruhe.«[7]

Ratlos standen die Gestapisten vor einem Phänomen, das sie nicht zu klären vermochten. Himmler stellte sich vor Canaris und verwehrte damit seinem eigenen Apparat Zugriff auf die Abwehr. Allerdings waren seine Motive keineswegs uneigennützig: Himmler war einer gewissen Faszination erlegen, die der in seinen Augen als Meisterspion geltende Canaris auf ihn ausübte. Zwar war auch Himmlers Endziel die Übernahme der Abwehr durch sein Reichssicherheitshauptamt, doch vorerst schien ihm Canaris' Abwehr zum unverzichtbaren Apparat des kriegführenden Deutschlands zu gehören, für den auch von seiten des Reichssicherheitshauptamts zunächst kein Ersatz zu schaffen war.

So kam es, daß der Fall Schmidhuber wieder an die Wehrmachtsjustiz zurückfiel, wo er nach großen Ungeschicklichkeiten des der Abwehr wohlgesonnenen Reichskriegsgerichts schließlich auf dem Tisch des Oberkriegsgerichtsrats Dr. Manfred Roeder landete, der dienstaufsichtsführender Richter beim Luftwaffenfeldgericht z.b.V. in Berlin war, das nur besonders delikate Fälle bearbeitete.

Bei der Zerschlagung des Agentenrings »Rote Kapelle« hatte Roeder sich den Ruf äußerster Härte erworben. Er galt als gnadenloser Fahnder, der eine einmal aufgenommene Fährte nicht wieder verlor. Roeder war der Sohn eines Kieler Landgerichtsdirektors. Im Jahre 1900 geboren, stand er 1943 noch keineswegs am Ende seiner Karriere, zumal er als Günstling Hermann Görings einen mächtigen Fürsprecher auf seiner Seite wußte.

Ausgerechnet dieser Mann nun wurde am 3. April nach Absprache zwischen dem Chef der Wehrmachtsrechtswesenabteilung, Generaloberstabsrichter Rudolf Lehmann, und dem Oberreichskriegsanwalt, Dr. Alexander Kraell, zum Reichskriegsgericht abkommandiert, um die Untersuchung des Falls Schmidhuber zu übernehmen. Weder Lehmann noch Kraell ahnten die Tragweite ihrer Entscheidung zugunsten von Roeder,

Oben: Canaris und Heydrich. *Unten:* Reichsgerichtsrat Hans v. Dohnányi

Oben: (v. links) Claus Schenk Graf v. Stauffenberg, Karl Jesko v. Puttkamer, Karl Bodenschatz, Hitler und Keitel vor dem Führerhauptquartier. *Unten:* Werner v. Haeften

mit der sie der Abwehr einen denkbar schlechten Dienst erwiesen hatten; denn Roeder handelte schnell.

Am 3. April erhielt Roeder auf der Reichskriegsanwaltschaft die Akte »Schmidhuber« und machte sich sogleich an die Arbeit. In dem Wust von unterschiedlichen Aussagen und Andeutungen Schmidhubers sah Roeder einen schwerwiegenden Fall von Hoch- und Landesverrat in der Abwehr, und sein Verdacht konzentrierte sich auf den von Schmidhuber mehrfach genannten Dohnányi. Hier wollte der Oberkriegsgerichtsrat ansetzen, denn dieser war offenbar ein Landesverräter, und jeder weitere Tag, den dieser Mann im Amt war, konnte erheblichen Schaden anrichten. Noch am 3. April erwirkte Roeder beim Präsidenten des Reichskriegsgerichts, Admiral Bastian, einen Haftbefehl gegen Dohnányi und die Erlaubnis zur Durchsuchung seiner Diensträume.[8]

Am 5.4.1943 suchte Roeder in Begleitung des Kriminalsekretärs und SS-Untersturmführers Franz Xaver Sonderegger die Gebäude der Abwehr am Tirpitzufer auf, um Dohnányi zu verhaften. Dem überraschten Canaris erläuterte Roeder, daß er einen Haftbefehl für Dohnányi habe, der sich verschiedener Devisenvergehen, Verletzung von Dienstpflichten und offenbar auch hoch- und landesverräterischer Handlungen schuldig gemacht habe.

Canaris reagierte seltsam hilflos auf die Erklärungen Roeders, die in ihrer Art einzigartig waren. Noch nie zuvor hatte ein Außenstehender eine Durchsuchung oder Verhaftung in der Abwehr vorgenommen, dies widersprach sämtlichen Geheimhaltungsvorschriften. Noch dazu war Roeder in Begleitung eines Gestapobeamten, der nun ebenfalls die geheiligten Diensträume der Abwehr betreten sollte, was die Ungeheuerlichkeit des Vorgangs noch erhöhte. Lediglich die Geheime Feldpolizei hätte in diesem Fall eingreifen dürfen, statt dessen erschien ein Luftwaffenrichter in Begleitung eines Gestapomannes.

Doch der Abwehrchef tat nichts, weder rief er Keitel an, denn die Abwehr unterstand ja dem OKW, noch protestierte er selbst gegen Roeders Vorhaben. Selbst als dieser von Canaris die Anwesenheit eines Offiziers bei der Verhaftung forderte, kam kein Wort des Protestes über seine Lippen, statt dessen wollte er selber bei der Verhaftung Dohnányis anwesend sein.

Schweigend führte Canaris seine unerwünschten Besucher über die engen Flure des alten Abwehrgebäudes in das Dienstzimmer Osters. Kaum war das Wort von der bevorstehenden Verhaftung Dohnányis heraus, fuhr Oster den ungeduldigen Roeder an: »Ich bitte mich auch gleich festzunehmen, da von Dohnányi nichts getan hat, von dem ich nichts weiß.«[9] Canaris beschwichtigte den aufgebrachten Oster, und gemeinsam ging man in das

Zimmer von Dohnányi, das direkt neben dem von Oster lag. Roeder erklärte Dohnányi im Namen des Oberreichskriegsanwalts für festgenommen und begann sofort mit Sonderegger die Durchsuchung von Dohnányis Dienstzimmer.[10]

Noch am 4. April hatte Lehmann bei Canaris angerufen und diesen vor Roeders Aktivitäten gewarnt, worauf der Abwehrchef sofort zu Oster gegangen war und diesen dringend aufgefordert hatte, alle belastenden Papiere aus seiner Abteilung verschwinden zu lassen. Oster beruhigte seinen aufgeregten Amtschef, nahm aber offensichtlich die Warnungen nicht ernst genug. Sowohl Canaris als auch Oster rechneten wohl nicht so bald mit einem Zugriff des unermüdlichen Untersuchungsrichters.[11]

Am 5. April befanden sich entgegen allen Warnungen in Dohnányis Panzerschrank in einer Mappe Z-grau einige für Beck bestimmte Zettel. Es handelte sich unter anderem darum, daß Bonhoeffer und Müller am 9. April 1943 nach Rom fahren sollten, um dem Vatikan die Gründe für das Ausbleiben des März-Attentats zu erklären, da ja beide Versuche von Tresckow und Gersdorff fehlgeschlagen waren.

Auf einem dieser Zettel war der Gedanke festgehalten, einen evangelischen Geistlichen dem Rektor des Collegium Germanicum in Rom, Dr. Zeiger, protestantische Wünsche für die Friedensbotschaft des Papstes vortragen zu lassen. Bei dem Geistlichen handelte es sich um Bonhoeffer, der diese Reise als V-Mann unternehmen sollte. Gezeichnet war dieser Zettel mit einem großen O.[12]

Laut Anklageschrift gegen Oster kam es nun zu folgendem Vorfall: »Während der Untersuchung machte er (Dohnányi, d. Vf.) den Versuch, den Inhalt einer Aktenmappe (Z-grau, d. Vf.) zu beseitigen, die von dem Untersuchungsführer zu den bereits sichergestellten Schriftstücken gelegt war. Hierbei beobachtet, wurde er aufgefordert, die Papiere wieder hinzulegen. Nunmehr versuchte er, die Aufmerksamkeit des mitanwesenden Generalmajors Oster auf diese Zettel zu lenken, während der durchsuchende Untersuchungsführer abseits tätig war. Beiden Beschuldigten gelang eine Verständigung, die dahin führte, daß der Generalmajor Oster, mit dem Gesicht zum Untersuchungsführer gewandt, mit der linken Hand hinter seinem Rücken die gleichen Zettel herauszog und diese unter den Saum seines Zivilanzuges schob. Hierbei wurde er durch den anwesenden Kriminalsekretär Sonderegger und den Untersuchungsführer beobachtet, sofort zur Rede gestellt und mußte die Zettel wieder herausgeben.«[13] Sofort danach wurde Oster von Roeder aus dem Zimmer gewiesen, was auch Canaris nicht zu verhindern vermochte.

So hatte sich Oster schwer kompromittiert und darüber hinaus der Begünstigung schuldig gemacht, ein Vorwurf, der später unter anderen in der Anklageschrift formuliert werden sollte. Der Grund für Osters unüberlegte Handlung lag vermutlich in einem unglücklichen Mißverständnis zwischen ihm und Dohnányi. Oster war zunächst die Auseinandersetzung zwischen Dohnányi und Roeder über die Aktenmappe entgangen, weil »ich mich wahrscheinlich mit der Durchsicht anderer Akten beschäftigte«.[14]

Als Dohnányi die Mappe Z-grau Canaris ganz offen als amtliches Material vorlegen wollte, hatte er vorher unglücklicherweise Oster zugeflüstert, er möge seiner Frau einen Zettel schicken, sie also über seine Verhaftung benachrichtigen.[15] Der in diesem Augenblick eher unaufmerksame Oster hatte offenbar nur »Zettel« verstanden und dies auf die erwähnten Papiere bezogen. Daraufhin, so schreibt Oster, »... habe ich mich vielmehr bemüht, diese Zettel zu finden, um sie zu lesen und an Ort und Stelle vielleicht eine Aufklärung geben zu können. Hierzu bin ich vor aller Augen an den runden Tisch gegangen, habe micht mit dem linken Oberschenkel an den Tischrand gelehnt, mit der linken Hand ein Aktenstück auf dem Tisch aufgeschlagen und drei obenauf liegende, außen leere Zettel umdrehen wollen, als sich der Untersuchungsführer an mich wandte«.[16]

Das liest sich etwas anders als die in der Anklageverfügung behauptete Version, die Oster in einem Vermerk am 3. November 1943 als »Musterbeispiel kriminalistischer Kombination im Sinne des erstrebten Erfolges« bezeichnete.

Fest steht aber, daß Oster durch die Erwähnung des Wortes »Zettel« wie elektrisiert war und im ersten Moment an das Unternehmen 7 dachte, »das besonders diskret zu behandeln und wo daher eine sofortige Aufklärung aus dienstlichen Gründen geboten war«. Diese ohnehin brisante Aktion barg an sich schon Gefahren genug. Sollte er darüber hinaus noch die Unterlagen über den Vatikan im Auge gehabt haben, so wird sein Verhalten um so verständlicher, zumal ja offenbar keine gemeinsame Verabredung getroffen worden war, wie man die belastenden Papiere im Fall der Entdeckung behandeln sollte.

Canaris verhielt sich bei diesen Vorgängen auffallend passiv. Vermutlich hatte er instinktiv erkannt, daß jede Äußerung zugunsten von Dohnányi oder Oster ihn nur belasten würde. Im gleichen Vermerk vom 3.11. sagt Oster: »Jedenfalls beherrschte nach dieser Lage der Umstände, das muß leider zugegeben werden, der Untersuchungsrichter mit seinem Beamten die Situation.«[17] Fürs erste ging dennoch alles glimpflich; Oster wurde zu Hause unter Arrest gestellt, und nachdem Roeder gegen ihn eine Dienstaufsichtsbeschwerde erlassen hatte, durch folgenden Bescheid des Heerespersonalamtes vom 16.4.1943 aus seiner Stellung entfernt: »An Chef A Ausl./Abw. Generalmajor Oster wird in die Führerreserve versetzt. Mit der Geschäftsführung beauftragt wird Oberst Jacobsen, Abw. III.«[18]

Ob Oster auch ohne den Versuch, die Zettel an sich zu nehmen, aus seiner Stellung entfernt worden wäre, bleibt unsicher. Verdächtig wäre er als direkter Vorgesetzter Dohnányis immer gewesen. Auf jeden Fall bedeutete das eher beiläufige Ereignis eine schwere Schwächung der Opposition. Oster nahm seit langem eine Schlüsselposition innerhalb des Widerstandes ein, so daß jeder weitere Monat in seiner Stellung einen Gewinn für die Verschwörer darstellte.

Die Meinungen der überlebenden der Verschwörung über Osters Sturz sind einhellig. Gisevius schrieb: »Der Sturz Osters und die Zerschlagung seines Apparates war ein viel zu tiefgreifendes Ereignis, als daß es sich nicht auf die Arbeit der gesamten Opposition hätte auswirken müssen. Wie bei allen harten Zugriffen der Gestapo erwies sich zunächst der psychologische Schock als am lähmendsten. Monatelang ging alles in Deckung. Jeder wartete auf den nächsten Schlag. Es entstand gleichsam ein konspiratives Vakuum, bis dann gegen den Herbst eine neue Persönlichkeit die Lücke ausfüllte - und mit ihr ein neuer Dynamismus.«[19] In Schlabrendorffs 1946 erschienenen Buch heißt es in diesem Zusammenhang: »Damit hatten wir unseren bisherigen ›Geschäftsführer‹ verloren. Es kam also zunächst darauf an, einen neuen Mann zu finden, der seine Nachfolge übernehmen könnte. Dieser Mann fand sich in Oberst Graf Claus Schenk von Stauffenberg.«[20]

Am Tag nach Dohnányis Verhaftung schrieb Kaiser in seinem Tagebuch über die Ereignisse des Vortages: »... Dohnányi ist also verreist und Oster krank ... Der V-Mann (Schmidhuber, d. Vf.), geborener Münchener, portugiesischer Konsul, hat Devisengeschäfte bzw. Schiebungen gemacht und sich dabei als Lump offenbart. Dohnányi hat ihn ohne Zweifel gedeckt. Der V-Mann, verhaftet, sitzt in München. Er hat ohne Zweifel Dohnányi bloßgestellt, so daß Dohnányi verhaftet wurde, ferner seine Frau und sein Schwager. Eine Hiobsbotschaft für gewisse Leute. Orientierung von Olbricht ist notwendig. Nachmittags bei Olbricht, dem ich den eigentlichen Sachverhalt schildere. Er weiß noch nichts vom Stubenarrest. Ich sehe darin Sicherheitsmaßnahme für Oster. Bringe Brief an Oster, mit Empfehlung Kaisers als durchaus zuverlässiger Mann mit Wünschen zur baldigen Wiederherstellung.«[21]

Die Bekanntschaft mit Schmidhuber wollte Roeder jetzt gegen Dohnányi ausspielen. Schmidhuber hatte Dohnányi wiederholt belastet, so daß Roeder einen erfolgversprechenden Ansatz auf einem Gebiet sah, das nichts mit der oppositionellen Tätigkeit Dohnányis zu tun hatte: Der voreilige Untersuchungsrichter warf Dohnányi Vergehen gegen Devisenbestimmungen, passive Bestechung und die Mißachtung einiger Dienstvorschriften vor, denn er hoffte, damit die von ihm des Hoch- und Landesverrats verdächtigte Gruppe um Oster und Dohnányi endlich vor Gericht zu bringen.

Für Oster stellte sich die Situation nach dem 5.4.1943 folgendermaßen dar: Dohnányi und dessen Frau, Dr. Müller, dessen Frau und Sekretärin sowie ein ehemaliger Gehilfe Müllers, Oberleutnant Randolf von Breidbach, waren von der Gestapo verhaftet worden. Canaris konnte oder wollte nichts unternehmen, während Oster selbst auf Roeders Liste der Hauptverdächtigen stand. Es galt, eine geeignete Taktik für die bevorstehenden Vernehmungen zu finden. Dabei mußte die Tatsache, daß mit den Verhafteten kein Kontakt aufgenommen werden konnte, die Gefahr widersprüchlicher Aussagen erhöhen.

Am 12.4.1943 wurde Oster zum ersten Mal von Roeder vernommen.[22] Kurz vorher war Dohnányi von Roeder verhört worden und hatte erklärt, daß das Signum »O« auf den bewußten Zetteln von Oster sei.[23] Dies bestritt Oster ganz entschieden, nicht zuletzt deshalb, weil durch das Mißverständnis zwischen ihm und Dohnányi versäumt worden war, die Zettel als amtliches Material und zwar als »Spielmaterial« zu deklarieren, was normalerweise zur Irreführung des Gegners diente. Auf die Vorhaltungen Roeders, daß er mit Dohnányi zusammen den Ansatz Bonhoeffers als V-Mann auf den Vatikan besprochen habe, entgegnete Oster, daß er das für unwahrscheinlich halte, da V-Leute nicht von der Abt. Z, sondern nur von Abt. I und III angesetzt würden.[24]

Diese Aussagen Osters mußten aber ebenso wie das Nichtanerkennen des Signums Dohnányis Lage verschlechtern, der in Roeders Augen nun entweder log, oder dienstliche Eigenmächtigkeiten begangen hatte, zu denen er durch seine Stellung in keiner Weise ermächtigt gewesen war. Bei dieser Vernehmung versuchte Oster sein Gegenüber zu provozieren, indem er Roeder die Frage vorlegte: warum er denn nicht gewartet habe, »... bis die Zettel tatsächlich in meiner Tasche verschwunden waren, denn dann hätte ein Beweis vorgelegen«. Roeders Antwort darauf sei hier mit Osters eigenen Worten wiedergegeben: »... erdreistete sich dieser Bursche bei meiner Vernehmung am Montag, den 12.4.1943, zu erwidern, das täte er aus *Vorsorge* immer so und das hätte er in meinem Interesse getan, wenn er mich nicht gekannt hätte, hätte er mich gleich festnehmen müssen. Wie diese vorsorgliche Maßnahme meine Lage verbessert haben sollte in seinem Sinn, vermag ich nicht zu verstehen.«[25]

Osters Eindruck von Roeder war nach dieser ersten Vernehmung denkbar ungünstig. So formulierte er unmittelbar danach am 12.4.1943 eine Charakteristik Roeders, den er auch als »aufdringlichen Angeber« bezeichnete: »Ebenso wie Herr R. sich ein Urteil und einen Eindruck über mich und meine Haltung verschafft haben wird, habe ich mir ein Urteil über ihn gebildet und glaube befähigt und berechtigt zu sein, da ich in meinem langen Soldatenleben als Adjutant und Generalstabsoffizier, zuletzt als Chef des Stabes und Abt.-Chef Z oft Gelegenheit hatte, auch unter schwierigen Bedingungen Beurteilungen über Offiziere und Beamte zu schreiben: ›Junger, überheblicher, krankhaft ehrgeiziger, triebhaft hemmungsloser, phantasiereicher Kriminalist neuester Prägung mit den zuständigen, angeberhaft stechenden Augen, der verstandesmäßig seiner Meinung nach erkannte *Kombinationen* als *Tatsache* im Sinne seines Zieles und seines erhofften Erfolges sieht, der sich selbst und sein Können als verwöhnter Günstling prominenter Personen (Göring, d. Vf.) weit überschätzt und die Dinge so sieht, wie er sie sehen will. In der Wahl seiner Mittel und Methoden ist er hemmungslos. Man könnte ihn als Sadist bezeichnen. Ihm zur Seite steht ein subalterner Kriminalbeamter – wahrscheinlich aus dem SD – mit schielenden Augen (Sonderegger), der einem nicht in die Augen sehen kann.‹«[26]

Die Fronten zwischen Oster und Roeder waren klar abgesteckt. Bei der nächsten Vernehmung am 29.4. ging es um allgemeine Fragen der Abwehr wie Gliederung, Aufgaben von Osters Abteilung Z und wieder über den Ansatz von V-Leuten. Roeder glaubte weiterhin hier einen Anhaltspunkt für seinen Hochverratsverdacht zu sehen, zumal Dohnányi bei seiner Aussage geblieben war, daß Oster die Zettel unterzeichnet habe.[27]

Da Oster seine Aussagen nicht mit Dohnányi abstimmen konnte, gaben beide weiterhin widersprüchliche Erklärungen über die bewußten Notizen ab. Roeder versuchte nun am 29.4. eine ähnliche Taktik wie am 12.4. anzuwenden, indem er Oster zu verstehen gab, daß er Dohnányis Aussagen für unglaubwürdig halte, »... denn sonst hätte ich Sie (sic!) schon längst festnehmen müssen«. Zu diesem Vorstoß Roeders schrieb Oster: »So ein verlogener Bursche!«[28] Die Gefahren waren aber nicht zu beseitigen, solange Oster nicht mit Dohnányi Verbindung aufnehmen konnte, um die Aussagen mit ihm abzusprechen. Oster selbst war der

Meinung, daß Mißverständnisse vorliegen müßten, so daß er am 30.4. notierte: »Ich kann und will es mir nicht vorstellen, daß D. unwahre Angaben macht, durch die er mir unberechtigten Schaden zuzufügen im Sinne hätte.«[29]

Durch Schmidhubers und Bonhoeffers Aussagen entstand ein zusätzliches Belastungsmoment für Dohnányi, der von Roeder jetzt auch verdächtigt wurde, Bonhoeffer unerlaubt dem Wehrdienst entzogen zu haben. Am 14.5. versuchte Oster, Schmidhubers Äußerungen als wertlos hinzustellen, dem er eine »unvorstellbare politische Konzeption« bescheinigte. Oster erklärte dazu, er habe Dohnányi deshalb gelegentlich zur Überprüfung Schmidhubers angesetzt, der auch nach Dohnányis Urteil nicht ernst zu nehmen sei.[30]

Roeder ließ sich jedoch nicht ablenken und wollte Oster nun nachweisen, daß innerhalb der Abwehr ein innenpolitischer Nachrichtendienst bestanden habe, was nach dem Prager Abkommen zwischen Canaris und Heydrich vom 17.5.1942 untersagt war, das die politische Berichterstattung der Gestapo und dem SD vorbehalten hatte. Er stützte sich dabei auf Schmidhubers Angaben und kombinierte, daß Bonhoeffers Tätigkeit hauptsächlich darin bestanden habe, für diesen verbotenen innenpolitischen Nachrichtendienst zu arbeiten. Dohnányi hatte Roeder am 13.5. versichert, daß nie ein derartiger Nachrichtendienst im Sinne eines Agentennetzes existiert habe. Er verwies auf das gute Verhältnis, das zwischen Heydrich und Canaris immer geherrscht habe.[31]

Zu diesem Vorwurf des innenpolitischen Nachrichtendienstes wurde Oster im Verhör am 19.5.1943 vernommen. Oster erklärte, daß eine Beschäftigung mit politischen Angelegenheiten notwendigerweise zu seinem Aufgabenbereich gehört habe, da er dem Amtschef (Canaris) habe vortragen müssen, wobei auch innenpolitische Vorgänge hätten berührt werden können, zum Beispiel wenn im Ausland über diese gesprochen wurde. Als Unterlagen dafür erhielt Oster unter anderem auch die regelmäßigen SD-Berichte, die Berichte des Polizeipräsidenten und die Ic-Berichte der Militärbefehlshaber. Damit war, Oster zufolge, eine zwangsläufige Beschäftigung mit innenpolitischen Problemen auf Grund seiner Dienststellung gegeben. Um Schmidhubers Glaubwürdigkeit weiter zu erschüttern, erwähnte Oster bei dieser Vernehmung am 19.5. auch Kaltenbrunners Meinung über Schmidhuber, der ihn als »Lumpen« bezeichnet hatte.[32]

Oster wie Dohnányi gelang es, Roeders Angriffe stets abzuwehren, die obendrein an Gewicht verloren hatten, nachdem Oster das Signum auf den Zetteln als sein eigenes anerkannt hatte. Da

Canaris diese Zettel ebenfalls als im Rahmen amtlicher Tätigkeit liegend anerkannte, war damit immerhin eine Gefahr beseitigt.[33]

Roeder konzentrierte seine Untersuchungen nun immer mehr auf Dohnányi. Bei der Untersuchung dieses Falles war er auf ein Darlehen in Höhe von 40.000,- RM aufmerksam geworden, das Dohnányi von Otto Hübener von der Hamburger Firma Jauch und Hübener zu einem Zinssatz von zwei Prozent gewährt worden war. Roeder sah darin einen Fall von passiver Bestechung, der nach seiner Meinung mit mehreren unerlaubten UK-Stellungen durch Dohnányi verbunden war.

Dohnányi hatte einen Bekannten namens Paul Struzzl in Hübeners Firma untergebracht, die nebenbei für die Abwehr arbeitete. Die Verbindung Dohnányis zu Hübener lief auch über Oster, dessen Frau eine Cousine des Mitbegründers der Firma, Walter Jauch, war.[34] Im Verhältnis zu dem, was der enttäuschte Roeder anfangs erwartet hatte, waren das alles nur als Vorwand dienende Anschuldigungen, und Roeder mag dies selber gespürt haben, wenn er Dohnányi etwa die Annahme kleinerer Geschenke von Schmidhuber oder die Tatsache vorwarf, daß Dohnányi auf einigen Dienstreisen zuweilen seine Frau mitgenommen hatte. Dennoch waren Roeders Untersuchungen vom Standpunkt der Opposition aus gefahrvoll, da sie nicht nur deren Tätigkeit vorerst lahmlegten, sondern auch eine persönliche Gefährdung ihrer Mitglieder darstellten. Die Justiz verfuhr unter dem Einfluß des SD zum Teil höchst willkürlich. So war es in der Vergangenheit gelegentlich sogar unter den höheren SS-Chargen zu Todesurteilen wegen Verstoßes gegen Dienstvorschriften und im Verhältnis zu den wirklichen Verbrechen lächerlicher Vorgänge gekommen.

Nach einigen Monaten sah Roeder sein Anklagegebäude nach und nach zusammenbrechen und klammerte sich nun an die teilweise immer noch widersprüchlichen Aussagen Osters und Dohnányis. Einen Antrag Osters auf »Gegenüberstellung mit Dohnányi zur Klärung aufgetretener Widersprüche« verweigerte ihm Roeder mit den Worten: »Dann hätte ich ja Dohnányi nicht festzunehmen brauchen.«[35] Der Stillstand in Roeders Ermittlungen zeigt sich auch an der Vernehmung Osters am 19. 5., von ihm selbst als »Vernehmung Hochverrat« bezeichnet, die ebensowenig Ergebnisse brachte wie die darauffolgenden am 11., 17. und 18. Juni, die teilweise in Gegenwart des Oster wohlgesonnenen Oberreichskriegsanwaltes Dr. Alexander Kraell stattfanden.[36]

Oster gab zwar jetzt zu, daß Bonhoeffer doch gewisse Nachrichten, wie beispielsweise Briefe des Bischofs Graf Galen, besorgt hatte, was nicht unbedingt dem Prager Abkommen entsprochen habe, doch begründete er diese Nachrichtenbeschaffungen damit, daß Canaris nach solchen Informationen verlangt habe. Da auch die Truppenbefehlshaber Anfragen in dieser Richtung stellten, mußten sie beantwortet werden.[37] Roeder mußte schließlich erkennen, daß ihm stichhaltige Beweise für hochverräterische Umtriebe in der Abwehr fehlten und keine Aussicht bestand, jemals einen wirklichen Schlag in dieser Richtung zu führen.

Inzwischen wollte Oster eine Dienstaufsichtsbeschwerde gegen Roeder erlassen, deren Begründung von ihm stichwortartig zusammengefaßt worden und die offenbar für den Oberreichskriegsanwalt Kraell bestimmt war. Oster führte darin folgende Gründe für die Beschwerde an:

»a) bisherige Ergebnisse
   1. Festnahme D(ohnányi)
   2. Herausgeschmissen, meine Stellung verloren
   3. Übergabe des PzSchr (Panzerschranks) an meinen Nachf(olger) in Gegenwart von R(oeder): In Gegenwart von Sekretärinnen!

b) Weil mir Begünstigung (Dohnányis) unterstellt u. die Richtigkeit einer von mir abgegebenen dienstlichen Meldung angezweifelt wurde.

c) Weil ich den – schon aus der Art der Vernehmung – Eindruck gewinnen mußte, daß ich langsam aber sicher zum Hochverräter oder zu dessen Handlanger gestempelt werden sollte.

d) Gerede: zwei Gruppen von Menschen meine Festnahme stände bevor – 'RKG
oder ich wäre festgenommen – auf Urlaub.«[38]

Oster zog aber seine Beschwerde gegen Roeder schließlich selbst zurück, weil sie zwar »… sachlich richtig, jedoch im Ausdruck falsch gewesen« sei, wie er am 24.6.1943 dem Oberreichskriegsanwalt brieflich mitteilte.[39]

Möglicherweise hatte Oster einen Wink bekommen, von seiner Beschwerde Abstand zu nehmen, da an höchster Stelle innerhalb der Militärjustiz die Absicht bestand, das Verfahren auf ein totes Gleis zu lenken. Sowohl der Oberreichskriegsanwalt Kraell wie auch der Chef der Wehrmachtsrechtsabteilung im OKW, Generaloberstabsrichter Rudolf Lehmann, beabsichtigten, eine Beschränkung der Untersuchungen gegen die Abwehr auf nichtpolitische Dinge zu erreichen. Dabei wurden sie von Admiral Bastian unterstützt, dem Präsidenten des Reichskriegsgerichts und ehemaligen Kommandanten des Linienschiffes »Schlesien« und Vorgesetzten von Canaris.

Auf Veranlassung Kraells verfaßte Roeder einen Zwischenbericht über die Untersuchung, der zwar strafrechtliche Handlungen feststellte, doch sowohl Roeder selbst als auch Bastian zweifelten in einem Zusatzbericht an der Durchführbarkeit einer Anklage gegen Dohnányi wegen Hoch- und Landesverrats. Keitel ordnete schließlich die Einstellung des politischen Verfahrens an, so daß in der Anklageschrift gegen Oster und Dohnányi Beschuldigungen wegen Hoch- und Landesverrats gänzlich fehlten.[40]

Vergleicht man die Vorwürfe in der Anklageschrift, die unerlaubte Entziehung vom Wehrdienst, Wehrkraftzersetzung und Begünstigung umfaßten, mit dem, was Oster und Dohnányi wirklich in der Abwehr betrieben hatten, so scheinen sie fast bedeutungslos zu sein. Für die Opposition aber war die Auswirkung vergleichsweise katastrophal.

Von nun an war jede Verbindung der Verschwörer mit Oster von erheblichen Risiken belastet. Durch den Verlust seiner Stellung mußte jeder Besuch, jede Kontaktaufnahme seinerseits verdächtig wirken, denn was bis zum 5. April 1943 vom Leiter der Zentralabteilung der Abwehr, Generalmajor Oster, unternommen worden war, ließ sich ohne weiteres mit dienstlichen Notwendigkeiten erklären. Wenn aber der vom Dienst suspendierte Oster allzu auffällige Verbindungen pflegte, oder auch bei Dienststellen der Wehrmacht auftauchte, so konnte dies nur das Interesse der Gestapo wecken, da gegen Oster ein noch keineswegs abgeschlossenes Verfahren wegen Begünstigung schwebte.

Das Verfahren schleppte sich weiter dahin und zog eine Folge von Vernehmungen nach sich, die Oster Zeit gaben, sich ausgiebig mit seiner Verteidigung zu befassen. Zum Verteidiger wurde der Rechtsanwalt Fritz Ludwig bestimmt, zu dem Oster rasch Vertrauen faßte.[41] Die Taktik, die Oster bei seiner Verteidigung verfolgte, war die gleiche wie schon zuvor bei den Vernehmungen durch Roeder. Die fraglichen UK-Stellungen Bonhoeffers und Struzzls wurden mit nachrichtendienstlichen Erfordernissen begründet. Zu den wiederholten UK-Stellungen Bonhoeffers vom Februar und Oktober 1941 sowie vom Mai 1942 schrieb Oster: »In der Zeit zwischen November 1940 und Anfang 1943 war immer klarer erkennbar geworden, daß B.(onhoeffer, d. Vf.) eine wertvolle Kraft war, die man sich unter allen Umständen erhalten mußte. Nach meiner Erinnerung hat B. z. B. als erster zu einem frühen Zeitpunkt – ich glaube Juni 1942 – über die Absicht einer englischen Landung in Afrika berichtet.«

Über Bonhoeffers V-Mann-Status erklärte Oster, daß dieser als »Unter-V-Mann« von Schmidhuber der A.St. München zugeteilt wurde, »erschien sachlich deshalb zweckmäßig, weil auch Schm(idhuber, d. Vf.) bei seiner Erkundungstätigkeit politische Beziehungen ausnützte«. »Mit eindeutiger Empörung« wies Oster die Unterstellung zurück, »daß ich mit meiner Maßnahme (Anträge auf UK-Stellung Bonhoeffers, d. Vf.) B. dem Wehrdienst hätte entziehen wollen und dadurch Zersetzung getrieben habe.« Darüber hinaus wäre ihm Bonhoeffer nicht als Mann erschienen, »der bestrebt war, sich vor dem Wehrdienst zu drücken«. Das diesem von der Gestapo auferlegte Redeverbot bezeichnete Oster als nicht schwerwiegend, da es sich um eine Routineverordnung handelte, und »...abgesehen davon glaube ich mich zu erinnern, daß die zuständige Gestapo in München durch die A.St.München unterrichtet wurde und keine Bedenken erhob«.[42]

Diese Taktik lag ganz auf der Linie derer, die jegliche Vorwürfe gegen die Abwehr auf das zweideutige Gebiet der nachrichtendienstlichen Notwendigkeiten führen wollten, wo eine Klärung sowieso schon schwierig war und eine Erörterung vor Gericht nahezu als aussichtslos erscheinen mußte. Auch im Fall Struzzl zeigte Oster Geschick in seinem Bestreben, ausschließlich sachliche Gründe für die UK-Stellung des Betreffenden anzuführen. Durch den Einbau Struzzls in eine Otto Hübener gehörende Versicherungsfirma im Ausland sei eine »ausgezeichnete Nachrichtenquelle« erschlossen worden, da das internationale Versicherungsgeschäft große nachrichtendienstliche Bedeutung besitze. Es war zunächst beabsichtigt gewesen, Struzzl in der Türkei arbeiten zu lassen, wo Hübener Niederlassungen besaß. Eine verlängerte UK-Stellung hielt Oster dann später für nicht mehr vertretbar, zumal die Abwehrstelle Hamburg, der Struzzl als V-Mann angeboten worden war, bereits über einen V-Mann in der Türkei verfügte. Struzzl wurde daraufhin auf Vorschlag der Abwehrstelle Hamburg zum Regiment Brandenburg einberufen.

Somit war der Vorwurf, man habe Struzzl dem Wehrdienst entziehen wollen, nach Osters Ansicht eine Unterstellung, da »...der Einsatz eines V-Mannes in der Türkei unter bestimmten Voraussetzungen im Einzelfall einem Wehrdienst gleichzusetzen oder im Werte unter Umständen darüber zu stellen sein dürfte«.[43]

Oster bezeichnete seine Angaben über Bonhoeffer und Struzzl als »vorläufige Unterlagen für meine Verteidigung im Falle einer Anklage«.[44] Rechtsanwalt Ludwig hat sich bei Osters Verteidigung dann eng und mit Erfolg an dessen Argumentation angeschlossen.

Osters Isolierung war mittlerweile weiter fortgeschritten. Am

16.12.1943 erhielt er von Keitel das ausdrückliche Verbot, Verkehr mit Angehörigen des Amtes Ausland/Abwehr zu pflegen, und am 20.12.1943 wurde er unter Verleihung des Rechts zum Tragen der Uniform aus der Wehrmacht entlassen und disziplinarisch dem Wehrkreiskommando III unterstellt.[45] Von dort wurde ihm die Entlassung zum 31.3.1944 beschieden.[46]

Daraufhin verlegte Oster seinen Wohnsitz ganz nach Schnaditz zu seiner Schwester Marie Martini, da ihm in Berlin mit seinen jetzt fast allnächtlichen Bombenangriffen und der allgegenwärtigen Gestapoüberwachung die Verbindung zu den alten Freunden sehr erschwert wurde. Da Schnaditz im Wehrkreis IV lag, bat er, die endgültige Entlassung hier durchzuführen, die laut Bescheid vom 22.4.1944 durch das Grenadier-Ersatz- und Ausbildungsregiment 14 in Leipzig vorgenommen werden sollte.[47]

Vor dem Reichskriegsgericht zog sich das Verfahren gegen Oster und Dohnányi noch immer in die Länge, ohne daß mit einem Abschluß gerechnet werden konnte. Dohnányi war dabei mit Sicherheit gefährdeter als Oster, da man immer noch hoffte, über ihn einen Ansatzpunkt gegen die gesamte Abwehr finden zu können, was Hassel zu der Bemerkung veranlaßte: »Alles ist ein Teil eines Angriffs gegen den der Partei unbequemen Laden des Admirals Canaris.«[48]

Zwischen November 1943 und März 1944 wurde Oster mehrfach zu Zeugenaussagen in den Fällen Schmidhuber und Bonhoeffer befohlen, die ebenfalls noch nicht abgeschlossen waren. Zusätzliche Verzögerungen im Verfahren gegen Oster traten ein, weil Dohnányi in der Zwischenzeit erkrankt war und Osters Aussagen neue Unterschiede zu denen Dohnányis aufgewiesen hatten, die es wiederum zu klären galt.[49]

Im Juni 1944 erkrankte Dohnányi an einer absichtlich herbeigeführten Diphterie-Infektion, worauf Osters Rechtsanwalt Ludwig von Dohnányis Rechtsvertreter Peschke mitgeteilt wurde, daß die Ermittlungen vorläufig eingestellt würden. Ein Abschluß des Verfahrens war jetzt in weite Ferne gerückt, da bei der Reichskriegsanwaltschaft Bestrebungen im Gange waren, es bis zum Kriegsende auszusetzen. Davon hatte Ludwig Oster am 15.7.1944 unterrichtet, fünf Tage vor dem 20. Juli.[50]

Seit Osters Abgang hatte sich die militärische Lage Deutschlands an allen Fronten verschlechtert. Die große Angriffsoperation des Sommers 1943 im Kursker Bogen, das Unternehmen »Zitadelle«, das nach Hitlers Willen die Vernichtung der Masse der russischen Panzerkräfte bringen sollte, wurde auf die Nachricht von der alliierten Landung in Sizilien hin abgebrochen, nachdem ein Großteil der eingesetzten frischen deutschen Panzerkräfte verschlissen worden war. Die Luftoffensive der Amerikaner und Engländer gegen das Reich nahm immer mehr zu. Ende Juli 1943 wurden große Teile Hamburgs in einem Tag und Nacht dauernden Bombardement, von den Engländern »round the clock bombing« genannt, zerstört.

Schritt für Schritt drängten die Alliierten auch von Süden nach Italien gegen die »Festung Europa«. Noch aber hielten die Fronten, die Russen erfochten ihre Siege nur unter schwersten Verlusten, während der Vormarsch der Alliierten in Italien überraschend stockend voranging.

Die Kunst der Führung schien nicht mehr wichtig. Im Osten ersetzte Hitler die Marschälle v. Manstein und v. Kleist, die für flexible Abwehrschlachten gegen die Russen eintraten und für operative Handlungsfreiheit auf dem Schlachtfeld plädierten, durch seine Favoriten Generalfeldmarschall Model und Generaloberst Schörner. Er brauche jetzt »Steher« bedeutete er am 30.3.1944 dem entlassenen Manstein.

Als im Morgengrauen des 6. Juni 1944 die angloamerikanische Invasionsarmee auf der Cotentin-Halbinsel in der Normandie landete, sagte Hitler gegenüber Keitel wegwerfend: »Die Nachrichten können gar nicht besser sein. Solange sie in England waren, konnten wir sie nicht fassen. Jetzt haben wir sie endlich dort, wo wir sie schlagen können.« Zwei Wochen später, am 22.6.1944, traten die Russen im Abschnitt der Heeresgruppe Mitte mit nahezu zweieinhalb Millionen Mann zum Angriff an. Vierzehn Tage später meldeten die Marschälle Schukow und Wassiljewski dem sowjetischen Hauptquartier die Vernichtung von fünfundzwanzig deutschen Divisionen. Die Heeresgruppe Mitte hatte aufgehört zu bestehen.

Seit dem Herbst 1943 hatte sich die Opposition unter der Führung von Beck und Stauffenberg neu formiert. Tresckow hatte den Vorschlag gemacht, Hitler bei einer der täglich stattfindenden Lagebesprechungen zu töten, gleichzeitig sollten in Berlin mit Hilfe des Ersatzheeres die Zentren der Macht schlagartig besetzt werden. Das Unternehmen sollte unter dem Stichwort »Walküre« ablaufen, was den Einsatz des Ersatzheeres bei inneren Unruhen, Aufständen von Fremdarbeitern oder feindlichen Luftlandeoperationen vorsah. Dem sollten Aktionen in den Machtzentren Paris, Prag und Wien folgen.

Der Staatsstreich-Plan, der ein geglücktes Attentat voraussetzte, beruhte im Grunde auf dem Ablauf militärischer Befehle. Unglücklicherweise hatte Stauffenberg dabei eine Doppelfunktion zu erfüllen: Auf ihm lastete sowohl die Durchführung des Attentats, da er als Chef des Stabes des Ersatzheeres Zugang zu Hitlers Lagebesprechungen hatte, wie auch die Leitung des Staatsstreich danach. Ein geplanter Versuch am 15. Juli in Berchtesgaden war von Stauffenberg nicht ausgeführt worden, da weder Himmler noch Göring anwesend gewesen waren. Nur mit Mühe konnte der von Olbricht bereits ausgelöste Walküre-Alarm wieder rückgängig gemacht werden. Den verblüfften Dienststellen hatte man erklärte, es habe sich um einen Routinealarm gehandelt. Beim nächsten Versuch sollte jedoch mit »Walküre« solange gewartet werden, bis die Nachricht vom gelungenen Attentat nach Berlin gedrungen war.

Die Zeit drängte in jeder Hinsicht, nicht nur in militärischer. Den Verschwörern, die mit Oster schon eine Schlüsselfigur verloren hatten, drohten neue Gefahren. Anfang Juli waren die Sozialdemokraten Leber und Reichwein, die beide zur Verschwörung gehörten, verhaftet worden; weitere Aktionen der Gestapo schienen bevorzustehen. Kurz zuvor hatte Rommel Hitler ein Fernschreiben geschickt, das einem Ultimatum ähnelte; der letzte Satz hatte gelautet: »... Die Truppe kämpft allerorts heldenmütig, jedoch der ungleiche Kampf neigt sich dem Ende entgegen. Es ist meines Erachtens nötig, die politischen Folgerungen aus dieser Lage zu ziehen ...« Am 16. Juli hatte er das Dokument seinem neuen OB, dem Feldmarschall v. Kluge, übersandt, von da sollte es an Hitler gehen. Dem Ia der 17. Luftwaffenfelddivision Oberstleutnant Elmar Warning eröffnete der Marschall bei einer Inspektionsfahrt am 16. Juli, daß er und Kluge dem »Führer« ein Ultimatum gestellt hätten. »Und wenn der Führer ablehnt?« fragte Warning. »Dann mache ich die Westfront auf«, war Rommels Antwort gewesen.

Doch dazu sollte es nicht kommen. Am 17. Juli 1944 befand sich Rommel in seinem offenen Horch zwischen Livarot und Vimoutiers auf dem Rückweg vom Gefechtsstand des I. SS-Panzerkorps zu seinem Hauptquartier in La Roche-Guyon, dem Schloß des Marquis de La Rochefoucauld. Plötzlich waren zwei englische Jagdbomber in Baumwipfelhöhe über dem Wagen. Verzweifelt versuchte Rommels Fahrer, Oberfeldwebel Daniel, den schweren Horch mit Höchstfahrt in einen wenige Hundert Meter entfernten Nebenweg zu steuern, doch es war schon zu spät. Aus fünfhundert Meter eröffnete die erste Spitfire das Feuer aus Maschinengewehren und Bordkanonen, und Rommel sah gerade noch, wie hinter dem Wagen die ersten Sprenggranaten auf der Straße zerplatzten. Dann trafen mehrere Geschosse den Wagen. Dem Fahrer schlug ein Geschoß durch die linke Schulter, er verlor die Gewalt über den Wagen. Der führerlose Horch prallte schließlich gegen einen Baum. Rommel wurde herausgeschleudert und blieb mit Schädelbasisbruch auf der Straße liegen.

Damit war für eine Aktion im Westen die wichtigste Figur ausgefallen, nachdem schon am 15. Juli General Falkenhausen, der Militärbefehlshaber in Belgien und zur Widerstandsgruppe im Westen zählend, seines Kommandos enthoben worden war. Zu allem Überfluß erfuhr die Gruppe um Stauffenberg und Tresckow am nächsten Tag, daß Goerdelers Verhaftung unmittelbar bevorstand. Es blieb nicht viel Zeit zum Handeln.

Für den 20. Juli war Stauffenberg in Hitlers Hauptquartier in Rastenburg zum Vortrag befohlen. Jetzt mußte so oder so der Anschlag gewagt werden. In wenigen Wochen konnte es zu spät sein.

Um 10.15 Uhr landete am 20. Juli 1944 die planmäßige Ju-52-Kuriermaschine aus Berlin auf dem Feldflughafen des Führerhauptquartiers. An Bord waren der Oberst i.G. Claus Graf Schenk v. Stauffenberg mit seinem Adjutanten, Oberleutnant Werner von Haeften. Nach einem kurzen Frühstück im Kasino begab sich Stauffenberg gegen 11.00 Uhr zu einer ersten Besprechung mit General Buhle in die Baracke des Wehrmachtsführungsstabes. Bereits dreißig Minuten später gingen die Teilnehmer in das Gebäude Keitels, wo Hitlers Diener Linge gegen 12.00 Uhr anrief und daran erinnerte, daß wegen des bevorstehenden Besuchs von Mussolini die Lagebesprechung bei Hitler von 13.00 auf 12.30 Uhr vorverlegt worden sei. Keitel brach daraufhin sofort seine eigene Besprechung ab und forderte seine Besucher zur Eile auf, da nur noch wenige Minuten zur Verfügung standen.

Jetzt war für Stauffenberg der Augenblick gekommen. Angeblich um sein Hemd zu wechseln, bat er Keitels Adjutanten, Major John von Freyend, ihm einen geeigneten Raum zur Verfügung zu stellen, woraufhin dieser den Oberst in sein eigenes Schlafzimmer führte. Zusammen mit Haeften bereitete er dort die beiden Sprengladungen von je einem Kilogramm Gewicht vor. Eine Ladung war schon in der Aktentasche verstaut und Stauffenberg zerdrückte gerade die Säureampulle des Zeitzünders mit einer speziell für ihn konstruierten Flachzange, weil er nur drei Finger der linken Hand benutzen konnte, da erschien an der Tür der Oberfeldwebel Vogel und mahnte zur Eile. Jetzt war keine Zeit mehr, auch noch die zweite Ladung scharf zu machen. Hastig packte Haeften den restlichen Sprengstoff in seine eigene Mappe, während Stauffenberg mit der scharfen Ladung, die auf Grund des warmen Sommerwetters in zehn bis fünfzehn Minuten explodieren mußte, zur Baracke hinübereilte, wo die Lagebesprechung stattfinden sollte.

Die Baracke verfügte über einen Konferenzraum von zwölf mal fünf Metern. In seiner Mitte stand ein schwerer Eichentisch, um den herum die Teilnehmer der Besprechung Hitler erwarteten. Hitler traf pünktlich um 12.30 Uhr ein, und nachdem die Lagebesprechung etwa zehn Minuten im Gange war, kam Stauffenberg, der von Keitel sogleich Hitler gemeldet wurde. Hitler gab ihm stumm die Hand und wandte sich wieder dem anstehenden Vortrag zu, während Stauffenberg seine Aktentasche am rechten Tischende plazierte. Die Tasche Hitler direkt vor die Füße zu stellen, konnte er nicht wagen, da dies mit Sicherheit Verdacht erregt hätte. Gleich darauf verließ er den Saal, was nicht weiter auffiel, da während der Konferenzen ein ständiges Kommen und Gehen herrschte.

Nun war Eile geboten. Haeften wartete gemeinsam mit dem zur Verschwörung zählenden General der Nachrichtentruppe Fellgiebel im Dienstzimmer des Wehrmachtsnachrichtenoffiziers Oberstleutnant Sander auf Stauffenberg. Fellgiebel hatte einen Unteroffizier zu Stauffenberg gesandt, um ihm mitzuteilen, wo er Haeften und das Auto finden würde, das ihn zum Flugzeug bringen sollte. Sichtlich nervös meldete sich Stauffenberg bei Fellgiebel, und gemeinsam traten sie vor das Gebäude.

Es war etwa 12.45 Uhr. Gerade erschien Sander und meldete, daß ein Auto für Stauffenberg unterwegs sei, und dieser entgegnete dankend, er hätte bereits einen Wagen. Da erfolgte aus der Richtung der Führerbaracke eine Explosion, bei der Stauffenberg deutlich zusammenzuckte; auch Fellgiebel war blaß geworden. Der ahnungslose Sander erklärte jedoch, dies sei nicht ungewöhnlich, da im Sicherungsstreifen immer wieder Tiere auf Minen liefen. Stauffenberg nutzte diese Erläuterung Sanders zu einem raschen Abschied und trieb den wartenden Chauffeur Leutnant Kretz zu höchster Eile an. Auf dem Weg zum Flugplatz passierten sie in siebzig Meter Entfernung die Baracke, die ein Bild der Verwüstung bot, ohne daß Stauffenberg und Haeften Einzelheiten hätten erkennen können. Es gelang ihnen, die verschiedenen Sperrkreise zu passieren, und um 13.15 Uhr startete die Maschine von Rastenburg nach Berlin-Rangsdorf.

In der Lagebaracke hatte gegen 12.40 Uhr noch der Chef der Operationsabteilung des Heeresgeneralstabes, Generalleutnant Heusinger, vorgetragen, als ein Punkt zur Sprache kam, bei dem Stauffenberg Auskunft geben sollte. Jetzt fiel seine Abwesenheit auf. Der Chef des Wehrmachtsführungsstabes, General Buhle, machte sich verärgert auf die Suche; ihm und Keitel war es sichtlich peinlich, daß der Oberst, den Guderian einmal Himmler gegenüber als »bestes Pferd« des Generalstabes bezeichnet hatte, ausgerechnet jetzt nicht aufzufinden war.

Zu diesem Zeitpunkt stand Hitler in der Mitte der langen Tischseite, den Oberkörper weit über den Eichentisch gelehnt, das Kinn in die rechte Hand gestützt, als die Bombe mit einem ohrenbetäubenden Knall und einer starken Druckwelle explodierte. Fast allen der vierundzwanzig Anwesenden wurden die Trommelfelle zerrissen, die Hosen hingen ihnen in Fetzen herunter. Von den Teilnehmern erlagen vier sehr bald ihren schweren Verletzungen, die anderen waren mehr oder weniger stark verwundet. Der, dem das Attentat gegolten hatte, blieb jedoch nahezu unverletzt. Hitler hatte lediglich einen Bluterguß am rechten Ellbogen erlitten, beide Trommelfelle waren zerrissen, aber sonst waren außer seinen zerfetzten Hosen und kleineren Hautabschürfungen keine ernsthaften Blessuren festzustellen. Zweifellos hatte ihn der Kartentisch geschützt. Dazu kam, daß Stauffenberg in der Eile die zweite Sprengladung nicht mehr hatte scharf machen können; beide Ladungen hätten mit an Sicherheit grenzender Wahrscheinlichkeit sämtliche Teilnehmer der Lagebesprechung getötet.

Während Stauffenbergs Flugzeug auf dem Weg nach Berlin war, verstrichen bei den Verschwörern ungenutzt kostbare Stunden. Zweieinhalb Stunden nach dem Attentat waren noch keine erkennbaren Aktionen in Berlin angelaufen, obgleich Fellgiebel gegen 13.00 Uhr Generalleutnant Thiele in Berlin angerufen und ihm das Mißlingen des Attentats mitgeteilt hatte, ihm gleichzeitig aber eindringlich vor Augen geführt hatte, daß die befohlenen Maßnahmen trotzdem ergriffen werden mußten. Doch Thiele verlor den Kopf und behielt sein Wissen für sich, so daß faktisch erst mit der Ankunft Stauffenbergs in der Bendlerstraße gegen 15.50 Uhr »Walküre« energisch eingeleitet wurde.

Unter dem Kommando des Majors Remer riegelte das Wachbataillon das Regierungsviertel ab. Doch während bereits Einheiten der Infanterieschule Döberitz und der Panzertruppenschule Krampnitz auf Berlin in Marsch gesetzt wurden, wechselte Remer die Front, nachdem ihm Goebbels ein Telefongespräch mit Hitler vermittelt hatte, was bei einer vollständigen nachrichtentechnischen Abriegelung des Führerhauptquartiers nicht möglich gewesen wäre. Dies war versäumt worden, und nun zeigte sich, daß gegen einen lebenden Hitler, der über einen intakten Übermittlungsapparat verfügte, nur revolutionäre Bedenkenlosigkeit mit rücksichtslosem Einsatz aller Waffen und sofortiger standrechtlicher Erschießung aller wichtigen Personen eine Chance gehabt hätten. Die Nachrichtenmittel aber waren in der Hand der Regierung, der Berliner Sender meldete den Fehlschlag des Attentats, und so entstand auch bei den Truppen in und um Berlin zunehmende Verwirrung. Auch innerhalb der Bendlerstraße kam es zu einer Gegenbewegung, zu deren Führer sich der Generaloberst Fromm machte, der von vornherein nicht verhehlt hatte, daß man nur bei einem Gelingen des Anschlags auf ihn rechnen könne. Als er erfuhr, daß Hitler am Leben geblieben war, ließ er sich unter Protest von den Verschwörern gefangensetzen, bis es ihm mit Hilfe hitlertreuer Offiziere und Soldaten des Wachbataillons gelang, seinerseits die Verschwörer festzunehmen. Um 0.30 Uhr fielen unter den Schüssen eines Erschießungskommandos im Hof des Bendlerblocks Stauffenberg, Olbricht, Haeften und Olbrichts Chef des Stabes, Oberst Merz von Quirnheim – der Putsch war gescheitert.

Und doch läßt sich erkennen, daß der Staatsstreich nicht von vornherein zum Scheitern verurteilt war. In Prag wurden auf Befehl des Stellvertretenden Kommandierenden Generals in Böhmen und Mähren, General der Panzertruppen Schaal, alle wichtigen Punkte der Stadt besetzt. In Wien verhafteten der Stellvertretende Kommandierende General im Wehrkreis XVII, General der Panzertruppen Freiherr von Esebeck, und sein Chef des Stabes, Oberst Kodré, sämtliche hohen SS- und Parteifunktionäre. Und in Paris ließ der Militärbefehlshaber Frankreichs, General v. Stülpnagel, durch das Wachregiment Groß-Paris auf Befehl des Stadtkommandanten Generalleutnant v. Boineburg-Lengsfeld alle Einheiten der SS und des SD entwaffnen und festsetzen. Nachdem in Berlin aber der Aufstand zusammengebrochen war, blieb nichts anderes übrig, als alle diese Aktionen wieder rückgängig zu machen.

Noch am Abend des 20. Juli sprach Hitler im Rundfunk von einer ganz kleinen Clique verbrecherischer, dummer und feiger Offiziere, die ein Attentat auf ihn versucht hätte. In der Nacht zum 21. Juli aber nahm die Gestapo ihre Ermittlungen auf, die bis in die letzten Tage des Krieges gehen sollten. An die fünftausend Personen wurden in den folgenden neun Monaten dem Henker übergeben.

»Von Oster habe ich überhaupt den allerbesten Eindruck von allen Angeklagten gehabt«[1]

Gefangenschaft und Tod

Die Verhaftung Osters am 21. Juli 1944 hatte vorerst geringe Belastungsmomente gegen ihn erbracht. Unter den Akten des Allgemeinen Heeresamtes hatte die Gestapo verschiedene Listen gefunden, in denen die Verbindungsoffiziere zu den einzelnen Wehrkreisen aufgezählt waren. Oster war hier als Vertreter für den Wehrkreis IV (Dresden) vorgesehen, und dieses führte zu seiner sofortigen Festnahme.[2] Der Verdacht gegen Oster verstärkte sich, als die Gestapo herausfand, daß Oster offenbar am 20. Juli in Berlin gewesen war, und kurz danach wurde er in das RSHA-Gefängnis in der Prinz-Albrecht-Straße in Berlin überführt. Ihn erwarteten der »schielende« Sonderegger, den er schon von seiner Entfernung aus der Abwehr her kannte, sowie dessen Vorgesetzter, der SS-Standartenführer Walter Huppenkothen.

Der 1907 in Haan geborene Jurist Huppenkothen gehörte zu den aufsteigenden Sternen der jungen SS-Intelligenz und hatte eine Karriere hinter sich, die ihn als überall verwendbaren Funktionär auswies: 1939 in Polen Verbindungsführer der Einsatzgruppe I bei der 14. Armee (List), dann Kommandeur der Sicherheitspolizei und des SD beim höheren SS- und Polizeiführer Krakau, darauf in Lublin, seit Juli 1941 beim RSHA als Leiter der Gruppe IVa und mittlerweile SS-Standartenführer und Regierungsdirektor. Huppenkothen und Sonderegger gehörten beide zur neugebildeten »Sonderkommission 20. Juli 1944« unter der Leitung des Gestapochefs, SS-Gruppenführer Heinrich Müller. Huppenkothens Tätigkeit erstreckte sich unter anderem auf Vernehmungen von Canaris, Pfuhlstein, Dohnányi, Dr. Müller und schließlich Oster.[3]

Diesem zweifellos fähigen, aber eiskalten Vernehmungsführer sah sich Oster nun ausgeliefert, und Huppenkothen versuchte mit allen Mitteln von Oster ein Geständnis zu erlangen. Trotz täglicher, ja nahezu stündlicher Vernehmungen, gelang es weder Sonderegger noch Huppenkothen, ihren Verdacht gegen Oster mit beweiskräftigen Mitteln zu erhärten. Oster erwies sich ihrer Taktik gegenüber, einer Mischung aus kumpelhaftem Verständnis und der unverhüllten Drohung mit der Folter, als immun.

Huppenkothen behauptete nach dem Krieg, Oster hätte sehr

bald ein Teilgeständnis abgelegt, aber in den Kaltenbrunner-Berichten findet sich kein Beleg, der diese Behauptungen untermauern würde.[4] Über Oster wird dort am 17. August 1944 lediglich gesagt: »Die Rolle von Gisevius wird möglicherweise durch die Vernehmungen von Generalmajor Oster, der Gisevius in die Abwehr geholt hat, näher geklärt. Oster war bis zu seiner am 31.3.1944 erfolgten Verabschiedung Chef des Stabes und Chef der Zentralabteilung im Amt Mil. Von den Verschwörern war er als Verbindungsoffizier zum OKH im Wehrkreis IV vorgesehen. Gegen Oster läuft zur Zeit noch ein Verfahren wegen Wehrkraftzersetzung und bestimmungswidriger UK-Stellung von Vertrauensmännern vor dem Reichskriegsgericht.«[5]

Der Brief, den Oster am 8. August 1944 seiner Frau schrieb, zeigt noch einen Anflug von Hoffnung: »Das Leben hat uns vor manche Prüfung gestellt, wir beide werden auch diese – wenn auch äußerlich getrennt, so doch in immer fester Gemeinschaft – meistern. Das unbedingte Festhaltenkönnen an der Wahrheit gibt mir Kraft, Zuversicht und ein festes Herz. In stiller Demut neigen wir uns vor der Allmacht und dem Walten unseres Herrgotts...«[6] Doch Oster litt sehr unter den Haftbedingungen, vor allem unter der Isolierung. Am 11. August schrieb er seiner Frau: »Du weißt, daß ich die stille Einsamkeit immer geliebt und gesucht habe, in der man zu sich selbst kommt, sich mit dem Herrgott unterhält und sich überprüft. Diese unfreiwillige Einsamkeit aber, die die Gefahr einer vielleicht eingebildeten Verlassenheit in sich trägt, ist eine Prüfung, die nur in demütiger Geduld ertragen werden kann und muß. Man hat zu viel Zeit zum Nachdenken über Erlebtes, Vergangenes und Zukünftiges und muß sich hüten, sich dabei nicht in ein Zergrübeln zu verlieren.«[7]

Trotz der Verhörmethoden Sondereggers und Huppenkothens gelang es Oster, seine Haltung zu bewahren, die ihren Eindruck auf seine Gegner nicht verfehlte. Seine Ausführungen über die geistige Haltung des Offiziers wurden in den Kaltenbrunner-Berichten so kommentiert, daß es fast wie Anerkennung klang: »Klarer als es bisher von einem der Beteiligten ausgesprochen worden ist, hat sich Hans Oster über die geistige und politische Haltung des älteren Berufsoffiziers geäußert. Die Haltung des Offiziers sei wesentlich dadurch bestimmt und außerordentlich erschwert worden, daß er in den Jahrzehnten von 1919–1944, das heißt innerhalb eines Menschenalters, drei völlig verschiedenen politischen Systemen als Soldat gedient habe ... .«[8]

Darüber hinaus vermochte Oster bei seinen Vernehmungen den Eindruck zu erwecken, daß er ein konservativ gesinnter, aber eben unpolitischer Offizier sei, der »... ein völliges Unverständnis gegenüber dem Nationalsozialismus als eine das gesamte Leben erfassende Weltanschauung« entwickelte und für den Wörter wie »Partei« und »Politisieren« einen »schlechten Klang hatten«.[9]

Erst mit der Verhaftung Pfuhlsteins sollte eine wesentliche Verschlechterung in Osters Lage eintreten. Zu Pfuhlstein hatte er stets ein enges und freundschaftliches Verhältnis gehabt; allerdings hegte Pfuhlstein, unberührt von seiner Beziehung zu Oster, eine Abneigung gegen Canaris, die zum Teil in Canaris' abweisender Art im Umgang mit Frontoffizieren wie Pfuhlstein, der selber Ritterkreuzträger war, begründet gelegen haben mag.[10] Pfuhlsteins Aussagen vor der Gestapo belasteten Oster und Canaris schwer, und um eine Übereinstimmung mit seinen und Pfuhlsteins Aussagen[11] zu erreichen, war Oster gezwungen, eine ab Anfang 1942 geplante Umstrukturierung der militärischen Führung des Ostheeres zuzugeben, die »... unter Umständen auch gegen den Willen des Führers« durchgeführt werden sollte.[12] Diese Formulierung war von Oster nicht ungeschickt gewählt, weil sich Maßnahmen dieser Art mit militärischen Notwendigkeiten begründen ließ, die bei der damaligen Frontlage auch von Hitler-Anhängern zu begreifen waren. Dabei wurde von Oster häufig der Name Olbricht erwähnt, der gefahrlos belastet werden konnte, da er am 20. Juli bereits erschossen worden war. Damit hatte Oster jedoch gewissermaßen ein Teilgeständnis abgelegt, in dem er Canaris als Mitwisser bezeichnet hatte.[13] Canaris aber versuchte bei seinen Vernehmungen die Vorwürfe insgesamt abzustreiten oder sie wenigstens als bedeutungslos hinzustellen.[14]

Alle diese Taktiken wurden mit dem 22. September 1944 hinfällig. An diesem Tag gelang es Sonderegger, in Zossen die Dokumente zu finden, die Dohnányi im Laufe der Jahre gesammelt hatte. Dr. Josef Müller zählt den Umfang dieses schwerwiegenden Aktenfundes auf: »Akten über die Blomberg-Fritsch-Krise, Unterlagen über die nach diesen Ereignissen geplanten Aktionen gegen Hitler, Ausarbeitungen von Generaloberst Beck über die Kriegslage, die Studie von Oster über den Ablauf eines Staatsstreichs nach einem Attentat auf Hitler. Dabei wurden zahlreiche Namen genannt, die für eine solche Aktion in Frage kämen, darunter auch Generalfeldmarschall von Witzleben, Gisevius, Nebe, Schacht, der Berliner Polizeipräsident Graf Helldorf, aber auch Korvettenkapitän Franz Liedig,[15] der als Staatssekretär für die Marine vorgesehen war. Außerdem enthielt der Panzerschrank die gesammelten Unterlagen über meine römischen Gespräche.«[16]

Diese Dokumente waren von dem Abwehrangehörigen Oberstleutnant Schrader, der sich nach dem 20. Juli erschossen hatte, in den Jahren 1942/43 auf Umwegen nach Zossen transportiert worden. Schraders Fahrer Kurt Kerstenhahn hatte der Gestapo, ob freiwillig oder unter Zwang ist nicht geklärt, den Ort angegeben, wo diese Dokumente lagerten.[17] Warum diese Dokumente nicht vorher vernichtet worden sind, ist nicht ganz klar. Folgt man Josef Müller, so hat Oster in gewisser Weise Dohnányi belastet, als er in seinem letzten Gespräch mit Müller am 3. Februar 1945 sagte: »Ach Gott, daß der Do(hnányi) auch alles aufheben mußte.«[18] Christine von Dohnányi berichtet dagegen, Beck habe auch nach der Verhaftung von Dohnányi am 5. 4. 1943 nicht gewollt, daß diese für die Begründung des Umsturzes unentbehrlichen Dokumente, die von der Abwehr in Zossen verborgen worden waren, vernichtet würden. Dohnányi habe sich nach seiner Verhaftung durch Kassiber ständig bemüht, die Vernichtung zu bewirken.[19]

Dennoch brachte der Fund die Gestapo nicht unbedingt weiter, als sie schon war, denn er belastete meist Personen, die ohnehin mit einer Verurteilung vor dem Volksgerichtshof rechnen konnten. Für die Ermittlungen der Gestapo gegen den Kreis Oster-Canaris-Dohnányi war der Nutzen der Akten nicht sehr groß.

Auf die in der Prinz-Albrecht-Straße Inhaftierten muß der Fund von Zossen jedoch niederschmetternd gewirkt haben, wie der von Müller erwähnte Ausspruch Osters zeigt. Dem entsprechen Osters Aussagen nach dem 22. September 1944, die in ihrer Offenheit über den Umfang der Verschwörung nur den Schluß zulassen, daß nach dem Fund von Zossen Oster zumindest zeitweilig alle Hoffnung aufgegeben hatte. Er bemühte sich aber immer noch, Personen zu belasten, die nicht mehr am Leben waren, wie aus den Kaltenbrunner-Berichten ersichtlich ist, wo es heißt: »Als die treibende Kraft dieser Umsturzpläne, die bis zu Beginn des Frankreichfeldzuges verfolgt und nach Beginn des Feldzuges gegen die Sowjetunion wiederaufgenommen worden sind, wird von Oster der Generaloberst Beck bezeichnet. Als Personen, die an den seinerzeitigen Besprechungen maßgeblich beteiligt waren, nannte Oster u.a. Witzleben, Wagner, Fellgiebel und Stülpnagel.«[20]

Über den Zossener Aktenfund verfaßte Huppenkothen einen Sonderbericht, der etwa einhundertsechzig Seiten umfaßte und auch zwei Anlagebände mit Fotokopien einzelner Dokumente enthielt.[21] Damit waren aber die Ermittlungen gegen die Gruppe Oster-Canaris noch keineswegs abgeschlossen, vielmehr sollten sie bis zum April 1945 dauern.[22] Das lag zum Teil an der Brisanz,

Der Vernehmungsführer im Verfahren gegen Oster SS-Standartenführer Walter Huppenkothen (Mitte), zwei Anwälte

Oben: Oster kurz vor seiner Verhaftung. *Unten:* Dr. Josef Müller (rechts) und der österreichische Bundeskanzler Kurt v. Schuschnigg

die eine Erörterung der Abwehrtätigkeit vor dem Volksgerichtshof mit sich gebracht hätte. »Man hatte offenbar nicht gewagt, dieser Gruppe von ehemaligen Abwehrangehörigen den Prozeß vor dem Volksgerichtshof zu machen. Sie verteidigten sich damit, daß die ihnen vorgeworfenen Handlungen zu ihrer Spionagetätigkeit gehört haben, und das war kaum zu widerlegen. Jedenfalls wäre die umständliche Erörterung ihrer Tätigkeit vor einem Gericht inopportun gewesen.«[23]

Schenkt man Huppenkothens Angaben Glauben, die er nach dem Krieg im Prozeß gegen ihn wegen Beihilfe zum Mord gemacht hat, so hat Hitler selber eine Fortführung der Ermittlungen gewünscht und darüber hinaus nie ein Verfahren vor dem Volksgerichtshof erwogen, um mit diesem Fall keine Aufmerksamkeit in der Öffentlichkeit zu erregen.[24] So stieg nach dem Fund vom 22. September die Zahl der Vernehmungen eher noch an. Canaris bemühte sich, die Bedeutung seiner Rolle herunterzuspielen, wurde aber vielleicht gerade deshalb besonders scharf vernommen und blieb auch von körperlichen Mißhandlungen nicht verschont.[25] Oster scheint diese Taktik nicht verfolgt zu haben, denn wenn er sagt: »Der 30.6.1934 war die erste Gelegenheit, um die Methoden einer Räuberbande im Keim zu erstikken«,[26] so zeigt das deutlich genug, daß er sich im Verhör mehr oder weniger offen zu seiner Widerstandstätigkeit und seiner Ablehnung des Nationalsozialismus bekannte.

Bei der Lektüre der Aussagen, die Oster bei seinen Vernehmungen gemacht hat, drängt sich unwillkürlich die Frage auf, in welchem Ausmaß er im Gestapogefängnis mißhandelt worden ist. Im Huppenkothen-Prozeß haben die Zeugen übereinstimmend ausgesagt, daß er häufig gefesselt war.[27] Ob bei ihm regelrechte Folterungen angewendet wurden, muß offen bleiben. Seine Familie hat sich nach dem Krieg vergeblich um eine Antwort auf diese Frage bemüht.[28] Nicht alle Häftlinge im Gestapogefängnis wurden gefoltert, und die Angeklagten im Huppenkothen-Prozeß hüteten sich wohlweislich vor allzu offenherzigen Geständnissen in dieser Richtung.[29] Osters Angehörige wurden überraschenderweise nicht, wie so viele andere, in Sippenhaft genommen.[30]

Osters unbeugsame Haltung und seine Festigkeit haben auf die ihn verhörenden Gestapobeamten ihre Wirkung nicht verfehlt. Sonderegger bezeichnet sein Verhalten als »... dasjenige eines nahezu königlichen Generals«; seinen Angaben nach hat sogar Huppenkothen Oster gewisse Sympathien entgegengebracht.[31] Eine zurückhaltende Bewertung dieser Aussagen scheint zwar angebracht, doch muß Osters Auftreten bei den Vernehmungen das eines ungebrochenen Mannes gewesen sein.

Die in Berlin stattfindenden Untersuchungen gegen die Widerstandsgruppe in der Abwehr schleppten sich bis in den Februar hinein, ohne daß die Häftlinge mit einem Ende der Vernehmungen oder einem Beginn des Prozesses und ihrer Verurteilung in absehbarer Zeit rechnen konnten. Oster schien sich mit seiner Lage abgefunden zu haben, obwohl er die Hoffnung auf Rettung niemals ganz aufgab. Am 19.1.1945 erhielt seine Frau den letzten Brief von ihm, den er dem in Stalingrad vermißten Sohn Harald widmete. Genau zwei Jahre vorher, am 19.1.1943, hatte dieser seinem Vater aus Stalingrad geschrieben und seine Konfirmationsbibel und sein EK I dazugelegt. So lesen wir in Osters Brief: »Du kennst mich genug und weißt daher, daß ich dazu neige, die Dinge im Leben sehr ernst zu nehmen und mit dem Ungünstigsten zu rechnen, um eintretende Enttäuschungen und Rumpler (reiterlicher Ausdruck, d. Vf.) um so besser ertragen zu können. Ich habe mich daher in den Gedanken hineingelebt, daß der Junge, so wie er war, einen anständigen Heldentod gestorben ist. Sollte dies ein Irrtum sein und wir den Jungen in leiblicher Gestalt wiedersehen, so hat der Herrgott ihn uns in seiner Gnade von neuem geschenkt.«[32]

Solche Sätze zeigen, daß Oster seine Lage ungeachtet aller Bedrohung mit Ruhe und Gelassenheit ertrug. Über sich selbst und seinen Zustand konnte er nichts berichten, da die Zensur jeden derartigen Versuch vereitelt hätte. Die letzte Passage des Briefes läßt sich aber genauso auf ihn selber übertragen, der damit seiner Frau den Ernst der Situation darstellen wollte.[33]

Osters Lage war düster, aber auch die Niederlage des Dritten Reiches stand vor der Tür und damit Hitlers Ende. Der Diktator verlor sich immer mehr in eine gespenstisch anmutende Traumwelt, in der er auf seiner Lagekarte mitunter nicht vorhandene Divisionen hin- und herschob. Seine letzte große Offensive im Dezember 1944 in den Ardennen, von pathologischen Haßausbrüchen gegen die »verfaulten westlichen Demokratien« begleitet, war gescheitert, die dort eingesetzten, frisch aufgefüllten und kampfkräftigen Divisionen waren verbraucht. Im Osten hatte die am 12. Januar 1945 begonnene russische Großoffensive die deutsche Front zerbrochen und die angreifenden Russen in weniger als drei Wochen bis an die Oder und nach Oberschlesien geführt.

Aber noch lief die Maschinerie des Dritten Reiches, immer noch wurden Filme produziert, die in der Bevölkerung eine Durchhaltestimmung erzeugen sollten, wie der am 30.1.1945 uraufgeführte Film »Kolberg« mit Heinrich George in der Rolle des Bürgermeisters Nettelbeck. Am selben Tage hatte Hitler in seiner letzten Rundfunkansprache verkündet, daß es sein »unabänderlicher Wille« sei, »in diesem Kampf der Errettung unseres Volkes vor dem grauenhaftesten Schicksal aller Zeiten vor nichts zurückzuschrecken«. Und wie zur Untermalung dieser Drohung erließ der Reichsjustizminister Dr. Thierack am 15.2. eine Verordnung über die Errichtung von Standgerichten in feindbedrohten Reichsverteidigungsbezirken. Noch liefen die Todesmühlen des Regimes, und sie sollten bis in die letzten Tage ihren blutigen Tribut fordern.

Am 3. Februar flogen die Amerikaner einen ihrer schwersten Luftangriffe auf Berlin, er forderte annähernd 22000 Opfer. Ursula von Kardorff, Augenzeugin des Angriffs, schreibt: »Heute der schwerste Angriff auf die Innenstadt, den es gegeben hat. Daß eine Steigerung überhaupt noch möglich war, hätte ich nicht gedacht. War zum Glück im Bunker, aber auch dort setzte leichte Panik ein ... kein Stückchen Himmel zu sehen, nur gelbe, giftige Rauchschwaden ... Warum stellt sich niemand auf die Straße und schreit »genug, genug«, warum wird niemand irrsinnig; warum gibt es keine Revolution; Durchhalten, blödsinnigste aller Vokabeln. Also werden sie durchhalten, bis sie alle tot sind, eine andere Erlösung gibt es nicht.«[34]

Unter den von den Bomben schwer getroffenen Gebäuden befanden sich das Gefängnis des Reichssicherheitshauptamts in der Prinz-Albrecht-Straße, in dem sich Oster befand, sowie der Volksgerichtshof, dessen Präsident Roland Freisler die Verhandlungen gegen die Verschwörer des 20. Juli auf maßlose Weise geführt hatte. Während des Angriffs vom 3. Februar hatte Freisler im Keller des Gerichtshofs Schutz gesucht. Als ihn beim Heraustreten ins Freie herabstürzende Trümmer töteten, hielt er noch die Akten der Anklage gegen Schlabrendorff in der Hand. Vier Monate vorher hatte der von Freisler zum Tode verurteilte General Fellgiebel seinem Richter zugerufen: »Dann beeilen Sie sich mit dem Aufhängen Herr Präsident, sonst hängen Sie eher als wir.«[35]

Da man im Reichssicherheitshauptamt die Angehörigen des Oster-Kreises noch weiteren Vernehmungen unterziehen wollte, wurde Oster am 7. Februar zusammen mit Canaris, Halder, Thomas, Schacht, Strünck und dem ehemaligen österreichischen Bundeskanzler v. Schuschnigg in das Konzentrationslager Flossenbürg verlegt, das als bombensicher galt. Bereits am 6. Februar waren Josef Müller, Bonhoeffer, Liedig, Gehre und einige andere Häftlinge in das KZ Buchenwald gebracht worden.[36]

Hier erwartete die Gefangenen verschärfte Haft mit härtesten

Verhören, die in Flossenbürg besonders vom Kriminalrat Stawitzky gnadenlos geführt wurden. Die Anwendung physischer Gewaltmaßnahmen sei ihm von oben befohlen worden, äußerte Stawitzky einmal gegenüber Josef Müller, der Anfang April ebenfalls nach Flossenbürg verlegt worden war.[37] Josef Müller berichtet, daß die Häftlinge geschlagen, gefesselt und häufig mit dem Tode bedroht wurden.[38] Diesmal blieb auch Oster von physischer Gewaltanwendung nicht verschont. Zu den Haftbedingungen trat noch die über zwei Monate währende Ungewißheit über das endgültige Schicksal. Erst wenige Wochen vor dem Ende, am 5. April 1945, wurde von Hitler in der sogenannten Mittagslage der Entschluß zur Liquidierung der Häftlinge Canaris, Oster, Sack, Strünck, Gehre und Bonhoeffer gefaßt.[39] Der Anlaß war der Fund der Canaris-Tagebücher in einem Bunker in Zossen, wo sich im Zuge der Verteidigungsvorbereitungen für Berlin neue Militärstäbe einquartiert hatten. Der Finder, General Buhle, ließ sie an das Reichssicherheitshauptamt weiterleiten, so daß sie spätestens am 5. April Hitler vorgelegt wurden und dessen Entschluß, der sicher nicht erst in diesem Augenblick gefaßt worden ist, bekräftigten: Die Häftlinge mußten sofort vernichtet werden.[40]

Huppenkothen wurde als Anklagevertreter nach Flossenbürg gesandt, während aus Nürnberg der SS-Richter Dr. Otto Thorbeck dorthin befohlen wurde.[41] Dadurch sollte der Anschein eines Gerichtsverfahrens gewahrt werden, das keines sein konnte, da das Urteil schon vorher feststand. Überdies wäre eine Verurteilung von Canaris und Oster durch ein SS-Gericht gar nicht möglich gewesen, da für sie als Soldaten nur ein Militärgericht in Frage gekommen wäre, da sie nie aus der Wehrmacht ausgestoßen worden waren.[42] Daß auch andere, Standgerichte betreffende Bestimmungen nicht eingehalten wurden, berührte Huppenkothen und Thorbeck wenig. Da spielte es dann auch keine Rolle mehr, ob überhaupt ein Verteidiger bestellt wurde oder nicht.

Huppenkothen traf am 7. April 1945 in Flossenbürg ein, nachdem er einen Tag vorher im Konzentrationslager Sachsenhausen mit dem dortigen Lagerkommandanten ein »flüchtiges Standgericht« veranstaltet hatte, »... indem sie den halb besinnungslos auf der Bahre liegenden Dohnányi zum Tode verurteilten« und in diesem Zustand zum Galgen schleppten.[43] Dieses sogenannte Standgericht gegen Dohnányi war eine reine Farce, da dieser trotz gegenteiliger Beteuerungen Huppenkothens physisch überhaupt nicht in der Lage gewesen ist, auf die Vorwürfe der Anklage zu antworten.

Am Nachmittag des 8. April 1945 trat in Flossenbürg das Standgericht unter dem Vorsitz Thorbecks zusammen.[44] Oster war der erste, der zur Verhandlung geführt wurde, die bei jedem der Angeklagten im Durchschnitt etwa eine halbe Stunde dauerte. Im Urteil des Kriegsverbrecher-Prozesses gegen Huppenkothen und Thorbeck aus dem Jahre 1952 heißt es dazu, General Oster sei »im Sinne der Anklage geständig gewesen«. Er habe »zugegeben, seit Jahren in Umsturzbestrebungen eingeweiht und aktiv daran beteiligt gewesen zu sein. Diese Bestrebungen, in deren Mittelpunkt Generaloberst Beck gestanden« habe, hätten »die Beseitigung Hitlers durch Tötung oder Festsetzung in einem militärisch oder politisch günstigen Augenblick zum Ziele gehabt. Die ihm vorgehaltenen konkreten Aufzeichnungen« habe »General Oster ohne weiteres anerkannt«.[45] Weiter heißt es: »Die Behauptung der beiden Angeklagten, Admiral Canaris habe seine Verteidigung nach Widerlegung seiner Schutzbehauptungen durch den gegenübergestellten Oster nicht mehr aufrechterhalten, ist nicht zu widerlegen.«[46]

Im Gegensatz zu Oster hat Canaris offenbar die Vorwürfe abgestritten und zu entkräften versucht, während Oster sich klar zu seiner Tat bekannte. Huppenkothen und Thorbeck sagten weiter aus, daß es zwischen Canaris und Oster während der Verhandlung zu einer Auseinandersetzung gekommen sei, in deren Verlauf Canaris Oster von seinen Ausführungen zu überzeugen versucht habe. Oster habe darauf entgegnet: »Nein, das stimmt doch nicht. Ich kann nichts anderes aussagen, als was ich weiß. Ich bin doch kein Lump.«[47] Am Ende dieser Auseinandersetzung habe Canaris dann resigniert.

Bei allem notwendigen Vorbehalt gegenüber den Aussagen Huppenkothens und Thorbecks spricht vieles für ihre Beschreibung der letzten Stunden Osters. Das offene Bekenntnis zu seiner Tat entspricht Osters Charakter, wie aus vielen Zeugnissen deutlich wird. Ob die Auseinandersetzung zwischen ihm und Canaris in der Form stattgefunden hat, wie sie von Huppenkothen und Thorbeck behauptet wird, sei dahingestellt. Über Oster hat Thorbeck seinen Eindruck an anderer Stelle wiedergegeben: »Von Oster habe ich überhaupt den allerbesten Eindruck von allen Angeklagten gehabt. Er war der Typ des deutschen höheren Offiziers, hatte ein soldatisches Auftreten, korrekt und auch mutig. Ich hatte den Eindruck, daß dieser Mann bereits vollständig mit dem Leben abgeschlossen hatte und lediglich noch Wert darauf legte, vor dem Gericht noch persönlich als Offizier angesehen zu werden und sich nicht in seiner Ehre herabzusetzen.«[48]

Das Urteil stand für Canaris und Oster ohnehin fest: Hinrichtung durch den Strang am folgenden Morgen. Für Sack, Gehre und Bonhoeffer lautete das Urteil ebenfalls auf Todesstrafe.

Am 9. April 1945 gegen 6.00 Uhr hörte Müller in seiner Zelle, daß Nummern aufgerufen wurden, »... immer zwei zusammen, Zellennummern offensichtlich. Und dann ertönte dieses Kommando: ›Los, schnell‹, dazwischen vernahm ich den Klang einer Stimme, die ich kannte und die ich nie vergessen werde: Es war die Stimme von Admiral Canaris.«[49]

Müller rechnete damit, daß auch er aufgerufen würde, doch in diesem Fall irrte er sich, und es wurde im Lager ruhiger.[50] Am späten Vormittag erfuhr Müller von einem gefangenen britischen Offizier, der sich im Lager frei bewegen konnte, daß seine Freunde schon tot waren und ihre Leichen bereits verbrannt würden. Jetzt wußte Müller, daß auch Hans Oster nicht mehr am Leben war und mit ihm Canaris und die anderen.[51]

Von den Bewachern wurde die Hinrichtung geheimgehalten, aber sie sprach sich schnell im Lager herum. Der ebenfalls in Flossenbürg inhaftierte Prinz Philipp von Hessen hatte Canaris und Bonhoeffer dort gesehen, Oster aber nicht. Ihm war sonst immer von einigen hessischen SS-Männern gestattet worden, sich morgens an einem Feuer die Hände zu wärmen, doch am Morgen des 9. April durfte er seine Zelle nicht verlassen. Später entdeckte er dann im Wachzimmer der SS die Kleider und einige Habseligkeiten der Hingerichteten.[52]

Über die letzten Stunden der Opfer wissen wir nur durch die Aussage des bei der Hinrichtung anwesenden SS-Lagerarztes Dr. Fischer.[53] Huppenkothen, der offensichtlich auch bei der Hinrichtung am Morgen des 9. April anwesend war, konnte dies vor dem Schwurgericht Augsburg nicht eindeutig nachgewiesen werden. Fischer berichtet über den Ablauf der Hinrichtungen: »Canaris wurde mit seinen Mitangeklagten Generalmajor Oster, Pastor Bonhoeffer, Chefrichter Sack und Hauptmann Gehre in die Wachstube des Flossenbürger Gefängnisbaues geführt. Lageradjutant Baumgartner verlas die Todesurteile. Die Delinquenten mußten sich in einer Zelle nackt ausziehen und wurden einzeln über den Hof zum Galgen getrieben. Sie mußten eine Treppe besteigen. Dann wurde ihnen die Schlinge um den Hals gelegt und die Treppe unter ihnen weggezogen...«[54]

Wie Oster gestorben ist, darüber sagt Fischer nichts aus. Lediglich von Canaris heißt es, er sei »... fest und mannhaft gestorben«.[55]

Immer noch gehorchte das Reich dem Mann, der die Zerstörung und Vernichtung Deutschlands nun als verdientes Schicksal für das deutsche Volk ansah, das ihn im Stich gelassen habe, wie er am 18. März 1945 dem erschütterten Speer mitteilte: »Wenn der Krieg verlorengeht, wird auch das Volk verloren sein. Es ist nicht notwendig, auf die Grundlagen, die das deutsche Volk zu seinem primitivsten Weiterleben braucht, Rücksicht zu nehmen. Im Gegenteil ist es besser, selbst diese Dinge zu zerstören. Denn das Volk hat sich als das schwächere erwiesen, und dem stärkeren Ostvolk gehört ausschließlich die Zukunft. Was nach diesem Kampf übrigbleibt, sind ohnehin nur die Minderwertigen, denn die Guten sind gefallen.«[56]

Ein letztes Aufflackern von Hoffnung bemächtigte sich Hitlers, als am 12. April die Nachricht vom Tod des amerikanischen Präsidenten Roosevelt kam. Jetzt würde sich das »Mirakel des Hauses Brandenburg«, der Tod der Zarin Elisabeth im Siebenjährigen Krieg, der Preußen vor der Niederlage bewahrte, an Deutschland wiederholen. Aber die Geschichte kennt keine exakten Wiederholungen, und am 25. April trafen sich Amerikaner und Russen an der Elbe, vom Auseinanderfallen der Koalition war keine Rede mehr. Am selben Tag schlossen die Russen den Einschließungsring um Berlin, neun Tage nach dem Beginn ihrer letzten Offensive an der Oder. Die russische Artillerie nahm vom 27.4. an auch die Reichskanzlei unter ständigen Beschuß, in deren Bunker Hitler auf Entsatz durch die 12. Armee des Generals der Panzertruppen Wenck hoffte. Doch Wencks Armee war viel zu schwach, um gegen die überlegenen russischen Kräfte etwas ausrichten zu können, jeder weitere Ansatz auf Berlin wäre einem sinnlosen Aufopfern der Truppen gleichgekommen. Wenck zog daraus die Konsequenzen, so daß sich die Armee ab 26. April vom Gegner löste, das Ziel hieß nun: amerikanische Kriegsgefangenschaft.

Am 29.4. mußte Hitler erkennen, daß auch diese allerletzte Hoffnung vergebens war. Am Morgen hatte er erfahren, daß Mussolini, der einst sein Vorbild gewesen war, gemeinsam mit seiner Geliebten Clara Petacci hingerichtet worden war. Einen Tag später beging Hitler Selbstmord, genau einundzwanzig Tage nach dem Tod Osters in Flossenbürg. Sein Testament, in dem er die Summe seines Lebens in der Vernichtung der Juden sah, machte noch einmal deutlich, daß er wirklich der »Vollstrecker des Bösen« gewesen war, wie der hingerichtete Moltke ihn genannt hatte, oder, in den Worten Osters: die »Pest Europas und der Welt«.

Anmerkungen

»Wir trugen des Königs Rock, das genügte uns«

1 Oster in den Kaltenbrunner-Berichten, S. 302. Spiegelbild einer Verschwörung. Die Kaltenbrunner-Berichte an Bormann und Hitler. Hrsgb. vom Archiv Peter, Stuttgart 1961. Zitiert als KB.
2 In der Hauptsache basiert das folgende Kapitel auf mehreren Gesprächen mit dem 1914 geborenen ältesten Sohn Hans Osters, Generalmajor a.D. Achim Oster (zitiert als A. Oster), in den Jahren 1976 und 1977. Geburtsurkunden Jules August Oster, Marie Pauline Breymann und Hans Paul Oster, sämtlich im Besitz von A. Oster.
3 Vorschulzeugnisse Hans Paul Oster, im Besitz von A. Oster.
4 Zeugnisse des Gymnasiums vom Heiligen Kreuz in Dresden von Hans Oster, im Besitz von A. Oster.
5 Ebd.; Konfirmationsurkunde Hans Osters vom 23.3.1903, im Besitz von A. Oster.
6 Reifezeugnis des Gymnasiums von Heiligen Kreuz für Hans Oster, im Besitz von A. Oster.
7 Hans Oster erzählte dies seinem Sohn Achim mit denselben Worten. Personalnachweis Hans Oster, Original im Bundesarchiv/Militärarchiv in Freiburg, Fotokopie im IfZ in München, Signatur F. 87.
8 Karl Demeter: Das Deutsche Offizierskorps in Gesellschaft und Staat 1650/1945. 3. Aufl., Frankfurt/M. 1963, S. 30.
9 Fähnrich Hans Oster, Zeugnis der Reife zum Offizier vom 28.7.1908, im Besitz von A. Oster; F. 87.
10 Urteil über Leutnant Oster, Lehrkurs vom 8.11.–20.11.1909. Ausbildung im Waffeninstandsetzungsgeschäft vom 24.11.1909, im Besitz von A. Oster.
11 Zeugnis der Königlich-Sächsischen-Militärreitanstalt in Dresden für Leutnant Hans Oster d. 4.I.A.R.48, vom 1.10.1910–31.7.1911. Unterschrieben mit: »Der Kommandeur, Major Müller«. Ausgestellt am 4.11.1911, im Besitz von A. Oster.
12 Reifezeugnis des Reform-Realgymnasiums in Dresden von Gertrud Knoop vom 23.2.1909; Studienbuch Gertrud Knoops von der Königlich-Sächsischen Technischen Hochschule in Dresden WS 1910/11, SS 1911, WS 1911/12, im Besitz von A. Oster.
13 »The lamps are going out all over Europe. We shall never see them lit again in our time.«
14 F. 87.
15 Der Königlich-Sächsische Militär-St.-Heinrichs-Orden. Hrsg. von Oberst a.D. Georg Richter, Frankfurt/M. 1964, S. 495.

1 Oster über die Vorgänge des 30.6.1934 in einem Vermerk während seiner Inhaftierung im Gefängnis des Reichssicherheitshauptamtes in der Prinz-Albrecht-Straße in Berlin, KB, S. 351.
2 So Oster in den Kaltenbrunner-Berichten vom 25. August 1944, KB, S. 302.
3 Ebd.
4 A. Oster an den Verfasser, 8.7.1976. Siehe auch Annedore Leber: Das Gewissen steht auf. Berlin-Frankfurt/M. 1954, S. 155.
5 So Oster in den Kaltenbrunner-Berichten vom 8. November 1944, KB, S. 486.
6 F 87.
7 A. Oster an den Verfasser, 29.6.1976.
8 Brief Halders an Professor W. Baum v. 5.9.1956. ZS 240, Generaloberst Franz Halder, Bd. V. S. 24.
9 A. Oster an den Verfasser, 8.7.1976.
10 Ebd.
11 Ebd.
12 ZS 240, Bd. V, S. 24.
13 Unter ihnen insbesondere Gijsbertus Jacobus Sas, enger Vertrauter Osters, holländischer Militärattaché in Berlin 1939-1940; Ihm verriet Oster die Angriffstermine im Westen. Sowie Hans Bernd Gisevius, zu Beginn der Bekanntschaft mit Oster Regierungsrat im Reichsinnenministerium.
Eberhard Zeller: Geist der Freiheit, 4. Aufl., München 1969, S. 34f.
14 GendI Friedrich Olbricht, geb. 4.10.1888 Leisnig/Sachsen, erschossen 20.7.1944 Berlin, Bendlerstraße. 1933-1935 Chef des Stabes d. 4. Div. (Dresden). 1935-1938 Chef d. Stabes d. IV. AK. Nov. 1938 bis März 1940 Kdr. 24. ID März 1940-Juli 1944 Chef AHA.
GFM Erwin von Witzleben, geb. Berlin 4.12.1881, hinger. Berlin-Plötzensee 9.8.1944. Okt. 1935 KG III. AK, Nov. 1938 OB Gr. Kdo 2. 1934 GenM u. GenLt, Okt. 1936 GendI, 19.7.1940 GFM. OB H.Gr.F. Okt. 1940, OB West Mai 1941-März 1942.
15 F 87.
16 A. Oster an den Verfasser 9.7.1976.
17 F 87.
18 Rangliste des Deutschen Reichsheeres von 1928.
19 So Oster in den Kaltenbrunner-Berichten vom 2. Oktober 1944, KB, S. 430.
20 A. Oster an den Verfasser, 9.7.1976.
21 Harold C. Deutsch: Das Komplott oder die Entmachtung der Generale, Zürich 1974, S. 32.
22 F 87.
23 A. Oster an den Verfasser, 9.7.1976.

24 GFM Walther von Brauchitsch, geb. Berlin 4.10.1881, gest. in britischer Gefangenschaft, Hamburg 18.10.1948.
1933–1935 Kdr. 1. Div. (Königsberg), KG I.AK. 1937 GendA u. OB GrKdo 4 (Leipzig), 19.8.1940 GFM, OBdH 4.2.1930–Dez. 1941.

25 A. Oster an den Verfasser, 9.7.1976.

26 Rangliste des deutschen Reichsheeres 1931.

27 Franz Halder, geb. Würzburg, 30.9.1884, gest. Aschau (Chiemgau) 2.4.1972. Im Ersten Weltkrieg bayerischer Gen. Stbs. Offizier, 1931 Oberst u. Chef d. Stabes der 6. Div. in Münster, 1933 Art. Führer VII, 1934 GenM, 1935 Kdr. d. 7. Div., 1936 GenLt u. OQ II im GenStdH, März 1938 OQ I, August 1938 bis September 1942 Chef d. GenStdH, ab 19.7.1940 GenOb.

28 ZS 240, Bd. V, S. 28.

29 Heidemarie Gräfin v. Schall-Riaucour: Aufstand und Gehorsam. Offizierstum und Generalstab im Umbruch. Leben und Wirken von Generaloberst Franz Halder, Wiesbaden 1972, S. 286.

30 Hans Bernd Gisevius: Bis zum Bitteren Ende. Einbändige Neuauflage Hamburg 1961 (1. Aufl. Zürich 1946); zitiert als Gisevius I, S. 348.

31 Wilhelm Canaris, geb. 1.1.1887 Aplerbeck bei Dortmund, hingerichtet 9.4.1945 Konzentrationslager Flossenbürg. Im Ersten Weltkrieg U-Boot-Kommandant. Nach dem Krieg in verschiedenen Stabsstellungen, Kommandant des Linienschiffs »Schlesien« von September 1932–September 1934, dann Festungskommandant von Swinemünde. Chef der deutschen Abwehr vom 1.1.1935–12.2.1944.

32 Heinz Höhne: Canaris, Patriot im Zwielicht, München 1976, S. 125.

33 ZS 240, Bd. V, S. 30. Teilnahme Osters an Wehrkreis- und Admiralstabsübungsreise, F 87, Nachweis Oster.

34 A. Oster an den Verfasser, 10.7.1976.

35 Otto Ernst Schüddekopf: Das Heer und die Republik. Quellen zur Politik der Reichswehrführung 1918–1933. Hannover 1955, S. 268.

36 A. Oster an den Verfasser, 10.7.1976.

37 Oster vor der Gestapo am 25. August 1944, KB, S. 32.

38 »Nicht jeder verstand gleich die Synthese Partei-Staat, wo wir doch bisher von dem Wort Partei nichts hatten hören wollen.« So Oster vor der Gestapo am 25.8.1944, KB, S. 303.

39 A. Oster an den Verfasser, 10.7.1976.

40 Chef HPA vom 28.12.1932. Bescheid über Ausscheiden des Majors Oster aus dem Heeresdienst unter Bewilligung der gesetzlichen Versorgung.

41 Aufzeichnung Osters vom 25.4.1933, im Besitz von A. Oster.

42 GenOb Kurt Freiherr von Hammerstein-Equord, geb. Hinrichshagen (Mecklenburg-Strelitz) 26.9.1878, gest. Berlin 24.4.1943. 1920–1922 Chef Stab Gr. Kdo 2. 1924–1929 Chef Stab Wehrkreiskommando III. Herbst 1929 Chef Truppenamt. November

1930–Januar 1934 Chef der Heeresleitung. Ruhestand. 9.9.–12.10. 1939 OB Armeeabteilung A.

43 ZS 240, Bd. V, S. 10.

44 A. Oster an den Verfasser, 10.7.1976.

45 HPA vom 9.8.1933. Berechtigung zum Tragen der Uniform des A.R.2 für Major Hans Oster. Im Besitz von A. Oster.

46 A. Oster an den Verfasser, 10.7.1976.

47 Ebd.

48 Aufzeichnung Osters vom 25.4.1933, Ebd.

49 A. Oster an den Verfasser, 12.7.1976.

50 Ebd.

51 F 87.

52 Höhne, Canaris, S. 250, Anm. 28 u. 29. A. Oster hält dieses für äußerst unwahrscheinlich, bestätigt aber die Abneigung Patzigs.

53 ZS 240 Bd. V, Brief an Dr. Krausnick vom 14.7.1955. Hoßbach teilt Halders Meinung. ZS 74, GendI Friedrich Hoßbach, S. 30.

54 F 87.

55 Anmeldung bei der polizeilichen Meldebehörde. Zugezogen 1.10.1933 nach Berlin, Bayerische Straße 9, vom 20.12.1933. Im Besitz von A. Oster.

56 F 87.

57 Gerd Buchheit: Der deutsche Geheimdienst, München 1966, S. 109–110.

58 A. Oster an den Verfasser, nach Gespräch mit A. Heinrichsbauer am 8.9.1977.

59 Arthur Nebe (1894–1945), vgl. Hans Bernd Gisevius: Wo ist Nebe? Erinnerungen an Hitlers Reichskriminaldirektor, Zürich 1966.

60 Gisevius I, S. 109–110.

61 Ebd., S. 120.

62 Gisevius I, S. 119. In den Kaltenbrunner-Berichten vom 18. Oktober 1944 wird Canaris zitiert, der aussagt, daß Gisevius sehr an Oster gehangen habe. KB, S. 460.

63 A. Oster an den Verfasser, 8.9.1977.

64 Ebd., vgl. Gisevius I, S. 149.

65 Ebd., S. 176–179.

66 Ebd., S. 172–173.

67 Kunrat Freiherr von Hammerstein: Spähtrupp. Erw. 2. Aufl., Stuttgart 1963, S. 73.

68 Walter Görlitz: Kleine Geschichte des deutschen Generalstabes. 2. Aufl., Berlin 1977, S. 298.

69 So Oster in einem Vermerk in den Kaltenbrunner-Berichten vom 16.10.1944. KB, S. 451.

70 Ebd.

71 Walter Hofer: Der Nationalsozialismus. Dokumente 1933–1945. Frankfurt/M. 1957, S. 71.

72 F 87.

73 A. Oster an den Verfasser, 14.7.1976.
74 Rudolf Christoph Freiherr von Gersdorff: Soldat im Untergang. Frankfurt/M.-Berlin-Wien 1977, S. 57.
75 A. Oster an den Verfasser, 8.9.1977.
76 Buchheit, Geheimdienst, S. 83f.; vgl. Gerhard Henke: Berichte und Erinnerungen. Die Nachhut, 1.8.1967, S. 11f.
77 Nicholas Reynolds: Beck, Gehorsam und Widerstand. Wiesbaden-München 1977, S. 51f.
78 F 87.
79 Ebd.
80 A. Oster an den Verfasser, 8.9.1977.
81 ZS 2125, Befragung Rechtsanwalt Liedigs durch die Historiker Dr. Krausnick und Harold C. Deutsch. Dr. jur. Franz Maria Liedig, Korvettenkapitän (1891-1967), Angehöriger der Freikorpsszene nach dem Ersten Weltkrieg, war unter anderem im Frühjahr 1940 Abwehrvertreter beim Sonderstab für die Besetzung Dänemarks und Norwegens, das Unternehmen »Weserübung«.
82 Ebd.
83 Margret Boveri: Der Verrat im 20. Jahrhundert, 4 Bde., Rowohlt Tb., Hamburg 1956, Bd. II, S. 109-114.
84 ZS 2125.
85 Ebd.
86 Ulrich von Hassell: Vom anderen Deutschland. Aus den Nachgelassenen Tagebüchern 1938-1944. 2. Aufl., Freiburg 1946, S. 37.
87 ZS 364/I, Vizeadmiral Leopold Bürkner - Amtsgruppenleiter Ausland. Helmuth Groscurth, geb. 16. 12. 1898 Lüdenscheid/Westfalen, gest. 7. 4. 1943 in sowjetischer Kriegsgefangenschaft. 1917 Lt im IR 75. 1920 Abschied, 1924 Wiedereintritt in die Reichswehr im IR 6. 1933 Chef der Gruppe IS (Sabotage) der Abwehr. 1. 6. 1938 Chef Abw. Abt. II bis Ende 1938. Ab 13. 10. 1939 Chef Abt. z. b. V. im GenSt dH bis Februar 1940. Fronteinsatz, bei Stalingrad Kriegsgefangenschaft. Helmuth Groscurth: Tagebücher eines Abwehroffiziers 1938–1940. Hrsg. von Helmut Krausnick und Harold C. Deutsch. Stuttgart 1970, S. 18f.
88 Gisevius I, S. 415.
89 Staten Generaal, Tweede Kamer. Enquête Commissie Regeringsbeleid 1940–1945. Verslag houdende de Uitkomst van het Onderzoek, Deel 1: Algemene Inleiding (Militair Beleid 1939–1940). Verhoren. Derde Druk, Staatsdrukkerij 's-Gravenhage, 1949. Dt. Übers. Zs 1626 Gijsbertus Jacobus Sas, S. 9. Vgl. auch Harold C. Deutsch: Verschwörung gegen den Krieg. München 1969, S. 97.
90 A. Oster an den Verfasser, 9.9.1977.
91 So in der Erinnerung A. Osters.
92 An diesem Tag entwickelte Oster im Kreise seiner Familie düstere Prognosen über Deutschlands politische Zukunft.
93 Ebd.

94 ZS 1626, S. 9f.

95 GFM Günther von Kluge, geb. Posen 30.10.1882, Selbstmord Metz 18.8.1944. April 1935 KG VI. AK, Aug. 1936 GendI, Dez. 1938 OB Gr. Kdo 6. Bis Beginn des Rußlandfeldzuges OB 4. Armee. 19.7.1940 GFM. Dez. 1941–Juni 1943 OB H.Gr.Mitte, dann OB West und seit 17.7.1944 (Jaboangriff auf Rommel) auch OB H.Gr.B.

96 GendI Walter Graf von Brockdorff-Ahlefeldt, geb. Perleberg 13.8.1887, gest. Berlin 9.5.1943. März 1938 GenLt u. Kdr. 23.ID, Juni 1940 Führer XXVIII AK, Aug. 1940 GendI, 21.6.1940–19.1. 1943 KG II.AK.

97 Gisevius I, S. 241.

98 ZS 135, Spruchkammerakten III, Aussage Frau Elisabeth Strünck, S. 263f.

99 A. Graf Waldersee an den Verfasser, 25.4.1975.

»Ich habe die Sache Fritsch zu meiner eigenen gemacht«

1 Oster in den Kaltenbrunner-Berichten v. 2.10.1944, KB, S. 430.

2 Hofer, Nationalsozialismus, S. 193f.

3 Friedrich Hoßbach: Zwischen Wehrmacht und Hitler. 2. Aufl., Göttingen 1965, S. 108.

4 Ebd., S. 109.

5 Ebd., S. 110.

6 Ebd., S. 112; vgl. hierzu insbesondere Deutsch, Komplott.

7 Gisevius I, S. 279.

8 Ebd., S. 282.

9 Ebd.

10 Ebd., S. 282–283.

11 Ebd., S. 285.

12 Ebd., S. 287.

13 Ebd., S. 286; vgl. Deutsch, Komplott, S. 175.

14 Ebd., S. 293; A. Oster an den Verfasser, 20.11.1977.

15 Hoßbach, S. 120f.

16 ZS 592, über Bekanntschaft Oster–Ulex; A. Oster an den Verfasser, 20.11.1977.

17 ZS 627, General Wilhelm Ulex.

18 ZS 592, S. 33f.; sowie Deutsch, Komplott, S. 218.

19 Ebd.

20 Gisevius I, S. 291.

21 Ebd.

22 Zu Goerdeler siehe Gerhard Ritter: Carl Goerdeler und die deutsche Widerstandsbewegung. 3. Aufl., Stuttgart 1956.

23 Gisevius I, S. 293; A. Oster an den Verfasser, 20.11.1977. GFM Wilhelm List, geb. Oberkirchberg 14.5.1880, gest. Garmisch 16.8.

1971. April 1938 OB GrKdo 5 (Wien). April 1939 GenOb. In Polen OB 14. Armee, Frankreich AOK 1. GFM 19.7.1940, Juli 1941–Okt. 1942 OB H.Gr.A, nach Zerwürfnis mit Hitler über Angriffsschwerpunkt der H.Gr.A aus dem Dienst ausgeschieden.

24 ZS 125, Edgar Röhricht, Bericht über eine Aussprache mit Goerdeler während der Blomberg-Fritsch-Krise.

25 Ebd.; vgl. auch Edgar Röhricht: Pflicht und Gewissen, Stuttgart 1965.

26 Erich von Manstein: Aus einem Soldatenleben 1887–1939. Bonn 1958, S. 300.

27 ZS 240, Bd. I, S. 38.

28 Schall-Riaucour, S. 220.

29 Deutsch, Komplott, S. 180.

30 Fritz Wiedemann: Der Mann, der Feldherr werden wollte. Dortmund 1949, S. 120.

31 Dokumentation: Der Fritsch-Brief vom 11. Dezember 1938. VfZG (28) 1980, S. 370.

32 Deutsch, Komplott, S. 107–108.

33 IMT, Bd. XXVIII, S. 357; vgl. Reynolds, Beck, S. 113.

34 Ebd., S. 122.

35 Deutsch, Komplott, S. 192–195.

36 Hassell, S. 71.

37 Hoßbach, S. 112.

38 Gisevius I, S. 292.

39 ZS 603, Christine von Dohnányi, S. 3.

40 Rüdiger von Manstein/Theodor Fuchs: Manstein, Soldat im 20. Jahrhundert. Militärisch-politische Nachlese. München 1981, S. 112.

41 Johann Adolf Graf von Kielmansegg: Der Fritsch-Prozeß 1938. Hamburg 1949, S. 48–49.

42 Hans von Dohnányi, geb. 1.1.1902 Wien, ermordet 8.4.1945 im KZ Sachsenhausen.
Dr. Karl Sack, geb. 1896, hingerichtet Flossenbürg 9.4.1945. Zuletzt Ministerialdirektor und Generalstabsrichter.

43 Gisevius I, S. 298

44 Deutsch, Komplott, S. 258f.

45 Manstein/Fuchs, S. 117.

46 Fritz-Dietlof Graf von der Schulenburg, geb. 5.9.1902, hingerichtet Berlin-Plötzensee 10.8.1944. Wurde 1938 Polizeivizepräsident von Berlin. 1939 stellvertretender Oberpräsident von Ober- und Niederschlesien. Nach Beginn des Rußlandfeldzuges als Oberleutnant d. Res. eingezogen, arbeitete er für den Widerstand eine Reichsverfassung aus.

47 Schulenburg in den Kaltenbrunner-Berichten v. 27.7.1944, KB, S. 87.

48 GenOb Wilhelm Adam, geb. 12.7.1876 Ansbach, gest. 8.4.1949 Garmisch. In der Reichswehr bis 1927 Chef GenSt Wehrkreis

VII (München), Kdr. IR 19 bis 1929, 1930 Chef Truppenamt, 1933 Befehlshaber im Wehrkreis VII, Okt. 1935 Kdr. Wehrmachtsakademie, April 1938 OB Gr.Kdo. 2 (Kassel), Dez. 1938 nach Zerwürfnis mit Hitler auf eigenen Antrag in den Ruhestand versetzt.

49 Eidesstattliche Erklärung von Generaloberst Wilhelm Adam über Geist und Wesen des deutschen Generalstabes. ZS 256, Adam.

50 So Gisevius in einem Interview mit Reynolds; Reynolds, Beck, S. 166.

51 ZS 240, Bd. V, S. 10a.

52 Dieses Bild befindet sich im Besitz von A. Oster.

53 Vgl. Reynolds, Beck, S. 155.

54 Gisevius I, S. 318.

55 Ebd., S. 319.

56 Ebd., S. 320.

57 Ebd., S. 321.

58 Ebd., S. 322.

59 Ebd.

60 Ebd.

61 A. Oster an den Verfasser, 10.7.1977

»Der Vogel muß zurück in den Bauer«

1 Oster auf dem Höhepunkt der Sudetenkrise zu Erich Kordt. Erich Kordt: Nicht aus den Akten. Stuttgart 1950, S. 262.

2 Die Kriegstagebücher des Hans Riederer von Paar. Hrsg. v. Joh. Riederer v. Paar im Eigenverlag, S. 183.

3 Helmut Rönnefarth: Die Sudetenkriese in der internationalen Politik. Wiesbaden 1961, Bd. II, S. 128f.; vgl. Akten zur Deutschen Auswärtigen Politik (ADAP) 1918–1945, Serie D, Bd. II, Baden-Baden 1959, S. 448.

4 Rönnefarth, S. 218.

5 A. J. P. Taylor: Die Ursprünge des Zweiten Weltkrieges, Gütersloh 1962, S. 209.

6 František Moraveč: Master of Spies, London 1975.

7 Nicolaus v. Below: Als Hitlers Adjutant 1937–1945. Mainz 1980, S. 101–103; sowie ZS 222.

8 Hofer, Nationalsozialismus, S. 204.

9 Reynolds, Beck, S. 138.

10 ZS 240, Bd. V, S. 10a.

11 Reynolds, Beck, S. 145–146.

12 Ebd., S. 148.

13 ADAP, Serie D, Bd. II, S. 429.

14 Harold Nicolson: Diaries and Letters 1930–39. London 1966, S. 358.

15 Bodo Scheurig: Ewald von Kleist-Schmenzin. Ein Konservativer gegen Hitler. Oldenburg–Hamburg 1968, S. 122.

16 Ian Colvin: Master Spy. New York–London–Toronto 1951, S. 67; vgl. auch Hoffmann, Widerstand, S. 83.
17 Helmut Krausnick: Vorgeschichte und Beginn des militärischen Widerstandes gegen Hitler. Vollmacht des Gewissens Bd. I, hrsg. v. d. Europ. Publ. e. V., München 1956, S. 327; vgl. auch Scheurig, Kleist, S. 156.
18 Colvin, S. 72.
19 Groscurth, Privattgb., S. 104.
20 Ebd., S. 107.
21 Rönnefarth, S. 502.
22 Groscurth, Tgb.
23 Reynolds, Beck, S. 155.
24 Vgl. Krausnick, Vorgeschichte, S. 336, Anm. 390, und Scheurig, Kleist, S. 154–164.
25 Kordt, S. 240.
26 Ebd., S. 241.
27 Ebd., S. 241–244.
28 Ebd., S. 248.
29 Ebd., S. 279–281.
30 Peter Hoffmann: Widerstand, Staatsstreich, Attentat. Der Kampf der Opposition gegen Hitler. München 1969, S. 90–92.
31 Boris Celovsky: Das Münchener Abkommen von 1938. Stuttgart 1958, S. 333 f.
32 Gisevius I, S. 360.
33 Ebd., S. 345.
34 Ebd., S. 346.
35 Ebd., S. 347; vgl. Hoffmann, Widerstand, S. 111, Anm. 171/172.
36 Gisevius I, S. 347–352.
37 Ebd., S. 361; vgl. ZS 240, Bd. VI, S. 81.
38 Gisevius I, S. 362.
39 ZS 240, Bd. V, S. 18, Brief Halders v. 14.7.1955.
40 Ebd.; Gisevius I, S. 353–355.
41 Gisevius I, S. 371.
42 Ebd., S. 370.
43 Krausnick, Vorgeschichte, S. 345.
44 Hoffmann, Widerstand, S. 120.
45 Heinrich Bücheler: Hoepner. Ein Deutsches Soldatenschicksal des XX. Jahrhunderts. Herford 1980, S. 76. GenOb Erich Hoepner, geb. Frankfurt/Oder 14.10.1886, hinger. Berlin-Plötzensee 8.8.1944. Januar 1936 GenM, 1938 GenLt u. Kdr. 1. leichte Division, Nov. 1938 KG XVI. AK, April 1939 GendKav, 19.7.1940 GenOb. In Rußland OB PzGr. 4. 8.1.1942 wegen eigenmächtiger Zurücknahme des XX. AK von Hitler abgelöst.
46 Eidesstattliche Versicherung von Generaloberst Wilhelm Adam v. 24. August 1948, ZS 240, Bd. VI, S. 32; vgl. Adam, Erinnerungen, ED 109.
47 Gisevius I, S. 365.

48 Hoffmann, Widerstand, S. 124; sowie Buchheit, Geheimdienst, S. 147–148.
49 ZS 658 Erwin von Lahousen; vgl. Hoffmann, Widerstand, S. 124–125.
50 Kordt, S. 258.
51 Ebd.
52 Vgl. Below, S. 122–123.
53 Kordt, S. 259.
54 Peter Hoffmann: Die Sicherheit des Diktators, München 1975, S. 170–171.
55 Buchheit, S. 146–147.
56 Ebd.; vgl. Hoffmann, Widerstand, S. 124; sowie Krausnick, Vorgeschichte, S. 345.
57 Georges Bonnet: Vor der Katastrophe, Köln 1951, S. 87–93; vgl. Rönnefarth.
58 Groscurth, Privattgb. v. 23.9.1938, S. 123; vgl. Rönnefarth sowie ADAP II, S. 708f., 724f., 771f.
59 Nicolson, S. 368.
60 Dokumente Deutscher Politik, Bd. 6, Teil 1, Berlin 1939, S. 330f.
61 Groscurth, Privattgb. v. 26.9.1938, S. 124.
62 Nicolson, S. 368.
63 IMT Bd. XXVIII, S. 378.
64 Die Weizsäcker-Papiere 1933–1950. Hrsg. v. Leonidas E. Hill, Frankfurt/M.-Berlin-Wien 1974, S. 144.
65 Kordt, S. 268.
66 Ernst von Weizsäcker: Erinnerungen, München 1950, S. 186; vgl. auch Weizsäcker-Papiere S. 145.
67 Kordt, S. 264.
68 Gisevius I, S. 377.
69 Ebd.
70 Kordt, S. 270–271.
71 Ebd.
72 Ebd.
73 Gisevius I, S. 378.
74 Nicolson, S. 370.
75 Gisevius I, S. 378.
76 Documents of British Foreign Policy (DBFP) II, London 1947, no. 615.
77 Gisevius I, S. 378

»So rollt der Wahnsinn ab«

1 Groscurth, Privattgb. v. 31.8.1939, S. 193–194.
2 Ebd., S. 136.
3 Persönlicher Reisebericht Groscurths über die Reise in die befreiten sudetendeutschen Gebiete v. 1.–7.10.1938. Ebd. S. 129–136.

4 Ebd. Der Passus »erhebende Eindrücke« bezieht sich auf die damals vorhandene Begeisterung von Teilen der deutschen Bevölkerung.
5 Dienstliche Berichte Groscurths aus dem Sudetenland an Admiral Canaris und Oberstleutnant Oster v. 12.10.–4.11.1938. Ebd. S. 327–356.
6 Generalmajor Erwin Lahousen von Vivremont (1897–1955) war im österreichischen Bundesheer Sachbearbeiter für die Tschechoslowakei in der Nachrichtenabteilung des österreichischen Generalstabes gewesen.
7 Buchheit, Geheimdienst, S. 144. A. Oster erfuhr nach dem Krieg von Lahousen, wie er von seinem Vater begrüßt wurde und wie überrascht jener über die ungewöhnliche Form der Begrüßung war.
8 Schreiben Major Groscurths an Oberstleutnant Oster, Reichenberg, 1.11.1938. Groscurth, S. 336.
9 John W. Wheeler-Bennett: The Nemesis of Power. The German Army in Politics. London–New York 1964, S. 427.
10 Krausnick, Vorgeschichte, S. 378.
11 ZS 603, S. 15.
12 Gisevius I, S. 384.
13 ZS 603, S. 13–17. Dohnányi war zwar als Reichsgerichtsrat in Leipzig tätig, hatte aber einen Lehrauftrag an der Hochschule für Politik in Berlin angenommen, um die Besprechungen mit Oster und Beck unauffällig fortsetzen zu können.
14 Groscurth, Privattgb. v. 26.2.1939 nach einem Besuch bei Beck; vgl. auch Reynolds, Beck, S. 165.
15 A. Oster an den Verfasser, 20.11.1977.
16 Gisevius I, S. 381.
17 Groscurth, S. 157.
18 Gisevius I, S. 383.
19 ZS 310, S. 19.
20 Gisevius I, S. 383.
21 Ebd.
22 Groscurth, S. 158.
23 Gisevius I, S. 384.
24 Halder war davon überzeugt. Trial of Major War Criminals before the International Military Tribunal. Nuremberg 14th Nov. 1945 – 1st Oct. 1945. Nürnberg 1947, S. 221.
25 Ritter, Goerdeler, S. 206f., und Hoffmann, Widerstand, S. 134–143.
26 A. Oster an den Verfasser, 20.11.1977; vgl. Groscurth, S. 25, 161, 163, 177 und 245.
27 Hofer, Nationalsozialismus, S. 225–226.
28 A. Oster an den Verfasser, 20.11.1977.
29 Thomas schreibt dazu: »Im Sommer 1939 wurde klar erkennbar, daß Hitler einen Krieg gegen Polen provozieren würde, der sich

nach unserer Auffassung zum Weltkrieg ausweiten würde.« ZS A-29/3, S. 4.

30 Thomas nennt als Träger dieses Gedankens Beck, Oster, Goerdeler, Hassell, Popitz, Planck, Schacht und Gisevius. Ebd.

31 GendI Georg Thomas, geb. 20.2.1880 Forst/Lausitz, gest. 29.10. 1946 Frankfurt/M. 1.1.1938 GenM, 22.11.1939 Chef des Wehrwirtschafts- und Rüstungsamts im OKW. 1.1.1940 GenLt, 1.8.1940 GendI. 15.1.1943 seines Postens enthoben, 15.8.1943 Führerreserve. 11.10.1944 von der Gestapo verhaftet.

32 Gisevius I, S. 391.

33 Mit »Chef« meint Thomas hier Oster.

34 ZS 310, S. 19.

35 Ebd., S. 20. Vgl. Hoffmann, Widerstand, S..144-145.

36 Ebd.

37 Gisevius I, S. 394.

38 Ebd., S. 394-395.

39 Max Domarus: Hitler, Reden und Proklamationen 1932-1945. Kommentiert von deutschen Zeitgenossen. II. Bd., Würzburg 1963, S. 1196f.

40 Zu diesem Absatz siehe vor allem Anthony Cave Brown: Die unsichtbare Front. Entschieden Geheimdienste den 2. Weltkrieg? Dt. Ausg. München 1976, S. 170-172; vgl. auch Rudi Strauch: Sir Nevile Henderson, Bonn 1959, und Sir Kenneth Strong: Die Geheimnisträger, Wien-Hamburg 1971.

41 Gisevius I, S. 395.

42 Ebd., S. 396.

43 Ebd.

44 Ebd.

45 Weizsäcker-Papiere, Eintr. v. 20.8.1939, S. 159.

46 Domarus, Hitler II, S. 1232.

47 Ebd. S. 1233.

48 Hermann Boehm: Zur Ansprache Hitlers vor den Führern der Wehrmacht am 22. August 1939. VfZG (19) 1971, S. 295.

49 Domarus, Hitler II, S. 1238.

50 Groscurth, S. 179.

51 Ebd., S. 179-180.

52 Gisevius I, S. 399.

53 Ebd., S. 400.

54 Ebd., S. 404.

55 Ebd., S. 405.

56 Ebd.

57 Ebd., S. 406.

58 Groscurth, Privattgb. v. 28.8.1939, S. 190.

59 Halder KTB I, S. 38.

60 Groscurth, Privattgb. v. 28.8.1939, S. 190.

61 Ebd., v. 31.8.1939, S. 193-194.

1 ZS 1626
2 Gisevius I, S. 410.
3 Groscurth, S. 196–198 u. 251–257; vgl. Kriegstagebuch der Abw. Abt. II, auch Lahousen-Tagebuch gen. IfZ F 23; sowie Louis de Jong: Die deutsche Fünfte Kolonne im Zweiten Weltkrieg, Stuttgart, 1959.
4 Groscurth, Privattgb. v. 5.9.1939 u. Diensttgb., S. 199–260.
5 Notiz Martin Bormanns v. 2.10.1940, IMT, Bd. XXXIX, S. 427–428.
6 Groscurth, Privattgb. v. 8.9.1939, S. 201.
7 Ebd., S. 276 u. 406–407; vgl. Helmut Krausnick, Hans Heinrich Wilhelm: Die Truppe des Weltanschauungskrieges. Die Einsatzgruppen der Sicherheitspolizei und des SD 1938–1942. Stuttgart 1981, S. 32–106.
8 Schreiben Canaris' v. 21.9.1938. Bundesarchiv/Militärarchiv RW 5, S. 60.
9 Groscurth, S. 209, Anm. 509; vgl. Krausnick–Wilhelm, S. 51.
10 Groscurth, S. 209, Anm. 510; Krausnick-Wilhelm, S. 54.
11 Groscurth, Privattgb. v. 22.9.1939, S. 208; Franz Halder: Kriegstagebücher Bd. I. Vom Polenfeldzug bis zum Ende der Westoffensive, 14.8.1939–30.6.1940. Bearb. von Hans Adolf Jacobsen in Verbindung mit Alfred Philippi, Stuttgart 1962, S. 80.
12 Halder, KTB I v. 27.9.1939.
13 Generalfeldmarschall Ritter von Leeb. Tagebuchaufzeichnungen und Lagebeurteilungen aus zwei Weltkriegen. Hrsg. v. Georg Meyer, Stuttgart 1976, S. 184–185.
14 IMT, Bd. XXVI, S. 381f.
15 Groscurth, S. 209 und 212.
16 Ebd., S. 215; Leeb, Tgb., S. 187.
17 The Memoirs of Field Marshal Montgomery of Alamein, K.G., sixth impression, London–Glasgow 1976, S. 50.
18 Hans Habe: Ob Tausend fallen. Ein Bericht, S. 18.
19 ZS 603.
20 Ebd.; vgl. Vollmacht des Gewissens Bd. II, Berlin 1960, Aussage Heinz.
21 Deutsch, Verschwörung, S. 113–126; Aufzeichnungen Hans Osters vom 2.11.1943, im Besitz von A. Oster; vgl. auch Dr. Josef Müller: Bis zur letzten Konsequenz, München 1975.
22 J. Müller, S. 12–18.
23 Leeb, Tgb. S. 184.
24 Ebd., S. 188.
25 Groscurth, Privattgb. v. 16.10.1939, S. 218.
26 Ebd., S. 478.
27 Ebd., S. 213.
28 Leeb, Tgb., S. 472.

29 Groscurth, Privattgb. v. 31.10.1939, S. 221.
30 ZS 1626.
31 Ebd.
32 Ebd.
33 Gespräch mit Osters Tochter Frau Barbara v. Krauss, 25.7.1977; A. Oster an den Verfasser, 20.11.1977.
34 ZS 1626.
35 Ebd.
36 Deutsch, Verschwörung, S. 104; ähnlich Liedig an A. Oster nach dem Krieg mit geringen Abweichungen.
37 Zum Verratskomplex siehe J. Vanwelkenhuyzen: Les Avertissements qui venaient de Berlin, unveröffentl., Brüssel 1979; sowie Vicomte Jacques Davignon: Berlin 1936–1940. Souvenirs d'une Mission. Paris–Brüssel 1951.
38 Vanwelkenhuyzen, Avert., S. 2.
39 ZS 1626.
40 Vanwelkenhuyzen, Avert., S. 6.
41 ZS 1626.
42 Halder, KTB I, S. 107.
43 Groscurth, S. 219–220, Anm. 567/68.
44 Ebd., v. 25.10.1939, S. 220, sowie S. 374; u. 384.
45 Gisevius I, S. 414.
46 Leeb, Tgb., 28. u. 31.10.1939, S. 193 u. 195.
47 Groscurth, Privattgb. v. 31.10.1939, S. 222–223.
48 Kordt, S. 369f.
49 ZS 658, S. 8–9.
50 Halder KTB I, S. 117f.
51 Groscurth, S. 224 u. 304; Gisevius I, S. 416.
52 Gisevius I, S. 416–417; vgl. Hoffmann, Widerstand, S. 176 und Halder KTB I, S. 119.
53 Groscurth, S. 305.
54 Gisevius I, S. 417; vgl. Groscurth, S. 57–59.
55 Vgl. Brauchitsch vor dem Nürnberger Gerichtshof, IMT, Bd. XX, S. 628, sowie Halder KTB I, S. 120.
56 Gisevius I, S. 418; Groscurth, S. 224–225.
57 Ebd.
58 Gisevius I, S. 419.
59 Groscurth, S. 225.
60 Ebd.; Gisevius I, S. 421.
61 Vanwelkenhuyzen, Avert., S. 7; ZS 1626.
62 Gisevius I, S. 422f.; Vincenz Müller: Ich fand das wahre Vaterland. Hrsg. von Klaus Mammach. Berlin 1963, S. 367–373.
63 Ebd.; Deutsch, Verschwörung, s. 250–251.
64 Groscurth, S. 229.
65 Gisevius I, S. 427; Leeb, Tgb. S. 53.
66 Gisevius I, S. 427–428; Groscurth, S. 230–231; Halder KTB I, S. 126.

67 Kordt, S. 374–375; ZS 658 S. 9f.
68 J. Müller, S. 97.
69 Ebd., S. 92–99; ZS 240, Brief Halders an Baum v. 3.6.1957; zu Venlo: Die Nachhut, Heft 23/24, 15.5.1973; vgl. auch Walter Schellenberg: Memoiren, Köln 1959; sowie S. Payne Best: The Venlo Incident, London 1950; und Groscurth, S. 309.
70 ZS 1626.
71 Groscurth, S. 234.
72 Ebd., S. 414–417; vgl. IMT, Bd. XXVI, S. 327–336.
73 Generalmajor a.D. Hermann v. Witzleben, Vollmacht des Gewissens Bd. I, S. 418f.; vgl. Röhricht, S. 149f.
74 Hassell, S. 105; Groscurth, S. 236.
75 Hassell, S. 112f.; ZS 240 Bd. VI, S. 52; Hoffmann, Widerstand, S. 133 u. 706.
76 Groscurth, S. 466–468.
77 Van Overstraeten: Albert I - Leopold III, Brüssel o.J., S. 454.
78 Groscurth, S. 240; Halder KTB I, S. 154; ZS 1626; Vanwelkenhuyzen, Avert., S. 15.
79 Groscurth, S. 241–246; Gisevius I, S. 419.
80 Peter W. Ludlow: Dokumentation. Papst Pius XII., die britische Regierung und die deutsche Opposition im Winter 1939/40. VfZG (22) 1974, S. 336–337.
81 Hassell, S. 139–140; Deutsch, Verschwörung, S. 323; Kosthorst, S. 140f.
82 A. Oster an den Verfasser; Deutsch, Verschwörung, S. 341–343.
83 Befragung Rechtsanwalt Liedigs durch Helmut Krausnick und Harold C. Deutsch.
84 ZS 1626; Vanwelkenhuyzen, Avert., S. 15–16.
85 J. Müller, S. 137.
86 Halder KTB I, S. 245.
87 Halder, Spruchkammerakten; J. Müller, S. 137.
88 Hassell, S. 145.
89 Ludlow, S. 341.
90 Vanwelkenhuyzen, Avert., S. 23.
91 Ebd., S. 24.
92 Ebd., S. 25.
93 ZS 1626.
94 Ebd.
95 Vanwelkenhuyzen, Avert., S. 25.
96 ZS 1626.
97 Ebd.
98 Ebd.
99 J. Müller, S. 148–154; Deutsch, Verschwörung, S. 375.
100 Ebd.; ZS 658, v. 15.10.1952.

1 Fabian von Schlabrendorff: Offiziere gegen Hitler. Fischer-Bücherei, Frankfurt/M.-Hamburg 1959, S. 34.
2 ZS 135 Spruchkammerakten III, S. 248, Aussage Achim Oster.
3 Ebd.
4 Hassell, S. 155, v. 25.5.1940.
5 Ebd., S. 163, v. September 1940.
6 Nürnberger Dokument NO-3011, Denkschrift vom 6.2.1940; vgl. Groscurth, S. 426, Anm. 230.
7 ZS 237, General von Gienanth.
8 Hassell, S. 183, v. 16.3.1941.
9 Ebd., S. 158, 160, 168.
10 Harald Oster war Leutnant im AR 3, während Barbara Oster Schwester beim Roten Kreuz war. A. Oster an den Verfasser, 8.5.1978.
11 Ebd.
12 Gisevius I, S. 478.
13 Zu innenpolitischen Plänen des Widerstandes vgl. Hans Mommsen: Gesellschaftsbild und Verfassungspläne des deutschen Widerstandes. In: Walter Schmithenner und Hans Buchheim, Der deutsche Widerstand gegen Hitler, Köln-Berlin 1966, S. 73–167; vgl. Hoffmann, Widerstand, S. 126–154; und Ritter, Goerdeler, Dokumente, abgdr. im Anhang.
14 Gisevius I, S. 447.
15 Fraenkel-Manvell: Der 20. Juli, Frankfurt/M. 1964, S. 32.
16 Gisevius I, S. 490.
17 Staatsmänner und Diplomaten bei Hitler. Hrsg. von Andreas Hillgruber, dtv-Dokumente, München 1969, S. 187.
18 Ebd., S. 188.
19 Weizsäcker-Papiere, Eintr. v. 16.11.1940, S. 224.
20 Below, S. 254.
21 Halder, KTB II, S. 335f.
22 Bücheler, Hoepner, S. 130.
23 Helmut Krausnick: Kommissarbefehl und »Gerichtsbarkeit Barbarossa« in neuer Sicht. VfZG (4) 1977, S. 723–724, Anm. 207/8. Vgl. Martin Broszat, Hans Adolf Jacobsen, Helmut Krausnick: Konzentrationslager, Kommissarbefehl, Judenverfolgung. Olten–Freiburg i. Br. 1965.
24 Hassell, S. 200.
25 Hans Adolf Jacobsen: Der Zweite Weltkrieg in Chronik und Dokumenten 1939–1945, Darmstadt 1959, S. 571–573.
26 A. Oster an den Verfasser, 8.5.1978.
27 Vgl. Krausnick, Kommissarbefehl, S. 723.
28 Joseph Wirmer, geb. 19.3.1901, hinger. 8.9.1944; vgl. KB, S. 188, 210.
29 Johannes Popitz, geb. 2.12.1884, seit 21.3.1933 preußischer Staats- und Finanzminister, hinger. 2.2.1945.

30 ZS A/26-3, Aussage Frau Eva Olbricht.
31 KB, S. 408.
32 Hassell, S. 223f.
33 Hermann Graml: Die deutsche Militäropposition vom Sommer 1940 bis zum Frühjahr 1943. Vollmacht des Gewissens, Bd. II, hrsg. v. d. Europ. Publ. e.V. München 1965, S. 449.
34 A. Oster an den Verfasser, 8.5.1978.
35 Schlabrendorff, Offiziere, S. 73; vgl. Hassell, S. 243 und Gisevius I, S. 437.
36 A. Oster an den Verfasser, 9.5.1978.
37 Hassell, S. 219.
38 Ebd., S. 223–224.
39 Henning von Tresckow, geb. 10.1.1901 in Magdeburg, Freitod 21.7.1944 Bialystok. Bei Kriegsbeginn Ia der 221. ID., 1.3.1940 Ia der H.Gr.A., 1.12.1940 Ia der H.Gr.B., 20.6.1941 Ia der H.Gr.Mitte. Seit 20.11.1943 Chef des Stabes der 2. Armee, 30.1.1944 GenM. – Bodo Scheurig: Henning von Tresckow, Oldenburg 1973.
40 KB, S. 368.
41 Schlabrendorff, Offiziere, S. 44.
42 Scheurig, Tresckow, S. 79–83.
43 Zu diesem Abschnitt siehe Gersdorff, Soldat, S. 87–89.
44 Hoffmann, Widerstand, S. 312–317.
45 Schlabrendorff, Offiziere, S. 34.
46 Ebd., S. 64.
47 Hassell, S. 204f.
48 Schulze-Büttger wurde am 13.10.1944 hingerichtet. Voß wurde am 27.2.1943 sein Nachfolger. Kleist war mit Tresckow zusammen im 1. Garderegiment zu Fuß gewesen; vgl. Hoffmann, Widerstand, S. 312–314.
49 Schlabrendorff, Offiziere, S. 55.
50 Vgl. Hoffmann, Widerstand, S. 314–315; Krausnick, Kommissarbefehl; sowie Gersdorff, Soldat, S. 86–90.
51 Schlabrendorff, Offiziere, S. 61.
52 KB, S. 368.
53 Walter Hubatsch: Hitlers Weisungen für die Kriegführung 1939 bis 1945. Dokumente des Oberkommandos der Wehrmacht. Frankfurt/M. 1962.
54 Albert Speer: Erinnerungen, 3. Aufl., Berlin 1969, S. 250.
55 Ebd., S. 207.
56 Ebd., S. 228.
57 Zu diesem Komplex siehe Eberhard Bethge: Dietrich Bonhoeffer, Theologe, Christ, Zeitgenosse – München 1967, S. 843f. George K. A. Bell: Die Ökumene und die innerdeutsche Opposition. VfZG 1957, S. 362–378.
58 Vermerk Osters zur UK-Stellung Bonhoeffers vom 3.11.1943, im Besitz von A. Oster.
59 Bethge, Bonhoeffer, S. 855.

60 Bücheler, Hoepner, S. 169.
61 Ebd.
62 Ebd., S. 171.
63 Aus dem Tagebuch des Hauptmanns der Res. Hermann Kaiser, vom 31.3.1943. In: Annedore Leber und Freya Gräfin Moltke: Für und Wider. Entscheidungen in Deutschland 1918-1945, Berlin-Frankfurt/M. 1961, S. 203.
64 Ebd., v. 6.4.1943.
65 Schlabrendorff, Offiziere, S. 74–75; vgl. Ritter, Goerdeler, S. 248.
66 Schlabrendorff, Offiziere, S. 75.
67 Gersdorff, Soldat, S. 124-125.
68 Schlabrendorff, Offiziere, S. 71.
69 Vgl. Ger van Roon: Hermann Kaiser und der deutsche Widerstand. VfZG 1976, S. 259–286.
70 Ebd., S. 259f. und 274.
71 Schlabrendorff, Offiziere, S. 76.
72 Gisevius I, S. 441.
73 Schlabrendorff erklärt definitiv (S. 90), daß Oster mit Tresckow niemals gesprochen habe, jedoch hat man sich einige Jahre vor diesem Zeitpunkt kennengelernt. Scheurig, Tresckow, S. 79.
74 Im Diensttagebuch der Abwehrabteilung II findet sich für den fraglichen Zeitraum bei keiner Frontreise von Canaris unter den Begleitern der Name Osters.
75 A. Oster an den Verfasser, 8.5.1978.
76 Gespräch Verfasser-Professor Egmont Zechlin am 16.1.1980, sowie spätere Aufzeichnung Falk Harnacks vom 26.5.1970.
77 Zur »Roten Kapelle« vgl. Günther Weisenborn: Der lautlose Aufstand, Hamburg 1953; sowie Boveri, Verrat II, S. 55–63; und Heinz Höhne: Kennwort Direktor, Frankfurt/M. 1970. Zu Harnack vgl. Arvid und Mildred Harnack. Die Gegenwart 31.1.1947, S. 15–18.
78 Professor Jens Jessen, geb. 1895, hinger. nach dem 20. Juli 1944.
79 F 87.
80 Schlabrendorff, Offiziere, S. 90.
81 Kaiser, Tgb. v. 18.1.1943; Roon, Kaiser, S. 275, Anm. 88.
82 Ebd., S. 274.
83 Ebd., S. 275, Anm. 97.
84 Ebd., S. 276–277.
85 Ebd.
86 Kaiser, Tgb. v. 19.2.1943, Ebd., S. 279, Anm. 120.
87 Ebd., v. 6.4.1943.
88 Below, S. 331.
89 Gisevius I, S. 442-443.
90 Manfred Kehrig: Stalingrad, Analyse und Dokumentation einer Schlacht. 2. Aufl., Stuttgart 1976, S. 532.
91 A. Oster an den Verfasser, 9.5.1978.
92 Ebd. Nach Stalingrad bemerkte auch Thomas Osters starke Verbitterung. KB, S. 489.

93 Hassell, S. 291.
94 Kaiser, Tgb. v. 3.2.1943, Roon, Kaiser, S. 277.
95 Ebd.
96 Ebd.; vgl. Hoffmann, Widerstand, S. 344.
97 Roon, Kaiser, S. 278.
98 Schlabrendorff, Offiziere, S. 93.
99 Hoffmann, Widerstand, S. 328.
100 Ebd.; vgl. Roon, Kaiser, S. 278.
101 Hoffmann, Widerstand, S. 329.
102 Gersdorff, Soldat, S. 119–122; vgl. zur Sprengstoffbeschaffung Hoffmann, Widerstand, S. 321–325; sowie Ders., Sicherheit, S. 162f.
103 Schlabrendorff, Offiziere, S. 93; und Hoffmann, Widerstand, S. 327–328.
104 KB, S. 370.
105 Zu den »Brandenburgern« Helmut Spaeter: Die Brandenburger, eine deutsche Kommandotruppe zbV 800. München 1978.
106 ZS 592.
107 Zur Skepsis Pfuhlsteins vgl. ZS 592 und KB, S. 370. Zur Staatsstreichrolle der »Brandenburger« Hoffmann, Widerstand, S. 326.
108 Diese Reise ist offenbar im Februar oder März erfolgt, da Pfuhlstein vom Frühjahr 1943 spricht, während sie wiederum nicht später als Ende März stattgefunden haben kann, da Oster noch im Amt war.
109 Zu Fellgiebel vgl. Eberhardt Zeller: Geist der Freiheit. 4. Aufl., München 1963, S. 280–281, 312f.; sowie Sendtner, Militäropposition, S. 405.
110 KB, S. 329.
111 Schlabrendorff, Offiziere, S. 93.
112 F 23/1–2, Kriegstgb. d. Abw. Abt. II, vgl. ZS 658, S. 9–10.
113 Ebd.
114 Schlabrendorff, Offiziere, S. 94–95; vgl. Hoffmann, Widerstand, S. 334, 899.
115 Speer, S. 274.
116 Schlabrendorff, Offiziere, S. 96.
117 Ebd.
118 Gersdorff, Soldat, S. 127–128.
119 Hans Rothfels: Ausgewählte Briefe von Generalmajor Helmuth Stieff, VfZG 1957, S. 305. Briefe von Stieff an seine Frau vom 28.2. und 6.8.1943. Stieff, geb. 1901, hinger. 8.8.1944.
120 Schlabrendorff, Offiziere, S. 98f.
121 Ebd.
122 Hoffmann, Sicherheit, S. 266.
123 Schlabrendorff, Offiziere, S. 99; A. Oster an den Verfasser, 9.5.1978.
124 Ebd.
125 Gersdorff, Soldat, S. 128–129.
126 Ebd., S. 126.

127 Ebd.
128 Ebd., S. 130.
129 Ebd., S. 131.
130 Ebd., S. 131-132.
131 A. Oster an den Verfasser, 9.5.1978.
132 Schlabrendorff, Offiziere, S. 99.
133 Hassell, S. 299.

»So ein verlogener Bursche«

1 Notiz Osters über Vernehmung v. 25.4.1943 durch Reichskriegsgerichtsrat Dr. Roeder.
2 Die Darstellung der Affäre Schmidhuber stützt sich in den meisten Punkten auf Höhne, Canaris, S. 475–505; vgl. auch Bethge, Bonhoeffer, S. 878 und Dr. Josef Müller, S. 162–163. Zur Rolle und Bewertung Hans v. Dohnányis wird die Auswertung eines Nachlasses, die gegenwärtig von dem Projekt der VW-Stiftung »Widerstand des Bonhoeffer-Dohnányi-Kreises 1933–1945« durchgeführt wird, neue Erkenntnisse bringen.
3 ZS 603.
4 Höhne, Canaris, S. 481.
5 ZS 603, S. 66.
6 Dr. Josef Müller, S. 164.
7 Canaris, S. 485.
8 Ebd., vgl. ZS 603 und Dr. Josef Müller, S. 162-167.
9 Anklageverfügung gegen Oster und Dohnányi, Reichskriegsgericht Az St Pl (RKA) III, 114/43, im Besitz von A. Oster.
10 Ebd.; sowie Aktenvermerk Osters vom 3.11.1943 über den Vorfall vom 5.4.1943, im Besitz von A. Oster; vgl. auch Bethge, Bonhoeffer, S. 883.
11 ZS 603.
12 Ebd.; vgl. Bethge, Bonhoeffer, S. 883.
13 Anklageverfügung gegen Oster und Dohnányi.
14 Aktenvermerk Osters über Vorfall v. 5.4.1943, verf. 3.11.1943 mit Ergänzung v. 6.12.1943, im Besitz von A. Oster.
15 ZS 603, S. 65.
16 Aktenvermerk Osters zum Vorfall v. 5.4.1943.
17 Ebd.
18 OKW HPA Ag Pl Chef Abt. (b) v. 16.4.1943, im Besitz von A. Oster.
19 Gisevius I, S. 446.
20 Schlabrendorff, Offiziere, S. 347.
21 H. Kaiser in seinem Tgb. 6.4.1943. Roon, Kaiser, S. 280, Anm. 132.
22 Aktenauszüge Strafsache Oster, Vernehmung Osters vor Dr. Roeder, 12.4.1943, im Besitz von A. Oster.
23 Vernehmung Dohnányis vor Dr. Roeder, 12.4.1943.
24 Vernehmung Osters vor Dr. Roeder, 12.4.1943.

25 Notiz Osters vom 30.4.1943, wo noch einmal auf die Vernehmung vom 12.4. Bezug genommen wird. Im Besitz von A. Oster.
26 Beurteilung Roeders durch Oster, im Besitz von A. Oster.
27 Vernehmung Osters vor Dr. Roeder, 13.4.1943.
28 Notiz Osters vom 30.4.1943 über Vernehmung v. 29.4.
29 Ebd.
30 Vernehmung Osters vor Dr. Roeder, 14.5.1943; Notizen Osters ohne Datum über Vernehmung v. 29.4.
31 Vernehmung Dohnányis vor Dr. Roeder, 13.5.1943.
32 Vernehmung Osters vor Dr. Roeder, 19.5.1943. Notizen Osters über Vernehmung vom 29.4.
33 ZS 603, S. 73.
34 Anklageverfügung gegen Dohnányi und Oster; A. Oster an den Verfasser, 9.5.1978.
35 Aktenvermerk Osters zum Vorfall am 5.4.1943.
36 Notiz Osters, verf. nach dem 23.6.1943, im Besitz von A. Oster.
37 Vernehmung Osters vor Dr. Roeder, 19.5.1943.
38 Notizen Osters über Beschwerde beim Oberreichskriegsanwalt, ohne Datum. Im Besitz von A. Oster.
39 Abschrift eines Briefes an den Oberreichskriegsanwalt vom 24.6.1943. Im Besitz von A. Oster.
40 Bastian war 1928 Kommandant des Linienschiffs »Schlesien«, Canaris dort I. Offizier; 1932–1934 war Canaris Kommandant dieses Schiffes und Bastian Befehlshaber der Linienschiffe.
41 Verfügung d. Reichskriegsgerichts v. 5.11.1943, daß Rechtsanwalt Fritz Ludwig Oster von Amts wegen als Verteidiger zugeteilt wird. Im Besitz von A. Oster.
42 Aktenvermerk Osters zur UK-Stellung Bonhoeffers v. 3.11.1943. Im Besitz von A. Oster.
43 Aktenvermerk Osters über UK-Stellung Struzzls v. 3.11.1943, im Besitz von A. Oster.
44 Zur UK-Stellung Bonhoeffers.
45 OKW GFM Keitel v. 16.12.1943; Fernschreiben OKW v. 20.12. 1943. Im Besitz von A. Oster.
46 Kdr. Gen. Wehrkreis III, GendI v. Kortzfleisch v. 29.12.1943. Im Besitz von A. Oster.
47 Wehrkreis IV v. 22.4.1944. Im Besitz von A. Oster.
48 Hassell, S. 333, v. Nov. 1943.
49 Vorladungen Osters durch die Reichskriegsanwaltschaft zur Zeugenvernehmung in den Fällen Schmidhuber und Ickrath am 30.11.1943 und 17.12.1943 im Fall Bonhoeffer; Vorladung Osters zum Oberstkriegsgerichtsrat Dr. Kutzner am 25.4.1944. Im Besitz von A. Oster.
50 ZS 603; vgl. Gerhard Leibholz: Hans von Dohnányi. In: Der zwanzigste Juli – Alternative zu Hitler? S. 144f.; Vermerke Rechtsanwalt Ludwigs über Nachricht von Peschke und Besprechung Ludwig–Oster am 15.7.1944.

»Von Oster habe ich überhaupt den allerbesten Eindruck von allen Angeklagten gehabt«

1 Der SS-Richter Dr. Otto Thorbeck über Oster. Akten des Landgerichts München I, Az 1 KS 21/50, Bd. VIa, S. 31.
2 KB, S. 50.
3 Eidesstattliche Versicherung Huppenkothens vom 8.6.1948. ZS 249, Walter Huppenkothen.
4 Strafsache bei dem Schwurgericht des Landgerichts München I gegen Walter Huppenkothen wegen Beihilfe zum Mord. Aktenzeichen Az 1 Js 636/49 bzw. 1 Ks 21/50, Bd. I, Bl. 9.
5 KB, S. 248.
6 Brief Osters an seine Frau aus dem Gefängnis in der Prinz-Albrecht-Straße in Berlin vom 8.8.1944, im Besitz von Frau Barbara von Krauss, geb. Oster. Abgedr. in: »Du hast mich heimgesucht bei Nacht«. Abschiedsbriefe und Aufzeichnungen des Widerstandes 1933–1945. Hrsg. von Helmut Gollwitzer, Käthe Kuhn, Reinhold Schneider. München 1954, S. 156–157.
7 Brief Osters an seine Frau vom 11.8.1944, Ebd.
8 KB, S. 303.
9 Ebd., Anlage 1.
10 A. Oster an den Verfasser, 12.7.1978.
11 Pfuhlstein erklärte am 25.2.1948, er habe nur Aussagen über Dinge gemacht, die der Gestapo längst bekannt waren. ZS 592.
12 KB, S. 369–371.
13 Ebd., vgl. auch S. 405 vom 21.9.1944.
14 Ebd., S. 404–408.
15 Liedig wurde verhaftet, weil sein Name in Osters Studie als »li« aufgetaucht war. Eidesstattliche Versicherung Sondereggers vom 14.1.1951, Az 1 Js 636/49, Bd. III, Bl. 476f.
16 Dr. Josef Müller, S. 214. Von Huppenkothen wird der Umfang der Akten ähnlich beschrieben. Urteil Landgericht München I, Az 1 Js 636/42, Bd. III.
17 Vernehmung Huppenkothens v. 23.5.1947, ZS 249; vgl Höhne, Canaris, S. 552–553.
18 Dr. Josef Müller, S. 231; vgl. auch Anm. 2.
19 Bethge, Bonhoeffer, S. 1036–1101, wo eine ausführliche Darstellung der letzten Monate zu finden ist.
20 KB. S. 431 v. 2.10.1944.
21 Vernehmung Huppenkothens v. 8.6.1948, ZS 249.
22 Der Prozeß gegen den Abwehrkreis sollte erst nach dem »Endsieg« stattfinden.
23 Hoffmann, Widerstand, S. 631.
24 Landgericht München I, Az 1 Js 636/49, Bd. I, Bl. 3.
25 Karl-Heinz Abshagen: Canaris, Stuttgart 1949, S. 376–378; vgl. Höhne, Canaris, S. 556–557.
26 KB, S. 451, v. 16.10.1944.
27 Landgericht München 1, Az 1 Js 636/49, Bd. II, Bl. 360 u. 372–380.

28 A. Oster an den Verfasser, 12.7.1978.

29 Dietrich Bonhoeffer ist z.B. nicht gefoltert worden, während sein Bruder Klaus Bonhoeffer und Fabian von Schlabrendorff grausam mißhandelt worden sind. Vgl. dazu Schlabrendorff, Offiziere, S. 160–163; sowie Hoffmann, Widerstand, S. 620–623; ebenso »20. Juli 1944«, hrsg. v. d. Bundeszentrale für Heimatdienst, 3. Aufl., Bonn 1960, S. 190–194; und »Die Welt« v. 1.10.1955.

30 Hoffmann, Widerstand, S. 619, erwähnt irrtümlich, daß Osters Angehörige in Sippenhaft genommen worden seien.

31 Eidesstattliche Versicherung Sondereggers v. 14.1.1951, Az 1 Js 636/49, Bd. III, Bl. 476f.

32 Brief Osters an seine Frau aus dem Gefängnis v. 19.1.1945, im Besitz von Frau Barbara v. Krauss, geb. Oster.

33 Diese Auffassung vertritt A. Oster.

34 Ursula von Kardorff: Berliner Aufzeichnungen 1942–1945, erw. Neuausgabe, München 1976, S. 230–231.

35 Zeller, S. 463.

36 Dr. Josef Müller, S. 232.

37 Ebd., S. 245.

38 Ebd., S. 246–250.

39 Landgericht München I, Az 1 Js 636/49, Bd. I, Bl. 2.

40 Buhle leitete den Heeresstab beim OKW; vgl. Hoffmann, Widerstand, S. 631.

41 Ebd.

42 Urteil des Schwurgerichts Augsburg v. 15.10.1955 gegen Walter Huppenkothen und Dr. Otto Thorbeck wegen Beihilfe zum Mord. Strafsache beim Schwurgericht des Landgerichts München I, Bd. VI, Az 1 Ks 21/50.

43 Bethge, Bonhoeffer, S. 1035; vgl. Höhne, Canaris, S. 564f.

44 Nach mehrjähriger Prozeßdauer wurden Huppenkothen und Thorbeck 1955 vom Schwurgericht Augsburg zu sieben bzw. vier Jahren Zuchthaus verurteilt.

45 Urteil des Landgerichts München I gegen Walter Huppenkothen und Dr. Otto Thorbeck v. 5.11.1952 wegen Beihilfe zum Mord. Landgericht München I, Bd. IV, Az 1 Ks 21/50, S. 31f.

46 Ebd.

47 Ebd., Bd. VI, S. 31.

48 Ebd.

49 Dr. Josef Müller, S. 251.

50 Ebd.

51 Ebd., S. 252.

52 Prinz Philipp von Hessen an den Verfasser, 8.7.1978.

53 Landgericht München I, Bd. VI, S. 55, Az 1 Ks 21/50; vgl. »Die Welt« vom 1.10.1955.

54 Ebd.

55 Ebd.

56 Speer, Erinnerungen, S. 446.

Register

Psychologie und Psychiatrie

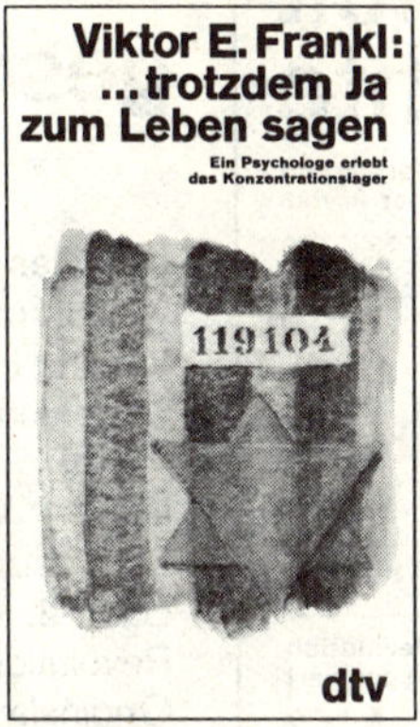

Margarete Mitscherlich:
Müssen wir hassen?
Über den Konflikt
zwischen innerer
und äußerer Realität
dtv 1147

Frederic Vester:
Denken, Lernen,
Vergessen
Was geht in unserem
Kopf vor, wie lernt
das Gehirn, und wann
läßt es uns im Stich?
dtv 1327
Phänomen Streß
Wo liegt sein Ursprung,
warum ist er lebens-
wichtig, wodurch
ist er entartet?
dtv 1396

Richard Huber:
Sexualität
und Bewußtsein
dtv 1291

Jan Foudraine:
Wer ist aus Holz?
Neue Wege
der Psychiatrie
dtv 1163

Erich Fromm:
Haben oder Sein
Die seelischen
Grundlagen einer
neuen Gesellschaft
dtv 1490

Sigmund Freuds
Psychoanalyse –
Größe und Grenzen
dtv 1711

Wolfgang Krüger:
Neue Wege der
Gruppentherapie
Das Berliner Modell
von Josef Rattner
dtv 10243

Theo Löbsack:
Die manipulierte Seele
dtv 1712

Viktor E. Frankl:
... trotzdem Ja zum
Leben sagen
Ein Psychologe erlebt
das Konzentrationslager
dtv 10023

Werner Scheu:
In Haft
Zum Verhalten
deutscher
Strafgefangener
dtv 10163

Bruno Bettelheim:
Erziehung zum
Überleben
Zur Psychologie der
Extremsituation
dtv 10022

Peter Michael Hamel:
Durch Musik zum Selbst
Wie man Musik
neu erleben und
erfahren kann
dtv 1589

Atlas zur Welt-geschichte

dtv-Atlas zur Weltgeschichte
von Hermann Kinder und
Werner Hilgemann
Karten und chronologischer
Abriß
Band 1: Von den Anfängen bis
zur Französischen Revolution
Band 2: Von der Französischen
Revolution bis zur Gegenwart
Originalausgabe
2 Bände

dtv 3001/3002

Das Buch

Das Attentat vom 20. Juli 1944 war ein Staatsstreich in letzter Minute. Vielerlei Motive waren bestimmend: ethische und religiöse Überzeugung, demokratischer und sozialistischer Widerspruch und natürlich auch Angst vor der drohenden militärischen Niederlage und dem damit verbundenen Untergang Deutschlands. Zu lange hatte die hohe Generalität einen Putsch abgelehnt, und die demokratischen Politiker und Gewerkschaftler aus der Weimarer Zeit sowie die Vertreter beider Kirchen verfügten über zu wenig Machtmittel. General Hans Paul Oster, konservativer Offizier aus einem sächsisch-elsässischen Pfarrhaus, hatte bereits 1934 erkannt, wohin Hitlers Machtpolitik führen mußte. Schon früh hatte er aus moralischen Gründen die Aktion gefordert und Mitkämpfer gesucht. Er wurde zur treibenden Kraft des militärischen Widerstands gegen Hitler. Mit dieser sensiblen und präzisen Biographie des jungen Historikers Thun-Hohenstein ist erstmals das Leben und Wirken eines Mannes beschrieben, der in der Literatur über den deutschen Widerstand zwar immer in seiner Bedeutung erkannt, bisher aber nicht selbständig gewürdigt wurde.

Der Autor

Romedio Galeazzo Graf von Thun-Hohenstein, in Kiel geboren, studierte zunächst Volkswirtschaft, dann Geschichte und Philosophie mit Schwerpunkt auf den Staatstheorien der Antike. 1975–1976 arbeitete er an einem Forschungsauftrag im Institut für Zeitgeschichte in München. Er promovierte in Geschichte.